修訂五版

Property Law

民法物權

謝哲勝　著

三民書局

修訂五版序

　　本人所著《民法物權》一書增訂四版已再刷數次，但近八年都因忙碌而未能修正，有鑑於學者和實務已有許多新見解，因此，特別再加以增修，以充實最新資料，希望能提供讀者最新的物權相關法律動態。

　　本次改版承蒙中正大學博士候選人林喆睿和碩士生賴威志費心整理資料，提供修正意見，並從事校對工作。目前除了擔任台灣法學基金會董事長，去年底開始擔任法學院院長，多虧許秀如秘書認真盡職地處理院務，使院務運作順利；愛妻文珍料理內外並照顧三子，長子、次子都已上大學，三子即將入國中就讀，使我無後顧之憂，並成為我創作最大的後盾，謹表示本人由衷的謝忱。

　　最後，特別感謝三民書局鼎力支持，使本書可以經常增修而更趨近於完善。物權法牽涉範圍很廣，作者才學有限，疏漏之處在所難免，敬請各界先進指教，不勝感激。

謝哲勝　謹序於中正大學法學院

二○二○年八月

自 序

作者從一九九三年九月在中正大學法律系暨研究所教授物權法以來，即開始蒐集整理物權法的教材，次年教授大學部的民法物權更感到有必要撰寫一本適合初學者的教科書，然而在民法學界諸多前輩之前撰寫民法物權教科書，實有班門弄斧之虞，因此，斟酌再三，遲遲無法定稿，歷經十四年，終於完成。

本書以我國民法物權編為主要的論述對象，除對於物權編的基本問題，均分別予以剖析外，本書具有下述特色：

一、重視法律的本土化：我國學者論述民法時，往往引用許多外國文獻作為論證理由，外國法對我國民法的研究固有參考的價值，但不適於作為論證的唯一理由，而為使法律能植根於國民的法律感情，本土的日常生活常情，應作為解釋法律、適用法律的重要參考。

二、採經濟分析方法：利用經濟分析方法可促使不確定法律概念具體化，使法律明智化、客觀化、通俗化，並可跳脫概念法學邏輯思維的窠臼，使法律學能和其他社會科學交流，擴展法律人的視野。經濟分析方法也可使物權法的規範朝向資源最有效率使用方式，以達成物權法的經濟作用。

三、重推理不重資料的堆砌：為簡化教材內容、減少書本篇幅，除有重大爭論或特殊論點，一般學說理論均不加以註釋，讀者如欲作深入研究，可訴諸目前坊間的專論或論文集。

四、引用美國法資料：美國對我國法律、政治、經濟、社會和文化的影響最大，而一般物權法學者對美國法相關資料卻很少提及，這不利於物權法和其他法律的配合，以及法律和其他社會科學的跨科際整合，因此，作者引用美國財產法 (property law) 資料。

五、例題暨解題分析：本書在各篇後面均附有例題暨解題分析，使學子除了閱讀理論的敘述外，也能將抽象理論和具體問題或案例相結合，可增進學習的興趣，並有助於學習成效。

　　本書的撰述，承蒙民法前輩指點照顧有加，門生協助資料蒐集整理，尤其黃健彰博士生為總校對，愛妻文珍料理家務照顧二子，對本書的完成，都具有貢獻，在此表示作者由衷的謝意。另外也必須特別感謝三民書局同意我展延交稿十多年，使我有充裕的時間釐清物權法大多數的疑難問題。物權法牽涉範圍很廣，作者才疏學淺，謬誤疏漏之處在所難免，敬請各界先進指教，不勝感激。

謝哲勝　謹序於中正大學法律學系

二○○七年七月

民法物權 目次

第二篇　物權通則

第四篇　用益物權

第五篇　擔保物權

第六篇　占　有

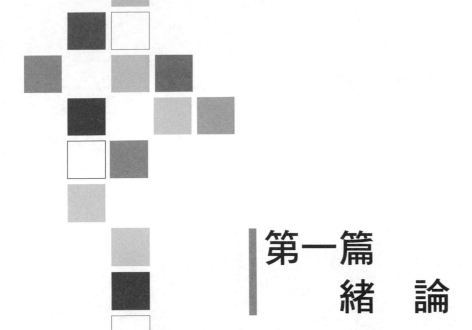

第一篇
緒　論

第一章　物權法的意義

第一節　廣義的物權法

廣義的物權法係指規範財貨歸屬秩序的法律，即實質意義的物權法，這包括以下的法律：

一、民法物權編的規定，民法第三編物權，就物權法有基本的規定，也規定了八種物權和占有，是物權法的一般規定。

二、民法物權編以外其他各編有關對物支配關係或財貨歸屬的秩序的規定。例如民法總則編第三章有關物的規定，債編中承攬人法定抵押權的規定（民五一三），不動產出租人的留置權（民四四五），承攬運送人的留置權（民六六二）；親屬編第二章第四節夫妻財產制的規定和子女特有財產的規定（民一○八七、一○八八）；繼承編遺產公同共有（民一一五一）和無人繼承財產歸屬國庫（民一一八五）的規定等。

三、民事特別法中有關物權的規定，這些法律包括土地法、信託法、公寓大廈管理條例、動產擔保交易法、海商法船舶抵押的規定（第三三至三七條）等。

四、土地法的特別法和關係法規中有關物權的規定，這些法規包括耕地三七五減租條例、平均地權條例、都市計畫法、都市更新條例、區域計畫法、農地重劃條例、森林法、礦業法、水利法、漁業法、獎勵民間參與交通建設條例、促進民間參與公共建設法、農業發展條例、大眾捷運法、山坡地保育利用條例、土地稅法、國有財產法、建築法、違章建築處理辦法、國家公園法、土地登記規則、文化資產保存法、以及環境保護相關法規等。

五、其他法律有關物權的規定，例如民用航空法的航空器抵押權的規定（第一九、二○條）。

六、智慧財產權法——財產權包括債權、物權、準物權和智慧財產權。

財產法係以物權法、契約法和侵權行為法為三大範圍，規範財貨歸屬和財貨自願和非自願移轉的秩序。智慧財產權也是界定財貨的歸屬秩序，因此亦可列入廣義的物權法。智慧財產權法包含商標法、專利法、著作權法、營業秘密法。

第二節　狹義的物權法

狹義的物權法專指民法法典第三編物權而言，全編分十章，自民法第七百五十七條至第九百六十六條止。

第二章　物權法的經濟作用

　　人類為求生存，必須利用周遭的資源生產財貨以供人們所需，而資源相對於人們的需求是有限的，所以人們必須選擇，也因為資源具有多種用途，人們才可以選擇，因而選擇一套法律制度，使資源能夠充分利用而滿足大多數人所需，據此應運而生的即是財產法的規定。

　　財產法的功能是滿足人們物質生活的需求，而物權法的經濟作用，就是用來達成財產法的功能，包括定分止爭和提供生產的誘因。

第一節　定紛止爭

　　物權法是規範財貨歸屬秩序的法律，法律一旦確定財貨歸屬秩序，現存的財貨便都有歸屬權利人，是故凡侵奪他人財貨的行為，就會遭到法律制裁。法律的制裁可以減少人們掠奪性經濟活動，因而減少財貨歸屬的糾紛。掠奪性經濟活動的實質內容只是強者自弱者強行取得財貨，並沒有增加社會財貨的總產量，掠奪過程消耗許多人們的勞力時間資源，因這些資源在糾紛過程中耗去，以致使其無法從事生產活動，而這些勞力時間資源如投入財貨的生產將可增加產量。因此，物權法除了減少財貨歸屬的糾紛，並且能使原先消耗於掠奪性經濟活動和解決糾紛的資源得以投入生產，凡此皆是物權法定紛止爭的經濟作用。

第二節　提供生產的誘因

　　物權法既具有上述的作用，而人們又必須消費財貨才能滿足生活的需求，既不能向他人掠奪財貨以滿足生活的需求，則將依靠合法途徑以滿足需求，從而將會利用已有的資源從事生產活動，而能增加社會的總生產量。在私有財產權制度下，法律保護私有財產，私人可以保有其生產所得，所有人會利用其所有的資源生產財貨，物權法因而提供生產的誘因。❶

---

❶　參閱謝哲勝，〈大陸物權法制的立法建議〉，《財產法專題研究㈢》，頁 176–177，自版（元照總經銷），2002 年 3 月。

第三章　物權法的特徵

　　世界主要國家法制，多數採歐美學者觀點，將世界法系分為英美法系和大陸法系，但是這是不精確的分類，因為英美兩國的法律有許多差異，歐陸兩個主要法制大國德國和法國，在物權法的規範更是截然不同，法國的物權法和英美的物權法的相似度，遠高於與德國物權法的相似度，因此，以下所謂的英美法，只是指稱英國和美國相同的法制，而大陸法系則區分德國法和法國法分別加以探討。❷

第一節　英美法系物權法的特徵

　　英美的物權法有以下特徵：

㈠物權自由

　　英美法相當於物權的 Property 可以質、量、時間、空間加以切割，物權的創設，原則上並無類型上和內容上的限制，物權原則上是自由的，❸只要翻閱任何物權法教科書即可得到驗證。❹

㈡物權是歸屬性權利

　　英美法 Property 的概念是歸屬性權利，不使用物權 (real right, right of thing, or right in rem) 一詞，不強調是對物理上物的權利，也不強調支配性質，因此，基於身分而可期待取得的收入，也是一種 property。❺物權客

---

❷　參閱謝哲勝，〈中國大陸『物權法』實施後相關法律配套之研究〉，曹義修主編，《中國大陸物權法學術研討會專輯》，頁 23–25，臺北，財團法人兩岸交流遠景基金會主辦，2007 年 7 月。

❸　John E. Cribbet & Corwin W. Johnson, Principles of the Law of Property (3 edition, 1989).

❹　必須強調如有學者聲稱美國法也採物權法定，則顯然是不瞭解美國物權法 (property law)，參閱 Roger Bernhardt, *Real Property* 28 (Third Ed. 1993); Sheldon F. Kurtz & Herbert Hovenkamp, *American Property Law* 2–8 (Second Ed. 1993).

❺　Charles A. Reich, The New Property, 73, Yale L. Rev. 733 (1964).

體不必特定，承認浮動擔保權 (floating lien)。

(三)無物權行為獨立性和無因性

英美法的物權，乃基於當事人意思而發生物權變動，此種變動基本上認為是財產權人處分其權利，與契約是不同概念，不需要相對人的承諾，即發生物權變動。不強調有一種與債權契約相區別的物權契約，無物權行為的概念，也無物權行為獨立性和無因性的說法。

(四)登記對抗

美國的不動產登記制度，並非不動產物權變動的生效要件，只是用來對抗善意第三人。

(五)徵　收

英美物權法的探討範圍都包括徵收的議題。

第二節　大陸法系物權法的特徵

(一)德國物權法

1.物權用語

物權一詞是德國民法典所創設。❻

2.物權法定主義

德國雖然未明文規定物權法定主義，但為實務和學者通說所肯認，強調物權的種類和內容只能由法典規定，當事人創設新種類和新內容的物權，不發生物權效力。

3.物權行為獨立性與無因性

物權行為的概念是由德國人所創設的，並藉由物權行為獨立性與無因性，切斷前手取得權利的瑕疵，使後手不受真正權利人的追索，以保護交易安全。在世界法制史上也只有德國法與抄襲德國法的法制（如臺灣民法典）的國家有物權行為獨立性與無因性的制度。

4.登記生效

德國民法關於不動產物權因法律行為發生變動，以登記作為生效要件。

❻　參閱孫憲忠，《德國物權法》，頁 19，五南圖書，1999 年 8 月。

㈡法國物權法

1.物權用語

法國民法典與英美法一樣，使用財產一詞。❼

2.物權自由

法國民法典並無物權法定相關規定，相當於用益物權的用益權、使用權及居住權的內容都是依當事人意思創設其內容，用益權可以附條件、期限，也可就各種動產和不動產加以設定，❽即類型自由內容也自由，規定承租人的權利同時具有對人權和對物權的性質。

3.無物權行為

法國民法典並無物權行為的概念。❾

4.登記對抗

法國民法關於不動產物權因法律行為發生變動，除非當事人無法立即移轉所有權或當事人不願立即移轉所有權，否則，在當事人合意時，所有權即發生瞬間移轉。❿而不動產登記的效力，只是用來對抗第三人。⓫

---

❼ 法國民法典第二卷即以「財產及所有權的各種變更」為標題。

❽ 參閱鄭正忠、朱一平、黃秋田譯，《法國民法典》，頁 207–217，五南圖書，2001 年 5 月。

❾ 參閱曾品傑，〈論法國法上之物權變動〉，《財產法暨經濟法》，第 5 期，頁 120，2006 年 3 月。

❿ 參閱曾品傑，〈論法國法上之物權變動〉，《財產法暨經濟法》，第 5 期，頁 123–125，2006 年 3 月。

⓫ 參閱曾品傑，〈論法國法上之物權變動〉，《財產法暨經濟法》，第 5 期，頁 127，2006 年 3 月。

第四章　物權法的體系

第一節　民法物權編

　　民法分為總則、債、物權、親屬和繼承五編，物權編即是狹義的物權法，民法物權編在第一章設有通則，第二章至第十章則規定了所有權、地上權、農育權、不動產役權、抵押權、質權、典權、留置權和占有。除了所有權和占有外，物權編對於這些物權均有定義性規定，了解這些物權的定義，理解其內容，是物權法學習的基礎，所以，以下即就各種物權下定義：

　　一、所有權：物權編對所有權未設定義性的規定，可能是因為所有權的權能眾多，定義時可能掛萬漏一，無法完備，又因所有權內容隨著社會經濟的變遷也會有所變動，因此，也不適於作定義，然而為求易於理解起見，本書定義所有權為於法令限制內概括地支配標的物，而又永久存續的權利。此一定義說明所有權為一概括支配標的物的權利，不像其他物權僅有特定的支配權，但此概括地支配權仍受到法令的限制；此外所有權是永久存續的，不像其他物權有期限。

　　二、地上權：以在他人土地上下有建築物，或其他工作物為目的而使用其土地的權利（民八三二）。

　　三、農育權：在他人土地為農作、森林、養殖、畜牧、種植竹木或保育的權利（民八五〇之一 I）。

　　四、不動產役權：以他人不動產供自己不動產便宜之用的權利（民八五一）。

　　五、抵押權：對於債務人或第三人不移轉占有而供擔保的不動產，得就其賣得價金受優先清償的權利（民八六〇）。

　　六、動產質權：因擔保債權，占有由債務人或第三人移交的動產，得就其賣得價金，受優先清償的權利（民八八四）。權利質權：以所有權以外

的財產權為標的的質權，或以可讓與的債權及其他權利為標的的質權（民九〇〇參照）。

七、典權：支付典價，在他人的不動產為使用及收益，於他人不回贖時，取得該不動產所有權的權利（民九一一）。

八、留置權：債權人占有屬於其債務人的動產，而具有下列各款的要件，於未受清償前，得留置該動產的權利：1.債權已至清償期。 2.債權的發生，與該動產有牽連的關係。 3.其動產非因侵權行為而占有（民九二八）。

九、占有：對於物有事實上的管領力（民九四〇參照）。

本書共分六篇，第一篇為緒論，第二篇起即依民法物權編的結構加以編排，列圖如下，以利體例上的掌握：

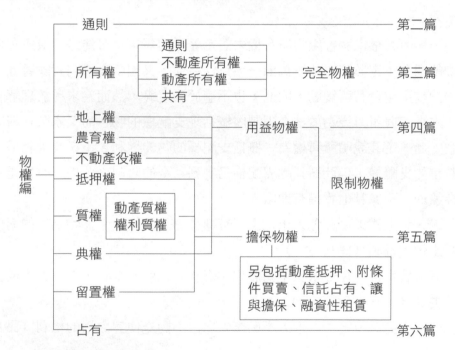

上圖有以下幾點必須加以說明：

一、典權究竟為用益物權或擔保物權，曾引起爭論，主張是擔保物權的學者認為民法物權編排列順序為所有權、用益物權、擔保物權、占有，典權置於質權和留置權之間，體例上應為擔保物權，而且典權的成立，多

因出典人缺錢用而以不動產典借現金，即以典產為借款的擔保手段，因此，典權為擔保物權。主張是用益物權的學者則認為民法第九百十一條明定：「稱典權者，謂支付典價在他人之不動產為使用、收益，於他人不回贖時，取得該不動產所有權之權。」使用收益是用益物權的本質，因此，典權應為用益物權。通說認為，典權應為用益物權，就典權的性質採用益物權說，❷理由在於，典權固然具有擔保的功能（民九一三立法理由），但出典人並無回贖的義務（民九二三參照），而典權又不像擔保物權是從權利而是主權利，再者，傳統典權雖有質當的擔保作用，但民法第九百十一條的文義及其立法理由明示典權與擔保物權有別。實務見解也認為典權為用益物權而非以支付典價所成立的借貸關係（司法院院字第二一三二號解釋、司法院院字第二一四五號解釋、司法院院字第二一四六號解釋、二〇年上字第七六三號判例、三二年上字第五〇一一號判例、三三年上字第一七九號判例）。本書認為，基於現行民法對於典權的規定是偏向於使用收益的用益作用，不以擔保債權的清償為目的，故典權雖然定性為用益物權較為合理。然而，不動產的價值既兼具用益和交換的價值，則某一限制物權也並非一定必須歸類為用益物權或擔保物權，而可能兼具用益物權和擔保物權的性質，因此，典權的用益性質固然較強，但也不能完全排除其擔保性質。

　　二、用益物權共有四種，都是不動產用益物權，除典權與不動產役權外，其他兩種皆以土地為客體。典權必須支付對價，地上權、農育權不以支付對價為必要，不動產役權亦未規定是否須支付對價。依據舊法規定，永佃權必須為永久且須支付對價，造成土地所有人和使用人分離，不利土地的有效使用，因此，未曾在臺灣出現過，所以現行法刪除永佃權規定；典權的成立須支付鉅額典價，需用土地的一方當事人如可支付此鉅額典價款項，亦足以負擔買賣頭期款而成立買賣契約，如欲為融資，亦可就買賣標的物設定抵押權，抵押人仍可為抵押物的使用收益，顯較典權為佳，因此，典權除曾經被用來規避土地增值稅外，目前極少新設定的典權。這四種不動產的用益物權具有不同的經濟功能，但因這四種不動產物權的經濟

❷　參閱謝在全，《民法物權論（中）》，頁188，自版，2010年9月修訂5版。

作用幾乎均可由不動產租賃加以替代，因此目前僅以地上權較為常見，不動產役權也不多見。民法並無動產用益物權的規定，因實際並無此需要，如有必要得以租賃方式達成目的。

　　三、民法物權編的擔保物權共有三種，即抵押權、質權、和留置權。不動產物權係以登記為公示手段，因此抵押權不以占有標的物為必要，動產物權則以占有為公示的手段，因此，質權、留置權以占有標的物為公示方法。動產擔保交易法創設了動產抵押、附條件買賣和信託占有三種擔保制度，讓與擔保和融資性租賃兩種擔保制度則為實務所承認，所以，本書也會一併介紹。

　　四、民法將占有作為一種事實上對物的管領力，而未規定為物權，本書以為占有是所有權的權能之一，也是對物為使用收益的要件，因此，占有雖然未視為物權，但其重要性則不容忽視。而如就權利是可享有特定利益的法律上地位來看，占有亦符合此一定義，而為權利的一種，事實上，大法官會議釋字第二九一號解釋也肯認占有為財產權的一種。

第二節　民法其他各編有關物權關係的規定

一、民法總則編

　　民法總則編是民法各編的原則規定，對物權關係原則上均有通用餘地，尤其不動產和動產的定義，更是物權法的基本規範。

二、民法債編

　　1.債法的契約法和侵權行為法與物權法是財產法的三大骨幹，三者在規範上及適用上均具有相當密切的關係，因現行通說採德國民法區分債權行為和物權行為，而物權編並無物權行為的規定，因此，勢必借用（類推適用）債編的規定，例如關於物權契約的規定須類推適用債權契約成立的規定（民一五三以下）。

　　2.債的關係有時是基於物權關係而發生，例如因添附的結果造成權利

喪失者得依不當得利的規定請求償金（民八一六），而物權關係亦有基於債的關係而發生者，例如，承攬人的法定抵押權的規定（民五一三），和不動產出租人的留置權（民四四五至四四八）。

3.契約❸可以幫助達成設定物權的效果，財產法兩項基本原則是契約自由和所有權自由（絕對）原則，因物權的成立受到民法第七百五十七條限制，而其內容又不一定適合當事人需要，而依契約自由原則，當事人可以創設各種債權關係以滿足其需要，促進經濟活動，融資性租賃即為最顯著的例子，名為租賃，實為動產擔保交易。而在物權關係上為求資源的最有效率使用，符合當事人的利益，亦常自訂立債權契約以協調對於所有物的使用，此種契約，在一定條件下，亦有拘束第三人的效力，例如隨土地所有權移轉的契約 (covenant running with land)。

而物權關係因存續期間較長，對雙方當事人的拘束亦大，因此，為免因經濟社會狀況變動超乎當事人的預期，當事人大多寧願以債權關係代替用益物權關係，例如，現行有許多耕地租賃契約，但未見有永佃權的設定，一般不動產的使用上亦多見租賃關係，而少見典權和地上權的設定，足見用益物權的適用上並不普及，而擔保物權的抵押權的設定並不影響抵押人使用收益其不動產，只要抵押人清償債務即可塗銷抵押權設定（最高限額抵押例外），因此，抵押權的設定具有融通資金的優點，又無拘束抵押人用益的缺點，被廣為運用。

三、民法親屬編

親屬編涉及物權關係者主要是夫妻財產制和未成年子女的特有財產。有關夫妻財產制，民法親屬編設有法定財產制和約定財產制，對於夫妻的財產不論其特質是債權或物權均有適用（民一○○四以下）。

---

❸　本書不贊同我國通說採德國民法物權行為的概念，但為了初學者學習方便，仍配合通說為論述依據，因此，也有債權契約和物權契約（物權行為）的用語，但國際上所通稱的契約 (contract)，其實僅指債權契約，而無物權契約概念，為符合國際化趨勢，本書稱契約即指債權契約。

　　未成年子女因繼承、贈與與其他無償取得的財產為其特有財產（民一〇八七）。未成年子女的特有財產，由父母共同管理。父母對於未成年子女的特有財產，有使用收益的權利。但非為子女的利益不得處分（民一〇八八）。民法親屬編將未成年子女財產就其取得來源不同而分為特有財產和非特有財產，特有財產明文規定由父母共同管理，則依反面解釋可以解釋為非特有財產父母不得管理。依第二項前段的反面解釋則父母對於未成年子女的非特有財產亦無使用收益的權利，就特有財產和非特有財產的取得來源看來，非特有財產因係未成年子女以勞力或其他法律關係所得，自應優於特有財產而受保護，如依此同一法理，則父母對於未成年子女的特有財產非為子女的利益不得處分，對未成年子女的非特有財產，更不得違反子女的利益而處分，更何況父母對未成年子女的非特有財產應無處分權。故五十三年臺上字第一四五六號判例❶❹即屬可議。

　　雖然是最高法院依社會通念認為父母為子女所購買的不動產，應推定係提出財產為子女作長期經營，因此在該價額限度內，以子女名義承擔債務，提供擔保，不能概謂為無效，❶❺此項見解值得贊同，但對於五十三年

<hr>

❶❹　53 年臺上字第 1456 號判例：「父母向他人購買不動產，而約定逕行移轉登記為其未成年子女名義，不過為父母與他人間為未成年子女利益的契約（民法第二百六十九條第一項的契約），在父母與未成年子女間既無贈與不動產的法律行為，自難謂該不動產係由於父母的贈與，故父母事後就該不動產取得代價，復以未成年子女名義為第三人提供擔保而設定抵押權者，不得藉口非為子女利益而處分應屬無效，而訴請塗銷登記。」

❶❺　民國 53 年 2 月 25 日 53 年度第 1 次民刑庭總會會議決議㈡民三庭提案：父母以其未成年子女的名義承擔債務，及以其未成年子女的財產提供擔保，其行為是否對未成年子女生效？有甲、乙、丙三說：
甲說：父母代其子女為法律行為，當然係其子女的利益而為的，若非為子女的利益而以子女的名義承擔他人債務及為他人提供擔保，依照民法第一千零八十八條（舊法）及限定繼承的立法意旨暨公平誠實的原則，除其子女於成年後自願承認外，不能對其子女生效。
乙說：承認甲說的原則，但子女的財產如係由父母以其子女的名義購置，則應推定父母係提出財產為子女作長期經營，故父母以子女的名義置業後，復在該

臺上字第一四五六號判例以否定該不動產係贈與，而認為不受民法第一千零八十八條第二項「非為子女的利益不得處分的」限制的理由構成，則難以同意。父母為未成年子女購置不動產，在子女們成年分家以前，雖可能無確定贈與的意思，但既然登記為未成年子女名義，除非因虛偽表示或消極信託登記有無效原因，否則子女已取得所有權。如無贈與的真意，雖登記為未成年子女名義，仍為父母的財產，則債權人仍可強制執行，據此，七十二年五月司法院司法業務研究會第三期法律問題研究結論可採，❶⓰實則，在父母贈與子女財產的情形，應推定有贈與真意，主張無贈與真意的

_____

價額限度內以子女名義承擔債務，提供擔保，不能概謂為無效。

丙說：承擔債務的契約與財產的處分行為（如設定抵押權）為兩個獨立的法律行為，父母以子女的名義承擔債務，並以子女的特有財產為之設定抵押權，關於承擔債務部分，不因父母非為子女的利益而處分其特有財產（即設定抵押權）應歸無效，而受影響（五十一年臺上字第三六四六號）。三說應如何取捨？敬請公決。

決議：父母以其未成年子女的名義承擔債務及以其未成年子女的財產提供擔保，若非為子女的利益而以子女的名義承擔他人債務，及為他人提供擔保，依照民法第一千零八十八條（舊法）及限定繼承的立法意旨暨公平誠實的原則，除其子女於成年後，自願承認外，不能對其子女生效。但子女的財產如係由父母以其子女的名義購置，則應推定父母係提出財產為子女作長期經營，故父母以子女的名義置業後，復在該價額限度內，以子女名義承擔債務，提供擔保，不能概謂為無效。

⓰　法律問題：父母（法定代理人）以未滿七歲的未成年人子女名義購置的不動產，其效力如何？債權人得否聲請執行？

研究意見：父母（法定代理人）以未滿七歲的未成年子女的名義購買的不動產，其立約當事人為未成年子女與第三人，父母僅居於法定代理人地位，不發生雙方代理的問題，其不動產買賣契約應屬有效。該財產既為子女的名義為其特有財產，非為子女的利益，不得處分，父母的債權人不得聲請強制執行，研討結論，尚無不合。

結論：父母以未滿七歲的未成年子女名義購置的不動產其價金由父母支付者，就子女而言為無償取得的財產，為子女的特有財產，非為子女利益不得處分，父母的債權人不得聲請強制執行。

人應舉反證推翻，就該財產管理整體觀察，子女如無不利益可言，就此特定情形，應認為不受民法第一千零八十八條第二項但書的限制（限縮解釋）。否則無法防杜狡詐之徒以民法第一千零八十八條第二項但書為藉口，行賴債詐財的目的。

論者或謂以上解釋將無法保障未成年子女，然則上述解釋僅限制父母對子女所贈與的財產無民法第一千零八十八條第二項但書的適用，並不否認子女可自父母以外他人無償取得財產，即令父母對未成年子女贈與為未成年子女獲得財產的最主要來源，衡量保護債權人利益和未成年子女無償受益的利益後亦應採上述見解。事實上父母如已對外淨負債，焉能再有餘力贈與財產給子女，債權人應可依民法第二百四十四條規定保護其權利。

四、民法繼承編

繼承法是身分財產法，在英美法上一直是財產法的範圍，而繼承人自繼承開始時，除民法另有規定外，承受被繼承人財產上的一切權利、義務。但權利、義務專屬於被繼承人本身者，不在此限（民一一四八 I）。所謂財產上的權利義務，包括物權，因此繼承亦和物權法有關。事實上為了避免被政府課徵遺產稅，一般人除對於因財產有登記，非辦理繼承無法移轉登記外，大多在被繼承人死亡的數日內辦理財產移轉手續完畢以規避遺產稅，而土地繼承可免繳土地增值稅，因此，繼承人選擇繼承繳遺產稅，在大多數情形反而比繳土地增值稅優厚，此為一般繼承移轉財產，多以土地為主要原因，而土地所有權因繼承而移轉，即係物權的變動，而適用物權法的規定。

第三節　民事特別法有關物權的規定

一、土地法

土地法是民法物權編最重要的特別法，因此欲通盤了解物權法，必須研究土地法，由下列四點說明土地法的重要性：

1.登記制度

土地法第四十三條規定：「依本法所為的登記，有絕對效力。」所謂絕對效力，係為了保護善意第三人，使其能受到善意受讓的保護。而不動產物權，依法律行為而取得、設定、喪失及變更者，非經登記，不生效力（民七五八 I）。因繼承、強制執行、徵收、法院的判決或其他非因法律行為，於登記前取得不動產物權者，應經登記，始得處分其物權（民七五九）。而除土地法第二編地籍規定不動產的登記外，土地登記規則是不動產登記的最主要法規，而其他相關的登記辦法在辦理登記時亦不容忽略。

2.物權的創設及消滅

土地法規定公有荒地承墾人自墾竣日起，無償取得所領墾地的耕作權（土地法一三三），此耕作權即為土地法所創設的物權。土地或建築改良物，自繼承開始日起，逾一年未辦理繼承登記者，經該管市縣地政機關查明後，應即公告繼承人於三個月內聲請登記，逾期仍未聲請者，得由地政機關予以列冊管理（土地法七三之一 I）。前項列冊管理期間為十五年，逾期仍未聲請登記者，移請國有財產局標售（同條第二項），因此，已登記土地或建築改良物會因逾期未辦理繼承登記，使得繼承人的所有權被標售，此即為土地法所規定物權變動的原因。

3.物權的限制

土地法關於限制不動產所有權或其他物權的規定，不勝枚舉，以下舉數例加以說明：

⑴土地法第十四條規定，若干土地不得為私有。

⑵土地徵收的規定，我國憲法關於徵收僅於第一百零八條第一項第十四款有公用徵收的字眼，但並未規定其要件，因此，土地法第五編土地徵收的規定的重要性即是不言而喻。但自從土地徵收條例施行後，則另須依照該條例的規定。

4.民法物權行使的特別規定

⑴共有土地或建築物處分的特別規定（土地法三四之一）。

⑵優先承買權的規定（土地法三四之一、一〇四、一〇七）。

二、動產擔保交易法

　　動產擔保交易法創設了三種特殊擔保物權，即動產抵押、附條件買賣和信託占有，這三種擔保物權因係源於美國法的制度，和民法物權編的擔保物權有相當大的差異，但形成了我國擔保法的整體，因此，學習物權法時須特別留意。

三、海商法和船舶登記法

　　海商法規定船舶抵押權（第三三條），船舶登記法規定船舶所有權、抵押權、租賃權的保存、設定、移轉、變更、限制、處分或消滅均應登記，也和民法物權編就動產的規定不同。

四、土地法特別法和關係法規

　　耕地三七五減租條例規定耕地出賣或出典時，承租人有優先承受權（第一五條），平均地權條例照價收買的規定（第二八至三四條），都市計畫法公共設施用地（第四二至五六條）和土地使用分區管制的規定（第三二至四一條），區域計畫法土地使用分區管制的規定（第一五至一七條），農地重劃條例優先購買權（第五條）和土地使用的限制（第九條），森林法限制採伐（第一○至一一條）和限期造林（第二一和四二條）的規定，礦業法礦業權物權的創設（第八條）和礦業權抵押（第三九至四二條）的規定，水利法水權的創設（第一五條）和對土地使用的限制（例如第六四、七八至八三條），漁業法漁業權的創設（第二○條）、漁業權抵押的規定（第二五至二六條），農業發展條例耕地移轉登記的限制規定（第三一條），山坡地保育利用條例有關山坡地超限使用的處罰（第二五條），土地稅法有關欠稅未清土地移轉的限制（第五一條），國有財產法有關國有財產保管使用收益的限制（第一七至四八條），建築法對於建築執照審查許可（第二五條），違章建築處理辦法有關違章建築拆除的規定，國家公園法對於國家公園區域內禁止行為的規定（第一三條），土地登記規則對於土地及建築改良物的

所有權和他項權利登記的規定以及文化資產保存法對於古物、古蹟的保護規定。以上種種法規對於物權的得喪變更均有影響，因此，對於特定事項除適用民法物權編的規定外，這些法規的特別規定亦須參照加以適用。

五、其他法律有關物權的規定

例如民用航空法有關航空器抵押的規定（第一八、二〇條），大眾捷運法關於區分地上權的規定（第一九條），促進民間參與公共建設法關於區分地上權的規定（第一八條）。

第四節　物權法與憲法

釋字第四〇〇號解釋認為：「憲法第十五條關於人民財產權應予保障之規定，旨在確保個人依財產之存續狀態行使其自由使用、收益及處分之權能，並免於遭受公權力或第三人之侵害，俾能實現個人自由、發展人格及維護尊嚴。」可知財產權本身既是基本權的一種，而財產權的保障也是實現其他基本權的基礎。[17]

「民法係為實現財產權制度性保障而制定的主要法律，並具體化於第七六五條」，[18]即以物權法制為財產權的保障的最主要法律，因此，物權法制攸關財產權的保障，即攸關憲法基本權的保障。

---

[17]　我國司法院大法官釋字中涉及民法物權編如，釋字第 107、119、139、141、164、291、304、349、358、408、414、451、562、671、758、771 號解釋。

[18]　參閱王澤鑑，《民法物權㈠通則・所有權》，頁 12，自版，2003 年 10 月增補版。

第五章　物權法的解釋適用

第一節　特別法優先適用

　　規範物權關係的法源，涉及許多不同法規的特別法，在適用上應注意特別法應優先於普通法而適用。

　　對於民法物權編而言，土地法是特別法，所以土地法優於民法物權編而適用，但對土地法而言，都市計畫法則是土地法的特別法，而都市計畫法又有臺北市都市計畫施行自治條例、高雄市施行細則和臺灣省施行細則，依臺北市都市計畫施行自治條例第二十六條又制定有臺北市土地使用分區管制規則，因此，其普通法和特別法的關係順序如下：

　　民法物權編→土地法→都市計畫法→臺北市都市計畫施行自治條例→臺北市土地使用分區管制規則

　　因此，如有座落於臺北市的甲地，欲知其可作如何使用，其順序即為一、民法。民法第七百七十三條：「土地所有權，除法令有限制外，於其行使有利益之範圍內，及於土地之上下。如他人之干涉，無礙其所有權之行使者，不得排除之。」依此規定則除法令有限制外，所有權人原則上可就土地為自由使用收益其所有物（民七六五參照），民法第七百七十四條至第七百九十八條相鄰關係而對土地使用的限制自應注意。二、須注意土地法的規定。土地法第九十一條規定城市區域的土地，得依都市計畫法。分別劃定於限制使用區及自由使用區。三、適用都市計畫法的規定，都市計畫法第三十二條規定都市計畫得劃定住宅、商業、工業等使用區，並得視實際情況，劃定其他使用區或特定專用區。前項各使用區，得視實際需要，再予劃分，分別予以不同程度的使用管制。四、適用都市計畫法臺北市施行細則，該細則第二十六條規定本府得依本法第三十二條第二項規定將使用分區內建築物及土地的使用再予劃分不同程度的使用管制，並另定土地使用分區管制自治條例加以管理。五、適用臺北市土地使用分區管制自治

條例，如甲地地目為建地，使用分區為住二，則甲地所有權人即可依該使用分區管制規則對於第二種住宅區的規定，而起造建築物。因此對於特定問題須注意特別法有無規定，如特別法有規定即應優於普通法而適用。

第二節　解釋適用原則

此處的解釋適用，指依據法律規範意旨闡述條文的意義，包括類推適用和目的性限縮。

如前述第二章物權法的經濟作用中所提及，物權法是財產法之一，財產法終極的目的在於利用有限的資源以生產產品和服務滿足人們的需求，因此，解釋適用物權法必須借助經濟學的理論和方法，解釋的結果則須符合財富極大或公平正義[19]的要求。為達此目的，公共秩序、善良風俗、誠實信用、公平正義等不確定的法律概念皆不該再成為解決某項法律問題的唯一理由，應將不同的解決途徑，分別加以探討，符合財富極大和公平正義加總的最大利益的見解，即是解釋適用法律時應採取的見解。以下舉例子加以說明：

民法第七百八十七條第一項規定：「土地因與公路無適宜之聯絡，致不能為通常使用時，除因土地所有人之任意行為所生者外，土地所有人得通行周圍地以至公路。」「其主要目的，不僅專為調和個人所有之利害關係，且在充分發揮袋地之經濟效用，以促進物盡其用之社會整體利益。」[20]因此，雖非土地所有人，但對於土地為真正使用的人，為使充分發揮袋地的經濟效用，使資源最有效率地使用，亦應有該條的適用。[21]如昧於條文用語「土地

---

[19]　參閱謝哲勝，〈法律經濟學基礎理論之研究〉，《中正大學法學集刊》，第 4 期，頁 37，2001 年 4 月。

[20]　參閱最高法院 75 年臺上字第 947 號判例。

[21]　參閱最高法院 79 年 5 月 29 日第 2 次民事庭會議決議㈡：土地因與公路無適宜的聯絡致不能為通常使用者，土地使用權人是否得通行周圍地以至公路？有下列甲、乙二說：
甲說：民法第七百八十七條第一項規定主張對土地周圍地有通行權的人，以該土地所有人為限，土地使用權人不得逕依上開規定，對土地周圍地主張有通行權。

所有人」，即認為所有人以外的人不得主張民法第七百八十七條第一項的通行權，即係忽略財產法的經濟功能的解釋。❷民法第八百條之一因而規定：「第七百七十四條至前條規定，於地上權人、農育權人、不動產役權人、典權人、承租人、其他土地、建築物或其他工作物利用人準用之。」

乙說：依七十年九月十七日最高法院七十年臺上字第三三三四號判決要旨：「查民法物權編關於土地相鄰關係的規定，重在圖謀相鄰不動產的適法調和利用。鄰地通行權的性質，為土地所有權人所有權的擴張，與鄰地所有權人所有權的限制，是以土地所有權人或使用權人，如確有通行鄰地的必要，鄰地所有權人或使用權人，即有容忍其通行的義務，此為法律上的物的負擔。土地所有權人或使用權人，基於其物權的作用行使上開請求權時，其對象並不以鄰地所有權人為限。」以觀，似宜採肯定說。以上二說，應以何說為當，提請公決。研究報告略……

主席宣布：本案提經討論後，出席人員咸認原案乙說未盡周延，應採民三庭所提出的研究報告作為乙說，整理後乙說變更如下：

乙說：民法創設鄰地通行權，原為發揮袋地的利用價值，使地盡其利增進社會經濟的公益目的，是以袋地無論由所有權或其他利用權人使用，周圍地的所有權及其他利用權人均有容忍其通行的義務。民法第七百八十七條規定土地所有權人鄰地通行權，依同法第八百三十三條、第八百五十條、第九百十四條的規定準用於地上權人、永佃權人或典權人間，及各該不動產權人與土地所有權人間，不外本此立法意旨所為一部分例示性質的規定而已，要非表示所有權以外其他土地利用權人間即無相互通行鄰地的必要而有意不予規定。從而鄰地通行權，除上述法律已明定適用或準用的情形外，於其他土地利用權人相互間（包括承租人、使用借貸人在內），亦應援用「相類似案件，應為相同的處理」的法理，為的補充解釋，類推適用，以求貫徹。

主席宣布：本案經整理後提付表決。決議：採乙說。

❷ 參閱前註甲說。

第六章　物權法制發展實況

　　法典只是法律的一種形式，除了民法物權編條文的修正外，在司法解釋及判決闡釋和特別法陸續制定後，已形成與民法物權編文義不同的面貌，以下就通則、所有權、用益物權、擔保物權及占有部分分節依序加以敘述。

第一節　通則部分

一、物權種類增加

　　立法和司法實務創設了許多民法所無的物權，列舉如下：

㈠動產抵押、附條件買賣和信託占有

　　動產擔保交易法創設了三種權利，即動產抵押、附條件買賣和信託占有。❷❸

　　這三種權利的權利人都可以直接對擔保交易的標的物主張歸屬性的權利，因而是民法物權編所沒有的三種擔保物權。

㈡融資性租賃

　　融資性租賃是租賃公司提供融資（借款）供企業購買設備，而以由租賃公司保有所有權的租賃形式作為債權的擔保，因租賃公司和企業都可以主張歸屬性的權利，所以融資性租賃也具有擔保物權的性質。

㈢耕作權

　　土地法第一百三十三條第一項規定：「承墾人自墾竣之日起，無償取得所領墾地之耕作權，應即依法向該管直轄市或縣（市）地政機關聲請為耕作權之登記。但繼續耕作滿十年者，無償取得土地所有權。」耕作權人之後可以取得所有權，享有與所有權人幾乎相同的權利，是所有權的前身，是典型的不動產物權。

---

❷❸　參閱動產擔保交易法第 15 條、第 26 條和第 32 條。

(四)優先權

優先權是指特定債權人享有就債務人的總財產或特定動產、不動產的價值優先受償的權利,如果不必依當事人意思只要符合法律規定即可創設,則是法定優先權,也是法定擔保物權。民法及民事特別法中有許多法定擔保物權的規定,而法定擔保物權可能稱為抵押權(民五一三、八二四之一IV),也可能稱為質權(民事訴訟法一○三),或直接稱為優先受清償的權利(勞動基準法二八),都是廣義的優先權的規定。而民法第一千一百五十九條第一項中也有優先權的用語,泛指意定與法定的優先權。

(五)信託的受益權

信託的受益權是信託的受益人可以主張的權利,原則上是對信託財產所主張的一種歸屬性的權利,受益人除了對受託人有對人權外,符合一定要件下,也可對第三人主張對信託財產的權利,即具有與物權相同的對世效力。❷❹

二、物權法定原則從肯認到逐漸放棄

物權法定原則規定在民法第七百五十七條,在中國大陸時期的數個判例❷❺也一再強調,並由三十八年臺上字第二六九號判例❷❻可知,於遷臺後最高法院仍繼續加以肯認,延續到八十四年度臺上字第二三八五號判決,均強調習慣法不能創設物權、變更物權內容即係創設物權,不能發生物權效力。

但公用地役關係通行權❷❼和最高限額抵押權❷❽的承認,即是對物權法

---

❷❹ 詳細介紹,請參閱謝哲勝,《信託法》,頁182–195,元照出版,2016年7月。

❷❺ 30年上字第2040號、31年上字第2235號;但最高法院民國99年2月23日99年度第1次民事庭會議決議,已宣告不再援用30年上字第2040號、31年上字第2235號、38年臺上字第269號,此三則判例。

❷❻ 此判例與前註30年上字第2040號、31年上字第2235號判例均涉及房屋承租人的先買權,參閱黃健彰,〈房屋承租人優先購買權的承認與建構〉,《「2009台灣法律經濟學研討會」學術論文集》,頁236–254,臺北,國立中正大學法律系、臺灣財產法暨經濟法研究協會主辦,2009年6月14日。

❷❼ 參閱臺灣高等法院高雄分院92年度上易字第35號判決,相關探討,參閱謝哲

定原則的放寬，近年來，最高法院更出現完全無視物權法定原則的判決，在八十六年度臺再字第九七號判決中，最高法院認為「物權之新種類或新內容，倘未違反物權之直接支配性與保護絕對性，並能以公示方法確保交易安全者，即可認為與物權法定主義存在之宗旨無違。」依此號判決意旨，在能確保交易安全的前提下，即可創設物權的新種類或新內容，事實上即等於放棄物權法定原則，而採物權自由原則，❷❾新法第七百五十七條已承認習慣物權。而對於新法第七百五十七條中所稱的習慣，修法理由中提到：「又本條所稱『習慣』係指具備慣行之事實及法的確信，即具有法律上效力之習慣法而言，併予指明。」對此，本書認為，該習慣必須泛稱交易習慣才能解決問題。詳細的理由，請參閱第二篇的說明。

勝，〈從美國法上的土地準徵收論既成道路公用地役權之妥當性〉，《財產法專題研究》，頁 215–236，三民書局，1995 年 5 月；司法院釋字第 400 號解釋理由書：「公用地役關係乃私有土地而具有公共用物性質之法律關係，與民法上地役權之概念有間，久為我國法制所承認（參照本院釋字第二五五號解釋、行政法院四十五年判字第八號及六十一年判字第四三五號判例）。既成道路成立公用地役關係，首須為不特定之公眾通行所必要，而非僅為通行之便利或省時；其次，於公眾通行之初，土地所有權人並無阻止之情事；其三，須經歷之年代久遠而未曾中斷，所謂年代久遠雖不必限定其期間，但仍應以時日長久，一般人無復記憶其確實之起始，僅能知其梗概（例如始於日據時期、八七水災等）為必要。至於依建築法規及民法等之規定，提供土地作為公眾通行之道路，與因時效而形成之既成道路不同，非本件解釋所指之公用地役關係，乃屬當然。」

❷❽ 相關判例（決）不可數計，其典型的例子，參閱最高法院 66 年臺上字第 1097 號判例。

❷❾ 在民法第 757 條修訂後，學說對於物權法定原則取捨的態度，不盡一致，有學者稱為物權法定主義緩和，參閱王澤鑑，《民法物權》，頁 44，自版，2010 年 6 月增訂 2 版；參閱謝在全，《民法物權論（上）》，頁 50–51，自版，2010 年 9 月修訂 5 版；不過更學者有直接稱為「物權自由」，參閱蘇永欽，〈物權自由了〉，《法令月刊》，第 61 卷第 3 期，頁 121–125，2010 年 3 月。

三、物權受限制的程度增加

物權法具有定分止爭與提供生產誘因的功能，也是國家合理分配社會資源的一種制度，國家承認特定人的物權，同時也排除其他人對同一資源享有同一物權的可能性。❸為了社會整體的利益，權利的內容亦有隨著社會經濟環境變遷而轉變的必要。因此不得不對物權的內容適時地作出修正，以符合社會現階段所需要，進而有效分配社會資源。

為了使生活環境品質有所提升，立法上不得不就人們的經濟活動為適度管制，使家居生活不致受到工廠和商業活動的干擾，所以有土地使用分區管制、房屋使用管制、建築管理等相關規定；為了保護文化資產，有文化資產保存法來限制古蹟的使用、改建；為了保持環境的清潔，亦有環境保護法規；為了使社會上處於經濟弱勢的國民也能有基本的生存憑藉，立法上自有特別加以保護的必要，因此也連帶影響與其進行經濟活動的相對人本身利益。例如土地法第九十七條和第一百條關於租金最高額和收回房屋的限制規定，在在均顯示物權受限制的程度增加，印證了社會利益決定個人擁有何種權利的權利社會化思想。❸

四、債權和物權的區分由絕對化到相對化

債權是特定人向特定人請求特定給付的權利，物權則是直接支配特定物而享有其利益的權利，傳統學說對這二者區分似乎為絕對的，因而不難發現有「債權當然僅在當事人間發生效力」的論調。

區分財產權為債權和物權，其實是德國法的產物。在法國民法典並不使用物權一詞，英美法也不採此種區分方式，因此，區分某種權利為債權或物權有時並無絕對實益，尤其在司法院大法官會議釋字第三四九號解釋作成債權如在第三人明知或可得而知的情形下，並非不得對其發生效力的

---

❸　參閱釋字第 580 號解釋林子儀大法官的部分協同及部分不同意見書。

❸　Lord Lloyd of Hampstead & M. D. A. Freeman, *Lloyd's Introduction to Jurisprudence* 439 (5th ed. 1985).

解釋之後，債權也有可能具有對世性，㉜換言之具有物權本質上之特性，㉝也就是事實上物權。㉞因此，重要的是該權利具備哪些權能，例如租賃權具有對抗特定繼受人的效力，至於將其歸類為債權或物權顯已不重要。信託的受益權兼具對於受託人請求的債權和對於信託財產請求的物權，而信託占有制度亦混合債權和物權。因此，物權和債權區分恐怕不是絕對的，在某些情形其實只是相對的，㉟一切端視如何定義物權和債權。

五、物權行為概念的確立和修正

物權行為的概念是德國法制所獨有，不存在於法國法，更不存在於英美法，而且將債權行為和物權行為分離，將違背社會生活常情且與一般國民觀念不符，此乃許多學者所共認的事實，㊱而習法者更感困擾，所以臺灣在一九八〇年以前，所謂物權行為的概念其實只存在於教科書而已，實務上在一九八〇年都還出現將債權行為和物權行為合而為一的判例(決)，㊲在一九八一年最高法院七十年臺上字第四五三號判例才將物權行

㉜ 參閱謝哲勝，〈民法上相鄰關係與社區管理之探討〉，《財產法專題研究㈡》，頁209以下，元照出版社，1999年11月，關於隨不動產所有權移轉的契約的說明。

㉝ 參閱謝哲勝，〈物權的公示〉，《月旦民商法雜誌》，第2期，頁12，2003年12月。

㉞ 參閱謝哲勝，〈違章建築的事實上處分權〉，《月旦法學雜誌》，第102期，頁251，2003年11月。

㉟ 參閱王澤鑑，《民法物權㈠通則・所有權》，頁33，自版，2001年4月修訂版。

㊱ 參閱謝在全，《民法物權論（上）》，頁97，自版，2004年8月修訂3版；王澤鑑，〈物權行為無因性理論之檢討〉，《民法學說與判例研究㈠》，頁286，自版，1983年4月；曾世雄，《民法總則之現在與未來》，頁188，自版，1993年6月；劉得寬，《民法諸問題與新展望》，頁40，五南圖書，1995年5月；吳光明，〈論基於法律行為之物權變動——德國與我國現行制度之檢討〉，《民法七十年之回顧與展望紀念論文集㈢物權・親屬編》，頁153–154，元照出版，2000年9月。

㊲ 實務上不區分物權行為和債權行為的見解，例如在最高法院39年臺上字第105號判例、60年臺上字第1317號判例、69年臺上字第558號判決、69年臺上字第1590號判決。

為和債權行為明確區分，在之後的最高法院八十八年度臺上字第一三一〇號判決和八十九年度臺上字第九六一號判決，才明確提出物權行為的獨立性與無因性。

　　但是物權行為的概念有其先天上的缺陷，其功能並已為善意受讓制度所取代，❸ 學說上通說雖然採物權行為的獨立性及無因性，但都採取無因性的相對化理論，❸ 因此，物權行為雖然被臺灣通說所承認，但其實是經修正後的物權行為概念，而非與債權行為絕對區分的獨立性和無因性。❹

六、違章建築事實上處分權的創設與徬徨❹

　　最高法院首先於四十三年臺上字第八五六號判例，認為民法物權編關於登記的規定，只限於在未能依同編施行法第三條所稱的法律登記前，始在不適用之列，房屋因違章建築而未能登記，仍應適用民法第七百五十八條的規定。然而違章建築既無法為所有權登記，也無法變更登記，可是為了買賣雙方權利義務的衡平，卻又不能不承認違章建築買受人的權利當然可以對抗讓與人，因此最高法院五十年臺上字第一二三六號判例提到：「違章建築物雖為地政機關所不許登記，尚非不得以之為交易之標的，原建築人出賣該建築物時，依一般規則，既仍負有交付其物於買受人之義務，則其事後以有不能登記之弱點可乘，又隨時主張所有權為其原始取得，訴請確認，勢無以確保交易之安全，故本院最近見解，認此種情形，即屬所謂無即受確認判決之法律上利益，應予駁回。是其確認所有權存在之訴，既

---

❸　有關物權行為的檢討，請參閱謝哲勝，〈物權行為獨立性之檢討〉，《財產法專題研究》，頁 79–109，三民書局，1995 年 5 月。

❸　參閱謝在全，《民法物權論（上）》，頁 97–98，自版，2004 年 8 月修訂 3 版；王澤鑑，《民法物權㈠通則・所有權》，頁 90–91，自版，2003 年 10 月增補版。

❹　物權行為的起源國德國，面對物權行為無因性的批評，就採減弱物權行為無因性的效力的見解，即無因性相對化理論，參閱鄭冠宇，〈物權行為無因性之突破〉，《法學叢刊》，第 172 期，頁 59–72，1998 年 10 月。

❹　以下並請參閱謝哲勝，〈違章建築的事實上處分權〉，《月旦法學雜誌》，第 102 期，頁 246–253，2003 年 11 月。

應駁回，則基於所有權而請求撤銷查封，自亦無由准許。」❷六十七年度第二次民事庭會議決議㈠就採取「違章建築之讓與，雖因不能為移轉登記而不能為不動產所有權之讓與，但受讓人與讓與人間如無相反之約定，應認為讓與人已將該違章建築之事實上處分權讓與受讓人。」創設了事實上處分權的概念。

　　然而，在六十九年度臺上字第三七二六號判決，卻又認為違章建築尚未辦理保存登記（建物所有權第一次登記），受讓人無從取得所有權，即無排除強制執行的權利。等於以受讓人取得的事實上處分權用來清償讓與人的債務。八十六年度臺上字第二二七二號判決，又認為須有事實上的處分權者，始有拆除違章建築的權限，因此，拆屋還地的義務人是事實上處分權人而非違章建築所有權人（原起造人和第一次讓與人）。在義務的承擔上又認為事實上處分權人具有物權人的地位。此外，最高法院民事判決九十五年度臺上字第九十四號判決又認為：「對未登記之不動產肯認有事實上處分權，乃係實務上之便宜措施，然事實上處分權究非所有權，能否類推適用所有權之物上請求權之規定，亦非無疑。」

　　由上所述，最高法院認為事實上處分權人不是所有人，但卻有權利拆除違章建築，可以排除所有權人的物上請求權，卻又不承認此權利可以作為第三人異議之訴的權利，而事實上處分權人又具有類似所有權人的權限，理論上顯有矛盾。

　　最高法院既無法周延地解決此一困境，下級法院就出現了以起造人為債務人而拍賣違章建築，係拍賣無事實上處分權負擔的所有權的見解，❸

---

❷　請求撤銷查封是指提起異議之訴，強制執行法第 14 條第 1 項規定：「執行名義成立後，如有消滅或妨礙債權人請求之事由發生，債務人得於強制執行程序終結前，向執行法院對債權人提起異議之訴。如以裁判為執行名義時，其為異議原因之事實發生在前訴訟言詞辯論終結後者，亦得主張之。」第 15 條規定：「第三人就執行標的物有足以排除強制執行之權利者，得於強制執行程序終結前，向執行法院對債權人提起異議之訴。如債務人亦否認其權利時，並得以債務人為被告。」

❸　臺灣高等法院暨所屬法院 84 年度法律座談會民事執行類第 1 號。

等於宣告違章建築買受人一遇到起造人的債權人聲請法院拍賣，其事實上處分權就自動喪失（欠缺物權的追及效力）。另一方面，卻又認為以違章建築的買受人為債務人而拍賣違章建築，所拍賣的標的是建物的所有權。❹事實上處分權在法院作為拍賣標的時，卻又突然變成所有權，法院實務對違章建築的事實上處分權的解釋適用，可說是身陷泥淖，不可自拔。本書認為，事實上處分權其實就是所有權，因為買賣違章建築的當事人就是以移轉違章建築所有權的意思而簽訂契約，但是其所有權變動無法依法定方式加以公示，買賣違章建築應不以辦理登記為要件，只要交付違章建築，即發生所有權移轉的效力，因此，有關違章建築的事實上處分權的判例、判決、決議都應停止援用，以免在認事用法上發生更多的矛盾與衝突。

第二節　所有權部分

所有權是最原始的物權，也是最普遍的物權，所有權在臺灣的發展，有以下發展實況：❺

一、一物由一權到容許多權

在臺灣物權法的教科書❻可以看到「一物一權主義」的字眼，望文生義則可以理解為一物只能有一個物權，但當一物存在限制物權時，一物就有兩權了，因此，一物一權只能理解為一物一個所有權或一物不得存在兩個以上不相容的物權。然而，先不論英、法、美諸國不採物權法定原則，物權可以自由創設，一物一權限制人們就一物上設定物權的個數，將影響對一物利用的密度，自然影響資源利用的效率，因此，藉由對物為量的切割，使一物變成多物，以及藉由對物為質與時間上的切割，一物一權即變成一物多權。

---

❹　臺灣高等法院暨所屬法院 55 年度法律座談會民事執行類第 46 號。

❺　以下參閱謝哲勝，〈台灣物權法制發展〉，《財產法暨經濟法》，第 2 期，頁 46–48，2005 年 6 月。

❻　例如王澤鑑，《民法物權㈠通則·所有權》，頁 54，自版，2003 年 10 月增補版；謝在全，《民法物權論（上）》，頁 23，自版，2004 年 8 月修訂 3 版。

二、共有制度弊端的凸顯到預防與解決

　　共有制度有利於物的利益供多數人分享和聚合多數人的資源，作符合經濟規模的生產活動，然而單一所有權對於財產權的使用效率優於共有，**❹** 除了使用效率較高外，並可避免共有人就共有物管理、使用、處分產生紛爭。

　　然而，工商業社會分秒必爭，因共有而造成的決策成本及造成的不動產閒置，乃形成重大的社會成本，因此，預防共有的弊端並對現有共有造成的資源浪費情形尋求解決之道，即顯得十分重要。因而有減少共有發生、**❹**鼓勵消滅現有共有狀況、**❹**解決共有的糾紛，**❺**以及共有權利義務關係的一致性等明文法律規定和實務見解產生。**❺**

---

❹ 參閱謝哲勝，〈不動產所有權取得時效之客體立法政策之研究〉，《財產法專題研究》，頁 168，三民書局，1995 年 5 月。

❹ 一、原土地法第 30 條規定除繼承外，農地不得移轉為共有；二、原農業發展條例第 30 條規定，原則上禁止耕地移轉或分割為共有；三、原農業發展條例第 31 條鼓勵農業用地由繼承人一人繼承或承受。以上條文目前都遭到刪除，顯示共有的功能還是被重視，重點便放在共有弊端的解決。

❹ 參閱臺灣相關法律：一、土地法第 34 條之 1 第 4 項規定共有人出賣其應有部分時，他共有人得以同一價格共同或單獨優先承購；二、農地重劃條例第 5 條規定重劃區內耕地出售時，共有土地現耕之他共有人有優先承購權；三、農地重劃條例第 24 條規定重劃區內共有土地在三種情形下得分配為個人所有。

❺ 民法第 819 條及第 828 條規定共有物的處分、變更、及設定負擔，應得共有人全體的同意，造成共有土地或建築物處分的紛爭難以解決。土地法第 34 條之 1 乃放寬為共有人過半數及其應有部分過半數，或應有部分合計逾三分之二即可，又對共有物因分割或其他處分產生的紛爭，提供縣市地政機關為調解管道，有助於共有紛爭的解決。

❺ 臺灣地區土地共有情形甚為普遍，其中建築物基地大部均為共有。共有人將其應有部分出賣與第三人，受讓人如可不受原共有人間有關共有物使用、收益約定的拘束，得要求另行約定使用、收益的方法，不僅滋生訟爭，並使他共有人基於分管契約所取得的權益，不能獲得保障，因此，不得不承認此種契約隨土地所有權移轉，此即為隨不動產所有權移轉的契約，使共有權利義務關係不因少數共有人移轉其應有部分而受影響，以維護共有權利義務關係的一致性，大

第三節　用益物權部分

用益物權在臺灣的發展，有以下發展實況：**❺❷**

一、用益物權種類增加

　　前述物權種類的增加中，區分地上權屬於用益物權，因為建築用地需求十分殷切，在建築用地有限的情況下，如何在同一土地上為更密集的使用實為一重要的思考議題，區分地上權即是就土地為空間上切割，以滿足建築用地的需求所衍生的產物。

　　區分地上權最先出現於大眾捷運法第十九條第一項，用來解決捷運興建用地的取得不易的難題，然後逐漸適用到所有交通建設，而規定於獎勵民間參與交通建設條例第十九條，進而擴及所有公共建設，因而促進民間參與公共建設法也加以規定。民法原規定的地上權僅能就土地上設定地上權，區分地上權則可就土地的上空和地下的一定空間範圍加以設定，使土地利用更具效率。

　　另外，既成道路公用地役權雖然違憲，但也表示人役權有市場需求，法定的地役權無法滿足現實生活的需要。至於為何只有增加一個合法的用益物權，前述增加的物權幾乎都是擔保物權，這主要是市場上有替代制度——租賃的存在。租賃設定並不須登記，成本較低，內容又是自由的，又可以達到用益物權的功能——支配並使用物，**❺❸**因此，用益物權幾乎都不敵物權化的租賃的競爭。

　　　法官會議釋字第349號解釋雖然部分推翻最高法院48年臺上字第1065號判例要旨：「共有人於與其他共有人訂立共有物分割或分管之特約後，縱將其應有部分讓與第三人，其分割或分管契約，對於受讓人仍繼續存在。」的見解，但認為：「如其事實為第三人明知或可得而知，縱為債權契約，其契約內容仍非不得對第三人發生法律上之效力。」即承認此種契約可以隨不動產所有權而移轉。

❺❷　以下參閱謝哲勝，〈台灣物權法制發展〉，《財產法暨經濟法》，第2期，頁50–52，2005年6月。

❺❸　其實依本書作者見解，租賃是本質上物權或事實上物權，所以它具有可以和用益物權競爭的優勢，也就不足為奇。

二、用益權人與所有權人保護的消長

因為對不動產加以利用而生產物品者，相較於單純擁有不動產所有權而不加以利用者，其對社會的貢獻較大，因此，近代不動產所有權的趨勢應為利用權優於所有權。❺❹再者取得不動產所有權必然花費相當成本，此種取得和保存不動產所為的投資，必須加以保護，但這種成本並不會對人們利用現有資源以生產產品或服務造成影響，因而法律必須鼓勵人們去利用不動產加以生產，因為在所有權人並非直接利用不動產之人的狀況下，則用益權人才是真正利用不動產以生產產品或服務的人，因此，對用益權人的保障應優於所有權人。憲法第一百四十三條第四項扶持自耕農及自行使用土地人的規定和耕地三七五減租條例等農業法規，以及土地法等特別法保障土地及房屋承租人的規定，即反映此種思維。

然而，在現代科技化社會，勞力對產出貢獻的比例逐漸下降，而且將所有和經營分離以確保專業經營的作法對於提升效率亦有正面助益，同時為了確保用益權人是最有效率使用之人，應容許潛在用益權人可以透過競爭的手段取得用益權，因此，立法上對於並非生活必需品的用益關係（與保護弱者有關），有轉向加強對所有權人保護的傾向，使所有權人得較有彈性地形成新的用益關係，加上具有資本和技術而得有效利用財貨的用益權人，一般也非經濟上弱者。反而是當用益權人屬於經濟上強者，對用益權人的保護就不必特別強調，而有減弱的趨勢。例如農業發展條例的修正，立法上轉而保護農地出租人，西元一九九九年民法第四百二十五條第二項修正，其對承租人保護的減弱，應該是反映了此種思維。

三、無實用價值用益物權自然淘汰

社會生活中不會出現的事物，不會因為法律的規定即自動發生，所以一般生活中不會使用的物權，也不會因為物權法有明訂，就為人們所使用。

❺❹　參閱劉得寬，〈土地所有權理論之新展開〉，《民法諸問題與新展望》，頁47，五南圖書，1995年5月。

現行民法物權編制定時，未經確實的分析探討制度的可行性和優劣，因此，有的物權從未被運用，如永佃權；有的物權則是不具市場競爭力，而自然淘汰，例如臺北市在西元二〇〇一年典權設定其案件數為零，這兩種無實用價值的物權，前者是抄襲外國的制度，後者的功能則被他種權利所取代，前者在臺灣從未存在，後者則無論有人如何強調其功能，也因其違逆市場機制而遭到自然淘汰。

第四節　擔保物權部分

擔保物權在臺灣的發展，有以下發展實況：❺❺

一、擔保物權種類增加

前述增加的物權種類中，除了區分地上權和信託受益權，都是擔保物權，包括動產擔保交易法的三種擔保物權（動產抵押、附條件買賣與信託占有）、融資性租賃、最高限額抵押和優先權，除了優先權外，這幾種擔保物權都是用來作為融資的擔保，此乃導因於傳統的融資工具不足以應付現代融資的需要，因此，立法上即增訂新的擔保物權，又因立法上仍不足以配合實際交易活動的需要，司法實務上在未修法之前也先行承認新內容的物權——最高限額抵押權，修法後增訂於民法物權編條文中（民八八一之一至八八一之十七）。

未經當事人合意就能創設的擔保物權，都是廣義的優先權，只是條文未必使用優先權字眼，優先權的創設不限於融資的目的，也可能基於保護勞工的工資債權等目的，國家為了政策目的所定的法定擔保物權，亦有補充民法典不完備的功能，進而實現國家經濟和社會上的現代化。

二、擔保標的範圍擴大

擔保物權的標的，民法典原以不動產和動產為區分標準，而定為不動

---

❺❺　以下參閱謝哲勝，〈台灣物權法制發展〉，《財產法暨經濟法》，第 2 期，頁 54–56，2005 年 6 月。

產抵押權、動產質權和留置權二分法，權利抵押權和權利質權基本上也是二分法。然而，動產抵押的引進，即將抵押權適用於動產，而優先權則是針對債務人的特定財產或全部財產，不區分動產和不動產，使擔保物權的標的範圍可以擺脫動產和不動產的分類界線，而擴張標的的範圍，擔保標的範圍因而擴大。

第五節　占有部分

占有在臺灣的發展，有以下發展實況：❺❻

一、占有由事實而權利

占有是對物有事實上管領力，立法例上有認為是事實，也有認為是權利，臺灣學者多數說認定為事實。❺❼

然而，占有得為侵權行為的客體，❺❽大法官會議釋字第二九一號解釋也認為，對於時效取得的占有人登記請求權的限制，違反憲法財產權保障的意旨，則顯然認為該占有人已取得權利，在無本權下，該占有本身就是權利，而非事實。所以，雖然許多學者仍將占有認為是事實，但其實已將它納入權利的保護範圍中，與承認占有為權利並無實質差別。

二、保護交易安全由過度到適中

民法第九百四十八條文字規定善意受讓以受讓人不知即可，但現行法物權編已改為因重大過失而不知並不受善意受讓的保護，使現行保護交易安全的規定，將由受讓人只要是不知就可保護，改為必須非因重大過失而不知才受保護。

---

❺❻　以下參閱謝哲勝，〈台灣物權法制發展〉，《財產法暨經濟法》，第 2 期，頁 57–58，2005 年 6 月。

❺❼　參閱王澤鑑，《民法物權㈡用益物權・占有》，頁 168、169，自版，2003 年 10 月；謝在全，《民法物權論（下）》，頁 513、514，自版，2004 年 8 月修訂 3 版。

❺❽　參閱孫森焱，《民法債編總論（上）》，頁 210，自版，1999 年 10 月。

此一修正見解是目前學者的通說，即保護交易安全的範圍，由保護不知縮小到只限於非因重大過失而不知，保護交易安全即由過度而偏向適中。

★★ 例題暨解題分析

不論是解答申論題或實例題，答題最高原則是持之有故、言之成理。持之有故指引經據典，對於有法條規定、實務見解、學說見解時，都必須引用作為答題的依據；言之成理指答題時不可只寫結論，必須有基本的說理或推論。如果要追求高分，還必須注意條理井然、內容豐富，答案必須讓閱卷者一目瞭然，除了分段討論外，適當地加以標號及小標題，可以減輕閱卷者負擔，並讓閱卷者覺得答題者思路清晰，而容易得到較高的分數；內容豐富指與答案相關的內容，只要切題，都可以盡量寫，顯示答題者學習成效。實例題則必須針對爭點作答，而爭點就是訴訟上攻擊防禦的重點，或不同學說爭執的問題點。

以上為一般原則，個別答題的重點注意事項，在相關題目再加以說明。

一、物權法的經濟作用。

答：定紛止爭、提供生產誘因。

二、甲有座落於臺北市的 A 地，請問其可作如何使用？

答：參閱本篇第五章第一節。

三、信託占有是物權還是債權？

答：參閱第五篇第五章第二節。

四、何為事實上處分權？

答：參閱本篇第六章第一節。

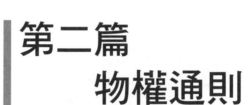

第二篇
物權通則

第二篇
心理歷程

第一章　物權的意義

第一節　物權的定義

　　物權一詞也就是大陸民法通則第五章第一節所稱的財產，因此，大陸曾經有使用物權還是財產的論辯，但是這只是名詞使用的偏好而已，與實質內容無直接相關。物權一詞是德國民法典所創設，日本民法典繼受，❶法國民法典並未使用物權一詞，而使用財產一詞，財產一詞為通俗用語，英美法也使用財產 (property) 一詞，物權的客體又不限於物，憲法第十五條也使用財產權一詞，所以，本書認為財產其實是個更好的用詞，然而目前民法典正式用語是物權，與契約上的權利和侵權行為的損害賠償請求權同屬財產權，因此，本書不對用詞本身爭辯。

　　民法物權編並無物權的定義，中國大陸的民法通則也無物權的定義，但全國人大通過的物權法則對物權作一定義，第二條第三項前段規定：「本法所稱物權，是指權利人依法對特定的物享有直接支配和排他的權利……」，此一定義與一般學者對於物權的定義並無多大區別。此一定義與部分學者將排他性加入物權的定義中，是因為支配性的權利當然具有排他的效果，但不強調排他性亦未必損及物權的特性，因此，本書認為不必強調排他性也可清楚定義物權。然而，對於不移轉占有的物權，支配的概念只能想像是支配價值，既然如此，也可直接將物權視為歸屬性或定分性❷的權利，藉此呼應物權法是規範財貨歸屬秩序的法律。❸

　　只要是直接支配物或歸屬性的權利，理論上就符合物權的定義，如果

---

❶　日本民法第二編編名即為「物權」。

❷　參閱蘇永欽，〈物權法定主義鬆動下的民事財產權體系——再探大陸民法典的可能性〉，《月旦民商法雜誌》，第 8 期，頁 119–120，2005 年 6 月。

❸　參閱謝哲勝，〈大陸物權法制的立法建議〉，《財產法專題研究㈢》，頁 176，自版（元照總經銷），2002 年 3 月。

真的如此,則承租人使用租賃物,是直接支配物的權利,而基於土地使用協議而可行使的權利,也是直接支配物的權利,都將歸類為物權,英美法上此類權利確實是財產法的範圍,然而因為租賃規定在債編各論,一般學者都是將這兩種權利歸類為債權,這就形成了物權一詞的定義所包含的權利範圍,與一般歸類上所指稱的物權範圍不同的現象,後者顯然比前者窄了許多。必須了解發生此一現象的原因,才能真正理解物權法理。

簡單地說,此一現象發生的原因在於物權的分類與定義脫節,臺灣許多民法學者的思維深受德國法影響,物權的分類基本上也是採德國的分類方式,德國法採物權法定主義,因而如非法律所規定的物權,就不是物權,因此,租賃和土地使用協議而產生的權利都是債權,德國對於意定的不動產物權變動以登記為生效要件,因此,未登記之前,即使買受人已占有使用,符合直接支配物的本質,仍然被認為是債權,德國法此一分類標準,物權的歸類就排除了許多在本質上或事實上符合物權定義的權利(有學者稱為有物權效力的債權)。❹

此一物權分類與定義脫節的現象,就是物權法之所以複雜的主要原因,明瞭此一定義和分類上的歧異,許多物權法的疑難問題都可迎刃而解。

綜合上述,本書認為物權是歸屬性或定分性的權利,關於此一定義,說明如下:

一、概括定義

此定義是針對物權的概括定義,對每一物權皆有其適用,而此定義是在說明物權的本質在於具有定分止爭、規範財貨歸屬秩序的功能。

二、非排他性

有學者將排他性視為物權的一般特性,本書不採,因為在不動產擔保物權的情形,抵押人尚得使用抵押物,很難解釋抵押權人有排他權能,最

---

❹ 例如王澤鑑,《債法原理㈠基本理論、債之發生》,頁 19,自版,2000 年 9 月增訂版 3 刷,「經預告登記的債權亦具有物權之效力」。

多也是具有優先性罷了。

三、非絕對性

也有學者認為絕對性為物權定義的一部分，本書也不採，絕對性一詞如用於表示物權得以對抗任何人的侵犯，此一用語或許尚可接受，但是，物權受到許多法律上限制，仍然稱為絕對性權利，用語並不周延。

第二節　物權和債權的區別

物權是歸屬性或定分性的權利，係屬對物的權利，也是所謂的對世權，即得以對任何人主張，而債權則是對特定人的權利，基於債的關係，債權人得向債務人請求特定給付，而且在基於契約而產生的債權，債權人通常有對待給付的義務，債權人對債務人的給付標的物在受領前並無歸屬性的權利，而是僅有請求給付和受領並保有給付的權利，而債權通常伴隨著對待給付，因而通常被認為未必有價值。

不過物權和債權的區別，並非概念的必然，更非世界共通的法理，因此，物權和債權的區分，僅是相對的，而非絕對的，說明如下：

一、債權物權相對化

民法第四百二十五條❺與第四百二十六條是最典型的債權物權相對化

---

❺ 關於該條與押租金的關係，早期實務見解，例如司法院 24 年院字第 1266 號：「依民法第四百二十五條規定，應繼續存在之租賃契約，其讓與人對於承租人契約上之權利義務，即皆移轉於受讓人，承租人當日所交之押租金，係原約內容之一部，自得向受讓人請求返還。」目前實務見解，例如最高法院 65 年臺上字第 156 號判例：「民法第四百二十五條所謂對於受讓人繼續存在之租賃契約，係指民法第四百二十一條第一項所定意義之契約而言，若因擔保承租人之債務而接受押租金，則為別一契約，並不包括在內，此項押租金契約為要物契約，以金錢之交付為其成立要件，押租金債權之移轉，自亦須交付金錢，始生效力，出租人未將押租金交付受讓人時，受讓人既未受押租金債權之移轉，對於承租人自不負返還押租金之義務。」

的例子。釋字第三四九號解釋宣告某些債權具有物權效力,最高法院八十六年度臺再字第九七號判決強調物權可以自由創設,呼應釋字第三四九號解釋並非法定物權才有物權效力,釋字第五七九號與第五八〇號解釋❻也肯定租賃權為相當於物權性質的財產權,充分顯示債權物權區分相對化理論確立。

釋字第五七九與五八〇號解釋除了代表公平與效率之間的取捨,也代表對租賃權的本質認知上的差異,而其癥結點在於大法官法學訓練背景的差異,❼大法官廖義男與許宗力強調租賃權為債權,並非物上負擔,深受德國法的影響,而大法官謝在全與林子儀則肯定租賃權為相當於物權性質的財產權,構成對所有權的物上負擔,則是分別受到日本法和美國法的影響。事實上,地上權如需支付相當於市價租金的地租,除了有無登記外,其實與租賃權並無本質上的差異,依土地法第一百零二條和民法第四百二十二條之一,基地租賃可以登記地上權,這也是基地租賃和地上權等同視之的理由。不動產租賃,除未經地政機關登記外,本質上與不動產物權其實並無區別。❽

---

❻ 關於釋字第 580 號解釋,請特別閱讀大法官林子儀部分協同及部分不同意見書,本書贊同大法官林子儀認為耕地三七五減租條例第 19 條第 3 項並不違憲的見解,因為釋憲者應尊重立法者基於立法時空背景,並已就當時社會資源為分配所為的價值判斷,如果依當時時空背景並不違憲,不應以社會產業變遷為由,以今日的時空背景,認定當時的立法判斷為違憲。

❼ 每個法學者的思維都受到其法學訓練背景的影響,這點應該不必諱言,理解此點將可從他人角度思考其立論基礎,尋求共同之點,而有助於建立法學討論的共同基礎,使法學論辯能有交集,而非各說各話。德國法對物權的概念與日本法對物權的概念及美國法對 property(相當於物權)的概念並不相同,在廖義男和許宗力大法官的不同意見書呈現的是德國法對物權的概念,謝在全大法官的協同意見書呈現的是日本法對物權的概念,林子儀大法官的部分協同及部分不同意見書呈現的是美國法對 property 的概念。臺灣並非任何國家的法律殖民地,因此,不同國家的法律都僅供參考,而參考價值都是相同的,必須經過說理分析檢驗,才適宜作為我國法律的一部分,這幾位大法官(包括許玉秀和楊仁壽大法官)根據其法學思維,都提出詳細的說理支持其主張,見解雖有不同,但對於議題的釐清,都有重大貢獻。

　　如依債權物權二分法及物權法定主義，加上借貸契約規定在債編各論，則很容易將基地借貸契約認為是債權契約，然而，依釋字第三四九號解釋與物上負擔的概念，❾即使將基地借貸契約認為是債權契約，也不當然可以認為此一契約當然對繼受人不發生效力，因此，定性基地借貸契約是否為債權契約，對於解釋關於基地借貸契約的法律關係是否對第三人發生效力，並無太大幫助。況且，基地租賃一般學者也認為是債權契約，然而，卻都承認租賃物權化，使基地租賃具有物權的效力，❿因此，解釋此一法律事實，顯然不適宜採債權物權二分法加以解決。

　　債權和物權的區分是技術規定而非法理，既非法理就非一成不變，⓫重要的是某權利具有何種效力，否則就無法理解釋字第三四九號解釋「具有物權效力（對第三人發生效力）的債權」的概念。債權和物權的區分既非一成不變，則定性為債權的權利，可能可以對物主張權利（如釋字第三四九號解釋意旨），定性為物權的權利，可能僅能對人主張權利（例如被徵收人補償金請求權、所有物被善意受讓後所有人的權利）。⓬

　　因此，物權和債權的區別，只能用來解釋大部分物權和債權的不同，但既非絕對，解釋適用民法，就必須跳脫此一區分的窠臼，才足以明智地解決各項民事糾紛。

二、債權物權相對化實務案例

　　債權與物權區分，導致法律適用不符個案正義，常常困擾實務界，⓭

---

❽　謝哲勝，〈憲法解釋對物權與土地法制發展的影響〉，《財產法專題研究㈥》，頁386，翰蘆圖書，2008 年 11 月。

❾　參照司法院釋字第 579 號解釋。

❿　此即債權與物權相對化，參閱王澤鑑，《民法物權㈠通則‧所有權》，頁 33，三民書局，2006 年 9 月修訂版。

⓫　債權與物權相對化的理論已確立，參閱謝哲勝，〈憲法解釋對物權與土地法制發展的影響〉，《財產法專題研究㈥》，頁 385–387，翰蘆圖書，2008 年 11 月。

⓬　以上參閱謝哲勝，〈債權物權相對化〉，《月旦法學教室》，第 69 期，頁 11，2008 年 7 月。

然而也有具法學睿智的法官，勇於拋開此一不合時宜的法律概念，進而作出令人激賞的判決，特別值得進一步詮釋，以發揮實務帶領法學進步的功能。

茲以最高法院九十六年度臺上字第一三五九號判決（以下簡稱本號判決）為例說明債權物權相對化。本號判決是針對臺灣高等法院臺中分院九十五年度重上字第一三〇號判決（原審判決）的上訴所為的判決，因而原審判決的判決要旨，也整理如下：❶❹

㈠判決要旨

本號判決要旨：「上訴人於買受系爭土地時，系爭房屋已存在多年，當難諉為不知，自無不許類推適用民法第四百二十五條之一規定及本院四十八年臺上字第一四五七號判例之理由，應可推斷上訴人已默許被上訴人之系爭房屋繼續使用系爭土地，始與誠信原則及社會正義之要求無違。」

臺灣高等法院臺中分院九十五年度重上字第一三〇號民事判決：「按土地與房屋為各別之不動產，各具相當之使用及經濟價值等各得單獨為交易

---

❸ 例如最高法院 59 年臺上字第 2490 號判例：「使用借貸，非如租賃之有民法第四百二十五條之規定，縱令上訴人之前手將房屋及空地，概括允許被上訴人等使用，被上訴人等要不得以上訴人之前手，與其訂有使用借貸契約，主張對現在之房地所有人即上訴人有使用該房地之權利。」95 年度第 16 次民事庭會議院長提案：「甲同意乙無償在甲所有土地上建造三層樓房一棟，未約定使用土地期限，不久之後，乙所有房屋經其債權人聲請查封拍賣，由丙拍定買受，並取得不動產權利移轉證書，甲即以丙不得繼受伊與乙間之使用借貸關係，屬無權占有為由，依民法第七百六十七條規定，訴請丙拆屋還地，是否應予准許？」決議：「視具體個案情形決定之。按使用借貸契約係債之關係，僅於當事人間有其效力。丙買受系爭房屋，並不當然繼受其前手與系爭土地所有人間之使用借貸關係，原則上不得執該關係主張其有使用系爭土地之權利。惟於具體個案，尚應斟酌當事人間之意思、交易情形及房屋使用土地之狀態等一切情狀，如認土地所有人行使所有權，違反誠信原則或公共利益或以損害他人為主要目的，仍應駁回其請求。」

❹ 以下參閱謝哲勝，〈債權物權相對化㈡——最高法院 96 年臺上字第 1359 號判決評釋〉，《財產法專題研究㈥》，頁 341–344、351–357，翰蘆圖書，2008 年 11 月。

之標的，且房屋性質上不能與土地使用權分離而存在，亦即房屋之存在及使用房屋必須使用該房屋之地基，而不容輕易變動，此為房屋基地之使用權恆定原則，為房屋與其基地使用關係之基本法理，而為近代民法權利社會化、物權相對化、債權物權化發展趨勢之所在，是早於四十八年間，我最高法院即以四十八年臺上字第一四五七號判例揭『土地與房屋為各別之不動產，各得單獨為交易之標的，且房屋性質上不能與土地使用權分離而存在，亦即使用房屋必須使用該房屋之地基，故土地及房屋同屬一人，而將土地及房屋分開同時或先後出賣，其間雖無地上權設定，然除有特別情事，可解釋為當事人之真意，限於賣屋而無基地之使用外，均應推斷土地承買人默許房屋承買人繼續使用土地。』之法旨，嗣民法於八十八年間修正，復基此而新增第四百二十五條之一，規定：『土地及土地上之房屋同屬一人所有，而僅將土地或僅將房屋所有權讓與他人，或將土地及房屋同時或先後讓與相異之人時，土地受讓人或房屋受讓人與讓與人間或房屋受讓人與土地受讓人間，推定在房屋得使用期限內，有租賃關係。其期限不受第四百四十九條第一項規定之限制。』予以明文化，而確定上開債權物權化之大原則。又按法律無規定者，相類事實得比附援引，類推適用相類之法理，此為民法第一條之基本精神。揆之上開判例及民法新增第四百二十五條之一規定之法旨，乃基於房屋及基地之使用權關係恆定暨房屋既得使用權保護原則之考量，而肯認基地使用權不因基地物權之嗣後變動而受影響之法則，是房屋所有權人對土地所有人原已取得基地利用權，嗣將土地或房屋出賣致房地異主時，雖與上開判例或民法新增之規定所稱之『土地及房屋同屬一人』情形未盡相同，惟乃與上揭基本法則相類，自可類推適用之，並據最高法院以九十一年臺上字第一九一九號，九十二年臺上字第一九八四號、九十三年度臺上字第一三二八號判決要旨闡釋甚詳在案，可資遵循。」

㈡**判決事實**

　　本件上訴人是系爭土地所有人，主張被上訴人乙和其前手的前手就系爭土地成立使用借貸關係，被上訴人乙不得對上訴人主張有使用系爭土地

之權利，系爭房屋占用系爭土地為無權占有，上訴人自得依民法第七百六十七條規定，請求乙拆屋交地。

系爭房屋，係於七十三年間，由其基地之所有權人林武成斥資三十四萬元，以被上訴人乙為起造人名義，委由劉龍華建築師所興建，作為林武成所營造連鎖便當店之中央廚房之用。乙於七十六年間結婚時，林武成並無將系爭土地贈與登記為其所有，且林武成於八十六年間病危後，於八十七年間贈與登記為謝麗霞所有。乙於九十三年間為系爭房屋之權利歸屬與其母謝麗霞爭執，二次委任律師發函明載「系爭房屋係經原地主林武成之同意建造，且於七十三年十一月二十四日業已取得使用執照在案」等語，且其於九十三年八月二十四日申辦系爭房屋之第一次（保存）登記，亦基於七十三年中工建使字第二五八五號使用執照而為之，並非以七十六年間受贈與為原因。林武成於七十三年間斥資三十四萬元，以乙之名義申請建造執照建造系爭房屋，並取得使用執照，其後並以此形式繳納稅金，乙於其後自為系爭房屋之第一次登記。系爭房屋於七十三年間經原地主林武成之同意而在系爭土地上建造，而於乙結婚後，土地所有權仍屬林武成所有期間，系爭房屋之租賃所得，亦歸乙報稅。系爭土地於八十七年及九十四年間依序由謝麗霞（贈與）及上訴人（買賣）因受讓輾轉取得權利，上訴人請求乙拆除系爭房屋並交還系爭土地，及請求因乙出租同意其使用系爭房屋之丙、丁遷讓房屋。

㈢本書評析

針對本號判決，依據前述論述，評釋該判決。

1.規範不動產使用的法律關係形成一個完整的法律關係

房屋和基地對於個別所有人，都是物權的法律關係，而此房屋的所有權又難以離開土地而存在，則顯然是物的歸屬利用關係而非人的關係，因而銜接這兩個物權人的法律關係，顯然也要就該整體法律事實合併解釋適用，而將整體都從規範物的歸屬利用關係的法律加以思考。

2.不動產使用的法律關係是本質上的物權關係

不動產使用的法律事實，既然應整體上從物的歸屬利用關係加以思考，

因物的歸屬利用關係所適用的法律就是物權法，所以應從物權法加以思考。況且理論上，只要是歸屬性權利，即是本質上物權，不管它有無法律規定或經過登記。❶本質上是物權的權利，因當事人創設此權利時，就是要創設物權的權利，如果將它解釋為債權，必然違反當事人的意思，違反當事人的意思必然影響投資的期待，進而影響資源的有效率使用。因此，除非是為了保護交易安全所必要，否則無須變更當事人的真意，非法定的物權，在保護交易安全的必要限度內才否定其為物權，否則仍肯認其為物權。

　　房屋起造人在建築房屋時，如果雙方沒有明示反對的意思，參考房屋的使用年限，基地所有人必然給予房屋所有人在合理年限內使用基地的期待，這也符合整體社會的利益。因而解釋房地異主的法律事實，當然不能違反房屋所有人的合理期待，否則將違反整體社會的利益。房屋對土地使用的事實，是物的歸屬利用的事實，是本質上的物權，即使不是法定，也應有物權效力，即非法定的物權也可以對第三人發生效力。如此解釋才符合釋字第三四九號解釋與最高法院八十六年度臺再字第九七號判決意旨。

　3.房屋所有人與基地所有人的法律關係是對物的法律關係

　　民法第四百二十五條之一規定的立法意旨主要在解決原有權占有的房屋，因為基地或房屋所有權變動，而產生基地使用權是否存續的問題，此一規定可以減少自行協商的交易成本，並可避免拆屋還地的社會成本，立法意旨及其功能與第八百三十八條之一及第八百七十六條的法定地上權其實是相同的。❶

　　雖然因為民法第四百二十五條之一規定的文義，不包括基地借貸的情形，而無法直接適用，但基於其立法意旨主要在解決原有權占有的房屋，因為基地或房屋所有權變動，而產生基地使用權是否存續的問題，此一立法意旨涵蓋基地借貸的基地或房屋所有權變動的情形，為了減少自行協商

---

❶　參閱謝哲勝，〈物權的公示〉，《財產法專題研究㈤》，頁 146，翰蘆圖書，2006年 5 月。

❶　參閱謝哲勝，〈租賃的推定〉，《財產法專題研究㈤》，頁 205–207，翰蘆圖書，2006 年 5 月。

的交易成本，並避免拆屋還地的社會成本，因此，民法第四百二十五條之一應可類推適用。❶❼民法第四百二十五條之一類推適用於基地借貸，可避免原先房地間的有權占有關係，因基地或房屋所有權移轉而可能變成無權占有，使受讓後房地法律關係當事人間的權利義務得到衡平。

　　民法第四百二十五條之一類推適用於基地借貸的基地或房屋所有權變動的情形，並非讓房屋所有人可以主張與基地所有人間有基地借貸關係，而可以無償使用基地，只是在衡平雙方的權利義務下，讓房屋維持有權占有，避免拆屋還地的後果。原基地所有人願意讓原房屋所有人無償使用，是基於雙方間特殊的關係，並不能推定在所有人變更後，基地所有人仍同意無償的法律關係。因此，應認為：除當事人間另行合意約定外，否則土地所有人和房屋所有人間，在房屋得使用期限內，有租賃關係。本書認為在房屋所有人為基地借用人的情形，仍可類推適用民法第四百二十五條之一，類推適用的結果，並非使房屋所有人可以繼續借用基地，而是使房屋所有人可以主張與基地所有人間有推定租賃關係（或法定地上權）。❶❽

　　況且，房屋所有人與基地所有人間的法律關係是對物的法律關係，對第三人效力的解釋與債權和物權的區分無關。對於此種存在於土地上的法律關係或權利，必須以隨不動產所有權移轉的契約的法理加以解決，因而在符合四個要件下：即 1.書面契約。 2.具備契約將隨不動產所有權移轉的真意。 3.契約必須與不動產相關。 4.有財產上的相互關係。原則上對受讓人發生效力，除非原契約有不符合均衡正義的情形，由一方主張無效，或情事變更因而不符合均衡正義或不符合不動產的使用效率，則可由一方主張終止契約，使其失效。❶❾但一方當事人主張無效或終止契約而回復原狀，

❶❼　參閱謝哲勝，〈租賃的推定〉，《財產法專題研究㈤》，頁 217，翰蘆圖書，2006年 5 月。

❶❽　以上參閱謝哲勝，〈租賃的推定〉，《財產法專題研究㈤》，頁 216–217，翰蘆圖書，2006 年 5 月。

❶❾　參閱謝哲勝，〈相鄰關係與隨不動產所有權移轉的契約〉，《財產法專題研究㈢》，頁 165，自版（元照總經銷），2002 年 3 月。

如違反誠信原則，則只能請求法院變更契約內容。

4.對物的法律關係的權利當然可能對第三人發生效力

如果依概念法學的思維，將房屋所有人對於基地的權利定性為債權，認為房屋所有人就基地的權利，當然對繼受人不發生效力，即違反釋字第三四九號解釋，違反憲法解釋的思維所為的推論結果將構成違憲，而當然不能採用。

第三節　物權的自由與限制

物權編第一條原明文規定物權法定，然而，實務運作卻不遵守此條文規定，使該條規定形同具文，物權法定也幾乎名存實亡。因此，物權究竟以法定為限為原則，還是自由創設為原則，限制創設為例外，也就特別值得探討。

一、物權法定主義

修正前民法第七百五十七條規定：「物權，除本法或其他法律有規定外，不得創設。」通稱為物權法定主義，又稱為物權法定原則，許多教科書對物權法定原則的闡述為：物權種類和內容必須依照法律規定，創設新種類和新內容物權，不能有物權效力，[20]採債權物權區分絕對理論。[21]依此原則排斥行政機關以行政命令和司法機關以判決承認新種類和新內容的物權，更禁止當事人自由創設新種類和新內容的物權。現行民法第七百五十七條已修正為：「物權除依法律或習慣外，不得創設。」

物權法定原則與不動產物權變動以登記作為對抗或生效要件無關，單純只是與物權的種類和內容是否容許立法機關以外的行政和立法機關及當事人創設有關，這是在探討物權法定之前必需建立的基本觀念。

---

[20]　參閱謝在全，《民法物權論（上）》，自版，頁 56–61，2004 年 8 月修訂 3 版。

[21]　參閱史尚寬，《債法總論》，自版，頁 2、3，1983 年 3 月初版 6 刷。

二、物權法定並非普遍適用的法理

物權法定原則其實是德國人崇尚國家管制的產物，對於崇尚財產權自由的美國、英國、法國等國，並不採此原則。法國民法典並未使用物權一詞，更無物權法定相關規定，相當於用益物權的用益權、使用權及居住權的內容都是依當事人意思創設其內容，用益權可以附條件期限，也可就各種動產和不動產加以設定，㉒規定承租人的權利同時具有對人權和對物權的性質。㉓日本民法典雖有物權法定原則，但通說是認為習慣法可以創設物權，而且認為物權法定原則並不妥當，㉔美國法相當於物權的 Property 可以質、量、時間、空間加以切割，物權的創設原則上是自由的，㉕這充分顯示在法國、日本、美國相當於物權的概念與德國法不同。

物權法定原則也禁不起經濟上合理性的檢驗，㉖意味著遵守物權法定原則並不利經濟發展，就此而言，或許這就是英、美、法等經濟大國採物權自由原則的原因。㉗

㉒　參閱鄭正忠、朱一平、黃秋田譯，《法國民法典》，頁 207–217，五南圖書，2001 年 5 月。

㉓　參閱尹田，《法國物權法》，頁 44–45，五南圖書，1999 年 10 月。

㉔　參閱我妻榮，《日本物權法》，頁 23–24，五南圖書，1999 年 3 月。

㉕　John E. Cribbet & Corwin W. Johnson, *Principles of the Law of Property*, 3 edition, 1989.

㉖　參閱張鵬，〈物權法定經濟上合理性之批判〉，《月旦法學雜誌》，第 108 期，頁 140–157，2004 年 5 月。

㉗　依法國民法第 580 條：「用益權之設立，得為無條件、附期限，或附有條件。」第 581 條：「用益權得就各種動產或不動產設立之。」第 628 條：「使用權與居住權，由確立此種權利之證書規定，並且依證書之具體條款，確定其權利範圍的廣狹。」參閱鄭正忠、朱一平、黃秋田，《法國民法》，頁 207、216，五南圖書，2001 年 5 月。

三、臺灣司法實務突破物權法定

臺灣雖然舊民法第七百五十七條明文規定物權法定原則，但司法實務上又承認最高限額抵押、公用地役權、讓與擔保等新種類和新內容的物權，最高法院八十六年度臺再字第九七號判決❷明白承認可以創設物權的新種類或新內容，司法院釋字第三四九號解釋也認為，並非法定物權才有對抗第三人的效力（即物權效力）。顯然舊條文雖然明文規定，但物權法定只是原則，其實還是可以有許多例外。

釋字第五七九號解釋認為：「……耕地租賃權因物權化之結果，已形同耕地之負擔。」耕地的負擔是土地的負擔，即構成一種物權，因此，規定在債編的租賃權，也被明認為形同物權，這都是依舊民法第七百五十七條文義解釋所無法得出的結論，憲法解釋已實質造法，匡正舊民法第七百五十七條規範上的缺陷，塑造出法典文義所未描繪出的物權新形貌。❷

四、本書見解

物權法是私法，但卻存在物權法定主義和公示生效的立法，此種與私法自治原則格格不入的立法，有必要再思考，以重塑物權自由與限制的原則。

㈠物權自由的意旨❸

釋字第四〇〇號解釋闡述：「憲法第十五條關於人民財產權應予保障之規定，旨在確保個人依財產之存續狀態行使其自由使用、收益及處分之權能，並免於遭受公權力或第三人之侵害，俾能實現個人自由、發展人格及維護尊嚴。」即認為財產權保障即是財產權自由，說明如下：

❷　判決要旨：「物權之新種類或新內容，倘未違反物權之直接支配與保護絕對性，並能以公示方法確保交易安全者，即可認為與物權法定主義存在之宗旨無違。」

❷　謝哲勝，〈憲法解釋對物權與土地法制發展的影響〉，《財產法專題研究㈥》，頁367，翰蘆圖書，2008 年 11 月。

❸　參照謝哲勝，〈契約自治與管制〉，《月旦法學雜誌》，第 125 期，頁 24–25，2005 年 10 月；謝哲勝，〈不動產財產權的自由與限制〉，《財產法暨經濟法》，第 7 期，頁 7–8，2006 年 9 月。

1.物權自由的效益

物權自由，表示人們可以自由取得物權，而物權人可以自由地使用收益並處分其物權的標的物，而不受他人及國家的干涉。此一原則，使私人可以促使資源為較有效率的利用；因為國家並不干涉他的使用收益處分，物權人可以放心地投資勞力、時間和費用於其物權的標的財產，可以享有投資的成果，也對於他人的侵害加以救濟；因為國家不干預財產的處分，物權人也可以選擇最佳的方式處分其財產，以回收其報酬。所以，物權自由原則，就是允許私人使用收益處分財產的潛能充分發揮，財貨即因而生產出來，國家的經濟實力也因而提升。

2.原則上符合公共利益

物以稀為貴，當產量多了，多數人都買得起，因此，許多人因而獲益。因為物權人銷售有所得，會繳納各種稅捐，國庫也獲益，生產所僱用的人力增加就業機會，提高其他人所得，甚至因所得的增加，使物權人、受僱人、國家增加購買力，增加其他物品的購買量而提高其他人所得，都會形成財富的外溢效果。即使取得物權尚未利用的人，因支出對價給國家或他人，也會形成財富的外溢效果，而對公眾有利。物權自由原則，使人民的財富增加，國家的經濟實力因而提升，因此，原則上符合公共利益。

(二)政府限制物權自由的法律基礎和合憲性審查[31]

物權自由既然應是一項原則，則政府限制物權自由必須有法律基礎，而且各種限制也必須合乎憲法對於財產權自由限制的規定，以符合憲法保障財產權的精神，分述如下：

1.政府限制物權自由的法律基礎[32]

如前所述，物權自由原則，原則上符合公共利益，然而，憲法第二十三條也概括規定，為了公益所必要，可以法律限制人民的基本權利，即包

---

[31] 參照謝哲勝，〈土地使用管制法律之研究〉，《財產法專題研究(二)》，頁 376–381，自版（元照總經銷），1999 年 11 月。

[32] 參照謝哲勝，〈不動產財產權的自由與限制〉，《財產法暨經濟法》，第 7 期，頁 9–11，2006 年 9 月。

括對物權自由的限制。

　　政府基於國家權力得行使公權力，國家權力包括主權國家所得行使的各種權力，國家的立法、行政、司法權都包括在內，❸❸公權力即是最廣義的警察權 (police power)，公權力的行使以確定的規範限制人民的外在生活，❸❹可以剝奪或限制人民的權利。❸❺政府為了促進資源有效率使用或公平分配資源歸屬的公共利益，在有必要限制物權自由的情形下，基於公權力的行使，制訂相關法律或行政法規，使物權的規範符合公平或效率，增進全民福祉，是公權力的正當行使，有其正當化的理由。

　2.政府限制物權自由的合憲性審查❸❻

　　物權為財產權的一種，受憲法第十五條的保障，可是憲法第二十三條也規定，❸❼在四種情形有必要時，得以法律加以限制，此即為正當法律程序 (due process of law) 的規定。憲法第二十三條的要件有四，❸❽第一是公共利益的存在，第二是必須為了促進公共利益，第三是為了公共利益有必要限制，第四是須以法律加以限制。第四要件僅須經由立法院通過即可，或基於法律的授權而制訂的行政命令或地方自治法規加以限制即可，爭議不大。因此，以下僅就第一、二、三項加以說明。此三項要件分析結果也

---

❸❸　參閱陳新民，〈公權力的概念及其法律救濟〉，《憲政思潮》，第 65 期，頁 1，1984 年 3 月。

❸❹　參閱許志雄譯，〈從行政法之發展論法治國家與公權力之行使〉，《憲政思潮》，第 65 期，頁 46，1984 年 3 月。

❸❺　參閱謝哲勝，〈準徵收之研究〉，《財產法專題研究㈡》，頁 234，自版（元照總經銷），1999 年 11 月。

❸❻　參照謝哲勝，〈不動產財產權的自由與限制〉，《財產法暨經濟法》，第 7 期，頁 11–14，2006 年 9 月。

❸❼　憲法第 23 條規定：「以上各條列舉之自由權利，除為防止妨礙他人自由、避免緊急危難、維持社會秩序，或增進公共利益所必要者外，不得以法律限制之。」

❸❽　學者有將公共利益的存在與為了促進公共利益合為一要件，即「是已具備所謂限制人權的公益條款」，參閱陳新民，《中華民國憲法釋論》，頁 162，自版，1997 年 9 月修訂 2 版。

可以分為正當性、必要性及比例性三要件，也就是通稱的比例原則。❸

(1)公共利益的存在

憲法第二十三條規定為防止妨礙他人自由、避免緊急危難、維持社會秩序，或增進公共利益是限制人民基本權利的要件之一，四種情形都是為了公共利益，必須是為了公共利益才能限制人民基本權利，而符合正當性。

對物權限制的相關法律，必須明白顯示為了特定目的，如此一目的是法律可以增進的公共利益，即符合此一要件。

(2)為了促進公共利益

是否是為了公共利益，必須於立法的理由或條文顯示出來，而且，此種限制必須被認為是理性地促進公共利益，❹如果對人民基本權利的某一限制，並無法促進立法理由或條文所明示的公共利益，則此一要件即不具備。

限制物權自由的法律，必須是可以理性地促進各項法律所揭櫫的公共利益的方法，才符合此一要件。

(3)有必要限制

即使立法限制人民基本權利確實是為了某一公共利益，而且限制的手段也確實能促進此公共利益，然而如所採取的限制方法超越必要程度，人民的負擔如果過重，或此種負擔不成比例，❹則違反必要性或比例性，即違反比例原則，而違反憲法第二十三條。

限制物權自由的法律，如認為某種限制超越必要程度，即並無必要而違反必要性，或此限制對於人民所造成的負擔過重，超過其因此限制而享受的利益，即違反比例性，則違反憲法第二十三條而無效。

大法官會議解釋，關於財產權（物權）的保障，基本上是符合上述的論述，例如釋字第二九一號、第四五一號、第五三二號、❹第五六二號、

---

❸　參閱翁岳生主編，《行政法二○○○（上）》，頁 134–135，翰蘆圖書，2000 年。

❹　參閱謝哲勝，〈準徵收之研究〉，《財產法專題研究㈡》，頁 238，自版（元照總經銷），1999 年 11 月。

❹　Manheim, *Tenant Protection and Takings Clause*, 13 Wis. L. Rev. 925, 938–939 (1989).

第五六四號、第五八○號、❸第五九八號解釋。❹

　3.限制的功能與成本❺

　　賦予私人物權的功能，在於藉由提供生產的誘因，以達到資源利用的效率，因而不可忽略對限制物權自由的經濟意涵，❻法律規範的功能包括公平和效率，當物權完全自由對效率和公平的功能，無法符合廣大人民利益時，即可以考慮對物權加以限制。然而，因為對物權的限制有其成本，是法制上決定限制與否前必須先考量的因素。

　⑴功能在於彌補物權自由的不完美處❼

　　物權自由的不完美處在於資源利用的情形，不一定存在完全競爭市場上，因為市場失靈和為了公平或穩定的目的，國家機關是有理由介入市場，而形成對物權的管制。❽以下先敘述物權自由的不完美處。

　　A. 獨　占

　　土地具有位置不可移動性和面積不可增加性，因而受自然條件的影響，

---

❷　關於該號解釋的評釋，參閱林明鏘，〈非都市土地使用管制法制之研究——兼評大法官釋字第五三二號解釋〉，《當代公法新論（中）——翁岳生教授七秩誕辰祝壽論文集》，元照出版，2002 年 7 月。

❸　關於釋字第 580 號解釋，請特別閱讀大法官林子儀部分協同及部分不同意見書，本書贊同大法官林子儀認為耕地三七五減租條例第 19 條第 3 項並不違憲的見解。

❹　參閱謝哲勝，〈憲法解釋對物權與土地法制發展的影響〉，《財產法專題研究㈥》，頁 365–400，翰蘆圖書，2008 年 11 月。

❺　參照謝哲勝，〈不動產財產權的自由與限制〉，《財產法暨經濟法》，第 7 期，頁 24–28，2006 年 9 月。

❻　參照陳明燦，〈財產權保障、土地使用限制與損失補償之探討：兼評『都市計畫容積移轉實施辦法』〉，《財產權保障、土地使用限制與損失補償》，頁 16–17，翰蘆圖書，2001 年 3 月。

❼　參照謝哲勝，〈契約自治與管制〉，《月旦法學雜誌》，第 125 期，頁 26–27，2005 年 10 月。

❽　參照張清溪、許嘉棟、劉鶯釧、吳聰敏，《經濟學理論與實際（上）》，頁 223，自版，2000 年 8 月 4 版。

嚴格地說，沒有任何兩塊土地是完全相同的，更何況區位相隔一段距離的土地，所以，土地很容易形成自然獨占，其他資源也可能形成自然獨占，在自然獨占情形，放任物權自由無法達到福祉極大，即構成管制的理由。例如不動產相鄰關係對所有權的限制，是因為相鄰土地構成雙方獨占地位，因而有鄰地通行權等規定，藉由法律管制，強制一方以合理價格釋出部分權利。

B. 公共財

民法的財產權或權利，都是私有財，公共財具有共有和無法排他的兩個特性，使公共財在自由市場的產量偏低。❹公共財既然無法在自由市場中生產出適當的量，供大家消費，因此，如果確認某些產品是法律的價值判斷認定市場產量不足時，則可以藉由提供額外的誘因，使公共財的生產增加。例如公園、綠地等公共設施，對不特定人有利，但如無政府提供或提供物權人額外誘因，將無法產出適當的量供大眾所需。

C. 外部性

當物權人的行為有外部成本時，當事人並未承擔行為的全部成本，法律管制的方式是將外部成本內部化，如土地使用分區管制的規定；有外部效益時，法律介入（廣義的管制）的方式也是將外部效益內部化，例如提供綠地和開放空間的建築開發案，可以享有容積上的優惠。

D. 公平性

法律追求公平正義，與社會福祉極大的追求是共通的，而福祉極大並不等於財富極大，就如同公平正義的概念雖然有時等同於財富極大，但有時必須加入公平的概念。

公平是個不確定的概念，可能指齊頭式平等、機會平等、需求滿足平等、貢獻平等等概念，在現代國家重視人民基本需求平等或機會平等，因而也成為管制物權的合理化理由。只強調物權利用的效率而完全不顧公平，則分析的結果也會產生偏頗的結果，而不符人民的法律感情。

---

❹　張清溪、許嘉棟、劉鶯釧、吳聰敏，《經濟學理論與實際（上）》，頁 375–376，自版，2000 年 8 月 4 版。

為了公平的考量，因而有土地法第九十七條租金最高額的限制以及耕地三七五減租條例的制定。

(2)限制的成本❺⓪

決定是否有限制的必要，除了考量是否有上述理由外，仍須斟酌限制的成本，而限制的成本主要有制度的成本和犧牲效率的成本。

A. 制度的成本

任何限制物權自由的手段，都有制度的成本，如有行政機關執行限制的規定，必須支出機構的各項成本。即使是由司法機關由個案中限制，限制物權自由的規定，使法律關係複雜，法官必須思考判決結果、裁判理由或調查額外相關證據，也將增加本案審判所消耗的勞力、時間、費用，也將延長其他案件結案的時間，也是限制物權自由的制度成本。

B. 犧牲效率的成本

限制物權自由的規定，使權利人行使權利的成本增加，除非促進效率的效益高於所增加行使權利的成本，否則，將影響資源利用的效率。管制的功能如果是為了公平，則不僅無法提高效率，反而必須犧牲效率。❺① 公平和效率經常（雖然不當然）有衝突，❺② 因為基於公平而限制物權自由，會使遭不利的一方減少或喪失投資利用資源的誘因，❺③ 而使一方減少投資於資源利用，社會福祉也將減少。

C. 其他成本

除了制度的成本和犧牲效率的成本，對物權自由的限制可能還有貪污腐化的成本。制度所形成的官僚更可能形成徇私、貪污腐化的狀態，也是

---

❺⓪ 參照謝哲勝，〈契約自治與管制〉，《月旦法學雜誌》，第 125 期，頁 27–28，2005 年 10 月。

❺① 參閱張清溪、許嘉棟、劉鶯釧、吳聰敏，《經濟學理論與實際（上）》，頁 220，自版，2000 年 8 月 4 版。

❺② David W. Barnes & Lynn A. Stout, Cases and Materials on Law and Economics 387 (1992).

❺③ Eugene Silberberg & Wing Suen, The Structure of Economics: A Mathematical Analysis 448 (Third Edition 2001).

限制物權自由不能忽略的成本。物權自由前提下,權利人都不會有向官僚請託或施賄的誘因,一旦物權的使用價值和交換價值為官僚所左右,則使權利人存有不依市場法則影響物權價值的誘因,因此,請託或施賄情事也就應運而生。

4.自由與限制的平衡❺④

當事人是其利益的最佳決定者,即使物權自由有不完美處,但物權自由仍然是原則,對物權限制應視為例外。在物權自由的不完美處,也不當然有必要限制,只有認定限制所帶來的福祉高於限制的成本,才有限制的必要,即必須符合正當法律程序,而求得物權自由與限制的平衡。❺⑤

⑴自由仍應作為原則❺⑥

如前所述,因為限制物權會帶來制度的成本、犧牲效率和其他成本,這些成本有時會超過限制帶來的福祉,因此,即使物權自由有不完美處,也不當然推論即等於有限制的必要。

對物權限制的內容,相對於物權的全部權利整體,仍然是較少的比例,所以,即使法制上認可許多限制的必要性,物權自由仍應作為原則,物權自由如同契約自由,仍應是民法重要的原則之一。

⑵限制必須符合正當法律程序

憲法保護財產權,限制物權自由必須符合正當法律程序,除了前述包括正當性、必要性及比例性的實質的正當法律程序外,尚必須符合程序要件,即程序的正當法律程序 (procedural due process of law),即限制的法令必須具有形式上的合法性,而且,也必須依法令規定的程序加以限制。

依上述說明可知,限制物權自由的法律、行政命令或其他政府行為,

---

❺④ 參照謝哲勝,〈不動產財產權的自由與限制〉,《財產法暨經濟法》,第 7 期,頁 28–30,2006 年 9 月。

❺⑤ 關於契約的限制參閱 David W. Barnes & Lynn A. Stout, The Economics of Contract Law 112 (1992).

❺⑥ 參照謝哲勝,〈契約自治與管制〉,《月旦法學雜誌》,第 125 期,頁 28–29,2005 年 10 月。

如於具體個案，並無公共利益的存在、限制的方法無法促進公共利益、缺乏必要性、使物權人負擔過重或與享受的利益不成比例、或不符合程序要件，即違反前述要件，則可能違反憲法第十五條和第二十三條，而為無效。

(三)物權法定主義的檢驗

德國民法藉由物權法定原則，結合物權行為的概念，加上不動產物權因法律行為發生變動，以登記作為生效要件，只有少數權利才符合物權的定義。然而，法定物權種類和內容無法符合交易所需，因此，即使我國民法典條文採德國民法的物權法定原則，但為了因應實際需要，憲法解釋和最高法院都掙脫物權法定原則的束縛，藉由債權物權相對化，默示或明示地拋棄物權法定原則。物權法定原則既然無法自圓其說，與其強調物權法定，再行承認仍有例外，不如採物權自由原則，則許多的物權法的難題也將迎刃而解。❺❼

物權法定原則從現代法制來看，僅剩便於公示以確保交易安全一項可以作為其合理化的理由，但確保交易安全的價值並不當然可以抹煞人們對於不同物權種類的需求，人們對於不同種類物權的需求，是有關資源的使用效率，是攸關生產誘因的提供。採物權法定原則，等於以限制生產的誘因為代價，即剝奪真正權利為代價，換取保護交易安全，依二十八年院字第一九一九號解釋僅在保護交易安全的必要限度內才能剝奪真正權利的法理，物權法定就是超過保護交易安全的必要限度，剝奪真正的權利，即違反比例原則，若依憲法第二十三條的意旨，其實已違反憲法第十五條財產權保障的精神。另外，釋字第三四九號解釋認為在第三人明知或可得而知的情形下，債權可以對第三人發生效力，即物權效力，因為債權可以自由創設，形同原則上可以自由創設物權效力的權利，則物權法定主義顯然也違反釋字第三四九號解釋。

---

❺❼　以上參閱謝哲勝，〈從物權的概念和物權法定原則談起〉，《東吳法學》，第 11 卷（2005 年秋季卷），頁 67–69，法律出版社。

綜上所述，舊民法第七百五十七條已名存實亡，欠缺合理性，又有違憲疑慮，**⑱** 不如加以刪除。**⑲**

㈣現行法評析

現行民法第七百五十七條規定：「物權除依法律或習慣外，不得創設。」固然是一種進步，然而仍有以下問題，說明如下：**⑳**

1.物權法定主義欠缺必要性，新法僅是緩和仍無法合憲

如前所述，物權法定主義欠缺必要性，除非認為加以緩和放寬法律和習慣法的限制，就符合必要性，否則仍是違憲。因為保護交易安全只是為了避免交易第三人受到不測損害，只要限制未公示的物權不得對善意第三人主張即可達到此一目的，因此，僅是緩和仍不符合必要性，而無法合憲。

2.習慣必須泛稱交易習慣才能解決問題

既然只要限制未公示的物權不得對善意第三人主張即可達到保護交易安全的目的，則對於物權為任何超過此限度的限制，都不應被肯認，解釋法條也應遵循此一原則。

依民法第七百五十七條修正說明，此一「習慣」指習慣法，如依此解釋，新種類和新內容的物權仍無法創設，因為如有人首先創設物權，但因

---

⑱ 參閱蘇永欽，〈物權法定主義鬆動下的民事財產權體系——再探大陸民法典的可能性〉，《月旦民商法雜誌》，第 8 期，頁 116-129，2005 年 6 月。該文認為：「……僅從權利的定分（絕對）性質，還不能導出法定的必要，很多論點只是似是而非。因此要維持物權法定的立法政策，還需提出更積極的公共利益的理由。」依此見解，其實已否定物權法定的必要，又因該文認為缺乏物權法定的公共利益，已傾向認為物權法定違憲。

⑲ 蔡明誠，〈習慣與物權法定原則〉，《私法學之傳統與現代（下）——林誠二教授六秩華誕祝壽論文集》，頁 344，學林公司，2004 年 4 月；蔡明誠，〈物權編的發展與展望〉，《民法七十年之回顧與展望紀念論文集㈢物權‧親屬編》，頁 87，元照出版，2000 年 9 月，也認為可刪除民法第 757 條。朱柏松教授認為修正前民法第 757 條規定，無存在之意義，參閱《民法物權編研究修正實錄——抵押權章（上）》，法務部編印，頁 65，2006 年 4 月，朱委員柏松的發言。

⑳ 謝哲勝，〈民法物權編（通則章）修正綜合評析〉，《月旦法學雜誌》，第 167 期，頁 121-122，2009 年 4 月。

為之前無習慣法，而法院不承認其效力，就無人效法，更不可能有慣行的事實及法的確信，如何形成習慣法？

　　因此，民法第七百五十七條的「習慣」一詞，必須泛稱「交易習慣」才能解決問題，交易習慣指通常的交易行為，只要不違反強行規定，原則尊重當事人意思自治。

第二章 物權的客體

第一節 物權客體特定性

　　物權是歸屬性的權利，指某人享有某一物權客體，某物歸屬某人，可得特定的物才能歸屬某人，所以物權的客體即是可得特定的物，是指在法律上客觀地確定或得以確定的物，通常情形又以一物為原則，此即所謂的一物一權主義，指一物上僅能成立一所有權，所有權的客體以一物為限，一物一權主義可確定物權的範圍，達到公示的目的，固有其存在的理由，然而物理上的物和法律上交易客體的物有時並不呈現對等關係，如堅持一物一權主義，則物理上的物都當成一物，具有一獨立所有權，有時並不符合社會常情，例如，一斤米係由無數獨立的白米組成，一束花是由數朵或數十朵花所組成，在從事法律行為時，如均視為一物處理，反而不切實際，因此，一物一權主義有時並不符合常情。

　　一物一權主義的缺點在於其忽視物的經濟利用上的獨立性、區分可能性以及交易習慣，所以，隨著社會變遷，經濟發展，對該主義必須作新的認識。除了不具獨立經濟上價值的物一般不會獨立成為物權的客體外，如物理上之一物，但使用上可區分為許多不同具有獨立經濟價值的物，也可分別為物權的客體，例如土地和建築物。土地，是地球表面的陸地，本是相連的，所以臺灣島上的所有土地均是物理上一物，但是為求交易上方便，也為了土地所有權可由多數人享有，而且土地分割後也可為獨立的經濟價值，因此，即由人為的方式，劃分為許多不同地號的單位土地，則各筆土地均為單獨物權的客體。建築物亦同，高層建築物，本是物理上一物，但其使用上卻可分為許多獨立經濟上的使用，因此，也藉由登記創設區分所有權制度，使物理上的一棟建築物，成為許多區分所有權的標的物。又如一物上存在限制物權的情形，即同時存在所有權和用益物權及（或）擔保物權，而區分地上權的情形，更可設定數個區分地上權，一物上顯然不僅

有一權而已。

綜合上述可知，所謂一物一權主義，固以物理上一物應有一所有權為原則，但不能忽視社會上或經濟上視為一物的情形，也應認為有一所有權，而且一物上可以有所有權以外的其他物權，這些其他物權的數量，可能有數個到數十個之多。

第二節　物權客體獨立性

物權客體除須可得特定，也須獨立，所謂獨立包括物理上獨立和經濟上獨立。

一、物理上獨立性

物理上雖為一物，但如不具物理上獨立性，則也無法單獨為物權的客體，例如種在土地上的樹木，本為物理上一物，但其未和土地分離前，並不具物理上獨立性，因此，不得為單獨物權的客體，但若將其移入花盆，成為盆栽，則具有物理上獨立性，即可為單獨物權的客體。

二、經濟上獨立性

物可分為主物和從物，從物為非主物的成分，常助主物的效用，而同屬一人者，從物並不具經濟上獨立性，因此，雖為物理上一物，但法律上則將其與其從屬的主物視為一物，所以主物的處分，及於從物（民六八 II），抵押權的效力及於抵押物的從物（民八六二 I）。

第三章　物權的分類

　　物權和債權區分並非絕對，各國對物權的概念也並不相同，已如前述，我國民法物權編則規定了所有權、地上權、農育權、不動產役權、抵押權、質權、典權、留置權八種物權，和占有的事實上物權，因區分的標準不同，物權可為不同的分類，以下分節加以敘述。

第一節　所有權與限制物權

　　此係以對物的權能範圍為標準而區分，所有權係對物得為占有、使用、收益、處分，並排除他人干涉的概括、全面、永久的物權，故又稱為完全物權，限制物權則對物僅有上述的部分權能，而僅得就物為部分支配的權利，具有限制所有權的作用，故稱為限制物權，所有權受到限制物權所限制的權能即處於不得行使的狀態，一旦限制物權除去，所有權也可恢復完全不受限制的狀態。

第二節　用益物權和擔保物權

　　此係就限制物權以其對標的物的權能為標準而區分。用益物權係對標的物有占有、使用、收益權能的物權，係以物的利用價值為內容，例如地上權、農育權、不動產役權、典權。擔保物權則係對標的物有供債權擔保，優先受償的物權，係以物的交換價值為內容，例如抵押權、質權、留置權。

第三節　主物權和從物權

　　此係以物權有無獨立性而區分，主物權係可以獨立存在的物權，所有權、地上權、農育權、典權皆是，從物權係必須從屬於其他主權利而存在的物權，擔保物權必須從屬於主權利，不動產役權必須從屬於需役不動產的所有權或其他權利。

第四節　意定物權和法定物權

　　此係以物權發生是以當事人的意思或法律規定而為區分。物權的發生如係基於當事人意思稱為意定物權，如係由法律規定而發生，不問當事人的意思，則為法定物權，例如留置權（民四四五、六一二、六一四、六四七、七九一Ⅱ、九二八、九二九）、法定地上權（民八三八之一、八七六）、法定抵押權（民五一三）皆是。

第五節　不動產物權、動產物權、權利物權

　　物權以其客體為不動產、動產、或權利為區別標準可分為不動產物權、動產物權、和權利物權。不動產物權以不動產為標的物，例如不動產所有權、地上權、農育權、不動產役權、民法上的抵押權、典權及耕作權。動產物權以動產為標的物，例如動產所有權、動產質權及留置權。權利物權以財產權為標的，而非以物為標的，例如權利質權、權利抵押權。

　　區別不動產物權、動產物權、及權利物權的主要實益在於不動產物權的移轉或設定，應採書面的方式（民七五八Ⅱ），依法律行為而取得、設定、喪失及變更者，非經登記，不生效力（民七五八Ⅰ）。動產物權的讓與，非將動產交付，不生效力（民七六一），至於交付方法是現實交付或觀念交付，均無不可。而權利物權除法律另有規定外，則以其權利物權的標的究為「可讓與的債權或其他權利」（民九○○）或「不動產用益物權」（民八八二），而分別稱為權利質權或權利抵押權，適用或準用動產物權或不動產物權移轉或設定的方式，及其得喪變更的公示方法。

第六節　本權與占有

　　占有是對於物有事實上管領力的法律事實，占有的取得均有其原因事實，可為法律行為或事實行為，若基於法律行為，則有一定的權利，若基於事實行為，則須分辨該事實行為是否可使占有人取得一定的權利，例如無主物的先占，雖為事實行為，但占有人即時取得所有權，因此，該占有

人即為基於所有權而占有；若係侵奪他人的占有而占有，則占有人在未經取得時效期間經過前，並不取得所有權，則此占有亦無正當的權利可為依據；占有所依據的一定權利即為本權。

占有對於所有權、用益物權、動產質權和留置權等本權而言，均是該物權的權能之一，侵害占有時，即係侵害此等物權，在無權占有 (naked possession) 的情形，占有即為一項受獨立保障的事實狀態，占有究為事實或物權雖有爭論，但其受法律保護，因此為得享受特定利益的法律上地位則不容置疑。

第四章　物權的效力

物權為直接支配特定物而享有其利益的權利，基於物權而衍生出許多權能，即是物權的效力，不同的物權具有不同的效力，在個別物權的規定中再加以敘述，關於其一般共通的效力，可以分為優先效力、排他效力、追及效力及物權請求權加以說明。

第一節　優先效力

物權的優先效力係指在同一物上，有二個以上的物權，或二個以上的物權和債權存在時，如權利的行使有衝突時，其中先成立的物權優先於後成立的物權，或物權優先於債權的效力而言，以下分別加以說明：

一、物權相互間的優先效力

基於一物一權主義，兩個所有權不能存在同一標的物上，因此，所有權間並無優先效力的問題，但所有權和其他物權，及其他物權相互間，即有優先效力的問題，分析如下：

㈠所有權與限制物權間

限制物權顧名思義係限制所有權的作用，其效力較所有權強，限制物權與所有權並存於同一標的物時，限制物權優先於所有權而行使，所有權的權能於限制物權權能範圍內受到限制。

㈡限制物權與限制物權間

限制物權係對物的不完全權利，相對於完全物權的所有權，可稱為不完全物權，限制物權與限制物權間的優先效力，敘述如下：

1.用益物權間

限制物權權利範圍外的標的物權利，既然仍為所有人所保有，基於私法自治原則，土地所有人先設定用益物權給他人後，在該用益物權人的權利範圍外，所有人仍得自由地行使其所有權，而在所有物上設定其他權利。

因此，會有兩個以上的用益物權同時存在同一土地的情形。以下就後設定用益物權不需先設定用益權利人同意和並存用益物權的優先次序分別說明如下：

⑴後設定用益物權不需先設定用益物權人同意

因為土地所有人先設定用益物權給他人後，在先設定用益物權人權利範圍內，所有人即無權利，所有人如於先設定用益物權人權利範圍內再設定物權，等於無權處分，除非後設定用益物權人經先設定用益物權人同意，取得先設定用益物權人權利範圍內的權利，或符合善意受讓的要件，否則，後設定用益物權人在先設定用益物權人權利範圍內，自無法取得權利，而不得妨礙先設定用益物權。既無影響先設定用益物權權利的行使，自不需先設定用益物權人的同意，就此而言，所有人就能設定各種時間、空間或內容上不同的用益物權，充分發揮單一土地的使用效率。

⑵並存用益物權的優先次序

同一標的物存在兩個以上並存的用益物權時，後設定用益物權人在先設定用益物權人權利範圍內，既然無權利而不得妨礙先設定用益物權的權利行使，則先成立的用益物權當然優先於後成立的用益物權。

上述兩個以上的用益物權同時存在的情形，針對區分地上權和其他用益物權同時存在的情形，民法第八百四十一條之五：「同一土地有區分地上權與以使用收益為目的之物權同時存在者，其後設定物權之權利行使，不得妨害先設定之物權。」已明文規定。第八百五十一條之一：「同一不動產上有不動產役權與以使用收益為目的之物權同時存在者，其後設定物權之權利行使，不得妨害先設定之物權。」則是規定不動產役權與其他用益物權同時存在的情形。

「以使用收益為目的之物權」即是用益物權，依據民法第八百四十一條之五規定可知，同一土地有區分地上權與用益物權同時存在的情形，後設定物權的權利行使，不得妨害先設定的物權。此一條文並未規定後設定用益物權必須經先設定用益物權人同意，回歸私法自治原則，後設定用益物權即不需先設定用益物權人同意，與前段論述意旨相符。而後設定物權

的權利行使不得妨害先設定的物權，則明指先成立的用益物權優先於後成立的用益物權。

2.擔保物權間

同一標的物存在兩個以上擔保物權時，原則上，先成立的擔保物權的債權有優先受清償的效力（民八六五、土地登記規則九）。但有例外，為鼓勵創造價值的行為，費用性擔保物權（例如承攬人的抵押權）在增加價值的限度內優先於先成立的擔保物權。❻¹

3.用益物權與擔保物權間

同一標的物同時存在用益物權和擔保物權，則先成立的物權優先於後成立的物權。亦即如用益物權成立在先，則擔保物權實行的結果，不影響用益物權的行使，如擔保物權成立在先，而用益物權的存在也不得影響擔保物權所擔保債權的滿足。

二、物權與債權間的優先效力

物權是歸屬性和定分性權利，債權則通常尚待對待給付才能主張，而且權利內容的實現有待義務人的給付，不如物權是對物主張歸屬性的權利，因此，物權無論成立在先或在後，原則上均有優先於債權的效力。

然而，物權優先於債權的效力，其實也不是絕對的，主要是因為對物權定義的廣狹不同。德國民法藉由物權法定原則，結合物權行為的概念，加上不動產物權因法律行為發生變動，以登記作為生效要件，只有少數權利才符合物權的定義。

因為對物權定義有廣狹不同，有些本質上物權，因為不符合我國民法對物權的定義，就被歸類為債權，然而，因為本質上物權並非真正的對人權，就形成了債權物權化、或有些債權有物權效力的現象，例如租賃物權化和公寓大廈及社區規約拘束受讓人的效力，前者規定於民法第四百二十五和四百二十六條，出租人於租賃物交付後，縱將其所有權讓與第三人，其租賃契約對於受讓人仍繼續存在，出租人就租賃物設定物權，致妨礙承

---

❻¹　參閱民法第 513 條第 4 項。

租人的使用收益者，其租賃契約對權利取得人仍繼續存在。後者規定於公寓大廈管理條例第二十四條、民法第七百九十九條之一第四項，即區分所有權的繼受人應繼受原區分所有權人依本條例或規約所定的一切權利義務，而依第五十三條規定，社區準用的結果，則社區的規約對繼受人亦有拘束力。

第二節　排他效力

物權是歸屬性的權利，權利人通常可以直接支配物，即不容他人干涉其權利的行使，因此，同一標的物即不能存在兩個以上不相容的物權。一般用益物權間均是不相容的，但二個不動產役權間，因為便宜之用的內容不同，其權利的行使也就未必不相容，例如同一塊供役不動產上成立兩個汲水不動產役權，在水量充足時，即無排他的問題存在。抵押權間理論上則無排他的問題，僅是其擔保的債權受償的優先順序有別罷了，如果要以排他效力來形容，則可以理解為先次序抵押權，在其優先受償的金額內，對抵押物的價值，有排他的效力。

第三節　追及效力

物權是歸屬性的權利，因此，除非權利人自願轉讓其權利，否則物權標的物不論輾轉落入何人之手，物權人均得追及物的所在，而行使其權利，此即為物權的追及效力。惟物權的追及效力受善意受讓制度的影響，如善意受讓人取得權利，則標的物上原有的所有權及其他物權即告消滅，此即為追及效力的限制。

釋字第三〇四號解釋認為：「民法第八百六十六條規定：『不動產所有人設定抵押權後，於同一不動產上得設定地上權及其他權利。但其抵押權不因此而受影響』，如其抵押權因設定地上權或其他權利而受影響者，本院院字第一四四六號解釋認為對於抵押權人不生效力，抵押權人聲請拍賣抵押物時，執行法院自可依法逕予執行，乃因抵押權為物權，經登記而生公示之效力，在登記後就抵押物取得地上權或其他使用收益之權利者，自不

得使登記在先之抵押權受其影響，如該項地上權或其他使用收益之權利於抵押權無影響時，仍得繼續存在，已兼顧在後取得權利者之權益，首開法條及本院解釋與憲法並無牴觸。」❷此一解釋確認抵押權具有追及性，即再度確認物權的追及性，於擔保物權也當然有其適用。

第四節　物權請求權

物權請求權又稱物上請求權或對物訴權 (action in rem)，乃是物權受到侵害或將受到侵害時得請求回復物權原狀的權利。物權因具有對世性，一般人均負有不侵害的義務，他人如有侵害，物權人即得依物權請求權請求回復原狀。其權利如被妨害，亦得請求除去其妨害。其權利有被妨害的疑慮時，亦得請求防止妨害的發生。

以上的物權請求權，因被侵害或將被侵害情形的不同，可分為返還請求權、除去妨害請求權和防止妨害請求權，以下分別加以說明：

一、返還請求權

此為物權的標的物被他人無權占有或侵奪時，得請求返還的權利，不僅所有權具有此一權利，其他物權亦具有此一權利，而占有亦是。

二、除去妨害請求權

此為物權的標的物被他人妨害時，得請求除去妨害的權利。

三、防止妨害請求權

此為物權的標的物有被他人妨害的疑慮時，得請求防止妨害的權利。

以上三種權利，我國民法第七百六十七條和第九百六十二條有規定，修正前第八百五十八條則有準用第七百六十七條的規定，因此，修法前乃

---

❷　關於此號解釋的評釋，請參閱許士宦，〈抵押權之物上請求權與點交程序——司法院大法官會議釋字第三○四號解釋評釋〉，《台灣本土法學雜誌》，第 39 期，頁 45–65，2002 年 10 月。

有物權請求權究為物權的共通效力抑或是限於民法有專條規定時才可行使的爭論，基於物權請求權係對於侵害物權或有侵害之虞的救濟方法，此種救濟方法對於物權都有行使的必要，因此，修法前應類推適用民法第七百六十七條的規定，均得行使物權請求權。而在民法第七百六十七條第二項已規定：「前項規定，於所有權以外之物權，準用之。」所以，修法後已明文規定物權人都有物權請求權。

第五章 物權的變動

第一節 物權變動的意義

物權的變動即是物權的取得、設定、喪失及變更，簡稱為物權的得喪變更。物權的取得係指物權與特定權利主體相結合的事實，物權的喪失指物權與特定權利主體分開的事實，物權的變更指物權的主體、客體和內容發生變化的事實。以下即就物權的取得、喪失、變更的意義分別加以敘述。

一、物權的取得

就物權本身而言，物權的取得即為物權的發生，物權的取得可分為原始取得與繼受取得，分別敘述如下：

㈠原始取得

原始取得指非基於他人既存的權利而獨立取得。例如時效取得所有權（民七六八、七六八之一、七六九、七七〇）、無主物的先占（民八〇二）、遺失物的拾得（民八〇三至八〇七）、埋藏物的發現（民八〇八）、漂流物或沉沒品的拾得（民八一〇）、因添附而取得所有權（民八一一至八一五）、土地回復原狀而回復所有權（土地一二）……等，此種取得的情形，物權主體取得物權並非基於與他人從事法律行為而取得，而係基於事實行為或人的行為以外的其他事實而取得。縱然該標的物曾為他人所有，原所有權人對該物的權利義務均因取得人的原始取得而消滅。

㈡繼受取得

繼受取得又稱為傳來取得，指基於他人既存的權利而取得。例如買賣、贈與、遺贈、繼承而取得物權。繼受取得依其繼受方式的不同，又可分為移轉繼受取得和創設繼受取得。依其繼受的範圍的不同，亦可分為特定繼受取得和概括繼受取得。移轉繼受取得是不變更物權的原狀移轉他人既存的物權而取得，例如甲將其所有的土地移轉給乙，乙即移轉繼受取得該土

地所有權。創設繼受取得又稱為設定繼受取得，是在他人的物權上創設另一物權，而取得該創設的物權。例如甲將其所有 A 地設定地上權給乙，乙因而取得該地上權。特定繼受取得乃就各個標的物基於個別原因而繼受取得，例如買賣而取得他人的所有權或地上權。概括繼受取得是就多數標的物基於一個原因而取得，例如繼承人因繼承而概括繼受被繼承人全部的動產和不動產所有權，或繼受他人營業而概括繼受他人的動產所有權。移轉繼受取得的情形，僅是權利主體變更，原物權人的物權和取得人取得的物權內容完全相同，取得人須繼受該標的物上的負擔。例如甲的 A 地有抵押權存在，甲將 A 地賣給乙，乙繼受的 A 地即存在抵押權。創設繼受取得的情形，原物權人的物權其主體並未變更，僅是創設另一物權而由物權取得人取得，因取得人的物權由原物權人所創設，原物權人所創設的物權不得大於原物權，因此，取得人的物權仍受該標的物上負擔的限制，例如甲的 A 地原有抵押權存在，抵押權人為乙，事後甲就 A 地為丙設定地上權，抵押權人乙聲請拍賣 A 地，將不因丙的地上權的存在而受影響。

二、物權的喪失

物權的喪失，即為物權的消滅。物權的喪失可分為絕對喪失與相對喪失兩種，分別敘述如下：

㈠絕對喪失

絕對喪失又稱為客觀喪失，指物權與其主體分離，但未歸屬於另一主體，例如物的消滅、物權的拋棄，此外，混同也會使物權喪失，分別說明如下：

1.物的消滅

指物的物理狀態發生變化，失去其原有形貌而喪失物原有的價值，例如，花瓶粉碎、書籍燒毀、房屋倒塌。

2.物權的拋棄

第七百六十四條規定：「物權除法律另有規定外，因拋棄而消滅。前項拋棄，第三人有以該物權為標的物之其他物權或於該物權有其他法律上之

利益者，非經該第三人同意，不得為之。拋棄動產物權者，並應拋棄動產之占有。」

其中，第七百六十四條第三項刪除一九九九年公布的草案第七百六十四條第三項前段原規定「第一項之拋棄，有直接受益人者，其意思表示應向該受益人為之。」如將拋棄的生效要件繫於對受益人為意思表示，反而增加受益人取得利益的限制，而拋棄人既具有拋棄的真意，也應尊重其意思而發生拋棄的效果，不以向受益人為意思表示為要件，因此，物權的拋棄，不需向受益人為意思表示。通過條文第七百六十四條第三項刪除該規定，值得贊同。❻❸

然而，該項卻規定：「拋棄動產物權者，並應拋棄動產之占有。」修法說明：「三、又拋棄動產物權者，並應拋棄動產之占有，爰增訂第三項。至於所拋棄者為不動產物權時，仍應作成書面並完成登記始生效力。惟因係以單獨行為使物權喪失，應有第七百五十八條規定之適用，無待重複規定，併予敘明。」將拋棄物權的意思以公示為生效要件，本書難以贊同。❻❹

3.物權的混同

關於物權的混同，民法第七百六十二條規定：「同一物之所有權及其他物權，歸屬於一人者，其他物權因混同而消滅。但其他物權之存續，於所有人或第三人有法律上之利益者，不在此限。」第七百六十三條規定：「所有權以外之物權，及以該物權為標的物之權利，歸屬於一人者，其權利因混同而消滅。前條但書之規定，於前項情形準用之。」

(二)相對喪失

相對喪失又稱為主觀喪失，指物權與其主體分離後，歸屬於另一權利主體，此種情形，物權的本身並未消滅，消滅的是原物權主體的物權，亦即物權的權利主體變更。例如甲將 A 地所有權移轉登記給乙，A 地的所有

---

❻❸　亦請參閱黃健彰，《法定優先權制度研究——兩岸物權法修正草案芻議》，國立中正大學法律學研究所博士論文，頁 162–163，2008 年 11 月。

❻❹　以上二段參閱謝哲勝，〈民法物權編（通則章）修正綜合評析〉，《月旦法學雜誌》，第 167 期，頁 124，2009 年 4 月。

權與甲分離,但歸屬於乙,A 地所有權本身並未消滅,所消滅的是甲對 A 地的所有權。物權的喪失一語,通常係指絕對喪失而言。

三、物權的變更

㈠物權主體變更

物權主體變更即是物權的權利人變更,此種變更乃因物權的權利人更換或增減而產生。其情形有以下三種:

1. 權利人更換

物權的權利人因買賣由甲變更為乙,權利人發生更換現象。

2. 權利人增加

一物固然只有一所有權,但並不禁止共有,如由單獨所有轉變為二人共有,即為物權權利人增加。

3. 權利人減少

如上所述,單獨所有可以變更為共有,同樣地,共有亦可變更為單獨所有,此時物權的權利人即發生減少的現象。

物權主體變更時,物權的本身並未變更,僅為物權的移轉,就物權人更換而言,固然是權利主體變更,但就物權的移轉而言,對原物權主體為物權的喪失,與上述物權的相對喪失相同,對後物權主體則為物權的取得,與上述物權的移轉取得相同。

㈡物權客體變更

物權客體即為物權的標的物,物權客體變更即為物權標的物在量上有所增減,物權標的物的量有所增加即為物權的範圍增加,物權標的物的量有所減少即為物權的範圍減少,因此,為物權變更的情形之一。

㈢物權內容變更

物權內容變更即物權的質發生變化,其權利的本質不變,而其權能作用、或期限發生變化,例如所有權有占有、使用、收益、處分、排除他人干涉的權能,如在所有權上設定用益物權,則所有權人的占有、使用、排除他人干涉等權能即受到限制,此即為所有權的權能發生增減,為物權內

容變更的一種。又如第二順位抵押權因第一順位抵押權的消滅，而遞升為第一順位抵押權，使其所擔保的債權完全受到清償的可能性增加，即抵押權作用增強，亦為物權內容的變更。再者，如土地所有人於地上權存續期間屆滿前請求地上權人於建築物可得使用的期限內延長地上權的期間（民八四〇），則地上權存續期間即因而增長，亦為物權內容變更的一種。

第二節　物權變動的原則

　　物權變動的原則即為物權取得、喪失及變更發生效力的準則，物權變動應採取何種方式，世界各國法制不同，我國物權法採取兩項原則，一是公示原則，另一是公信原則，分述如下：

一、公示原則

　　所謂公示原則，係指物權變動的效力，必須公開展示使他人知悉為原則。例如甲將不動產所有權轉讓與乙，依民法第七百五十八條規定，必須將該不動產所有權登記在乙名下，才發生讓與的效力，而成為乙所有的不動產。又如甲將其動產所有權轉讓與乙，依民法第七百六十一條規定，必須將該動產交付於乙時，才發生讓與的效力，而成為乙所有的動產。因物權變動情形，如無展示於外界，第三人無從得知，可能遭受不測的損害，有損交易的安全，基於此一理由，乃有公示原則的產生。公示原則所規定的方式，民法規定在不動產物權以登記為方式，在動產物權則以交付標的物為方式。法定公示方式的效力，在我國和德國是生效要件，亦即物權的變動，除了雙方當事人合意，並須履行法定公示方式，始能發生效力，若不履行法定公示方式，當事人間即不發生物權變動的效力，而僅具有債的關係。在美國、法國和日本則是對抗要件，亦即物權變動只須雙方當事人合意即可發生效力，若不履行法定公示方式，則不得對抗第三人。必須特別注意的是，在美國有關不動產物權的移轉的方式，則必須交付契據(deeds)，以契據的交付為生效要件，登記（各州並不相同）也是對抗要件。[65]

[65]　在美國不動產物權的移轉，交付讓與的契據(deeds)即發生物權讓與的效力，

二、公信原則

　　所謂公信原則，係指物權變動的效力，以他人信賴展示於外界，使他人知悉的狀態為準則。例如甲將登記在其名下的不動產所有權轉讓與乙，縱使甲對該不動產所有權的登記有無效或得撤銷的情事，若乙不知情，一經將該不動產所有權移轉登記於乙的名下，乙仍取得該不動產所有權，真正所有權人丙即不得對乙主張其權利（土地法四三、民七五九之一 II）。又如甲將其占有的非盜贓物或遺失物的動產所有權轉讓與乙，縱使甲對該不動產無移轉所有權的權利，若乙不知情，一經將該動產交付於乙，乙仍取得該動產所有權。物權變動的效力採公示原則，一般人對於不動產所有權即認為登記名義人為所有權人，對於動產即認為占有人為所有人，無須支出蒐集資訊的成本，審查登記名義人或占有人是否為真正所有權人，也無須顧慮登記名義人或占有人的所有權是否有瑕疵，可以放心地與之交易，即可促進交易的迅速與安全。如不依公信為準則，交易前勢必多方徵信，瞻前顧後，仍有不測損害的危險，將嚴重妨礙交易的迅速安全，因此，乃有公信原則，以保護善意取得人的利益以利交易的迅速及安全，也用來貫徹公示的原則。

　　物權編關於公信原則規定在民法第八百零一、八百八十六及九百四十八條，承認動產所有權及動產質權的善意取得，對於不動產物權的善意取得，民法規定於第七百五十九條之一第二項。土地法第四十三條規定，依本法所為的登記有絕對效力，即為了實現此一原則，所謂登記有絕對效力，係為保護第三人起見，將登記事項賦予絕對真實的公信力，故第三人信賴登記而取得土地登記時，不因登記的無效或撤銷，而被剝奪，亦即第三人因信賴登記即可取得該登記的權利，明示不動產物權可以善意取得。

　　向主管機關登記 (title registration, title recordation)，基本上（各州情形不同）只是對抗要件。參閱 Roger Bernhardt, *Real Property* 316–318 (1991).

第三節　物權變動的原因

　　物權變動的原因即為物權取得、喪失、變更的原因，這些原因即是能發生物權變動的事實，亦即法律事實，此種法律事實，有為法律行為，亦有法律行為以外的事實。如將法律行為區分為公法上的法律行為和私法上的法律行為，因公法上的法律行為而發生物權變動的情形可以土地徵收為例，因私法上的法律行為而發生物權變動的情形很多，因私法上法律行為包括契約和遺囑，而契約和遺囑均是物權變動的原因。❻❻以下將物權變動的原因，分別加以說明：

一、法律行為

　　民法第七百五十八條規定，不動產物權、依法律行為而取得……，因此可知物權可因法律行為而取得，有問題者為此處所謂法律行為究係指債權行為或物權行為，如肯定物權行為獨立，則此處的法律行為即限於物權行為，因為依該見解，債權行為係負擔行為，並不足以發生物權變動的效力。惟如否定物權行為獨立，則此處的法律行為並不作物權行為和債權行為的區分，而為法律行為中的財產行為。依據本條文的用語，並無使用物權行為字眼，如真係指物權行為，則立法時只要使用物權行為一語即簡單明瞭，況且立法理由中也只是強調關於不動產物權變動的法律行為必須履行方式，才可對第三人發生效力，以免第三人遭不測的損害，所以，從條文和立法理由完全無法肯定本條文的法律行為係指物權行為。再者如依物權行為的定義為足以發生物權變動的法律行為，若本條文的法律行為確係指物權行為，則依該物權行為即發生物權變動，又何須經登記的手續，如解釋登記為物權行為的一部，則本條文的法律行為顯然不等於物權行為。

---

❻❻　作者基本上不贊同債權行為和物權行為區分的見解，因為此種區分只是德國民法概念法學下的產物，並非普遍適用的法理，依作者見解，債權行為亦足以發生物權變動的效果，關於債權行為和物權行為區分與否有關的問題，請參閱下節物權行為的概念。

實則依民法總則的規定，法律行為並無區分物權行為和債權行為，因此，與其說本條文的法律行為係物權行為，不如說是法律行為的財產行為。❻❼

所謂財產行為是以發生財產法上效果為目的的法律行為。財產法上效果即是發生財產權變動的效果，財產權包括債權、物權、準物權和智慧財產權，因此，本條文所謂的法律行為即係指發生不動產物權變動的法律行為。

二、非因法律行為

法律行為以外的事實而發生物權變動的情形，散見於物權編各條文，以及其他各種法律中，例如混同（民七六二）、動植物的產物（民七六六）、時效取得（民七六八至七七二）、先占（民八〇二）、遺失物、漂流物、沉沒品的拾得（民八〇七、八一〇）、埋藏物的發現（民八〇八）、添附（民八一一至八一四）、抵押權的消滅（民八八〇）、典物所有權的取得（民九二三）、物的滅失、繼承（民一一四八）、耕作權的取得（土地一三三）。

第四節　物權行為的概念

一、概　說

如前所述，法國、日本、英美法相當於物權的概念與德國法不同，同樣地，關於物權變動的要件，德國法與其他國家的法律也有不同，最明顯的就是德國法的物權行為概念，在絕大多數國家都沒有此一法律概念。因此，有必要就物權變動的立法例為詳細探討，並對物權行為概念加以檢討修正。

二、物權變動的立法例❻❽

有關物權變動的要件，至少有以下各種不同的立法例：❻❾

---

❻❼　有關物權行為的爭議請參閱謝哲勝，〈物權行為獨立性之檢討〉，《財產法專題研究》，頁 79–109，三民書局，1995 年 5 月。

❻❽　謝哲勝，〈物權行為獨立性之檢討〉，《財產法專題研究》，頁 83–87，三民書局，1995 年 5 月。

㈠意思主義

1.僅憑當事人的債權意思表示，即生物權變動的效力，而不須以登記或交付為其成立或生效要件。

2.在此種立法例下

⑴無物權行為獨立性

債權的意思表示即發生物權變動的效果，物權變動的意思已為債權的意思表示所吸收，二者並無區別。公示原則所要求的登記或交付，只是發生物權變動的法律行為的對抗要件，而非成立或生效要件。因此，並無物權行為的概念，也無物權行為獨立性的問題。

⑵無物權行為無因性

物權行為既然無獨立性，則物權變動的效果自然受到原因行為即債權行為的影響，並無物權行為無因性可言。交易安全的保護則仰賴公示原則——登記或交付加以解決。

3.以土地買賣為例，當事人於買賣契約生效時，不僅發生債權關係，同時也生物權變動的效力，也就是說土地買受人於雙方買賣契約生效時，即取得土地所有權，辦理土地所有權的移轉登記，只是對抗善意第三人的要件，而非買受人取得土地所有權的要件。

然而，在此立法例下，雖然採物權立即移轉原則，但對於當事人不能立即為所有權移轉或不願立即為所有權移轉，則物權變動必須等到當事人能移轉時或當事人約定物權變動的時點，才發生物權變動的效力。

4.此種立法例，為大陸法系的法國民法所採，而為日本民法[70]加以繼受。[71]

---

[69] 以下介紹的四種不同立法例，有不同的名稱，意思主義又稱登記對抗主義，亦即法國法主義，形式主義又稱登記要件主義，但因形式主義又可分為兩種，所以，以形式主義指稱德國法的物權意思主義，而忽略瑞士和奧地利的登記或交付主義，論述上即不夠精確。

[70] 日本民法第 176 條規定：「物權之設定及移轉，因當事人之意思表示而生效力。」

[71] 本段有關意思主義的介紹，參閱曾品傑，〈論法國法上之物權變動〉，《財產法暨經濟法》，第 5 期，頁 113–135，2006 年 3 月。

㈡形式主義

除當事人的債權意思表示外，尚須履行登記或交付的法定方式，始生物權變動效力。惟形式主義的立法例中並不當然主張物權行為的獨立性和無因性，以其對物權行為獨立存在的承認與否又可區分為二：

1. 物權意思主義

⑴物權變動法律效果的發生，須另有物權變動的意思表示，加以登記或交付的法定方式，始能成立或生效。

⑵在此立法例下

A. 物權行為獨立性

發生物權的意思和發生債權的意思表示分開，所以發生債權的法律行為不能同時發生物權變動的效力，必須另有物權行為始生物權變動的效果，而公示原則所要求的登記或交付等方法，則是物權變動的成立或生效要件，而非對抗第三人要件。

B. 物權行為無因性

因為承認物權的獨立性，所以物權行為的效力即應與其原因行為即債權行為分別觀察與判別，此即物權行為的無因性。

⑶以前述土地買賣為例，當事人成立買賣契約，僅生債權債務關係，當事人間尚須有移轉土地所有權的物權意思表示，並且辦理所有權移轉登記手續完畢，才發生物權變動的效力，買受人也才能取得土地所有權。

⑷此種立法例為德國民法❼所採。❼❸

---

❼ 德國民法第 873 條第 1 項規定：「為讓與土地所有權、對土地設定權利，及為讓與權利或對權利更設定其他權利者，除法律另有規定外，應有權利人與相對人對於權利變更之協議，並將權利變更登入土地登記簿冊。」德國民法第 925 條第 1 項：「依第八七三條規定在移轉土地所有權時須由讓與人和受讓人成立協議者（協議讓與），應由當事人雙方同時向主管登記所表示之。」德國民法第 929 條：「1.讓與動產之所有權必須由雙方合意所有權移轉及所有人將物交付於受讓人，即成立。2.如受讓人已占有動產者，僅須讓與所有權之合意，即生效力。」

❼❸ 本段有關物權意思主義的介紹，參閱鄭玉波，《民法物權》，頁 35–36，三民書局，1984 年 12 月，修訂 10 版；謝在全，《民法物權論（上）》，頁 90–91，自

2.登記或交付主義

⑴除當事人債權意思表示外，僅須履行登記或交付的法定方式，即生物權變動效力。

⑵在此立法例下

A.除了發生債權的意思表示外，並無物權變動的意思表示，此點與意思主義相同，而和物權意思主義不同。但使物權變動的法律行為，除了必須當事人發生債權的意思表示，尚須履行登記或交付的法定方式，此點與意思主義不同，而和物權意思主義相同。

B.無物權行為獨立性

物權的變動，固不能僅依當事人的債權意思表示，仍須加上登記或交付，但因不需另有物權的意思表示，所以，並無物權行為的存在。

C.無物權行為無因性

既無物權行為的獨立存在，則亦無物權行為無因性可言。

⑶再以前述土地買賣為例，僅有當事人間的買賣契約，買受人尚不能取得土地所有權，必須在土地所有權移轉登記完畢後，買受人才能取得土地所有權。

⑷此種立法例，為瑞士和奧地利民法所採。❼

㈢契據 (deed) 交付主義

1.有關不動產權利變動的情形，除讓與人債權意思表示外，僅須作成契據，交付給受讓人，即發生不動產權利❼變動的效力，受讓人可以將契

版，2004 年 8 月修訂 3 版；劉得寬，〈對物權行為的「獨立性」與「無因性」之探討〉，《民法物權論文選輯（上）》，頁 17–18，五南圖書，1984 年 7 月。

❼　本段有關登記或交付主義之介紹，參閱謝在全，《民法物權論（上）》，頁 91，自版，2004 年 8 月修訂 3 版；劉得寬，〈對物權行為的「獨立性」與「無因性」之探討〉，《民法物權論文選輯（上）》，頁 37–38，五南圖書，1984 年 7 月；史尚寬，〈論物權行為之獨立性與無因性〉，《民法物權論文選輯（上）》，頁 8，五南圖書，1984 年 7 月。

❼　美國法有關不動產的權利（包括租賃權），都是財產法 (property law) 之範圍，並不區分債權和物權。

據拿去登記，但一般而言（各州規定不大一致），登記不是生效要件而是對抗要件。

2.在此立法例下

(1)除了發生債權的意思表示外，並無獨立的物權變動的意思表示，此點與意思主義和登記或交付主義相同，而和物權意思主義不同。但使物權變動的法律行為，除了必須當事人發生債權的意思表示，只須作成契據的法定方式，此點與意思主義和物權意思主義以及登記或交付主義均不相同，但就登記是對抗要件則和意思主義相同。

(2)無物權行為獨立性

物權的變動，固不能僅依當事人的債權意思表示，仍須加上交付契據，但因不需另有物權的意思表示（或將物權變動意思當成債權契約的履行行為），所以，並無物權行為的存在。

(3)無物權行為無因性

既無物權行為的獨立存在，則亦無物權行為無因性可言。

3.再以前述土地買賣為例，僅有當事人間的買賣契約，買受人尚不能取得土地所有權，必須在出賣人作成契據並交付給買受人後，買受人才能取得土地所有權。

4.此種立法例，為美國財產法 (property law) 所採。❼⓿

三、物權行為概念的檢討與修正

如前所述，最高法院八十八年度臺上字第一三一〇號判決和八十九年度臺上字第九六一號判決才明確提出物權行為的獨立性與無因性，可見判決真正確立物權行為的獨立性及無因性其實是在一九九九年以後的事。

我國目前通說認為關於物權變動的要件除了債權意思表示加上公示的要件——登記或交付外，尚須物權意思表示才會發生物權變動的效力，物權的意思表示即是物權行為的概念。物權行為無因性固可使法律關係明確，易於判斷，有助於保障交易安全，但此理論的功能已被善意受讓制度所取

---

❼⓿　　參閱 Roger Bernhardt, Real Property 220–232, 240 (2nd ed. 1991).

代；再者，物權移轉的讓與人在債權行為無效後不得以物權的請求權向受讓人請求返還，卻只能依不當得利請求返還，與受讓人的其他債權人的地位平等，對權利讓與人十分不利，和一般國民社會生活體認有別，現行善意取得制度已足夠保護交易安全下，絕對的無因性理論已不為通說所採取，代之而起的是物權行為無因性的相對化。**⑰**

無因性相對化理論有三，即共同瑕疵說、條件關連說、法律行為一體說，依該三種學說，物權行為的效力會因債權行為的瑕疵而影響、物權行為的效力以債權行為的存在為要件、物權行為和債權行為視為一個法律行為，如此，物權行為即喪失其獨立性和無因性，所以，不論是物權無因性相對化或緩和物權無因性的理論，其實都已間接否認物權的無因性，也等於否認物權行為的獨立性和無因性，也等於否定物權行為此一概念的功能。

主張物權行為無因性理論的學者，認為其有助於保障交易安全，但此功能已被善意受讓制度所取代。如果物權行為無因性只是盲腸，則其存在也無傷大雅，然而，其實它是惡性腫瘤，將使法律規範不符公平正義，以下舉數例加以說明：

㈠契約無效或被撤銷時

物權移轉的讓與人在契約（債權行為）無效或被撤銷後，不得以物權的請求權向受讓人請求返還，卻只能依不當得利請求返還，與受讓人的其他債權人的地位平等，如果受讓人破產，讓與人無法行使別除權，則形同以讓與人的財產供受讓人其他債權的擔保，對讓與人顯失公平。

同樣地，如果受讓人在明知契約無效或被撤銷時，將標的物轉讓給惡意第三人，在物權行為無因性理論下，第三人仍然可取得所有權，讓與人

---

⑰ 參閱王澤鑑，《民法物權㈠通則‧所有權》，頁 73–74，自版，1992 年 9 月；史尚寬，《物權法論》，頁 26，自版，1987 年 1 月；鄭玉波，《民法物權》，頁 38，三民書局，1984 年 12 月；李肇偉，《民法物權》，頁 58，自版，1970 年 9 月；張龍文，〈論物權契約〉，《民法物權論文選輯（上）》，頁 22，五南圖書，1984 年 7 月。物權行為的起源國德國，面對物權行為無因性的批評，就採減弱物權無因性的效力的見解，即無因性相對化理論，參閱鄭冠宇，〈物權行為無因性之突破〉，《法學叢刊》，第 172 期，頁 59–72，1998 年 10 月。

只能向受讓人依契約無效請求回復原狀或損害賠償（民一一三）或不當得利（民一七九），如果受讓人已無資力，則讓與人將無從得到完全救濟。惡意第三人竟然可以優於原真正權利人而受保護，顯然違反二十八年院字第一九一九號解釋所闡釋的法理：「並非於保護交易安全之必要限度以外剝奪真正之權利」。

㈡契約解除時

買賣契約如因買受人遲付價金，而遭出賣人解除時，如標的物已交付，依物權行為無因性理論，則買受人仍然取得所有權，出賣人只能向買受人請求返還不當得利，如果受讓人破產，出賣人無法行使別除權，則形同以出賣人的財產供買受人其他債權的擔保，對出賣人顯失公平。

同樣地，此時買受人有權將該標的物讓與給第三人，即使第三人明知買賣契約已解除，而買受人僅負返還不當得利的義務，依無因性理論，第三人仍取得所有權。如果出賣人向買受人請求償還其價額，買受人已無其他財產或財產不足時，出賣人即無從得到完全救濟，此時，也顯然違反二十八年院字第一九一九號解釋所闡釋的法理。

綜上所述，物權行為的概念是德國法制所獨有，不存在於法國法，更不存在於英美法，日本即使學界承認物權行為，但因為物權變動採意思主義的結果，物權行為的探討也無任何實質意義。區分債權效力和物權效力，與區分債權行為和物權行為是兩回事，物權行為概念其實並無功能，❼❽世界各國絕大多數無物權行為的概念，即為例證。事實上歐洲民法學者目前也有制定歐洲民法的討論，❼❾源於德國的物權行為概念，如果歐洲人接受了，臺灣可以考慮維持，如果歐洲人不接受，甚至連德國也放棄了，❽⓪則

---

❼❽ 參閱謝哲勝，〈物權行為獨立性之檢討〉，《財產法專題研究》，頁 79–119，三民書局，1995 年；謝哲勝，〈以經濟分析突破概念法學的困境——兼回應熊秉元教授的幾個觀點〉，《法律哲理與制度——基礎法學》，頁 621–623，元照出版，2006 年 1 月。

❼❾ Ugo Mattei, *The Issue of European Civil Codification and Legal Scholarship: Biases, Strategies and Developments*, 21 Hastings Int'l. & Comp. L. Rev. 883 (1998).

❽⓪ 從德國 2002 年配合歐洲契約法原則修正民法債編的趨勢看，放棄一個歐洲各

物權行為概念也該功成身退了。**❽❶**

　　世界各國絕大多數無物權行為的概念，第七百五十八條第二項修正理由明白使用物權行為一詞，昧於公平正義、人民感情、國際趨勢，本書難以贊同。

第五節　物權變動的要件

一、概　說

　　在私法自治的原則下，當事人欲發生物權變動的效力，原則上應尊重當事人的真正意思，即應採物權自由原則，就如同契約法採契約自由原則一樣。因此，除非有限制物權自由的必要，如因為獨占、公共財、外部性、與公平性等考量，否則應完全尊重當事人對物權變動內容的決定，包括變動的時間點和變動的方式等。

　　在英美、法國、日本等國就物權變動，原則上尊重當事人的意思，即符合上述原則，然而，德國法制採物權法定、公示生效等規範，賦予物權自治的空間較小，而現行制定於一九二九年的民法物權編，卻是主要抄襲德國民法典，許多規定與私法自治原則相牴觸，因此，解釋適用物權法相關規定，更須特別跳脫法條文義，而為解釋適用，以免與時代潮流相衝突。

　　以下仍以法典規定為中心，論述物權變動的要件，但仍強調解釋適用相關規定不應拘泥於法條文字。

二、物權因法律行為而變動

　　物權因法律行為而變動者，其變動要件，因標的物為動產或不動產而不同，以下加以分析：

國不承認的物權行為概念是極有可能的。

❽❶ 以上參閱謝哲勝，〈台灣物權法制發展〉，《財產法暨經濟法》，第 2 期，頁 45–46，2005 年 6 月。

(一)不動產物權

不動產物權因法律行為而發生變動，須具備兩個要件：

1.須訂立書面契約

不動產物權的移轉或設定，應訂定書面（民七五八 II）。但該書面是就債權行為或物權行為而言，有不同見解。依實務見解，若買賣雙方就標的物的不動產及價金互相同意，買賣契約成立，縱令出賣人一方嗣後拒絕履行訂立書面契約及協同辦理移轉登記的義務，買受人亦得提起給付之訴，取得協同辦理所有權移轉登記的確定判決，而單獨聲請登記，取得所有權，移轉不動產物權書面的欠缺，即因而補正（五七年臺上字第一四三六號判例）。

2.須辦理登記

民法第七百五十八條第一項規定「不動產物權，依法律行為而取得、設定、喪失及變更者，非經登記，不生效力。」據此，以登記為不動產變動的生效要件，登記的內容包括將法定事項，登載於地政機關所備簿冊上。登記必須完成其程序，載入登記簿，始生效力，若只聲請登記，而未載入登記簿，不得認為業已發生登記的效力（三三年上字第五三七四號判例），因此此種登記稱為「設權登記」。不動產物權的移轉，既以登記為要件，而不以交付為要件，因此登記完成時，物權的變動即告發生，交付只是使權利人取得占有人地位而已。但是以「設權登記」稱呼民法第七百五十八條規定，應有正確的理解，如登記行為的內容不符合法律行為該具備的要件，即使登記完畢也無法取得權利。

如未履行登記要件，是否即不發生物權變動的效力？其實依民法物權編施行法第三條第二項本有排除此要件的特殊規定，對於無法登記的物權，不以登記作為物權變動的生效要件，而且依釋字第三四九號解釋意旨其實也是如此，如果當事人形成的法律事實，已具有物權的本質或形成物上負擔，即使未經登記，仍可對第三人發生效力，也就是物權效力，而形同發生物權變動。

3.違章建築的爭議問題❷

違反建築管理法令而建築的建築物稱為違章建築，違章建築的所有權在建築至符合不動產的要件時，所有權即由起造人取得，因為違章建築無法辦理登記，所以可以解釋為只要有移轉所有權的意思表示一致而且有履行的行為（移轉占有），即發生所有權變動的效力，此符合民法物權編施行法第三條第二項的規範意旨。最高法院不採此種見解，自創了事實上處分權的概念，認為違章建築所有人只是移轉事實上處分權給違章建築買受人，違章建築買受人並未取得所有權，但實務運作的結果，造成事實上處分權的內容及性質均無法為妥當地解釋，不同的判決理論上互相矛盾，令人無法恭維。

最高法院限制民法物權編施行法第三條第二項的適用範圍顯然不當，違章建築所有人移轉給違章建築買受人的權利其實就是所有權，此種無法依法定方式公示的物權可以稱為事實上物權，事實上的物權（本質上物權）不以履行法定公示要件為必要，因此，有關違章建築的事實上處分權的判例、判決、決議都應停止援用。

(二)動產物權

動產物權因法律行為而變動者，非將動產交付，不生效力（民七六一），動產物權，無法登記，其權利狀態，以占有為公示方法，民法採交付要件主義，以交付為動產物權變動的生效要件。

交付的種類有四，即現實交付、簡易交付、占有改定及指示交付（返還請求權的讓與），後三者學說上通稱為觀念交付。以下將四種交付的意義，分別加以說明：

1.現實交付

現實交付指將對物的事實上管領力移轉予受讓人，例如甲將其所攜帶的書籍一冊交付予乙占有。

---

❷ 參閱謝哲勝，〈違章建築的事實上處分權〉，《財產法專題研究㈤》，頁 159–179，翰蘆圖書，2006 年 5 月。

2.簡易交付

簡易交付係指若物的受讓人已占有動產，於讓與合意時，即生交付的效力。在此種情形，受讓人在交付前已經因其他原因，占有受讓的動產，若必須以現實交付的方法履行交付要件，則首先必須由動產的受讓人將動產現實交付予讓與人，然後由讓與人再現實交付予受讓人，如此反而不便，故以讓與合意時，視為已經交付，例如甲將汽車出租予乙，該汽車已在乙的直接占有中，之後甲又將該汽車賣予乙，於甲乙雙方為讓與合意時，視為已經交付，乙取得所有權。

3.占有改定

讓與動產物權，而讓與人仍繼續占有動產者，讓與人與受讓人間，得訂立契約，使受讓人因此取得間接占有，以代交付（民七六一 II）。例如甲將汽車出賣予乙，雙方訂立買賣契約，但甲因需要繼續使用該汽車，因而與乙訂立租賃契約，使乙因此取得間接占有，以代交付，甲則可以承租人的地位繼續直接占有該汽車。

4.指示交付（返還請求權的讓與）

讓與動產物權，如其動產由第三人占有時，讓與人得以對於第三人的返還請求權，讓與於受讓人，以代交付（民七六一 III）。例如甲將出租予丙的汽車出賣予乙，須待汽車交付始生所有權移轉的效力，但交付的方法，不以現實交付為限，甲得將其對丙的返還請求權，讓與予乙，由乙直接向丙請求返還，以代現實交付。

如未履行交付要件，是否即不發生物權變動的效力？依釋字第三四九號解釋意旨其實未必，除了因為對交付的概念可以擴張到觀念交付外，如果當事人的真意，已決定發生動產物權變動，即使未經交付，在不妨礙交易安全的限度內，依據誠實信用原則，仍可對第三人發生效力，也就是物權效力，而形同發生物權變動。

三、物權非因法律行為而變動

物權非因法律行為而發生變動的情形，未經公示即已生效，最能還原

公示的本質，只是為了保護交易安全，而公示要件的有無，與物權變動時點應加以區分。

　　物權因法律行為以外的事實而發生變動者，依民法第七百五十九條「因繼承、強制執行、徵收、法院之判決或其他非因法律行為，於登記前已取得不動產物權者，應經登記，始得處分其物權。」以下分別加以探討：

㈠繼　承

　　此所謂「繼承」包括因自然死亡及死亡宣告所發生的繼承，而且以自然死亡之時或死亡宣告判決所認定死亡之時，為物權變動的時點。

㈡強制執行

　　此所謂「強制執行」指法院基於公權力拍賣標的物的行為，以拍定人繳足價金，而且由法院發給權利移轉證書時為物權變動的時點（五六年臺上字第一八九八號判例、強執九七、九八 I）。

㈢徵　收

　　此所謂「徵收」，指政府基於公權力強制取得不動產所有權的行政處分，以補償金發放完畢時（土地二三五、土地徵收條例二一），為物權變動的時點。

㈣法院的判決

　　此所謂「法院的判決」專指判決的效力足以立即發生物權變動效力的形成判決而言，不包括給付判決或確認判決，而且以形成判決確定時為物權變動的時點。

　　本條的登記，學說上稱為「宣示登記」，因其係將既已發生變動的物權存在狀態，登記於土地登記簿，其功能只是將既成的變動事實形諸地政機關掌管的公文書，與民法第七百五十八條的「登記」作為物權變動的生效要件不同。

　　其他尚有因法律規定而取得不動產物權的情形，例如法定抵押權（民五一三）、法定地上權（民八三八之一、八七六）、與典物所有權的取得（民九二三）……等亦非依法律行為而取得，均不待登記即取得不動產物權，然而非經登記不得處分其物權。

四、無權處分與善意受讓的概念

㈠善意受讓制度的規範意旨

司法院二十八年院字第一九一九號解釋揭櫫了財產法的一個法理，即並非要在保護交易安全的必要限度以外剝奪真正的權利，而善意受讓制度正是此一法理的具體化，平衡了真正權利人的權利和交易安全的保護，說明如下：

1.真正權利的保護

法律對權利為排他性的保護，可以拘束第三人，主要目的在於鼓勵生產的誘因，在權利人就其權利標的為長期投資符合物的使用效率時，法律即應保護其對投資報酬的期待，不受相對人違約的風險影響，將權利定位為可對第三人主張，即可達到此一目的，物權可以對第三人主張，正是一種真正權利。另外，某一權利客體應歸屬給某一權利主體，讓該權利主體可以終局取得此一權利客體，享有其利益，才符合公平正義，則該權利主體即為真正權利人，具有真正權利，應受法律的保護。

2.交易安全的保護

保護真正權利人進而鼓勵生產的誘因，雖然重要，但這並無法確保就該資源（物）權利人是最有效率使用的人，為了確保資源流向最有效率使用的地方，就有必要讓資源自由流動，由對資源評價最高的人取得。對某物評價最高的人是否能最終取得該物的使用權，關鍵在於交易成本的高低。交易成本包括事前的成本和事後的成本，事前的成本指原始締約成本，包括資訊蒐集成本等，事後成本指契約成立後履行和糾紛解決等成本。經由交易取得權利的人，如果其權利事後無預期地被追奪，因而喪失權利，即受到不測損害，如果此一損害無法藉由支出些微費用蒐集交易資訊，確認交易標的的權屬狀態，即可避免，而必須支出相當高的資訊蒐集成本，則將造成交易成本過高，交易無法發生，因此，避免第三人受到不測損害，即成為交易安全保護的重點。

3.二者應取得平衡

真正權利是法律保護的一種重要的價值，交易安全也是法律保護的另一項重要價值，二者間的保護須取得平衡，取得平衡也就是取得二者相加的最大利益，也自然符合社會最大的福祉。真正的權利人是對資源正在利用的人或歸屬權利人，保護真正權利，才符合正義的理念，誘導人們從事創造價值的行為，符合公平與效率；交易安全所欲保護的第三人是可能對資源為最有效率使用的人，避免第三人受到不測損害，才能確保交易發生。真正權利應受保護，但不能使第三人受到不測損害，而阻礙更有效率資源配置的交易發生，在保護交易安全的必要限度以內，就只好犧牲真正的權利。所以真正權利的保護和交易安全的保護權衡的結果，就是在保護交易安全的必要限度以內剝奪真正的權利。

㈡動產的善意受讓

動產的讓與人，若有動產所有權讓與的權限，其讓與的行為，自始有效，反之，若讓與人並無讓與的權限，則其讓與行為，為無權處分，依民法第一百十八條規定「無權利人就權利標的物所為之處分，經有權利人之承認始生效力……」，其效力未定。

民法第一百十八條的規定，係為保護真正權利「靜的安全」，但若完全貫徹該條的規定，對於從事交易的善意第三人，即可能因為受讓的物並非讓與人有權處分的物，而被真正權利人追奪，對交易第三人保護即有不周，有礙交易安全。為促進交易安全，民法另有「善意受讓」的規定，以保護為交易主體的善意第三人，此種保護交易安全的制度，又稱為保護「動的安全」。

民法第八百零一條規定「動產之受讓人占有動產，而受關於占有規定之保護者，縱讓與人無移轉所有權之權利，受讓人仍取得其所有權」、民法第八百八十六條規定「動產之受質人占有動產，而受關於占有規定之保護者，縱出質人無處分其質物之權利，質權人仍取得其質權」，二者分別為善意取得動產所有權、動產質權的規定，其中「……而受關於占有規定之保護者……」一語，係指依民法第九百四十八條至第九百五十一條規定，占

有應受法律的保護而言。例如甲將一只手錶借給乙使用，乙竟將該手錶出賣予善意且無重大過失的第三人丙，而且已經交付，此時丙即時取得手錶的所有權（民八〇一、九四八）。又如，甲將一臺電腦寄託於乙處，乙將該電腦設定質權予丙，向丙借款，並已為交付，則丙即時取得質權（民八八六、九四八）。符合善意受讓要件時所有權即歸屬於受讓人，惟有可能因原占有人行使回復請求權使受讓人所取得的所有權溯及消滅（民九四九）。

動產的善意受讓，又稱動產的即時取得，其要件如下：

1.讓與人就該動產具有占有的外觀

動產物權的公示方法是以交付動產的方法使受讓人占有，因此公信原則即是對於善意信賴「占有」外觀而為交易的第三人加以保護。讓與人就該動產具有占有的外觀，包括直接占有、間接占有、輔助占有等情形。

2.讓與人必須是無權處分

無權處分的效果是效力未定（民一一八），公信原則為保護交易安全，使其效力例外地即時確定有效。公信原則只於無權處分時有適用的必要，如果是有權處分，則除非另有其他無效或得撤銷的原因而且已經被撤銷，該行為既然確定有效，即無援引公信原則的有關規定，加以保護的必要。

3.須無權處分人與善意第三人間已完成交付行為

法律行為的當事人若未完成動產交付的行為，縱當事人間就該動產存有債權債務關係，債權人原則上只享有請求權，而該動產的所有人即真正權利人，基於沒有必要在保護交易安全的必要限度以外剝奪真正的權利，債權人既然尚未有可以信賴取得所有權的事實，也尚無遭受不測損害的可能，則不適用「善意受讓」的理論保護債權人。

然而，交付分為現實交付和三種觀念交付，現實交付的受讓人如被真正權利人追奪權利，會遭受不測損害，適用善意受讓並無問題，觀念交付能否適用善意受讓，則有必要檢驗。

簡易交付情形，受讓人已占有動產，如受讓人並非明知或可得而知讓與人並非有權處分人，則當受讓人與讓與人間有讓與合意時，受讓人從其現實占有動產，可以合理信賴其取得所有權，因此，應適用善意受讓。

占有改定情形，受讓人雖然並非明知或可得而知讓與人並非有權處分人，而受讓人與讓與人間也有讓與合意，但受讓人既然尚未現實占有動產，即使某程度可以信賴其取得所有權，然而真正權利人的權利也受法律保護，因此，此時則應權衡應優先保護真正權利人或受讓人。決定的關鍵即在受讓人是否會受到不測損害，如果受讓人已支付價金，被追奪權利，會造成受讓人不測損害，此時應適用善意受讓。如果受讓人根本尚未支付價金，對動產既無現實占有，也無法為使用收益，被追奪權利，只是未取得買賣標的物，使讓與人對受讓人負違約責任即可，此時應不適用善意受讓。

指示交付情形，與占有改定情形類似，決定的關鍵即在受讓人是否會受到不測損害，如果受讓人已支付價金，被追奪權利，會造成受讓人不測損害，此時應適用善意受讓。如果受讓人根本尚未支付價金，對動產既無現實占有，也無法為使用收益，被追奪權利，只是未取得買賣標的物，使讓與人對受讓人負違約責任即可，此時應不適用善意受讓。

但是，民法第九百四十八條第二項增訂：「動產占有之受讓，係依第七百六十一條第二項規定為之者，以受讓人受現實交付且交付時善意為限，始受前項規定之保護。」基於善意受讓原則上應是占有人已受讓占有，對權利的歸屬有合理期待，才能剝奪真正權利人的權利，而保護善意受讓權利的人，尚未受現實交付前，受讓人通常尚未支出相當對價，對權利的歸屬也尚無法有合理期待，因而此一修正雖然原則上合理，但仍有以偏概全之虞，因為占有只是公示方法，並由外觀上推定當事人是否已有物權變動的意思，如當事人間已符合善意受讓的其他要件，而只是尚未現實交付，仍不宜一概否定善意受讓的可能。因此，此一增訂以刪除為宜。

4.因交付而取得的占有須受關於占有規定的保護

完成動產交付固然是動產善意取得的要件，因交付而取得的占有，還必須受到民法「關於占有規定的保護」，指依民法第九百四十八條至第九百五十一條的規定，占有可免於被請求返還或有條件地拒絕請求返還而言。

占有是否受到保護，基本上遵循以下原則：

⑴受讓人受讓動產的占有，如明知或可得而知讓與人無讓與的權限，

不受占有的保護。

(2)無權處分的讓與人的占有如基於物的所有人的意思介入，衡量物的所有人與善意受讓人的權益，由於物的所有人自願地將物交付給背信的讓與人（無權處分人），所有人不審慎調查相對人的信用以致有無權處分情事發生，所有人的行為對無權處分與有原因，而善意第三人則無可歸責之處，因此法律保護善意受讓人。

民法第九百四十八條與第九百四十九條至第九百五十一條的區別在於前者無權處分人的占有係本於所有人意思的介入，後者則無所有人意思的介入，至於所有人將動產交付無權處分人占有的原因係因租賃契約、設定質權契約、寄託契約、借貸契約……等在所不問。上例中，乙（無權處分人）的占有手錶係因甲的意思介入而交付乙占有，在此階段，甲仍為所有權人，也是間接占有人，而乙為直接占有人。

(3)無權處分的讓與人的占有如非基於原占有人的意思介入，例如物因被竊盜、強盜、搶奪、遺失而無權占有，則物的所有人無過失，直接間接自無權處分人受讓占有的人，即使也無過失，權衡雙方權益，法律特別賦予原占有人以「自喪失占有之時起二年以內，得向善意受讓之現占有人請求回復其物」的權利（民九四九 I）。而就價金（或動產價值）的危險，則由有過失的人承擔，如無人有過失，則避免交易第三人受不測損害。惟原占有人如係惡意占有，則不適用本條項的規定，即不得請求回復其物（民九五一之一）。

(4)無權處分的讓與人的占有如非基於原占有人的意思介入，而直接間接自無權處分人受讓占有，又是在公開交易場所（拍賣或一般商店等）或由販賣與其物同種之物的商人以善意買得，則原占有人無意思介入，固然無過失，買受人依其具體情況亦無過失，此時應優先保護交易安全，為避免交易第三人受不測損害，特別規定原占有人「非償還其支出之價金，不得回復其物」（民九五○），而就價金（或動產價值）的危險，歸由原占有人承擔。惟原占有人如係惡意占有，則不得主張回復其物（民九五一之一）。

如果受讓人並非由公開交易場所或由販賣與其物同種之物的商人以善

意買得，則原占有人無過失，買受人則買受來路不明的物，不在交易安全保護範圍內，並無不測損害可言，此時被害人或遺失人不必償還受讓人支出的價金，即可回復其物，就價金（或動產價值）的危險，歸由受讓人承擔。

⑸盜贓或遺失物，如果是金錢或未記載權利人的有價證券，不得向其善意占有人請求回復（民九五一），因為金錢與未記載權利人的有價證券以占有表彰權利，難以辨識真正權利人，因此，以善意占有人為權利人。

5. 受讓的第三人必須為善意且無重大過失

保護交易安全僅在使善意的第三人不致遭受不測的損害即可，明知權利糾紛危險存在，仍然不知規避，是自甘冒險，不值得保護，所以惡意（明知）不值得保護。❸

即使並非明知，但是稍加注意就可得知的交易資訊，此種資訊蒐集成本則遠低於要求揭露資訊的成本，因此，也應由當事人負擔不知此種資訊的不利益，就此而言，因重大過失而不知交易資訊，就不能主張善意受讓。

受讓的第三人必須不知其契約的相對人為無處分權，若受讓的第三人明知其契約的相對人係無權處分，則該處分行為的效力應該不確定（民一一八），無善意受讓的適用。第三人對於契約相對人無處分權雖然不知，但如果是因為重大過失而不知，則不受善意受讓的保護，該處分行為仍然是效力未定。

---

❸ 例如，釋字第 26 號解釋認為：「典押當業既係受主管官署管理並公開營業，其收受典押物除有明知為贓物而故為收受之情事外，應受法律之保護。典押當業管理規則第十七條之規定，旨在調和回復請求權人與善意占有人之利害關係，與民法第九百五十條之立法精神尚無違背，自不發生與同法第九百四十九條之牴觸問題。」物主即回復請求權人是真正權利人，應受法律保護，典押當業是合法公開營業，應有交易安全保護的適用，除有明知為贓物而故為收受的情事外，應受法律的保護。典押當業收受典押物如非明知為贓物，應為交易安全保護的對象，然而物主的權利也不能完全犧牲，因此，物主得依典當原本取贖，而典押當業則損失利息，就典押物為贓物時，物主和典押當業各承擔部分損失，即就真正權利的保護和交易安全的保護取得平衡。請參閱，謝哲勝，〈憲法解釋對物權與土地法制發展的影響〉，《財產法專題研究㈥》，頁 370，翰蘆圖書，2008 年 11 月。

6. 無權處分人與善意受讓人間必須存在有效的契約

善意受讓人與無權處分人間必須存在契約，而且該契約必須有效或雖然有得撤銷的原因而未被撤銷，善意第三人才受善意受讓的保護。理由在於，善意受讓制度的目的在於維護交易安全。契約如果無效，受讓人負有返還義務，則無取得權利的信賴基礎，因而不得主張善意受讓。**⑧⑷**

7. 受讓人支出相當對價

善意受讓強調受讓人為善意，現行法認為因重大過失而不知也不值得保護（民九四八 I），但少有探討無償受讓是否值得受保護。對於此點，如從善意取得的相關規定，從文義上來論，似乎得不出受讓人支出相當對價的要件，另外，對於採用物權行為無因性理論的學者，可能會認為物權行為不受原因行為影響，有償或無償是原因行為才有的區分，善意受讓既然是受讓物權，即不必區分有償或無償。

然而，基於以下理由，本書認為，受讓人支出相當對價也是善意受讓的要件之一。

首先，二十八年院字第一九一九號解釋認為，並無必要在保護交易安全的必要限度以外剝奪真正的權利，物權是真正的權利，所以，保護物權與保護交易安全應取得平衡。物權原則上有追及力，但如有善意受讓的情

---

⑧⑷ 不同見解認為：一、民法第 801 條，就法律文義而言，並不以有效的原因行為為要件，二、原因行為與物權行為的區別及物權行為的無因性，係我民法的基本原則，於動產善意取得制度上亦應適用，三、原因行為不存在時，則善意受讓人係無法律上原因取得所有權，應依不當得利規定負返還義務，符合現行民法的基本原則，與善意取得制度的精神。參閱王澤鑑，《民法物權》，頁 606–607，自版，2010 年 6 月增訂 2 版；不同見解也有認為，善意受讓與一般基於有效的處分行為而取得的情形，差別在於物權法上讓與人有無處分權之點上，不在於債法上原因行為有效成立與否，所以不以原因行為有效成立為必要，參閱陳自強，〈民法第九百四十八條動產善意取得之檢討〉，蘇永欽主編，《民法物權爭議問題研究》，頁 307–308，五南圖書，1999 年 1 月；關於此議題學說見解的分析，陳自強教授本篇文章，有相當的整理，該文中所提及史尚寬教授與姚瑞光教授，所採的見解，則與本書的結論相同。

形，才剝奪此追及力（權利），使受讓人取得此權利。保護交易安全只是為了避免第三人受到不測損害，無償契約不符合均衡正義，受讓人如無償受讓，受讓的權利即使被原權利人追回，也無損害可言，因而解釋上，必須符合有償受讓的要件。即使有償，但對價如顯不相當，受讓人對讓與人的無權利事實即應有所懷疑並加以查證，心存僥倖而不查證讓與人是否具有真正的權利，即有重大過失，未必是不測，也無保護的必要。

次者，民法第九百五十條所謂「公開交易場所，或由販賣與其物同種之物之商人，以善意買得者」，即指由正常營業活動中買得，而「買得」一詞即表示有償取得。雖然，規定在第九百五十條，從文義上，只適用於盜贓、遺失物或其他非基於原占有人之意思而喪失其占有之物，然而，第九百四十九條和第九百五十條規定是第九百四十八條的特別規定，是針對受讓客體為盜贓物等而為特別規定，在受讓人取得要件上，規範意旨原則上是相同的，因此，「買得」一詞正好呼應善意受讓應限於受讓人支出相當對價的見解。

最後，參酌票據法第十四條第二項規定：「無對價或不以相當對價取得票據者，不得享有優於前手的權利。」排除非以相當對價的持票人受善意受讓的保護，即說明保護交易安全的重點在確保第三人不受不測損害，如未支出相當對價，即使權利被追奪，也無損害可言，既無不測損害，即不影響交易安全。❽⓹中國大陸物權法第一百零六條第一項第二款即明文規定「以合理的價格轉讓」為善意取得的要件之一，值得參考。

綜上，無對價或不以相當對價取得的情形，不得主張善意受讓，可以將其解釋為屬於重大過失而不知，或修法將受讓人支出相當對價作為民法第九百四十八條善意受讓的積極要件之一。❽⓺現行法第九百四十八條已將無重大過失列為善意受讓的消極要件，如果能明文規定受讓人支出相當對

❽⓹　謝哲勝，〈無償受讓可否主張善意受讓〉，《月旦法學教室》，第 86 期，頁 15，2009 年 11 月。

❽⓺　謝哲勝，〈台灣物權法制發展〉，《財產法暨經濟法》，第 2 期，頁 58–59，2005 年 6 月。

價也是民法第九百四十八條善意受讓的積極要件之一，則將更為完美。

㈢不動產的善意受讓

關於不動產的善意受讓，已規定於民法第七百五十九條之一第二項：「因信賴不動產登記之善意第三人，已依法律行為為物權變動之登記者，其變動之效力，不因原登記物權之不實而受影響。」而土地法第四十三條規定：「依本法所為之登記，有絕對效力」，此一不動產公信原則係為保護信賴登記取得土地權利的第三人而設，並非於保護交易安全的必要限度以外剝奪真正的權利，說明於下：

1.真正權利人與登記名義人間採真實原則

土地法第四十三條所謂登記有絕對效力，係為保護因信賴登記取得土地權利的第三人而設，故登記原因無效或得撤銷時，在第三人未取得土地權利前，真正權利人對於登記名義人自仍得主張，即在真正權利人與登記人間的權利義務採真實主義，如其登記有無效原因，真正權利人固得請求塗銷，或提起塗銷之訴，如當事人間對於登記有效或無效有所爭執，真正權利人亦得提起確認之訴，確認該登記為無效。如其登記，有得撤銷的原因，真正權利人，於行使撤銷權後，亦得請求塗銷（參閱二八年院字第一九一九號解釋、三九年臺上字第一一〇九號判例、四〇年臺上字第一八九二號判例）。

2.真正權利人與善意第三人間採登記公信原則

真正權利人與善意第三人間採登記公信力主義，即為保護善意第三人，將登記事項賦予絕對真實的公信力，第三人依賴登記而取得土地權利時，不因登記原因的無效或撤銷而被追奪。

不動產物權善意受讓的要件，詳細說明如下：

⑴必須是無權處分

請參閱四、㈡、 2.須無權處分的說明。

⑵必須依本國法令登記

土地法第四十三條所謂「依本法所為之登記，有絕對效力」以信賴依我國法令所為的登記為限，若信賴依外國法令所為的登記而為新登記，不

受公信原則保護（參閱四二年臺上字第一一九六號判例）。

(3)不含第一次登記

　　土地法第四十三條所謂「依本法所為之登記，有絕對效力」係指因信賴既有的登記而為的新登記而言，第一次的保存登記既非因信賴既有的登記而為的登記，並無公信原則的適用（參閱五〇年臺上字第九二九號判例）。

(4)必須已完成登記

　　土地法第四十三條「登記」一詞，必須已完成登記，始受保護，若善意第三人只訂立契約而未完成登記，或雖已聲請登記，而未經該管地政機關將應行登記事項記入登記簿，即非已依土地法為登記，自無土地法第四十三條所謂「絕對效力」的適用（參閱三三年上字第五三七四號判例）。

(5)第三人為善意且無重大過失

　　受土地登記公信力的保護者必須該第三人為善意且無重大過失，若明知契約相對人無處分權，或因重大過失而不知相對人無處分權，應不受民法第七百五十九條之一、土地法第四十三條的保護。本書認為，善意受讓不動產的受讓人，主觀上也須為善意且無重大過失，沒有必要與善意受讓動產作區別的必要，理由在於，善意受讓制度的目的既為要必要的限度內保障交易安全，主觀上如有重大過失的人，就沒有予以保障的必要。❽❼

(6)受讓人支出相當對價

　　如前動產物權善意受讓的要件所述。

(7)適用於法院強制拍賣

　　法院強制拍賣的拍定人於繳納價金，取得法院發給的權利移轉證書後，不待登記，即取得所有權（民七五九、強制執行法九八），此與因法律行為而取得不動產所有權須經登記，始生效力的情形不同（民七五八），若有相信土地登記簿的登記，以及信賴法院的公告，而於法院強制拍賣中參加應買，獲得拍定，繳納價金，取得權利移轉證書時，即應受到公信力的保護，其因此為取得權利的新登記，也不因債務人並非權利人而受影響。

---

❽❼　但有不同見解認為，為強化土地登記的公信力，善意受讓不動產的受讓人，主觀上只須為善意，有無過失，在所不問。參閱王澤鑑，《民法物權》，頁 110，自版，2010 年 6 月增訂 2 版。

第六章　物權的公示

第一節　物權公示的必要性[88]

物權可以對第三人發生效力，可能影響他人的權利，因而物權有公示的必要，物權可以對第三人發生效力則是因物權的功能（經濟作用）而在法制上加以反映，因而物權的功能即為物權應公示的根本原因。

物權具有提供生產誘因的功能和物權可以對第三人主張效力是一體的兩面，因為如無法對第三人主張效力，物權人就可能因權利人（關係人）的變動而影響其投資規劃，如此，則也無法具備提供生產誘因的功能，因此，可以對第三人主張效力，是物權具有提供生產誘因功能的要件。

而一般人都是就已知的資訊做出交易的決定，物權的對第三人主張效力（對世效力）本身，可能會影響交易第三人的交易期待。[89]如果交易資訊不明，一般人都會避免交易，否則就必須支出資訊蒐集的成本去取得資訊，因為交易一牽涉物權即可能受到原物權人追奪的危險，因此，不會不經蒐集資訊即從事物權的交易，在未有公示方式時，資訊蒐集成本往往相當高，因為交易相對人難以預知有多少人將來會出來主張物權，因此，有必要窮盡搜尋之能事，否則即可能面臨交易後糾紛的解決，不論事前或事後，都是此一交易必須付出的成本。尤其是事後的成本，往往就是一種不測的損害，使得交易相對人（物權受讓人）有不安全感，唯恐其權利被他人追奪，因此，物權的對第三人主張效力本身，即可能會影響交易安全。

---

[88] 參閱謝哲勝，〈物權的公示〉，《財產法專題研究㈤》，頁 135–138，自版，2006 年 5 月。

[89] 真正權利與交易安全保護的衡量，二者應取得平衡，其結果即是只能在保護交易安全的必要限度內剝奪真正權利。參閱司法院 28 年院字第 1919 號解釋；謝哲勝，〈債權確保與信託制度的平衡〉，《月旦法學雜誌》，第 93 期，頁 222–235，2003 年 3 月。

為了避免取得的權利被他人追奪，交易相對人的對策就是蒐集資訊，資訊蒐集愈多，將來被追奪的可能性愈小，然而，資訊蒐集有其成本，資訊蒐集加上其他交易成本，不得超過交易本身對相對人可以獲得的利益。交易可以促使資源流向最有效率的地方，促進資源有效率利用，因此，法制藉由保護交易安全以鼓勵交易，當交易成本過高，超過交易所獲得利益，交易即不會發生，在交易所獲得利益不變的情形下，促使交易發生的方式即是減少交易成本。

　　物權交易時的主要成本之一是資訊蒐集成本，則減少資訊蒐集的成本，即可減少交易成本，減少資訊蒐集成本的最直接方法則是使資訊蒐集十分簡易，不需耗費太多勞力、時間、和費用，而公示的手段恰好可以達到此一目的。因為經由公示的權利，賦予公信原則的效力，則交易當事人即可藉由少量的成本蒐集到交易上應具備的資訊，達到避免受到不測損害的目的。因此，藉由公示，即可減少交易成本，由此可見物權公示的必要性。

　　現行民法第七百五十九條之一：「不動產物權經登記者，推定登記權利人適法有此權利。因信賴不動產登記之善意第三人，已依法律行為為物權變動之登記者，其變動之效力，不因原登記物權之不實而受影響。」第一項推定登記權利人為真正權利人，因為登記權利人通常為真正權利人，此一推定符合舉證責任法則，值得贊同；第二項規定是將土地法第四十三條規定所共認的法理明文化，也符合善意受讓的法理，值得贊同。**❾⓪**

第二節　物權公示的功能與效力**❾❶**

一、物權公示的功能

　　將不動產權利記載在登記機關，供第三人查閱，讓利害關係人可得而

---

❾⓪　參閱謝哲勝，〈民法物權編（通則章）修正綜合評析〉，《月旦法學雜誌》，第167期，頁124，2009年4月。

❾❶　參閱謝哲勝，〈物權的公示〉，《財產法專題研究㈤》，頁138-140，自版，2006年5月。

知，可達到擬制通知的功能，因而有公示的效力。已登記的事項可以作為不動產權利是否存在的證據，因而不動產登記有權利推定的功能。已登記的權利讓第三人可以信賴，使信賴原登記所為的移轉登記受到法律的保護，藉以保護交易安全。因此不動產登記的主要功能在於構成擬制通知的公示力、權利推定的推定力以及保護交易安全的公信力，民法第七百五十九條之一即將後二者明文化。

(一)公示力

真正的權利都應受到法律保護，原則上可以對第三人主張，不以第三人知悉為必要。但權利人主張權利，如影響他人的權利，就有必要通知利害關係人，使利害關係人有機會及時或之後採取適當的行為，以避免受到不測的損害。因此，通知利害關係人就成為許多法律程序的要件。

如利害關係人是不特定的大眾時，就有必要公開展示讓大眾可得而知，達到通知的功能，此種以公示方法通知大眾的方式，有別於就特定人所為的真實通知，因此，稱為擬制通知。公示後就有擬制通知的效力，之後利害關係人不得以不知而主張應受法律保護，因而此種擬制通知的效力，即為一種公示力。

(二)推定力

任何法律關係都是一種事實，有法律意義的事實稱為法律事實，法律關係或權利存在與否必須由特定事實加以證明，特定事實是否存在，則有賴於證據加以證明。不動產權利經登記後，在登記簿上即呈現特定事實曾經發生，如果此一特定事實可以推定某一權利的存在，則此不動產登記即具有權利推定的效力。民法第七百五十九條之一第一項即為此一意旨的明文規定。

權利推定的效力，只是推定權利存在或有效的權利變動，如權利確實不存在或權利變動無效，有其他證據可以加以證明，則推翻此一推定。不動產權利經登記後，在欠缺相反事實推翻推定前，權利推定的效力，對於權利是否存在也有決定性的影響，因此，權利推定的效力被視為不動產登記的一項功能。❷

(三)公信力

　　將不動產權利記載在登記機關，可供第三人查閱，則第三人知悉該法律關係的資訊蒐集成本即可減少，資訊蒐集成本減少則交易成本不會過高，即不會影響交易的進行，既可以少許的成本得到充分的資訊，第三人也不致於受到不測的損害，因此，不動產登記具有交易安全的功能。[92]對於登記簿上所登載的權利事項，公眾可信賴其為正當、確定者，縱令登記與真實權利不盡一致時，也保護因信賴該登記而為交易取得權利者的利益。[94]

　　依土地法第四十三條規定，登記有絕對效力，從法條文義來看，是有意將登記後的權利賦予確定的效力，所以稱絕對效力，也有學者強調登記的絕對效力。[95]所謂絕對效力是指信賴登記的人取得的權利，不會因為原登記的權利有瑕疵而受影響，並非要在保護交易安全的必要限度以外剝奪真正的權利。信賴原登記所為的登記受到法律的保護，因此，登記具公信力。[96]民法第七百五十九條之一第二項即為此一意旨的明文規定。[97]

　　此外，關於公信力通說認為須具下述要件：

　　1.須原有登記不真實的情事。[98]

---

[92]　參閱謝在全，《民法物權論（上）》，頁139，自版，2004年8月。

[93]　參閱謝哲勝，〈物權的公示〉，《財產法專題研究㈤》，頁131–132，自版，2006年5月；王文宇，〈物權法定原則與物權債權區分——兼論公示登記制度〉，《月旦法學雜誌》，第93期，頁157–158，2003年2月。

[94]　參閱陳立夫，〈土地登記之公信力及其信賴保護之範圍〉，《台灣本土法學雜誌》，第93期，頁280，2007年4月。

[95]　參閱李鴻毅，《土地法論》，頁20，自版6，2006年2月。

[96]　參閱謝哲勝，《土地法》，頁153，翰蘆圖書，2013年9月。

[97]　但對照土地法第43條與民法第759條之1第1項，在文義上仍有落差，即土地法第43條稱登記有「絕對」效力，然民法第759條之1第1項則規定……「推定」登記權利人適法有此權利，對於此文義兩歧的情況，學者認為現行土地法第43條仍有不妥。參閱吳光明，《物權法新論》，頁39，三民，2009年9月。

[98]　最高法院42年臺上字第1196號民事判例：「所謂登記不真實之情事，係指土地登記事項與實體的權利關係有不一致之情事而言，如：真正權利人遭他人冒

2.須登記名義人與第三人間具有效的法律行為，關於此點於我國民法物權學者間，仍有爭議，有認採否定論者，其主要理由在於，我國法採物權行為無因性原則，如原因行為不存在時，應依不當得利返還。❾❾ 然而，本文認為，基於善意取得制度在於保護交易安全，因此若原因行為無效時，受讓人負有返還義務，則無取得權利的信賴基礎，因而不得主張公信力。⓪

3.第三人取得權利須為善意。⓪

另外，公信力在於保護交易安全，避免善意第三人受到不測損害，受讓人如無償受讓，受讓的權利即使被原權利人追回，也無損害可言，因而解釋上必須以信賴原登記而取得權利的人，有償受讓此權利為要件。

權利推定的效力，與登記的公信力，其實是一體的兩面。登記的公信力，除為了保護交易安全所必要，不能讓無效的不動產權利，藉由登記而成為有效，即不動產登記不具創設權利的效力，只是將原已存在的權利或有效的權利變動加以記載，作為公示方法讓第三人知悉，此一公示的事實讓第三人可以信賴，不必擔心存在其他不知的事實，影響其權益，可以放心去交易，也是藉由權利推定，推定登記的權利是真正的權利，這也是我

名登記為他人所有，又第三人所信賴之登記，應以我國法令所為之登記為限，如係日據時代之登記，則無公信力可言。」

❾❾ 參閱王澤鑑，《民法物權》，頁 606–607，自版，2010 年 6 月。

⓪ 結論上採相同見解者，參閱陳自強，〈民法第九百四十八條動產善意取得之檢討〉，蘇永欽主編，《民法物權爭議問題研究》，頁 307–308，五南圖書，1999 年 1 月。

⓪ 此處的善意是否包含重大過失的情形在內，參考民法第 948 條第 1 項立法理由：「一、現行規定在於保障動產交易之安全，故只要受讓人為善意（不知讓與人無讓與之權利），即應保護之。惟受讓人不知讓與人無讓與之權利係因重大過失所致者，因其本身具有疏失，應明文排除於保護範圍之外，以維護原所有權靜的安全，此不但為學者通說，德國民法第九百三十二條第二項亦作相同規定，爰仿之增列但書規定，並移列為第一項。」應認為不包括，且不論善意取得的客體為動產或不動產而有區別。然有不同見解認為，為求強化土地登記的公信力，所以第 759 條之 1 設計上自與第 948 條第 1 項但書不同，參閱王澤鑑，《民法物權》，頁 110，自版，2010 年 6 月。

國目前實務見解所採的。⑩因此，登記的公信力，其實旨在保護交易安全，而為善意受讓法理的體現。

二、物權公示的效力⑩

在各國法制上，物權均有公示的規定，可見物權具有公示的必要性，但與公示的效果則是兩回事，各國法制就公示要件的效果不完全相同，大致尚可分為生效要件和對抗要件兩種。

㈠生效要件

物權變動採生效要件的立法例，物權變動未經公示不發生效力，主要是德國民法及受其影響的國家所採。在此種立法例下，不僅物權變動不能對第三人主張，即使是當事人間，也未發生物權變動的效力，在此種情形，當事人間即使原來欲發生物權效力，也因公示的欠缺而只能發生對人的效力（如未欠缺法律行為有效的要件）。因此，採生效要件的結果，只要不符合公示的要件，就不發生當事人所期待其發生的效力，完全忽視當事人間對權利變動的真意，就此而言，即限制了當事人意思自主的原則。

我國民法第七百五十八條第一項規定：「不動產物權，依法律行為而取得、設定、喪失及變更者，非經登記，不生效力。」第七百六十一條規定：「動產物權之讓與，非將動產交付，不生效力。……」即宣示了我國民法對於物權的公示，是採生效要件。然而，應注意的是，此為原則，仍有例外，例如，債權讓與，其從權利抵押權隨同移轉，依實務見解，此時抵押權的移轉即不以登記為生效要件；又如違章建築無法登記，但又有移轉的必要，解釋上，即不應以登記為生效要件，實務見解認為違章建築的買賣，為事實上處分權的移轉，事實上就是未能參透此點的結果，而事實上處分權此一概念的創設，不僅十分突兀，更未真正解決違章建築交易所產生的問題。

---

⑩　參閱最高法院 50 年臺上字第 929 號民事判例。

⑩　參閱謝哲勝，〈物權的公示〉，《財產法專題研究㈤》，頁 138–140，自版，2006 年 5 月。

㈡對抗要件

物權變動採對抗要件的立法例,物權變動只要當事人有此意思表示一致,而且符合法定公示以外其他物權變動的要件,則物權變動即發生效力,公示與否只是對抗第三人的要件,為日本、法國及英美等大多數國家民事法律所採。關於對抗第三人的情形,又可分為對抗第三人(包括善意和惡意)、善意第三人(不包括惡意)、善意且無重大過失的第三人(不包括惡意和善意但有重大過失)、善意且無過失的第三人(善意但有輕過失的情形也不包括)。

假如有一種權利,僅在當事人間發生效力,不得對抗善意和惡意的第三人,則此種權利僅具有對人的效力,並非歸屬性的權利,而不具有物權的效力,因此,不能對抗任何第三人的權利不能稱它為物權。因為(債權)契約的權利就是一種對人權,在完全有效無瑕疵的情形,也只有對人的效力,即只有在當事人可以主張,當事人如果違約不履行,則可能只能請求損害賠償,或也可請求強制履行(在有些國家必須符合一定要件,在我國是只要給付尚屬可能即可)。因此,在本質上為物權的權利,不符合公示要件時,不應解釋為不得對抗善意和惡意的第三人,如此解釋即與其性質不符,並違反當事人的意思。至於何者為本質上物權,何者不是,以及二者和公示之間的關係,將於對四節詳細加以探討。

第三節　物權公示的方法[104]

物權公示方式的各國立法例有多種,又因其為動產和不動產而有不同,而各國普遍採取的動產物權變動的公示方式則是交付,不動產物權則有些不同。[105]

---

[104] 參閱謝哲勝,〈物權的公示〉,《財產法專題研究㈤》,頁 140–144,自版,2006年 5 月。

[105] 以下各種公示方法本身並無好壞之問題,從法律經濟分析之角度而言,採行何種登記制度的問題癥結在於政府與交易當事人兩者間對交易成本之分擔,及政府角色與責任的定位而已。參閱王文宇,〈信託之公示機制與對世效力〉,《月

一、標的交付

　　將物權的客體移轉占有即是標的交付，在動產，通常會移動其所在位置，由讓與人物理上可支配的範圍移轉到受讓人物理上支配的範圍，在不動產，因不動產無法移動其所在，所以不動產的交付，只是一種事實上管領力的移轉，而無標的物的移動所在位置，通常會有讓與人和受讓人同時到場移交的動作。

　　動產公示的方式固然是採標的交付，但也不能排除不動產變動以交付為公示的方式，在早期社會尚未建立國家時，或國家並未建立登記制度時，不動產物權極可能以交付為公示的方式。即使在已建立登記制度的國家，也不能完全排除交付作為不動產物權變動的公示方式，例如，買賣不破租賃的規定，雖然不動產租賃被歸類為債權，但它是本質上的物權（因為承租人在租賃物交付後所享有的是對物的權利），即是以承租人占有，作為公示方式。另外，在無法登記的物權，例如違章建築所有權，解釋上也不得以登記為物權公示的方式，則最妥當的方式，即是採交付方式，當然，法律所規定的不動產物權變動的要式也不得欠缺。

二、契據交付

　　契據交付指交付權利變動的契據，所謂的契據是指經讓與人蓋章或簽名的文件，或是指權利的證書或契約的文件，為了避免造假，法律會規定必須符合一定方式，而為一種要式文書。在國家機關有對於權利發給權利證書時，契據指的就是權利證書，但如國家機關未發給證書，契據則指當事人依一定方式製作的文書。

　　契據交付就是將此一證書或文書交付，作為公示的方式。我國早期法制房地契的交付，即發生房地物權的變動，可視為契據交付的法制。美國法對於不動產物權的變動原則上也是採契據交付主義，只要依法定方式製作不動產物權移轉的文書，並將此文書交付給受讓人，受讓人就取得物權。

三、契據登記

契據登記制度即是將契據登記，而非登記所移轉的權利名稱。讓與的效力發生在文件作成時或交付給受讓人時（當事人合意此時不動產權利發生變動），而將契據拿去登記只是用來供擬進行交易的第三人查閱，藉由保護善意的第三人，以保護交易安全。

在契據登記制下，原則上必須依法定方式製作契據，通常並應將契據交付受讓人，不動產權利原則上才發生變動，並非於買賣或贈與契約成立時，即發生權利變動的效力。因此，申請登記時，必須提出有效的契據供登記列檔之用。

然而契據記載的權利是否存在、無瑕疵，原則上是不為審查，所以，可能發生讓與人並無讓與的權利，因而，受讓人自然也無法取得權利，美國的產權保險 (title insurance) 制度，即是為了解決此一問題而誕生。在美國各州的州法，不動產物權變動原則上採契據交付主義，但是，也普遍建立了契據登記制度，因此，契據登記也成為物權公示的方法。

契據登記制度既然只是將契據登記，至於契據記載的權利是否存在、無瑕疵，原則上是不為審查，則交易的相對人仍須從事產權搜尋 (title searching)，即搜尋讓與人的前手是否有讓與給讓與人的權利、讓與人前手的前手是否有讓與給讓與人前手的權利，一直要搜尋到第一位所有人，才能確保受讓人的權利不被第三人所追奪，在美國，許多土地是聯邦政府從印地安人取得，因此，如果不是受到訴訟時效的限制，可能要搜尋到聯邦政府為止。

然而，如此搜尋費用過高，所以，買方一般來說就投保產權保險，如發生第三人主張權利的情形，則由保險公司賠償其損失。保險公司既然從事此種保險，則資訊蒐集的工作則由保險公司進行，但保險公司也不可能將所有前手的權利都搜尋，一般是查到前五六手就結束，以免耗費過多成本。

四、權利登記

權利登記制是登記權利本身，對於移轉的文書則不在登記之列，原則上第三人也無法查閱移轉的文書，有別於契據登記制是登記契據而不登記權利，第三人可以查閱契據。權利登記制既然是登記權利，則權利的內容如何，必須一目瞭然易於登記，如果權利種類太多或太複雜，登記的成本就會提高，當然，如果在登記權利之餘，也將權利的內容可供查閱，則仍可達到權利公示的效果。[106]

權利登記的方式，固然可以採取由登記申請人任意登記，登記機關不作審查，也不期待第三人對登記內容的信賴，因此，也不賦予公信力。然而，此種作法，已經查閱登記簿的人仍須耗費諸多資訊蒐集成本，才能避免遭受不測損害，顯然無法達到權利登記制度的目的，所以，採權利登記制，必然伴隨著不同程度的實質審查，審查准予登記後，即賦予公信力。

然而，登記制度採實質審查，必須先具備一批有審查能力的登記人員，才有能力審查登記的申請是否合法，否則，無法就所有的登記作實質審查，其結果終將流於形式審查。尤其是物權種類增多後，不同的物權人，其權限如何，有時十分複雜，即使具法律專業但非專攻此領域的人，也不一定明瞭，更何況是非法律人。[107]

權利登記制，是登記不動產權利變動的權利本身，而不是登記契據。權利登記制因為必須登記權利本身，而不登記契據，因而配合物權法定原則，較容易登記，第三人從登記的權利本身，就可明瞭關於某一土地上的相關人等的權利義務關係，第三人查閱相關權利的成本比較低。

[106] 我國關於土地權利信託登記就是採取此種方式，參閱土地登記規則第九章。

[107] 臺灣現行的登記主義採具公信力的實質審查主義，然臺灣不動產交易頻繁，地政機關基於人力上限制，就實質審查作業就已不勝負荷，若要求落實實質審查實有困難，故有建議由地政機關負責登記案件的形式審查工作，而法院成立專責機構，專門處理有權利瑕疵的登記案件，以解決現行的困難。參閱許世強，〈對我國現行土地登記制度之探討㈡〉，《現代地政》，第 248 期，頁 60，2002 年 2 月。

在權利登記制下，也必須依法定方式製作登記申請書，尤其必須載明登記的權利名稱，申請登記時，雖然必須提出有效的契約書供審查之用，但契約書所載內容，原則上並不登記在登記簿上，因為登記的權利名稱，原則上就足以讓第三人明瞭關於某一土地上的相關人等的權利義務關係。

在托倫斯登記制，登記完畢後並發給權狀 (certificate of title)，但必須注意，托倫斯登記制的登記機關為法院，[108]而不是行政機關，即使行政機關有登記，也是經法院確認過的權利，再交由行政機關登記。托倫斯登記制的登記機關應該是法院的原因是：托倫斯登記制的登記權利具有確定效力，因為經過法院審查，確認申請登記人具有土地產權，而發給土地權狀。

土地法第四十三條規定：「依本法所為的登記，有絕對效力。」從法條文義來看，是有意將登記後的權利賦予確定的效力，所以稱絕對效力，也有學者強調登記的絕對效力，因而通常認為臺灣的土地登記制度是托倫斯登記制。然而二十八年院字第一九一九號解釋卻給予此一見解當頭棒喝，認為該條規定只是為了保護交易安全，因此，登記的權利就沒有絕對效力。

第四節　物權與公示二者之間的關係[109]

物權權利人既然可以對物主張權利，不受物的權屬發生變動的影響，即可保護投資報酬的期待，達到鼓勵生產的誘因、增加財貨的產出的目的。為了促使交易發生，使資源流向最有效率使用的地方，即必須減低交易成本，減低交易成本，人們樂於交易，使交易增加，資源流向最有效率使用的地方，是法律上保護交易安全的目的，而公示即是為了保護交易安全的手段。因此，真正權利的保護，和交易安全的保護，即是財產法的兩大課題，也是物權和債權的區分，或權利是否對第三人有拘束力，在解釋適用時所應權衡的兩大價值。

真正權利是法律保護的一種重要的價值，交易安全也是法律保護的另

---

[108]　Black's Law Dictionary 1489 (6th ed. 1990).

[109]　參閱謝哲勝，〈物權的公示〉，《財產法專題研究(五)》，頁 144–148，自版，2006年 5 月。

一項重要價值，二者間的保護須取得平衡，取得平衡也就是取得二者相加的最大利益，也自然符合社會最大的福祉。權衡之下，真正權利的保護，固然是理所當然，但是為求二者相加利益的極大，最好的結果是將對交易安全的負面影響減至最小，以免影響資源配置的效率，在保護交易安全的必要限度以內，就只好犧牲真正的權利。所以真正權利的保護和交易安全的保護權衡的結果，就是在保護交易安全的必要限度以內剝奪真正的權利。❿

公示既然僅是保護交易安全的手段，不可將手段誤以為是目的，也不可在保護交易安全的必要限度以外剝奪真正的權利。⓫探討物權與公示二者之間的關係之前，必須先有此種認識。

一、本質上是物權的權利與公示的關係

只要事實上符合「直接支配特定物而享有其利益的權利」此一定義的權利，或歸屬性權利，即是本質上物權，不管法典是否規定或有無經過登記。本質上是物權的權利，因當事人創設此權利時，就是要創設物權的權利（真正的權利是物權），如果將它解釋為債權，必然違反當事人的意思，違反當事人的意思必然影響投資的期待，進而影響資源的有效率使用。因此，除非是為了保護交易安全所必要，否則無須變更當事人的真意，未經公示的物權，在保護交易安全的必要限度內才否定其為物權，否則仍肯認其為物權。

然而因為受到公示生效思維的影響，對物權和公示的關係有表示意見的釋字第三四九號解釋，除了將債權和物權的區分與債權行為和物權行為

❿ 以上兩段參閱謝哲勝，〈債權確保與信託制度的平衡〉，《月旦法學雜誌》，第93期，頁223–234，2003年3月。

⓫ 例如，不動產所有權取得時效的客體是否限於未登記的不動產，若從此觀點，即不能謂已登記的不動產不能時效取得，蓋公示的作用僅在保護信賴登記的第三人，如此而已，不得將公示的功能作無限制擴充。參閱謝哲勝，〈不動產所有權取得時效之客體立法政策之探討〉，《財產法專題研究》，頁171–173，三民書局，1995年5月。

的區分混淆外，似認為物權須有公示方法，如無公示方法即為債權，又認為縱為債權，如其事實為第三人明知或可得而知，仍非不得對第三人發生法律上的效力。❿此種推論無非是把公示的手段和物權的本質結合在一起，認為無公示即非物權，然而，卻不得不承認其所謂的債權卻可能對第三人發生效力。此種推論只是將「第三人明知或可得而知」作為對第三人發生效力的必要條件，但不是充分條件，因此，一般的契約，即使對三人明知或可得而知也不會對他發生效力，並沒有真正提出是否對第三人發生效力的判斷標準。

釋字第三四九號解釋所呈現的問題，其實也呈現許多受公示生效影響的法律人的思維，其將公示和物權結合，因此，將許多本質上為物權的權利歸類為債權，甚至可以進一步認為，其實有許多學者是將不動產物權與登記相結合，因此，認為經登記的不動產權利就是物權，未經登記的不動產權利就是債權。在這樣的思維下，自然即無法解決不得登記的不動產權利相關的問題，也在許多情形，超越了保護交易安全的必要限度而剝奪真正的權利。

因此，本質上是物權的權利如經公示，當然可以對任何第三人發生效力，但如未經公示，僅是使其不得妨礙交易安全，第三人明知或可得而知既然不會妨礙交易安全，所以，未經公示的本質上物權，可以對明知或可得而知的第三人發生效力，如此也才符合「惡意不受保護」的法理。如此思考，才能解答釋字第三四九號解釋所拋出的迷團。

二、非本質上是物權的權利與公示的關係

有些權利本質上並非對物或具有歸屬性的性質，但具備對抗第三人的效力，是基於立法政策的結果，原則上應具備公示要件。

權利本身不具對物或具有歸屬性的性質，表示在當事人間的行為尚未到達對物主張或歸屬性的階段，例如買賣土地，尚未為權利變動的合意，也未交付土地或辦理所有權移轉登記，此時，此一買賣契約只有對人的效

---

❿　參閱釋字第 349 號解釋理由書。

力，然而，一旦交付，買受人已直接支配土地，其權利即進入本質上物權，其法律地位即不得以純粹的（債權）契約加以解釋。

　　如前例，買賣契約尚未交付土地或辦理所有權移轉登記，如無預告登記，則買賣契約僅在當事人間有效，但如辦理預告登記，本質上並非物權的權利也因而取得對抗第三人的效力，此即為本書所稱的非本質上物權的權利，與本質上物權的權利相區別。非本質上物權的權利，必須具備物權法定公示的方式，才可發生物權的效力。

第五節　依法定公示方法公示作為物權變動生效要件的合憲性檢驗

　　檢驗依法定公示方法公示作為物權變動生效要件的合憲性，可依有效的憲法解釋和憲法第二十三條作為檢驗標準。⓫⓭

1.依有效的憲法解釋加以檢驗

　　依法定公示方法公示作為物權變動生效要件，超過保護交易安全的必要限度（減少交易成本避免第三人受到不測損害），剝奪真正權利（不承認當事人所欲創設的物權效力），當然違反二十八年院字第一九一九號解釋。

　　釋字第三四九號解釋認為在第三人明知或可得而知的情形下，債權可以對第三人發生效力，即物權效力，因為債權不必依法定公示方法公示，也可能發生對第三人的效力，則依法定公示方法公示作為物權變動生效要件，顯然也違反釋字第三四九號解釋。

　　依法定公示方法公示作為物權變動生效要件，違反二十八年院字第一九一九號解釋和釋字第三四九號解釋，因違反憲法解釋已構成違憲。

　　另外，由釋字第三七四號解釋⓮可知地籍圖重測，只是利用土地測量

⓭　以下參閱謝哲勝，〈民法物權編（通則章）修正綜合評析〉，《月旦法學雜誌》，第 167 期，頁 119–120，2009 年 4 月。

⓮　解釋文：「依土地法第四十六條之一至第四十六條之三之規定所為地籍圖重測，純為地政機關基於職權提供土地測量技術上之服務，將人民原有土地所有權範圍，利用地籍調查及測量等方法，將其完整正確反映於地籍圖，初無增減人民

技術，將人民原有土地所有權範圍，完整正確反映於地籍圖，並無增減人民私權的效力。此一解釋配合其他解釋和判例，等於再度強調土地登記相關作業，都只是作為證據和公示方法，登記相關作業本身，並無增減人民私權的效力。⑮

2.依憲法第二十三條加以檢驗

依憲法第二十三條加以檢驗，則必須檢驗正當性和必要性，如不符合其中一項要件，即違反該條規定而構成違憲，分別檢驗如下：

(1)正當性

依法定公示方法公示作為物權變動生效要件，強制物權變動履行法定公示要件，對於交易第三人構成法定通知，可以減少資訊蒐集的成本，因而減少交易成本。減少交易成本而保護交易安全，保護交易安全即是促進公共利益，具有正當性。

(2)必要性

為了保護交易安全，只要避免交易第三人受到不測損害即可。依法定公示方法公示作為物權變動生效要件，並非採「使交易第三人無法明知或可得而知的權利瑕疵或物上負擔不能對交易第三人主張」的保護交易安全的必要方法，而是採超過必要限度的「剝奪當事人創設物權效力的自由」

私權之效力。故縱令相鄰土地所有權人於重新實施地籍測量時，均於地政機關通知之期限內到場指界，毫無爭議，地政機關依照規定，已依其共同指定之界址重新實施地籍測量。則於測量結果公告期間內即令土地所有權人以指界錯誤為由，提出異議，測量結果於該公告期間屆滿後即行確定，地政機關應據以辦理土地標示變更登記。惟有爭執之土地所有權人尚得依法提起民事訴訟請求解決，法院應就兩造之爭執，依調查證據之結果予以認定，不得以原先指界有誤，訴請另定界址為顯無理由，為其敗訴之判決。最高法院七十五年四月二十二日第八次民事庭會議決議㈠略謂：為貫徹土地法整理地籍之土地政策，免滋紛擾，不許原指界之當事人又主張其原先指界有誤，訴請另定界址，應認其起訴顯無理由云云，與上開意旨不符，有違憲法保障人民財產權及訴訟權之規定，應不予適用。」

⑮ 謝哲勝，〈憲法解釋對物權與土地法制發展的影響〉，《財產法專題研究㈥》，頁372–373，翰蘆圖書，2008年11月。

的保護交易安全的方法，因此，缺乏必要性。依憲法第二十三條的意旨，已違反憲法第十五條財產權保障的精神。

⭐ 例題暨解題分析

一、物權的定義為何？

答：如依一般教科書定義為：直接支配特定物，而享有其利益的排他性權利。但本書認為是歸屬性或定分性的權利，請參閱第一章第一節。

二、物權請求權有哪三種？

答：返還請求權、除去妨害請求權、防止妨害請求權。

三、民法規定的物權有哪八種？其中哪幾種是擔保物權？哪幾種是用益物權？

答：所有權、地上權、不動產役權、農育權、典權、抵押權、質權、留置權。抵押權、質權、留置權是擔保物權，地上權、不動產役權、農育權、典權是用益物權。

四、物權行為獨立性和無因性相對化的方法有哪三種？

答：共同瑕疵說、條件關連說、法律行為一體說。

五、有關物權變動的法律行為的立法例有哪些？請舉例分別加以說明。

答：參閱第五章第四節。

六、物權的共通效力有哪些（四種）？

答：優先效力、排他效力、追及效力、物權請求權。

七、物權變動的兩大原則為何？

答：公示原則和公信原則。

八、交付分為直接交付和觀念交付，請舉例說明。

答：直接交付指現實交付，觀念交付指簡易交付、占有改定和指示交付，舉例說明時務必對每一交付的類型加以說明。

九、請加以評釋最高法院八十六年度臺再字第九七號判決要旨：「第按物權之新種類或新內容，倘未違反物權之直接支配與保護絕對性，並能以公示方法確保交易安全者，即可認為與物權法定主義存在之宗旨無違。」

答：本題是要求答題者針對超越文義而解釋民法第七五七條的最高法院八十六年度臺再字第九七號判決要旨加以評釋，當然要針對判決意旨所闡述的法理加以評斷。答題時首先要針對物權法定提出檢討，指出物權法定是為了保護交易安全，因此，在不影響交易安全的限度內，應承認當事人創設新種類和新內容物權的效力。而判決要旨指出如果不違反物權的本質（直接支配與保護絕對性），並能以公示方法確保交易安全，即可認為與物權法定主義存在的宗旨無違，是以符合物權性質並且不影響交易安全，為物權自由創設的空間，實質採取物權自由原則，對於修正前民法第七五七條的解釋，取其立法精神，而不拘泥於法條文義，符合法律解釋適用的基本原則，值得特別加以肯定。

十、甲未申請建造執照即起造 A 屋，A 屋建築完成後，無法保存登記，甲之後將 A 屋賣給乙，並交付占有，甲有債權人丙以甲未清償債務為由，聲請法院查封 A 屋，問甲、乙、丙的法律關係如何？

答：本題的主要爭點在於買賣違章建築的效力，但題目既然問甲、乙、丙的法律關係，就必須針對甲乙、乙丙及甲丙的法律關係分別加以探討。甲為起造人，因此為違章建築原始所有人。甲賣給乙，依實務見解，只是移轉事實上處分權給乙，乙並非所有人，甲仍為所有人，丙為甲的債權人，因而可以查封 A 屋。但依本書見解，違章建築無法登記，因此移轉所有權時不以登記為生效要件，甲、乙買賣 A 屋只要交付即可移轉所有權，因而乙為 A 屋所有人，甲的債權人丙不可以查封 A 屋。如果採實務見解，則丙可以查封後拍賣，乙如因此受到損害，可以依買賣的權利瑕疵擔保相關規定，向甲請求損害賠償。

十一、甲向乙購買 A 鑽戒，約定價金五十萬元，因二人是好朋友，乙就先將 A 鑽戒交付給甲，約定三天後甲應向乙給付價款，但甲屆期並未給付價款，之後，甲、乙的買賣契約被認定為無效，乙請求甲返還鑽戒，甲僅存財產為該鑽戒，甲的債權人丙則主張鑽戒也須擔保其對甲的五十萬債權，問：

(1)乙請求甲返還鑽戒的法律依據？

答：如依物權行為無因性理論，甲、乙的買賣契約固然被認定為無效，甲仍取得鑽戒所有權，乙請求甲返還鑽戒的法律依據為民法第一一三條或第一七九條。但本書否定物權行為無因性，或應採無因性相對化理論，甲、乙的買賣契約被認定為無效時，物權移轉也無效，乙仍有鑽戒所有權，乙請求甲返還鑽戒的法律依據為民法第七六七條第一項前段。

　　⑵丙的主張有無理由？

答：如依物權行為無因性理論，甲仍取得鑽戒所有權，乙、丙對甲得主張的權利均為債權，依債權平等原則，丙主張鑽戒也須擔保其對甲的五十萬債權，為有理由。但本書否定物權行為無因性，或應採無因性相對化理論，乙仍有鑽戒所有權，則丙的主張無理由。

十二、甲將其所有的 A 鑽石借給乙，乙將 A 鑽石贈與給不知情的丙並現實交付，甲依民法第七六七條第一項向丙請求返還 A 鑽石，請問甲的主張有無理由？

答：本題主要爭點在於，無償受讓的善意第三人是否值得受保護及受讓主觀上是否為善意且無重大過失？當然有關不動產善意受讓其餘的要件也都要符合。甲依民法第七六七條第一項向丙請求返還 A 鑽石，即須檢討：㈠甲是否為 A 鑽石的所有權人㈡丙是否為無權占有 A 鑽石。

　1.依照民法第八〇一條及第九四八條規定，首先須檢討丙受贈該鑽石的時候，主觀上是否為善意且無重大過失。若否，則不符合主觀要件。

　2.再者，無償受讓的善意第三人是否值得受保護？有肯否二說，否定說認為，法無明文。然而本書認為，善意受讓的受讓人必須有償受讓，而且應以相當對價取得，丙為無償受讓，並不在交易安全保護的範圍內，因而應保護真正的權利人，即甲仍保有其所有權，丙不符合善意受讓要件，並未取得所有權，又無其他權利，缺乏占有的本權，因此，甲是所有人，丙是無權占有人，甲可依民法第七六七條第一項向丙請求返還 A 鑽石，甲的主張有理由。

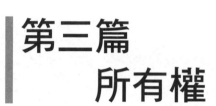

第三篇
所有權

第一章　通　則

第一節　所有權的意義

　　所有權是於法令限制內，得永久地、全面地、概括地支配標的物的權利。所有權以永久存續為本質，而無預定的存續期間，與限制物權原則上有存續期間不同。所有權人得就標的物的整體全面性地主張權利，得就標的物為概括地使用、收益、處分，並排除他人干涉，與其他限制物權的功能限定於一定空間或內容不同。所有權的內容具有彈性，可因被設定限制物權，而使其權能的行使受限制，亦可因該限制物權的除去或消滅，而恢復圓滿。

第二節　所有權的權能

一、積極的權能

　　民法第七百六十五條前段規定：「所有人，於法令限制之範圍內，得自由使用、收益、處分其所有物」，此即所有權的積極權能。所謂使用，指不毀損或變更物的性質，依通常用法，以供生活的需要，例如汽車的行駛，書籍的閱讀……等。為了使用、收益，所有人應占有所有物，因此，所有權的積極權能即包括占有、使用、收益及處分。所謂收益，指收取物的天然孳息或法定孳息，例如摘取果樹的果實，收取房屋的租金，物的成分及天然孳息，於分離後，除法律另有規定外，仍屬於物的所有人（民七六六），法定孳息的歸屬必須依法律或契約的約定。所謂處分，包括下列兩種：

㈠事實上的處分

　　指變更、改造、毀損、消滅物的本體，例如將丘陵推平，將碗打破，概念上也包括修繕、改良、保存……等行為，只要影響物的物理狀態都包括在內。

(二)**法律上的處分**

指移轉、設定、變更或消滅其物的權利，依通說包括債權處分和所謂的物權處分，例如移轉所有權、設定抵押……等。

二、消極的權能

民法第七百六十五條後段所謂「……並排除他人之干涉。」其排除的方法依民法第七百六十七條第一項規定「所有人對於無權占有或侵奪其所有物者，得請求返還之。對於妨害其所有權者，得請求除去之。有妨害其所有權之虞者，得請求防止之。」此為所有權的消極權能。凡所有權受侵害時，除得依侵權行為的規定，請求損害賠償外，尚得主張基於所有權的物上請求權，分析如下：

(一)**所有物返還請求權**

所有人對於無權占有或侵奪其所有物者，得請求返還之（民七六七 I 前段）。所謂無權占有，指無占有的本權，而仍占有其物。所謂侵奪，指違背所有人的意思，而強行取得其物。物上請求權，除已登記的不動產所有人的所有物回復請求權，無民法第一百二十五條消滅時效規定的適用外（司法院大法官釋字第一○七號解釋），❶未登記的不動產所有人的所有物回復請求權仍有民法第一百二十五條關於消滅時效規定的適用，消滅時效完成後，雖占有人取得時效尚未完成，占有人亦得拒絕返還（司法院院字第一八三三號解釋及二八上字第二三○一號判例）。

(二)**除去妨害請求權**

所有人對於妨害其所有權者，得請求除去之（民七六七 I 中段），此為除去妨害請求權。所謂妨害，指所有權的權能因他人無權占有或侵奪以外的事實而被阻礙。至於他人是否有過失，在所不問。例如垃圾倒於鄰地。又已登記不動產所有人的妨害除去請求權，亦無民法第一百二十五條消滅

---

❶ 但本書不贊同此一解釋，因其忽視時效制度懲罰怠惰人的功能，應認為已登記的不動產所有人的所有物回復請求權與除去妨害請求權，都有民法第 125 條消滅時效規定的適用。

時效規定的適用，此與所有物返還請求權的情形相同（司法院大法官釋字第一六四號解釋）。

(三)防止妨害請求權

所有人對於有妨害其所有權之虞者，得請求防止之（民七六七 I 後段），此為防止妨害請求權。所謂有妨害之虞，指妨害尚未發生，但就具體情形，依一般社會觀念判斷有可能發生的情形而言。例如鄰屋傾斜過度嚴重，依其情形，有向所有人土地倒塌的危險，此時土地所有人得基於所有權主張防止妨害請求權。已登記不動產所有人的防止妨害請求權是否有消滅時效的適用，司法院大法官會議並未解釋，依時效制度獎勵勤勉人懲罰怠惰人的精神，應認為有民法第一百二十五條消滅時效的適用。

第三節　所有權的分類

一、不動產所有權和動產所有權

(一)意　義

不動產所有權係以不動產為標的物的所有權；動產所有權則為以動產為標的物的所有權，二者均具有所有權的一般性質或機能，行使亦應受法令的限制。

(二)區別實益

不動產的標的物具有位置不可移動的特性，而且價值通常不低，動產則可以移動而且價值一般上較低，因此，在物權變動的公示方法即有不同。

二、單獨所有權和共同所有權

(一)意　義

單獨所有權係指所有權人主體為單一，即一人享有一物所有權；共同所有權則為所有權人主體為複數，即二人以上共同享有一物所有權。

(二)區別實益

一人享有一物所有權的單獨所有權固然無問題，一所有權由二人以上

共同享有，此時一物上仍只有一所有權，所以並不違反一物一權主義。區分所有和共有一樣，也是二人以上共同享有一物所有權的情形，關於共有物的權能的行使，為了兼顧共同所有人的利益和物的使用效率，就有必要採多數決的方式。

三、形式所有權和實質所有權

㈠意　義

所有權人可區分為登記名義人及真正所有權人，原則上二者為同一人，但有例外情形，如登記有無效的原因，使登記名義人和真正的所有人不同。在信託的情形，尚有形容受託人為形式所有權人，而委託人（信託人）則為實質所有權人的情形。

㈡區別實益

如依最高法院在信託法通過前對於信託行為的見解，受託人為法律上享受權利、負擔義務的人，為所有權人；而委託人只能透過內部的法律關係或契約內容，決定其權利及義務。此種信託其實只是委任契約的一種形式而已。

然而，信託法所規定的信託，受託人為形式所有權人，只有依信託本旨管理處分信託財產的權限，權限不等於所有權，而且也不能享有信託的利益，而委託人則為實質所有權人，是真正享有信託利益的人。而且依信託法第十八條的規定，受益人的權利也並非只能對受託人主張，尚得對第三人主張。

第四節　所有權的經濟作用

人對物支配的基本典型為所有權，所以所有權是物權構造的基礎，在自給自足的社會，重視對物的直接支配；在分工合作的社會，則重視商品交換，凡此都基於所有權，關於所有權的經濟作用說明於下：

一、定紛止爭

財貨歸屬秩序的指定，可以避免掠奪性經濟活動和糾紛的發生，可以

促使人們從事有益的經濟活動，並避免糾紛的發生。

二、提供生產的誘因

自己的辛苦能夠獲得報酬，取得私有支配財產，每個人才會有努力生產的動力，每個人都努力生產，才能供給人們日常生活所需。

三、資本主義經濟制度形成

所有權所形成的私有財產權制度，鼓勵人們努力生產，並累積財富，是資本主義的基礎，可促進經濟自由發展，提高生產力、增加財富、累積資本。

第五節　所有權的保護

憲法第十五條規定財產權應予保障，主要係指所有權而言，但擴及所有本質上的物權（不限於民法所規定的物權），說明於下：❷

一、制度保障

以所有權作為一種制度加以維護，國家和人民都維護此一制度，所有權因此獲得一般性的保護。

二、個別保障

以所有權作為屬於個人的一種權利加以維護，對國家而言，所有權係人民的一種基本權利，限制所有權必須符合憲法第二十三條的要件。

第六節　所有權的時效取得

取得時效係指占有他人的物，經過一定期間，符合一定要件，而取得其物所有權的法律事實。取得時效既不以意思表示為必要，因此並非法律行為，取得時效的主體只要有識別能力即可，不以有行為能力為必要。又

---

❷　參閱王澤鑑，《民法物權㈠通則・所有權》，頁 155，自版，2003 年 10 月。

取得時效為原始取得，非繼受取得，因此因時效取得所有權為取得完全的所有權，原存於該物上的限制物權，都歸於消滅。所有權時效取得分動產所有權的時效取得及不動產所有權的時效取得，二者要件不同，分別敘述如下：

一、動產所有權的時效取得

㈠意　義

民法第七百六十八條規定：「以所有之意思，十年間和平、公然、繼續占有他人之動產者，取得其所有權。」民法第七百六十八條之一規定：「以所有之意思，五年間和平、公然、繼續占有他人之動產，而其占有之始為善意並無過失者，取得其所有權。」是為動產所有權時效取得的規定，故動產所有權取得時效的要件為：須為自主占有、須和平占有、須公然占有、須為他人的動產，並因占有人占有之始是否為「善意並無過失」分別其取得時效的期間（須五年或十年間繼續占有）。

㈡法律效果

動產所有權取得時效一經完成，占有人即原始取得所有權，使動產所有權的歸屬狀態，歸於確定。

二、不動產所有權的時效取得

不動產所有權的時效取得，因占有人占有之始是否「善意並無過失」或「惡意或善意但有過失」而不同，分析如下：

㈠占有之始善意並無過失

民法第七百七十條規定「以所有之意思，十年間和平、公然、繼續占有他人未登記之不動產，而其占有之始為善意並無過失者，得請求登記為所有人。」是為短期時效取得不動產的規定。

㈡占有之始惡意或善意但有過失

民法第七百六十九條規定「以所有之意思，二十年間和平、公然、繼續占有他人未登記之不動產者，得請求登記為所有人」，依本條的規定適用

長期時效取得不動產者包括「占有之始為惡意」以及「占有之始善意但有過失」兩種情形。

不論「占有之始善意且無過失」或「占有之始惡意或善意但有過失」，只要具備民法第七百六十九條或第七百七十條所定要件，均具有請求登記為所有人的資格，而占有人因時效取得所有權登記請求權者，如已具備時效取得所有權的要件，向該管地政機關請求為所有權登記，如經地政機關受理，則受訴法院應就占有人是否具備時效取得所有權的要件，為實體上裁判（參照八十年度第二次民事庭會議決議）。❸至於請求登記為所有人的方法，由一方單獨聲請地政機關為所有權的登記即可，既無登記義務人，自無從以原所有人為被告，訴請法院判決准許登記（土地登記規則二七(15)），此觀土地法第五十四條規定「和平繼續占有之土地，依民法第七百六十九條或第七百七十條之規定，得請求登記為所有人者，應於登記期限內，經土地四鄰證明，聲請為土地所有權之登記」可知。一經時效取得，即原始取得所有權。

不動產所有權取得時效的客體，是否限於「未登記的不動產」有值得再商榷之處，實務上最高法院六十四年度臺上字第三三四號判決即認為，所謂未登記的不動產，係指於總登記時未為登記的不動產。採肯定見解的學者大多以登記的公信力（即土地法四三）作為肯定的立論依據，但此種說法其實不當，因為土地法的規定，僅是為了保護信賴登記的第三人，除此之外，並不影響真正權利的歸屬。❹從㈠法律幫助勤勉人，不幫助睡眠人；㈡憲法扶植自行使用土地人的政策（憲法一四三）；㈢利用權優於所有權；㈣日本及美國的立法例；㈤土地使用的效率考量，本書認為不動產所有權取得時效的客體不應以「未登記的不動產」為限。

另外，有關取得時效中斷，第七百七十一條第一項規定：「占有人有下列情形之一者，其所有權之取得時效中斷：一、變為不以所有之意思而占

---

❸ 因為審判實務上時效取得的案例，都是針對時效取得地上權，因此關於時效取得詳細的探討，請參閱本書「地上權」的「時效取得」。

❹ 請參閱 40 年臺上字第 1892 號判例、50 年臺上字第 929 號判例。

有。二、變為非和平或非公然占有。三、自行中止占有。四、非基於自己之意思而喪失其占有。但依第九百四十九條或第九百六十二條規定，回復其占有者，不在此限。」第二項規定：「依第七百六十七條規定起訴請求占有人返還占有物者，占有人之所有權取得時效亦因而中斷。」

第二章　不動產所有權

第一節　概　說

　　不動產所有權，係以不動產為標的物的所有權，依民法第六十六條第一項規定，稱不動產謂土地及其定著物，定著物在物權編稱為「建築物」，故本章主要探討土地及建築物的所有權相關問題。

第二節　不動產所有權的取得

第一項　因法律行為而取得

　　不動產物權，依法律行為而取得、設定、喪失、及變更者，非經登記，不生效力（民七五八 I）。易言之，依現行條文文義不動產所有權因法律行為而變動的情形，必須具備兩個要件，即須訂立書面契約及辦理登記，且登記為不動產變動的生效要件，而不動產的交付只是使權利人取得占有人地位而已，並不當然產生物權變動。

　　以登記作為不動產物權變動的生效要件，將當事人物權變動意思的效力，繫於登記機關的准駁與否，是對私經濟行為的干預，又超過保護交易安全所必要，有違憲的疑慮。將來應修法改為「非經登記，不得對抗善意第三人」。

第二項　因法律行為以外的事實而取得

　　不動產所有權因法律行為以外的事實而發生變動者主要有時效取得，另外尚有依民法第七百五十九條規定的繼承、強制執行、徵收或法院的判決等而取得。

　　所謂「繼承」包括因自然死亡及宣告死亡所發生的繼承；「強制執行」指法院基於公權力拍賣標的物的行為；「徵收」則指政府基於公權力強制取得不動產所有權的行政處分；「法院的判決」專指判決的效力足以立即發生

物權變動效力的形成判決而言，不包括給付判決或確認判決。非因法律行為而取得不動產物權，並不限於繼承、強制執行、徵收或法院的判決此四種情形，因此，民法第七百五十九條修正，即增加了「或其他非因法律行為」，以求周延。

第三節　不動產所有權的限制

第一項　概　說

依民法第七百六十五條規定，不動產所有權的內容須受法令限制，這是為了公共利益，而對於所有權所為的必要限制。土地所有權行使的限制，民法第七百七十三條有明文規定。而建築物所有權的限制，建築物在物理上為獨立的物，關於其所有權的行使需受到建築物使用執照的限制，不得為違反法令的使用。另外在地盡其用的立法目的下，所有權行使的範圍必須是有使用利益的範圍，而非漫無限制，故他人的干涉，若無礙所有權的行使，則不得排除，並有相鄰關係的規範加以調和相鄰不動產所有權人間的權利義務關係。

第二項　土地所有權的限制

民法第七百七十三條規定：「土地所有權，除法令有限制外，於其行使有利益之範圍內，及於土地之上下。如他人之干涉，無礙其所有權之行使者，不得排除之。」故土地所有權的範圍，固然及於土地的地面、地上及地下，但仍受有限制。

一、法令的限制

所謂法令的限制例如土地法第十四條、第十五條、第十六條、第十七條、礦業法第八條、第九條等規定。

二、行使有利範圍的限制

　　土地所有權的範圍固然及於地面、地上及地下，但所有權的目的既在使用、收益及處分，因此其延伸範圍只以「行使有利的範圍」為限，行使有利的範圍必須依現代科學技術、地理環境以及一般社會觀念加以決定。

　　另外，所有權的範圍固然如上述，及於土地的上下，但在所有權範圍內，如他人的干涉，無礙其所有權的行使者，仍不得排除之，以調和相容的使用，促進資源有效率使用。即使他人的干涉，有礙所有權的行使，但為了土地整體使用上的效率，有時亦使土地所有人有忍受的義務，而不得主張排除，然而除非此種妨礙被認為是輕微或依情形被認為相當者，否則所有人可以依相鄰關係請求償金。

三、房地異主時法規範的限制

　　民法將土地與建築物規定為個別獨立的不動產（民六六），故當建築物與土地異其所有人時，若無內部法律關係，勢必拆屋還地，而造成社會經濟資源的浪費，民法對於房地異主的情形有特別加以規範。

㈠法定地上權

　　依民法第八百七十六條第一項規定：「設定抵押權時，土地及其土地上之建築物，同屬於一人所有，而僅以土地或僅以建築物為抵押者，於抵押物拍賣時，視為已有地上權之設定，其地租、期間及範圍由當事人協議定之。不能協議者，得聲請法院以判決定之。」第二項規定：「設定抵押權時，土地及其土地上之建築物，同屬於一人所有，而以土地及建築物為抵押者，如經拍賣，其土地與建築物之拍定人各異時，適用前項之規定。」如此，土地及其土地上建築物設定抵押權或僅以其一設定抵押權後，因實行抵押權導致兩者各異其所有人時，使建築物視為有地上權的設定，易言之，建築物所有人仍有權使用基地。❺

---

❺　參閱 84 年度臺上字第 2707 號裁判要旨：「建築物與基地同屬一人所有而僅將土地出賣時，因建築物性質上不能與基地使用權分離而存在，於此情形應認基

民法第八百三十八條之一第一項規定:「土地及其土地上之建築物,同屬於一人所有,因強制執行之拍賣,其土地與建築物之拍定人各異時,視為已有地上權之設定,其地租、期間及範圍由當事人協議定之,不能協議者,得聲請法院以判決定之。其僅以土地或建築物為拍賣時,亦同。」此一法定地上權的規定與民法第八百七十六條規定,差別只在於有無設定抵押權,然而立法意旨相同,都在解決房地異主的基地使用權問題,因此,應合併規定,建議刪除第八百三十八條之一,並將第八百七十六條修正為:「土地及其建築物同屬於一人所有,因讓與或拍賣,而為不同人所有時,視為已有地上權之設定,其地租、期間及範圍由當事人協議定之,不能協議者,得聲請法院定之。」即可。

㈡推定租賃

1.意　義

民法第四百二十五條之一規定:「土地及其土地上之房屋同屬一人所有,而僅將土地或僅將房屋所有權讓與他人,或將土地及房屋同時或先後讓與相異之人時,土地受讓人或房屋受讓人與讓與人間或房屋受讓人與土地受讓人間,推定在房屋得使用期限內,有租賃關係。」是為了減少自行協商的交易成本,並可避免拆屋還地的社會成本,立法意旨及其功能與第八百七十六條及第八百三十八條之一的法定地上權其實是相同的。

此條規定應可類推適用於「土地及其土地上之房屋並非同屬一人所有,房屋原有權占有,因移轉基地或房屋所有權,而可能影響房屋是否有權占有的情形」。該條規定意旨既與法定地上權相同,都是為了保護具有一定經濟價值的房屋免於被拆除,本書認為應合併規定於民法第八百七十六條即可。

地買受人與建築物所有人就基地成立租賃關係;租金數額協議不諧時,應類推適用民法第八百七十六條規定,當事人得聲請法院核定之。本件兩造間就租金數額如協議不諧或不能協議時,應訴請法院裁判核定。又關於請求法院核定地租,其訴之性質,為形成之訴,未經法院核定地租數額前,土地所有人無直接請求給付地租之權利;而請求給付地租,屬給付之訴,內容並未含有請求法院核定地租之意。故當事人就地租協議不諧時,必先經法院核定其地租數額後,土地所有人始得據以請求如數給付。」

2.可否類推適用於非房屋地上物

民法第四百二十五條之一是為了解決基地或是房屋所有權變動，而產生房屋所有人的基地使用權是否繼續存續的問題，非房屋地上物因自願移轉所導致的地上物與基地異主的情形，與民法第四百二十五條之一規定的文義房屋不同，因此，不能直接適用。

雖然民法第四百二十五條之一的文義，適用的客體僅限於「房屋」，並不包括非房屋地上物的情形，因此無法直接適用。但基於原立法意旨在於解決原有權占有的房屋，因為基地或房屋所有權變動，而產生房屋所有人的基地使用權存續的問題，保護具有一定經濟價值的房屋免於被拆除。非房屋地上物的經濟價值未必低於房屋，有時甚至比房屋更高，所以非房屋地上物如具有一定的經濟價值時，也有保護其免於被拆除的必要性，因無法直接適用，而為類推適用。類推適用的規範意旨，在於基地或非房屋地上物所有權變動的情形，為了減少自行協商的交易成本，並避免拆非房屋地上物返還土地的社會成本，可避免有權占有的非房屋地上物因非房屋地上物或基地移轉而使受讓非房屋地上物的受讓人變成無權占有，使非房屋地上物與基地當事人間的權利義務可以得到衡平。因此本書認為民法第四百二十五條之一應可類推適用於非房屋地上物及其基地異主的情形。

民法第四百二十五條之一類推適用於非房屋地上物與基地原屬同一人所有，而非房屋地上物或基地所有權有所變動的情形，應認為：除當事人間另行合意約定外，否則非房屋地上物所有人和基地所有人間，在非房屋地上物的使用期限內，有租賃關係，非房屋地上物所有人須支付租金才能合法繼續使用基地。❻

3.可否適用或類推適用於違章建築

民法第四百二十五條之一的文義僅限於移轉房屋的「所有權」，並不包含移轉違章建築「事實上處分權」的情形，所以民法第四百二十五條之一的規定可否適用或類推適用於移轉違章建築的事實上處分權的情形，❼也

---

❻　謝哲勝，〈三論民法第 425 條之 1 的類推適用〉，《租賃專題研究㈢：借地建屋》，頁 193–194，元照出版，2019 年 6 月。

有爭議，分析如下：

⑴實務見解

最高法院一〇二年度臺上字第五八〇號判決：「按違章建築之讓與，雖因不能為移轉登記，而不能為不動產所有權之讓與，但受讓人與讓與人間如無相反之約定，應認為讓與人已將該違章建築之事實上處分權讓與受讓人。而未辦保存登記建物雖因無法辦理所有權移轉登記，僅得以事實上處分權為讓與，然受讓人所取得之事實上處分權，與所有權人之權能，實屬無異。故民法第四百二十五條之一第一項規定『土地及其土地上之房屋同屬一人所有，而僅將土地或僅將房屋所有權讓與他人，或將土地及房屋同時或先後讓與相異之人時，土地受讓人或房屋受讓人與讓與人間或房屋受讓人與土地受讓人間，推定在房屋得使用期限內，有租賃關係。其期限不受第四百四十九條第一項規定之限制』，解釋上應包括違章建築之受讓人為坐落土地之所有人，嗣僅將違章建築或僅將土地出賣讓與他人之情形。」認為無法辦理建物保存登記的違章建築，在僅得以事實上處分權為讓與的情形，受讓人雖僅取得事實上處分權，但受讓人的事實上處分權與所有權人的機能，並沒有不同，所以民法第四百二十五條之一在解釋上包括違章建築基地與房屋異主的情形。

⑵本書見解

違章建築是因為違反管理法令或行政規則而無法辦理建物保存登記的建築物，所有權由起造人取得，因為違章建築無法辦理登記，所以可以解釋為只要有移轉所有權的意思表示一致而且有履行的行為（移轉占有），即發生「所有權」變動的效力，符合民法物權編施行法第三條第二項的規範意旨，但實務見解則認為僅移轉「事實上處分權」。

如上所述，違章建築雖然無法辦理建物保存登記，但只要當事人間具有所有權移轉的意思並有移轉占有的履行行為，解釋上就應發生所有權移轉的效力，因而違章建築也可適用或類推適用民法第四百二十五條之一。

---

❼　以下論述參閱謝哲勝，〈三論民法第 425 條之 1 的類推適用〉，《租賃專題研究㈢：借地建屋》，頁 194–195，元照出版，2019 年 6 月。

最高法院不承認違章建築所有權的移轉，創設「事實上處分權」一詞，然後再認為事實上處分權與所有權的權能無異，也得出相同的結論。

(三)租地建屋契約

可推定出租人於立約時已同意租賃權隨同房屋移轉，故承租人將房屋所有權讓與第三人時，第三人對基地出租人仍有租賃關係的存在，❽此已明定於民法第四百二十六條之一。而如果是出租人將基地所有權讓與第三人的情形，為租賃物所有權的變動，可適用民法第四百二十五條。

(四)借地建屋

借地建屋，房屋原基於基地借貸契約有權占有基地，後因房屋、基地所有權發生變動，致房屋與基地所有人非原先基地借貸契約的當事人，因使用借貸契約並未如租賃般有民法第四百二十五條、第四百二十六條之一的明文，基於契約相對性，房屋對基地可能因此為無權占有，面臨拆屋還地的風險，相關問題，探討如下：

1.無償法律關係不得主張繼受

在基地所有人取得基地所有權前，若房屋所有人是以無償的狀態合法使用基地，則基地所有權發生變動後，本書認為房屋所有人不得主張因繼

---

❽　參閱 85 年度臺上字第 1293 號裁判要旨：「土地與房屋為各別之不動產，各得單獨為交易之標的，且房屋性質上不能與土地使用權分離而存在，亦即使用房屋必須使用該房屋之基地，故土地與房屋同屬一人，而將土地及房屋分開同時或先後出賣，其間雖無地上權設定，然除有特別情事，可解為當事人之真意，限於賣屋而無基地之使用外，均應推斷土地承買人默許房屋承買人繼續使用土地，固經本院四十八年臺上字第一四五七號著有判例。又此所謂繼續使用土地，參照該判例之全部裁判意旨，係認為使用土地之房屋所有人對土地所有人應支付相當之代價，則其法律關係之性質，當屬租賃，至其租金數額，如當事人間不能協議決定，當可訴請法院裁定，其再因轉讓而承受土地所有權之人，應有民法第四百二十五條之適用，其再因轉讓而繼受房屋所有權之人，則除有反對之特約外，應推斷土地所有人對之默許其繼續承租，故不問其後為轉讓土地或轉讓房屋，其土地所有權之承受人對房屋所有人或房屋所有權之承受人對土地所有人，均繼續其原來之法律關係。」

受取得無償使用土地的權利，❾說明如下：

(1)釋字第三四九號解釋的適用可能性

釋字第三四九號解釋理由書固然認為債權可以對明知或可得而知的第三人發生效力，然而該號解釋強調受讓人如不知或可得知悉分管契約，也要受分管契約拘束，有使善意第三人受不測損害之虞，而違反憲法保障財產權的意旨。❿該號解釋只是強調債權對明知或可得而知的第三人發生效力，無礙交易安全的保護，但並不排除繼受人爭執讓與人與他人原有法律關係的合理性，因而繼受人仍有主張終止或變更的可能性，並非必須繼受此一無償的法律關係。

(2)真正的權利應受保護

私法重視均衡正義，即權利義務相當，當事人間權利義務均衡，權利是可以享受利益的法律地位，有權利必有救濟。民法將土地與其上的建築物視為兩個獨立的所有權客體，當房地異主時，土地所有人如需容忍房屋所有人繼續使用土地，則土地所有人使用和排他權能已經無法行使，如果不能享有收益的權利，則土地所有人對土地幾乎是只有負擔（例如稅捐）而無利益，如無利益則不符權利的本質。

與土地上的房屋所有人相比，房屋所有人如無法律依據，而可以行使超過其所有權範圍以外的權利，則顯然超過保護房屋所有權人的必要範圍，而犧牲土地所有人（或其他權利人）的權利。

解決之道，即平衡土地所有人（或其他權利人）和房屋所有人的權利義務，讓房屋所有人支付合理對價（有償）而繼續使用土地。

2.房屋基地利用權的解決

如前所述，無償法律關係不得主張繼受，而如何解決房屋基地利用權

---

❾ 謝哲勝，〈民法第 425 條之 1 的類推適用——最高法院 98 年度台上字第 294 號判決評釋〉，《租賃專題研究㈢：借地建屋》，頁 174–176，元照出版，2019 年 6 月。

❿ 關於釋字第 349 號解釋的評析，可參閱謝哲勝，〈從釋字第三四九號解釋論隨土地所有權移轉的債權契約〉，《財產法專題研究》，頁 57–77，三民書局，1995 年 5 月。

的問題，有以下三種看法：

⑴遵從契約相對性

　　此說認為，使用借貸契約僅有債之效力，存在於契約當事人間，不得以之對抗契約以外第三人，因此如房屋、基地所有權發生變動，房屋所有人自不得以原先的基地借貸契約，對基地所有人主張其有使用該土地之權利。❶依此說，不論房屋的經濟價值如何，房屋所有人皆須拆屋還地。

⑵個案依誠信原則判斷

　　視具體個案情形決定之。按使用借貸契約係債之關係，僅於當事人間有其效力，房屋所有人原則上不得執該關係主張其有使用基地之權利。惟於具體個案，尚應斟酌當事人間之意思、交易情形及房屋使用土地之狀態等一切情狀，如認基地所有人行使所有權，違反誠信原則或公共利益或以損害他人為主要目的，仍應駁回其拆屋還地的請求。❷

　　依照此說，其原則上仍是遵從基地借貸契約的相對性，因此房屋對於基地確實是無權占有，基地所有人可以主張拆屋還地，但是當基地所有人請求拆屋還地時，須審酌其請求是否符合誠信原則，具體上即是對於受讓人主觀上是否知悉、房屋客觀上經濟價值的維持等加以判斷。❸而若基於誠信原則認為基地所有人不得拆屋還地時，因契約相對性房屋對於土地仍屬無權占有，實務見解肯定基地所有人得對於房屋所有人主張不當得利的返還。❹

---

❶　此為最高法院 95 年度第 16 次民事庭會議決議的甲說。

❷　此為最高法院 95 年度第 16 次民事庭會議決議的丙說，為該決議所採。另外須說明的是，該決議是針對房屋所有權變動的情形，然而於基地所有權變動的情形，實務上亦有操作此見解者，如最高法院 107 年度臺上字第 1274 號判決。

❸　關於個案中誠信原則的具體化，可參閱吳從周，〈債權物權化、推定租貸關係與誠信原則──最高法院 95 年度第 16 次民事庭決議評釋〉，《租賃專題研究㈢：借地建屋》，頁 129-136，元照出版，2019 年 6 月。

❹　如最高法院 108 年度臺上字第 1037 號民事判決：「……惟該土地上之建物所有人究與土地所有人間並未存有任何法律關係，倘其因而獲有利益造成土地所有人無法使用土地受有損害，土地所有人是否不得依侵權行為或不當得利法律關

⑶類推適用民法第四百二十五條之一

上述遵從契約相對性的見解，將使房屋對於基地屬於無權占有，縱使個案中以誠信原則加以緩和，仍未解決房屋對於基地利用權的問題。本書認為，關於上述爭議問題，為確保房屋的基地利用權，維護有經濟價值的房屋所有權，減少基地與房屋所有權人間自行協商的成本，可藉由民法第四百二十五條之一的類推適用解決，填補現行成文法整體的漏洞，**⓯** 說明如下：

A. 是否存在法律漏洞

對於類似案例，有學者認為民法第八百七十六條要件採土地及其上之建築物同一人所有，因如本即為不同之所有人，即表示其間利用關係或早有安排，或應由其自行解決之，法律並無介入之必要，所以必以土地與建築物同屬一人所有，始有本條的適用。**⓰** 也有學者認為在與民法第四百二十五條之一與其立法意旨幾乎相同的民法第八百七十六條對照來說，立法當初所要解決的是房地同主無任何法律關係存在而嗣後異主的情形，才須由法律加以介入擬制或推定創設新的法律關係，是有意的排除，而非立法漏洞，因此毋庸藉由類推適用填補法律漏洞。**⓱**

係請求賠償損害或返還不當得利，則非無疑。……」

⓯ 以下論述請參閱謝哲勝，〈民法第 425 條之 1 的類推適用——最高法院 98 年度臺上字第 294 號判決評釋〉，《租賃專題研究㈢：借地建屋》，頁 176–179，元照出版，2019 年 6 月；謝哲勝，〈再論民法第 425 條之 1 的類推適用〉，《租賃專題研究㈢：借地建屋》，頁 181–190，元照出版，2019 年 6 月。

⓰ 謝在全，《民法物權論（中）》，頁 487，自版，2010 年 9 月。

⓱ 參閱吳從周，〈「土地與房屋不同屬一人所有」不宜類推適用民法第四二五條之一——最高法院九十六年度台上字第一三五九號判決在法學方法論上的再思〉，《月旦法學雜誌》，第 165 期，頁 227，2009 年 2 月。另參閱吳從周，〈債權物權化、推定租貸關係與誠信原則——最高法院九五年度第十六次民事庭決議評釋〉，《台灣法學雜誌》，第 111 期，頁 25，2008 年 9 月。於該文中又認為此類案型，在使用借貸契約具有債權物權公示外觀的一定要件下與考量該條文的立法理由而建議類推適用第 426 條之 1（或第 425 條）的方式為解決。

然而，前述見解認為「表示其間利用關係或早有安排，或應由其自行解決之，法律並無介入之必要」的假設，牴觸了存在的事實「當事人並未就利用關係加以安排，也無法自行解決，因而提起訴訟尋求解決」，該見解的假設既已偏離案件事實，當然無法作為案件事實的裁判依據。

本書認為，儘管民法第八百七十六條和第四百二十五條之一的文義都是「土地及其土地上之房屋同屬一人所有」，然而，因為當事人提起訴訟，表示「當事人並未就利用關係加以安排，也無法自行解決，因而提起訴訟尋求解決」，此時成文法的規範當然可能有漏洞，除非房屋已無經濟價值而無需繼續坐落於土地上，否則，原有權占有的房屋，因之後土地或房屋所有權變動，房屋所有人應仍可主張有權占有，才能維護房屋的所有權。

B. 類推適用民法第四百二十五條之一或第四百二十六條之一

既不宜使房屋所有人無償繼續使用土地，則有償繼續使用土地，固然以租賃或地上權形式都有可能，民法第八百七十六條有類推適用的可能，❶⑧但會有創設新物權和登記等疑義，❶⑨因而採租賃形式就成為較無爭議的選擇。然而，認為房屋所有人以租賃繼續使用土地，既無法律明文規定，則應類推適用現行法哪個條文，即有討論的空間。基於以下分析，本書認為應類推適用民法第四百二十五條之一而非第四百二十六條之一。

(A) 民法第四百二十六條之一是繼受前手的租賃關係

民法第四百二十六條之一規定：「租用基地建築房屋，承租人房屋所有權移轉時，其基地租賃契約，對於房屋受讓人，仍繼續存在。」本條規定是在基地所有人和房屋所有人有基地租賃契約的前提下，推定基地所有人和房屋受讓人在房屋所有權移轉時，有默示意思表示，願意繼受原有基地租賃契約。

私法自治原則下，此一補充規定仍可特約排除，即除有顯失公平和情

⑱　詳參謝哲勝，〈民法第 876 條法定地上權的類推適用〉，《台灣法學雜誌》，第 228 期，頁 142–146，2013 年 7 月。

⑲　主張以地上權形式的學者，參閱蘇永欽，〈非線性的體系思考〉，《尋找新民法》，頁 513，元照出版，2008 年 9 月。

事變更外，原基地所有人和房屋所有人就其基地租賃契約明示排斥本條文的適用，仍應為有效。基地所有人和房屋受讓人如能協議新訂他種法律關係，排除本條文適用，原則上也應為有效。

(B) 民法第四百二十五條之一非繼受前手的租賃關係

民法第四百二十五條之一規定：「土地及其土地上之房屋同屬一人所有，而僅將土地或僅將房屋所有權讓與他人，或將土地及房屋同時或先後讓與相異之人時，土地受讓人或房屋受讓人與讓與人間或房屋受讓人與土地受讓人間，推定在房屋得使用期限內，有租賃關係。」本條規定是在原基地所有人和房屋所有人為同一人所有，因而並無基地租賃契約的前提下，因土地和房屋所有權移轉，形成房地異主情形，推定基地所有人（或受讓人）與房屋受讓人（或所有人）間，在房屋所有權移轉時，有默示意思表示，願意成立基地租賃契約。是在原房地所有人間欠缺基地租賃契約的前提下，為了土地所有人和房屋所有人權利義務的均衡所為的衡平考量。

在私法自治原則下，此一補充規定也可以特約排除，基地所有人（或受讓人）與房屋受讓人（或所有人）間如能協議他種法律關係，排除本條文適用，原則上也應為有效。

(C) 適用的事件並非繼受前手租賃關係

民法第四百二十五條之一和民法第四百二十六條之一雖然都是針對房地異主無法協議時的補充規定，前者原房地所有人間並無基地租賃契約，後者則有，而此處原房地所有權人間並無基地租賃契約，因而就「同一事件適用同一法理」的法則下，應類推適用民法第四百二十五條之一而非民法第四百二十六條之一。

C. 土地及其建築物是否需同一人所有

事件類推適用民法第四百二十五條之一，是否以原「土地及其建築物同一人所有」為要件，也為爭議之一，基於以下分析，本書認為並不需要。

(A) 合法建築物所有人無土地所有權的情形無周延的明文規範

民法第四百二十五條之一固然明定：「土地及其土地上之房屋同屬一人所有」，如符合此文義，之後形成房地異主，則直接適用本條即可，無須類

推適用。正是因為合法建築物所有人無土地所有權的情形無周延的明文規範，有必要比附援引相關法律規範，而為類推適用。如認為類推適用民法第四百二十五條之一，以原「土地及其建築物同一人所有」為要件，則無法就原基地所有人和房屋所有人有基地租賃契約及「原土地及其建築物同一人所有」 [20]以外情形，對建築物所有人繼續使用土地提供合法的依據。

⒝ 建築物已合法存在，只能適用補償法則權衡當事人間的權利義務

建築物既已存在，依建築物的性質和耐用年限，原土地和建築物所有人對於原訂法律關係在無明示意思表示下，就建築物合法繼續使用基地均有一定合理期待，此一合理期待是土地所有人同意建築物所有人興建的基礎，而為建築物得以興建的基礎，應加以尊重。

土地所有人固然有所有權，通常情形具有使用收益處分並排他的權能，而可以主張排除未經其同意他人對土地的使用，此為財產法則。然而如權衡土地所有人排他權能的行使所得的利益，與被排除者所受的不利益，認為前者所得者少，後者所失者多，導致輕重失衡，即應適用補償法則，以補償土地所有人無法行使排他權能造成所有權價值的減損，取代土地所有人行使排他權能。土地所有人因有合理補償，即符合均衡正義，也不違反憲法對於財產權的保障。

對於土地所有人，雖無法行使排他的權利，但藉由收取租金的權利彰顯其所有權的價值，因此，借地建屋類推適用民法第四百二十五條之一的結果，即兼顧土地所有人和房屋所有人的利益，既符合民法的利益衡平原則，也符合憲法保障財產權的精神。

第三項　相鄰關係

一、概　說

不動產的相鄰關係是指私法上關於物的利用人相互間因涉及不動產而

---

[20]　民法第 838 條之 1 與第 876 條的法定地上權，也明文以「土地及其建築物同一人所有」為要件。

生的權利義務關係。包括法定的相鄰關係與意定的相鄰關係。相鄰不動產的權利人甚多，凡地上權人、典權人……均是，所有權人只是其中之一，對於土地利用人均有其適用。相鄰不動產的關係密切，為消極上消弭彼此權利行使衝突所生的糾紛，積極地調和鄰地利用，促進經濟發展，民法對於不動產相鄰關係，有詳細規定。以下先就比較重要的具體規定，加以敘述，然後深入探討不動產相鄰關係理論。

二、不動產相鄰關係的具體規定

㈠氣響侵入的禁止

　　土地所有人於他人之土地、建築物或其他工作物有瓦斯、蒸氣、臭氣、煙氣、熱氣、灰屑、喧囂、振動及其他與此相類者侵入時，得禁止之。但其侵入輕微，或按土地形狀、地方習慣，認為相當者，不在此限（民七九三）。

㈡管線安設權（民七八六）

　　土地所有人非通過他人之土地，不能設置電線、水管、瓦斯管或其他管線，或雖能設置而需費過鉅者，得通過他人土地之上下而設置之。但應擇其損害最少之處所及方法為之，並應支付償金。

　　依前項之規定，設置電線、水管、瓦斯管或其他管線後，如情事有變更時，他土地所有人得請求變更其設置。

　　前項變更設置之費用，由土地所有人負擔。但法令另有規定或另有習慣者，從其規定或習慣。

　　第七百七十九條第四項規定，於第一項但書之情形準用之。

㈢鄰地通行權

1.民法第七百八十七條

　　土地因與公路無適宜之聯絡，致不能為通常使用時，除因土地所有人之任意行為所生者外，土地所有人得通行周圍地以至公路。

　　前項情形，有通行權人應於通行必要之範圍內，擇其周圍地損害最少之處所及方法為之；對於通行地因此所受之損害，並應支付償金。

　　第七百七十九條第四項規定，於前項情形準用之。

關於本條構成要件中，所謂任意行為，係指於土地通常使用情形下，因土地所有人自行排除或阻斷土地對公路之適宜聯絡而言，例如自行拆除橋樑或建築圍牆致使土地不能對外為適宜聯絡即是。惟土地之通常使用，係因法律之變更或其他客觀情事變更，致土地所有人須改變其通行者，則不屬之。❷ 此外，實務見解認為，惟如土地嗣後與公路已有適宜之聯絡，而能為通常之使用者，周圍地所有人自無須繼續容忍其通行，土地所有人不得再主張通行周圍地。❷ 所以，當該土地與公路無適宜之聯絡已不存在時，如政府已開闢新道路或已修建橋樑，則土地所有人就不得再主張本條的權利。對於本條支付償金義務的法律效果，有學者認為，因為支付償金並非基於對價而是補償，所以即便當土地所有人未支付償金，鄰地所有人也不得主張同時履行抗辯權，而禁止土地所有人通行。❷

對於償金的法律性質及認定方式，實務見解認為，民法第七百八十七條、第七百八十八條所稱之償金，係指通行權人之適法通行行為致通行地所有人不能使用土地所受損害之補償而言，該償金之計算標準與支付方法，民法雖未設有規定，惟核定該給付，仍應先確定通行地之位置與範圍，並斟酌通行地所有人所受損害之程度，即按被通行土地地目、現在使用情形，以及其形狀、附近環境、通行以外有無其他利用價值、通行權人是否獨占利用、通行期間係屬永久或暫時等具體情況而定，至通行權人因通行所得之利益，則非考量之標準。可供參考。❷ 至於償金的起算時點，應以法院確認通行權存在時，或通行權人行使通行權時起算。本書認為，此處償金的性質，應理解為使用對價，較為合理，理由在於，即使土地所有人通行，但通行地所有人未必有損害，如果一定要通行地所有人不能使用土地受有損害，才能請求償金，則在通行地所有人仍能使用土地，而無具體損害時，豈不是不能請求償金，而違反均衡正義。

❷　參閱民法第 787 條修法理由。

❷　最高法院 85 年臺上字第 1781 號判例。

❷　參閱謝在全，《民法物權論（上）》，頁 292，自版，2010 年 9 月修訂 5 版。

❷　最高法院 94 年度臺上字第 2276 號判決。

2.民法第七百八十八條

有通行權人於必要時，得開設道路。但對於通行地因此所受之損害，應支付償金。

前項情形，如致通行地損害過鉅者，通行地所有人得請求有通行權人以相當之價額購買通行地及因此形成之畸零地，其價額由當事人協議定之；不能協議者，得請求法院以判決定之。

本條修法時，為求公平及維持不動產相鄰關係的和諧，增訂了通行地所有人得請求有通行權人以相當之價額購買通行地及因此形成之畸零地的權利。基於契約自由原則，是否出賣由通行地所有人自由決定，但通行地所有人一旦決定出賣，通行權人即有購買的義務。解釋上，通行權人受法律規定而有要約的義務，通行地所有人決定出賣，即是對通行權人要約為承諾，而形成一個買賣契約。如有爭議，法院僅能判斷通行地所有人是否有此權利，並在雙方間價額不能協議時，始得以判決加以決定。

3.民法第七百八十九條

因土地一部之讓與或分割，而與公路無適宜之聯絡，致不能為通常使用者，土地所有人因至公路，僅得通行受讓人或讓與人或他分割人之所有地。數宗土地同屬於一人所有，讓與其一部或同時分別讓與數人，而與公路無適宜之聯絡，致不能為通常使用者，亦同。

前項情形，有通行權人，無須支付償金。

關於民法第七百八十九條，在適用上的疑問為，讓與或分割的行為並非發生在通行權人和通行地所有人間，可否主張無償通行權？實務見解並不一致，❷有學者認為，在概括繼受的情況，如繼承，基於民法第一千一百四十八條規定，繼承人自得主張該權利，在特定繼受時，基於相鄰關係已成為所有權的一部及因為此通行權的性質為物上負擔，應隨同土地存在，所以不因嗣後的轉讓方式而有不同的評價，而且在具體案例的適用上得依

---

❷ 例如，採肯定說的實務見解為，最高法院 69 年度臺上字第 2672 號判決；採否定說的實務見解為，最高法院 83 年度臺上字第 2239 號判決；對於此問題的討論，並請參閱民國 81 年 11 月 6 日⑻廳民一字第 18571 號。

權利濫用、情事變更原則來調整失當的法律關係。❷另有學者認為，基於
利益衡量原則及考量民法第七百八十九條的性質，原則應採肯定說，例外
否定說何時採取，則透過案例累積，歸納種類加以類型化，再基於衡平原
理，予以分析之。❷

　　本書認為，依本條第二項規定，有通行權人，無須支付償金，此一規
定，不符合權利義務的衡平，當事人如就通行權為約定時，則依約定；如
當事人未就通行權為約定時，此條的規定應在補充當事人意思的不足，當
事人意思既有不足，通常未能採取措施調整通行權人和通行地所有人間的
權利義務，則不能期待其事先為合理解決，所以此種規定仍應符合權利義
務的衡平，也就是有償通行，才是良善的立法，而現行規定顯然不妥。因
此，解釋上，應該嚴格限制其適用範圍，而限於通行權人和通行地所有人
間，才可主張無償通行權。即使是通行權人和通行地所有人間為讓與或分
割，如有顯失公平或情事變更，也可聲請法院判決，請求通行權人支付償
金。

(四)尋查取回侵入物的容許

　　土地所有人，遇他人的物品或動物偶至其地內者，應許該物品或動物
的占有人或所有人入其地內，尋查取回。前項情形，土地所有人受有損害
者，得請求賠償。於未受賠償前，得留置其物品或動物（民七九一）。

(五)越界建築

1.越界建築概說

　　土地所有人建築房屋，如逾越地界時，鄰地所有人知其越界，應即提
出異議，阻止動工興建，如不即時提出異議，等到該建築物完成後，才請
求移去或變更其建築物，則土地所有人建造建築物將遭受重大損失，破壞
一項有用資源，因此，民法第七百九十六條第一項規定：「土地所有人建築

---

❷　參閱王澤鑑，《民法物權》，頁 194，自版，2010 年 6 月增訂 2 版。參閱謝在
　　全，《民法物權論（上）》，頁 302–303，自版，2010 年 9 月修訂 5 版。

❷　參閱溫豐文，〈論法定通行權〉，《東海大學法學研究》，第 8 期，頁 55–56，
　　1995 年 9 月。

房屋非因故意或重大過失逾越地界者，鄰地所有人如知其越界而不即提出異議，不得請求移去或變更其房屋。但土地所有人對於鄰地因此所受之損害，應支付償金。」第二項規定：「前項情形，鄰地所有人得請求土地所有人，以相當之價額購買越界部分之土地及因此形成之畸零地，其價額由當事人協議定之，不能協議者，得請求法院以判決定之。」第七百九十六條之一第一項規定：「土地所有人建築房屋逾越地界，鄰地所有人請求移去或變更時，法院得斟酌公共利益及當事人利益，免為全部或一部之移去或變更。但土地所有人故意逾越地界者，不適用之。」第二項規定：「前條第一項但書及第二項規定，於前項情形準用之。」第七百九十六條之二規定：「前二條規定，於具有與房屋價值相當之其他建築物準用之。」

2.越界建築的構成要件

(1)土地所有人建築房屋

針對此要件，實務認為，民法第七百九十六條所定鄰地所有人的忍受義務，係為土地所有人所建房屋的整體，有一部分逾越疆界，若予拆除，勢將損及全部建築物的經濟價值而設。倘土地所有人所建房屋整體之外，越界加建房屋，則鄰地所有人請求拆除，原無礙於所建房屋的整體，即無該條規定的適用（六七年臺上字第八〇〇號判例）。因此，此處所謂建築房屋以「房屋」為限，如果不是房屋，而是屋外的簡陋的廚廁或非房屋構成部分的牆垣、豬欄、狗舍等，即無該條文的適用（五九年臺上字第一七九九號判例）。

違章建築是違反建築法令而興建，但並非必然被拆除，如未被拆除，基於本條規定是用來平衡越界建築人和鄰地所有人的利益的意旨，應認為此處的房屋並不排除違章建築。另外，具有與房屋價值相當的其他建築物，依民法第七百九十六條之二規定，也可以準用。

(2)逾越地界

逾越地界的情況，必須土地所有人在自己土地上建築房屋，僅其一部逾越地界，如果房屋的全部建築於他人的土地，則無民法第七百九十六條規定的適用（二八年上字第六三四號判例）。至於因越界而占用的土地，究竟是

鄰地的一部或全部，都有本條的適用（五八年臺上字第一二〇號判例）。

(3)非因故意或重大過失而逾越地界

因故意或重大過失行為侵入他人權利，不值得保護，因此，現行法此一要件，限於土地所有人非因故意或重大過失而逾越地界，才有民法第七百九十六條第一項規定的適用。

(4)鄰地所有人知其逾越地界而不即提出異議

鄰地所有人如知其越界而不即提出異議，不得請求移去或變更其建築，固然是民法第七百九十六條所明文規定，但主張鄰地所有人知其越界而不即提出異議者，應就此項事實負舉證的責任（四五年臺上字第九三一號判例）。鄰地所有人知悉土地所有人越界建屋而不即提出異議者，依民法第七百九十六條第一項但書之規定，尚得請求土地所有人購買越界部分的土地，舉重以明輕，不知情而得請求移去或變更建物的鄰地所有人，當然更得不請求土地所有人移去或變更建物而請求其以相當的價額購買越界部分的土地（八三年臺上字第二七〇一號判例）。如果鄰地所有人知道越界後立刻提出異議，即使在建築完成之後，仍得請求移去或變更其建築物。此處的提出異議，其法律性質為意思通知，在訴訟上或訴訟外，皆可以為之。關於異議傳達的對象，如鄰地所有人為法人時，為其管理人或代表人，如果鄰地為共有時，則以管理人為對象，如未設有管理人時，應以民法第八百二十條為準。❷❽

(5)禁止權利濫用

如不符合前述四要件，鄰地所有人得請求移去或變更房屋，然而有時會造成土地所有人重大損害，因此，民法第七百九十六條之一規定，法院得斟酌公共利益及當事人利益，免為全部或一部的移去或變更，但排除土地所有人故意逾越地界的情形。

如依民法第七百九十六條之一規定的文義，似乎在土地所有人故意逾

---

❷❽　參閱謝在全，《民法物權論（上）》，頁 322，自版，2010 年 9 月修訂 5 版；不同見解認為，在鄰地為共有時，對共有人其中之一人為異議即可。參閱王澤鑑，《民法物權》，頁 198，自版，2010 年 6 月增訂 2 版。

越地界的情形，鄰地所有人均得請求移去或變更房屋。然而，如依實務見解，❷此時鄰地所有人請求移去或變更房屋仍有禁止權利濫用的限制。如移去或變更房屋對鄰地所有人所得利益極小，而土地所有人及國家社會所受損害極大，即可認為有違誠信原則，構成權利濫用，而不得請求移去或變更房屋。

　3.越界建築的法律效果

　⑴鄰地所有人負有容忍義務

　　民法第七百九十六條第一項本文規定：「土地所有人建築房屋非因故意或重大過失逾越地界者，鄰地所有人如知其越界而不即提出異議，不得請求移去或變更其房屋。」

　⑵土地所有人對鄰地因此受損害時，應支付償金

　　民法第七百九十六條第一項但書規定：「但土地所有人對於鄰地因此所受之損害，應支付償金。」

　⑶土地所有人有購買越界部分土地及因此形成的畸零地的義務

　　民法第七百九十六條第二項規定：「前項情形，鄰地所有人得請求土地所有人，以相當之價額購買越界部分之土地及因此形成之畸零地，其價額由當事人協議定之；不能協議者，得請求法院以判決定之。」學者有稱本條第二項為鄰地所有人的土地購買請求權，對於此土地購買請求權的法律性質，在此次修法後未見明朗，仍然還是存在請求權說與形成權說，兩種見解。❸此一爭議就法律適用的結果來看並無太大的差異，因為只要鄰地

----

❷　最高法院 86 年度臺上字第 1840 號裁定要旨：「權利之行使，不得違反公共利益，或以損害他人為主要目的，民法第一百四十八條第一項定有明文。原審以上訴人如取回系爭九平方公尺土地，需拆除被上訴人所有六層樓房中央部分，勢必影響大樓結構安全，上訴人取回該土地又難供建築，其為本件之請求，顯以損害他人為主要目的，有權利濫用之情形，爰為上訴人敗訴之判決，核無違背法令之情形。」

❸　採請求權說的學者認為，此為直接的強制締約，本質上仍為買賣契約的請求權，為契約自由的限制，參閱謝在全，《民法物權論（上）》，頁 331，自版，2010 年 9 月修訂 5 版；採形成權說的學者認為，此項土地購買請求權具形成

所有人加以主張土地購買請求權，越界建築人最終都有義務要履行該買賣契約。

　　本書認為，本項規定的權利，是鄰地所有人得請求土地所有人購買越界部分土地及因此形成的畸零地，即是鄰地所有人可以選擇出賣與否的權利，而不是可以購買的權利，因此，不宜稱為鄰地所有人的土地購買請求權。作為物的所有人當然有出賣的權利，因而此項規定在於課土地所有人有購買的義務，稱為土地所有人的土地購買義務，較為妥當。是否出賣由鄰地所有人自由決定，但鄰地所有人一旦決定出賣，土地所有人（越界建築人）即有購買的義務。解釋上，土地所有人受法律規定而有要約的義務，鄰地所有人決定出賣，即是對土地所有人要約為承諾，而形成一個買賣契約。如有爭議，法院僅能判斷鄰地所有人是否有此權利，並在雙方間價額不能協議時，始得以判決加以決定。

三、相鄰關係理論探討

㈠不動產財產權的特性

　　不動產財產權在此包括不動產物權和本質上物權的不動產債權，不動產物權以民法物權編所規定的所有權、地上權、農育權、不動產役權、典權、抵押權為主，亦包括土地法第一百三十三條的耕作權；不動產債權，則以不動產租賃權為主，也包括不動產使用借貸權，具有支配使用不動產的權利，為本質上物權，因為不動產有許多特性，不動產財產權既以不動產為權利的標的，因此，不動產的特性亦成為不動產財產權的特性。

　　不動產包括土地及其定著物，不動產異於動產，具有區位固定性、長期使用性、大量投資性、相鄰不動產互補性、易受法令限制性及不動產移轉需時較久且手續繁雜等特性，[31]因此，不動產深受法令和政策的影響，不動產財產權人對其權利的行使深受法令和政策限制。

　　權的性質，其買賣契約因鄰地所有人的意思表示而成立，參閱王澤鑑，《民法物權》，頁 199，自版，2010 年 6 月增訂 2 版。

[31]　參閱謝潮儀、黃進雄，《不動產經濟學導論》，頁 2-4，自版，1983 年 11 月。

(二)不動產財產權細分的趨勢

因人口不斷增加,而土地面積卻無法增加,為求在相同的土地面積上養育更多的人口,即必須就土地為更有效率的使用,為就土地使用更有效率,所以土地的使用從平面的使用漸趨向立體,同一塊土地上即會產生多數的財產權,例如高層區分所有建築物的興建,使同一土地增加了許多各自獨立的區分所有權,也將原來可能一人單獨所有的土地變成許多人共有,區分地上權也使同一土地可能並存許多地上權,凡此種種均說明了為使不動產更有效率使用以滿足人們的需求,不動產的使用變得越來越密集,所以,同一土地的不動產財產權愈來愈多,亦即不動產財產權漸趨細分。

(三)不動產相鄰關係規範必要性

如前所述,不動產財產權越來越細分,所以,同一面積不動產相鄰關係即有上、下關係和左、右關係,既然同一面積土地的不動產財產權愈來愈多,所以不動產相鄰關係也就愈來愈複雜。

同一面積不動產財產權數量一多,其使用上互相影響的情形也就愈來愈普遍,也越來越嚴重,公寓上、下層即為上、下相鄰關係,左右共一牆壁的公寓也有左、右相鄰關係,單獨所有兩棟獨棟建築物也有相鄰關係,公寓上、下、左、右層相鄰關係可以區分所有的法律關係加以解決,然而區分地上權和所有權人,以及兩棟獨棟單獨所有建築物的關係則非區分所有的法律關係可以解決。

1.法定相鄰關係

民法第七百七十四條至第八百條之一即為不動產相鄰關係的規定,此種相鄰關係因係法律所明定,所以可以稱為法定相鄰關係,此種相鄰關係因為著眼於農業社會的土地利用關係,舊法就土地為規定者較多,就建築物規定者較少,從現代經濟型態來看,其實是十分落伍,因此,現行法第八百條之一規定:「第七百七十四條至前條規定,於地上權人、農育權人、不動產役權人、典權人、承租人、其他土地、建築物或其他工作物利用人準用之。」法定的相鄰關係有鄰地損害的防免、❸關於水的相鄰關係、❸

---

❸ 參閱民法第 774 條、第 793 至 795 條。

鄰地使用、❸以及越界的相鄰關係，❸各相鄰不動產所有人，基於其權能對其不動產本得自由使用收益並排除他人干涉，但相鄰不動產間的使用不免互為影響，甚至造成利害衝突，如無適當的規範可循，則將使不動產無法發揮最高的使用效率，進而有損國家社會經濟利益。因此，法定相鄰關係即為了調和相鄰不動產的利用，而確定所有人間的權利義務關係，以避免糾紛產生，發揮不動產最高的使用效率。

2. 意定相鄰關係

不動產互為影響的態樣有千百種，因相鄰不動產的經濟活動種類不同，影響的程度也不相同，所以，以民法有限條文，來規範所有不動產的相鄰關係，實有不足，然而為使不動產為最高效率的使用，亦不能因有影響侵害相鄰不動產所有人（或其他權利人）的權益，即因而停止其使用，因此，相鄰不動產所有權人（或財產權人）間的權利義務關係有另為規範的必要，此即為意定的相鄰關係。法定的相鄰關係原則上並非強行規定，❸相鄰不動產人間自可訂定與法定相鄰關係規定相異的契約，❸以規範彼此的權利義務，此種契約原則上應具有拘束特定繼受人的效力，至於其理由，則待後述詳加探討。

四、相鄰關係在所有權的地位

相鄰關係並非法條使用的用語，在民法物權編之中也是屬於較少被論述的領域。其原因，除了相鄰關係法律規定的內容已多不合時宜之外，國家公權力的介入管制，如空氣污染防制法、水污染防治法、噪音管制法等，使物權編相鄰關係的規範功能不彰。然而不動產之間相互的影響，本就因

---

❸　參閱民法第 775 至 785 條。

❸　參閱民法第 786 至 792 條。

❸　參閱民法第 796 至 798 條。

❸　參閱史尚寬，《物權法論》，頁 79，自版，1987 年 1 月。

❸　此種契約，如依國內通說見解所認為契約包括債權契約和物權契約兩種，因此種契約並未發生物權變動之效果，應為債權契約，然而筆者並不贊同物權契約獨立存在，因此，以契約稱之，以示不加以區分。

時而異，解釋適用相鄰關係相關法律必須與時俱進，不能因為法條規定過於陳舊與不合時宜，而完全否定其存在價值。除了前述外，高樓大廈林立使得低矮住戶的電傳收訊、採光照明受到不良影響的情形，所在多有，但是此類相鄰關係的規定反而不見於現行的民法中。其次，就二相鄰不動產間，應促使其使用達到最高的效率，尤其在必須使用他方的不動產時，如何為公平且有效率地分配資源，亦是相鄰關係所必須規範的對象。就此而言，相鄰關係仍有其存在及探討的價值。

(一)相鄰關係的意義

1.國內學界的見解

關於相鄰關係，學者間有以下不同的定義：有認為相鄰關係者係相鄰接的不動產所有人間的權利義務關係，❸或「鄰地不動產所有人因受法令限制而發生之各種權利義務關係」；❸也有認為相鄰關係是「法律為調和相鄰不動產之利用，而就其所有人間所定之權利義務關係」；❹亦有將相鄰關係稱為相鄰權，「乃相鄰接不動產之所有人間，一方所有人之自由支配力與他方所有人間之自由排他力相互衝突時，為調和其衝突，以謀共同之利益，依法律之規定直接所承認權利之總稱」。❹

2.學界見解的檢討

關於學者間的諸多定義，本書認為，由於公法上的相鄰關係對於課以不動產所有人義務的他方，並非全然擁有相應的權利，尚須判定人民是否因該法規而享有公權利；而關於民事救濟，民法第一百八十四條第二項保護他人法律作為民事損害賠償請求權的依據，並非當然可以作為公法上相鄰關係；最後，侵權行為的救濟僅有損害賠償請求權，相鄰關係則尚有費

---

❸ 參閱鄭玉波（黃宗樂修訂），《民法物權》，頁 91，三民書局，2005 年 1 月修訂版 14 版；姚瑞光，《民法物權論》，頁 74，自版，1990 年 12 月；劉春堂，《判解民法物權》，頁 20，三民書局，1989 年 8 月 6 版。

❸ 參閱王澤鑑，《民法物權㈠通則・所有權》，頁 170，自版，1992 年 9 月再版。

❹ 參閱謝在全，《民法物權論（上）》，頁 289，自版，2004 年 8 月修訂 3 版。

❹ 參閱史尚寬，《物權法論》，頁 79，自版，1987 年 1 月。

用分擔、支付償金、請求修補權、物上請求權等多樣化的利益衡量與權利保護型態，因此民法上的相鄰關係，在應與公法上的相鄰關係分別於不同法律領域處理的情形下，應僅限於民法上的定義。

此外，使用「相鄰」、「鄰接」的概念易使人誤解相鄰關係僅為規範左、右、上、下毗鄰的不動產間的法律關係，實際上例如氣響的侵入，並不一定限於毗鄰的不動產間才會發生。另外，從民法第七百九十一條的規定來看，顯然也並非規範二不動產相互間的法律關係，而係規範動產所有人與不動產所有人的權利義務關係，相鄰關係的定義是否如同學者們所謂，僅存於相鄰的不動產間，亦有問題，此部分於相鄰關係的客體範圍再加論述。

最後，學者多將相鄰關係的制定目的置於定義之中，如調和相鄰不動產的利用，或一方所有人的自由支配力與他方所有人間的自由排他力相互衝突時，或為調和其衝突，以謀共同的利益等。本書認為相鄰關係的制定目的，可以作為整個相鄰關係法律規定解釋適用的指導原則，但是不必然可以作為定義的內容，因為一個法律概念定義的周延性繫於可否掌握所欲規範的特徵，而法律制定之目的係法律解釋適用的準則之一，而並非定義的特徵。至於相鄰關係應有何定義，基於論述的完整性，將於本部分最後再作總結性的說明。

(二)相鄰關係的制定目的與性質

1.國內學界的見解

民法物權編的立法理由並未就相鄰關係作一總括性的制定目的與其性質的說明，惟學者間多認為其規範制定之目的為一方所有人的自由支配力與他方所有人間的自由排他力相互衝突時，為調和其衝突，以謀共同的利益，[42]使所有物得以完全利用，而達共存共榮之目的。

其次，關於相鄰關係的性質，學者間多以相鄰關係為所有權有時受到限制，有時得以擴張的情形，[43]來說明其性質；並多就相鄰關係與地役權

---

[42] 參閱史尚寬，《物權法論》，頁79，自版，1987年1月。

[43] 參閱史尚寬，《物權法論》，頁79，自版，1987年1月；鄭玉波，《民法物權》，頁77，三民書局，1982年10月修訂15版；王澤鑑，《民法物權(一)通則・所有

的區分作論述，認為相鄰關係與地役權類似，其區分主要有：第一，相鄰關係為所有權內容法定的擴張或限制；而地役權係基於契約而生，是意定的。第二，相鄰關係為非獨立的權利而地役權為獨立的權利。第三，相鄰關係的成立及對抗善意第三人，無須登記；而地役權的成立以登記為必要。第四，相鄰關係並非使受限制的相對人因而取得獨立的限制物權，而地役權則是。第五，相鄰關係而生的權利義務與所有權俱存，不可能單獨的取得或喪失，不因相對人的意思而得喪變更，而地役權則可。❹

2.學界見解的檢討

學者多認為相鄰關係為所有權的擴張或限制，惟本書認為相鄰關係應為「所有權權能的擴張與限制」，而非「所有權的擴張與限制」。所有權的權能有使用、收益、處分、占有與排除他人侵害，這些權能總合而成一個完整而抽象的所有權，也因此雖然所有權上有限制物權及租賃權，此時所有權本身仍然存在，而只是其中包含的一些權能受到不同程度的限制而已。所有權本身與所有權的權能應有不同，在相鄰關係之中僅是一個使用權能的擴張，並不當然包含所有權的擴張，亦即使用權的擴張並不表示其餘的收益、處分、占有與排除他人干涉的權能亦因此而擴張；同理，排除他人干涉權能的限制亦不表示其餘所有權的權能亦受到限制。因此前述學者對於相鄰關係性質的說明顯然不夠精確。僅有謝在全先生就相鄰關係的制定目的與性質有較完整的論述，其見解為：「……相鄰關係，性質上乃為所有權內容之限制與擴張。相鄰關係實為所有權社會化之具體表現，其基本理論乃在利用利益衡量之原理，使權利行使間之相互調和。調和之道無他，一為所有權內容之擴張或限制，二為相互間之補償請求權。」❺

其次，學者多就相鄰關係與不動產役權的區分作論述，然而其中亦有不足之處：首先，學者認為相鄰關係為所有權內容法定的擴張或限制，但是相鄰關係並非不可依當事人的約定而發生，故此處與地役權的區分並不

權》，頁 170，自版，1992 年 9 月再版。

❹ 參閱謝在全，《民法物權論（上）》，頁 207，自版，1992 年 6 月修訂版。

❺ 參閱謝在全，《民法物權論（上）》，頁 205、206，自版，1992 年 6 月修訂版。

明顯。其次，其他的分類不過是基於地役權為限制物權，以及相鄰關係的權利係從屬於所有權這兩個性質為區分的標準，並無太大的實益。不如將相鄰關係與地役權這兩種所有權的利用方式，其各自效益為何，各具有何種機能等加以分析，此種討論遠比概念化地區分具有更大的實益。至於相鄰關係而生的權利義務可否因相對人的意思而得喪變更，將於下面說明。

㈢相鄰關係法律規定的性質

1.國內學界的見解

關於相鄰關係法律規定的性質，有學者認為相鄰關係的規定並非強行規定，相鄰人訂立與此相異的契約或予以拋棄，自受其拘束。[46]

2.國內實務的見解

最高法院十八年上字第二六三八號判例謂:「使用流水之權利，除能證明歷來確有使用之事實，得為其用水權取得之原因外，自應以契據為憑。但契據所載之用水權必以其有正當權源始為有效，若其所載並無權源可據，或無特別原因，而任意限制他人之使用者，則依契約原則，自不發生效力，而第三人亦不受該契約之拘束。」本判例雖因水利法已有特別規定水權，而不再援用，但未變更該判例所明示有關相鄰關係的見解。依此見解，契據可為用水權的權利依據，則用水權顯可依契約方式取得。然而最高法院七十五年臺上字第九四七號判例謂:「民法第七百八十七條第一項所定之通行權，其主要目的，不僅專為調和個人所有之利害關係，且在充分發揮袋地之經濟效用，以促進物盡其用之社會整體利益，不容袋地所有人任意預為拋棄。」此判例顯然限制相鄰關係的權利義務任意依契約方式加以變更，但推敲其文義，「不容預為拋棄」，並不等於「不得拋棄」。綜合兩號判例意旨，實務的見解似認為相鄰關係的法律規定具有任意規定的性質，可以契約加以變更，但是亦禁止相鄰關係人對於任意規定的濫用。

3.國內見解的檢討

相鄰關係究為強行規定或任意規定，是一個本質上十分重要的問題，

---

[46]　參閱史尚寬，《物權法論》，頁79，自版，1987年1月；參閱謝在全，《民法物權論（上）》，頁263，自版，2010年9月修訂5版。

其足以影響法律規定的實際運作。而所謂任意規定與強行規定的區別在於當事人是否得依其意思或依其與相對人合意拒絕法律規定的適用或修正其規定的內容。❹首先可以肯定的是，相鄰關係的規定原則上並不適宜解釋為強行規定，其理由在於：第一，相鄰不動產間的利用方式千變萬化而且與時俱進，相鄰法律關係的內容宜由當事人依其時空的不同，以及其相互間利益衡量的比較，自行訂立其適用的規範或調整法律規範的內容，如此才符合私法關係當事人自治的原則。第二，將相鄰關係的法條規定解釋為強行規定，可能會發生法條內容無法配合現代多樣化的社會生活，而造成規範的不完備；更重要的是，在現行相鄰關係的法律規定，有關於資源分配方式與各個相鄰不動產所有人的權利義務態樣，仍有許多未具有整體利益均衡之處，解釋為強行規定只會使相鄰關係的法律規定更疏離社會生活常情，減損人民對法律的信賴程度。

相鄰關係的法律規定認為是具有任意規定的性質是可行的，但是必須有所修正，以避免濫用。因為私法自治，是假定每個人是自由而平等的，因此在當事人間已發生有不平等或是不自由的情形下，任令當事人間依私法自治原則運作，反而會造成當事人一方的不公平或整體社會的不利益，對於任意規定的變更以妥當性加以限制，就此而言是必要的。就民法而言，對於限制私法關係的形成與內容的控制以及提供一般法律行為的界限，可由民法第七十一條強行規定違反的禁止，第七十二條違反公序良俗的禁止，第一百四十八條第一項權利濫用的禁止以及第二項誠信原則的控制，作為私法自治實質內容的控制。但是上述控制規範，有由於不符合相鄰關係法律規定的性質，如強行規定違反的禁止；或由於內涵本身的不確定性，如公序良俗、誠實信用、權利濫用等。這些都使任意規定有關妥當性的控制愈加困難。依民法第二百四十七條之一規定：「依照當事人一方預定用於同類契約之條款而訂定之契約，為左列各款之約定，按其情形顯失公平者，該部分約定無效：一、免除或減輕預定契約條款之當事人之責任者。」從此處可以看出，在私法自治原則下，一方當事人並非皆可毫無限制的排除

---

❹　參閱黃茂榮，《法學方法與現代民法》，頁137，自版，1993年7月增訂3版。

或變更任意條款，以惡化他方當事人的法律地位。而關於相鄰關係私人約
定內容的控制，亦可由其約定，是否顯失公平而認定其約定的效力。此外
實務上對於基於相鄰關係所生權利任意拋棄的限制，亦是一個對於任意規
定濫用的控制，惟其前提必須對於相鄰關係各個規定的立法意旨加以掌握，
才能判別當事人約定的效力，例如袋地通行權的立法意旨在於充分發揮袋
地的經濟效用，如袋地所有人拋棄通行權並不影響袋地的經濟效用，例如
袋地係野生動物保護區，❹可能無使用的必要或依法不得變更使用，亦無
須通行，則拋棄通行權並不對該土地的使用有何影響，也不會對所有人顯
失公平，或袋地所有人受有補償，則均應肯定拋棄約定的效力。

㈣相鄰關係的適用範圍

1.主體範圍

　　法律所定不動產相鄰關係，以調和不動產利用上所可能的衝突，發揮
其經濟機能為目的，應著重在不動產利用權人間的關係，而不應著重在不
動產所有權的權屬。尤其在所有權日趨觀念化的今日，所有權已非如以往
單純由所有人自己用益，而經常是化為利用權，歸諸他人，而自己收取對
價而已，因此應不以調節不動產所有人間的利用為限。本諸相鄰關係規定
乃在調和不動產利用的立法目的，以及民法第八百條之一不動產用益權人
亦可準用相鄰關係規定的立法意旨，理論上應解為相鄰關係不僅法律所規
定者有其適用，即地上權人、農育權人、典權人、承租人、使用借貸人等
權利人相互間及其與所有權人相互間，均應有其適用，方屬合理。此項見
解，已為學界❹和實務界❺及物權編第八百條之一所一致採行。

---

❹　野生動物保育法第 11 條第 2 項規定：「未經徵收或撥用之野生動物保護區土
　　地，其所有人、使用人或占有人，應以主管機關公告之方法提供野生動物棲息
　　環境；在公告之前，其使用、收益方法有害野生動物保育者，主管機關得命其
　　變更或停止。但遇有國家重大建設，在不影響野生動物生存原則下，經野生動
　　物保育諮詢委員會認可及中央主管機關之許可者，不在此限。」

❹　參閱謝在全，《民法物權論（上）》，頁 206，自版，1992 年 6 月修訂版；史尚
　　寬，《物權法論》，頁 80，自版，1987 年 1 月；鄭玉波，《民法物權》，頁 78，
　　三民書局，1982 年 10 月修訂 15 版；王澤鑑，《民法物權㈠通則・所有權》，

2. 客體範圍

關於相鄰關係規範的客體，由於法律以明文規定有土地、不動產，部分條文有規定工作物及其他設備（民七九四、七七七）。此類範圍應屬周延，不再贅述。然而應注意的是，相鄰關係的法律規定已將相鄰關係的客體範圍，由不動產擴大至包含動產的部分。(51)

㈤小　結

根據上述，本書認為所謂私法上相鄰關係是指「私法上關於物之利用人相互間，因涉及不動產而生之權利義務關係。」其理由在於：第一、與公法上之相鄰關係相區別；第二、擴大相鄰關係對於主體與客體的適用範圍；第三、強調私法自治原則在相鄰關係的地位，但是亦應給予私法自治原則一定程度的限制。至於仍然使用「相鄰關係」一詞的原因在於，該項用語仍為一般法學者及實務界習以為常使用的概念，實不易一時改變放棄。此外，相鄰關係的制定目的既在調和不動產利用人相互間的衝突，以達物盡其用之目的，如何衡量相鄰人間公平而又有效率的資源分配，即為重要。雖然可與地役權的規定和公法上相鄰關係的交錯運用以達最大的效果，但是其前提必須先確定相鄰關係本身內部的規範運作方式，始得與其他制度作整合性的運用。本書以下將就私法上相鄰關係內部的權利義務的態樣加以論述，以說明私法上相鄰關係應有的資源使用分配形態。至於相鄰關係與其他制度的運作關係，則非本書所欲深入探討的部分。

五、相鄰關係權利義務的態樣

㈠權利義務的態樣

欲探討相鄰關係資源分配的運作型態，最重要的即是先論述相鄰關係各個條文所架構的權利義務類型，從相鄰關係法律規定所訂立的權利義務

頁 170，自版，1992 年 9 月再版；劉春堂，《判解民法物權》，頁 21，三民書局，1989 年 8 月 6 版。

㊿ 參閱最高法院 79 年第 2 次民事庭會議決議㈡。

(51) 參閱民法第 790、791 條。

態樣中，分析不動產利用人間究有何種的利益衝突關係，如此才可以就法律規定的妥當性，作一整體的探討。以下即就物權編相鄰關係的規定，以圖表的方式列舉其權利義務的態樣：

〈表一〉物權編就相鄰關係法律規定的權利義務態樣
（現行法修正部分下加橫線表示）

相鄰關係法律規定	所有人的權利義務	相鄰人的權利義務
§774 鄰地損害防免	注意義務	
§775 鄰地自然流水關係	承水義務（第一項） 承水權（第二項）	排水權（第一項）❷ 排水義務（第二項）
§776 用水工作物修補	修補義務 費用負擔	請求修補權
§777 設置排水或其他液體工作物限制	不作為義務	請求不作為
§778 鄰地水流疏通	排水權❸ 費用負擔 請求費用分擔	容忍義務 有利益時費用分擔
§779 鄰地過水關係	過水權（第一項） 支付償金（第二項）	容忍義務（第一項） 請求償金（第二項）

---

❷ 本條立法理由認為，土地所有人有承水之義務，由鄰地言之，則為排水之權利。基於此立法理由與權利義務相對應的原則，相鄰關係的各條文應作相同之理解。關於權利義務之相應性，見本書五、㈡2.部分。

❸ 本條立法理由認為承水地之所有人，不得妨阻自然流至之水，此為消極之義務，既使負此義務，則應與以積極之權利，……故本條許其有排水權，以保護其土地。故本條實為低地所有人之排水權。惟學者多認為此條係高地所有人的權利，參閱史尚寬，《物權法論》，頁87，自版，1987年1月；鄭玉波，《民法物權》，頁82，三民書局，1982年10月修訂15版；王澤鑑，《民法物權㈠通則‧所有權》，頁176，自版，1992年9月再版；謝在全，《民法物權論（上）》，頁214，自版，1992年6月修訂版；劉春堂，《判解民法物權》，頁22，三民書局，1989年8月6版。

§780 鄰地過水工作物使用	工作物使用權 工作物費用分擔	容忍義務 請求費用分擔
§781 水源用水關係	用水權	公法上相鄰關係
§782 減損污染水源關係	請求損害賠償 回復原狀	賠償損害義務 回復原狀義務
§783 鄰地餘水使用	用水權 支付償金	給水義務 請求償金
§784 變更水流限制	不作為義務（第一項） 變更水流權（第二項）	公法上相鄰關係（第二項）
§785 堰之設置利用	設堰權（第一項） 支付償金（第一項） 容忍義務（第二項） 請求費用分擔（第二項）	容忍義務（第一項） 請求償金（第一項） 用堰權（第二項） 費用分擔（第二項）
§786 管線安裝	管線安裝權（第一項） 支付償金（第一項） 變更義務（第二項） 變更費用負擔（第三項）	容忍義務（第一項） 請求償金（第一項） 請求變更權（第二項）
§787 袋地通行	通行權 支付償金	容忍義務 請求償金
§788 袋地道路開設	道路開設權 支付償金 購買義務（第二項）	容忍義務 請求償金 請求購買（第二項）
§789 袋地通行限制	通行權限制（第一項） 免付償金（第二項）	
§790 禁止侵入之例外	容忍義務（第一、二款）	通行權（第一款） 地方習慣（第二款）
§791 尋查取回物	容忍義務（第一項） 請求損害賠償（第二項） 留置權（第二項）	進入權（第一項） 損害賠償義務（第二項）
§792 鄰地或工作物使用	使用權 支付償金	容忍義務 請求償金

§793 鄰地或工作物氣響侵入	禁止侵入權 禁止限制	不作為義務
§794 開掘土地建築物或工作物	預防義務	請求預防
§795 建物傾倒危險	預防義務	請求預防
§796 越界建築	越界建築權 購買義務 損害賠償義務 購買義務（第二項）	容忍義務 請求購買 請求損害賠償 請求購買（第二項）
§796 之 1（法院介入）		
§796 之 2（其他建築物之準用）		
§797 越界竹木	請求刈除（第一項） 自行刈除（第二項） 請求刈除費用（第二項）	刈除義務（第一項） 忍受義務（第二項） 支付刈除費用（第二項）
§798 果實自落鄰地	所有權喪失	所有權取得
§799 建物區分所有	主要為公寓大廈管理條例規範	
§799 之 1	主要為公寓大廈管理條例規範	
§799 之 2（準用規定）		
§800 正門使用	主要為公寓大廈管理條例規範	
§800 之 1（準用規定）		

　　關於上表有幾點必須加以說明：第一，除了相鄰關係所規定的權利義務類型之外，民法亦有許多規定規範著相鄰關係，計有民法第一百四十八條權利濫用禁止與誠實信用原則的規定、第一百八十四條侵權行為的規定、第七百六十七條物上請求權的規定以及第九百五十二條至第九百五十八條

占有人和回復請求人權利義務關係的規定。由於此等規定為相鄰關係各個法條皆可援用的一般規定，因而在此並不特別加以論述。第二，相鄰關係的法律規定可以由私法自治原則作調整或排除該任意規定的適用，其可由民法第七十二條公序良俗條款以及民法第一百四十八條權利濫用禁止與誠實信用原則，作為私法自治流於恣意的限制，然而尋找較為具體的原則，仍屬必要。第三，相鄰關係的法律規定本身亦給予習慣對於法律一定程度的調整，如舊法第七百七十六條、第七百七十八條第二項、第七百七十九條第三項、第七百八十一條、第七百八十四條第三項、第七百八十五條第三項、第七百八十六條第三項、第七百九十條第二款、第七百九十三條、第八百條第一項，而習慣則主要以民法第二條的公序良俗為適用與否的限制。

為求論述的方便，有些修正的內容並未列入表格之中，在此加以說明：第一，現行法除了對相鄰關係一些內容及權利義務的修正外，在第七百八十二條第二項、第七百八十八條第二項、以及第七百九十六條之一第一項，加入了法院對於相鄰關係部分規定的裁量權限。第二，現行法第七百八十一條、第七百八十四條、第七百八十五條、第七百九十九條，加入法令對於相鄰關係的限制及排除。而關於區分所有權的規範，「公寓大廈管理條例」規定較為詳盡，民法第七百九十九條與第八百條的規範功能，僅具一般補充性的意義，故在此不予深論。

此外，本部分僅就相鄰關係的權利義務態樣加以論述，而不就現行相鄰關係的法律規定內容作論述，其理由乃在於承認相鄰關係具有與時俱進的可能性，以及私法自治原則可適用於相鄰關係，因此，相鄰關係現行規定的內容是否合於現今時空需要並非重要，重要的是其內容背後所架構的權利義務運作方式是否公平合理，並且有助於不動產的使用效率。亦即，只要建立一套完整合理的權利義務架構，無論相鄰關係內容有何變化，皆能有公平合理的解決，而且能對不動產為有效率的使用。至於相鄰關係的權利義務分配是否公平合理，並符合不動產使用效率，將於綜合檢討部分論述。

㈡綜合檢討

1.以相鄰關係在所有權的地位加以檢討

本書在前面（本項一、概說）已經說明，所謂私法上相鄰關係是指私法上關於物的利用人相互間因涉及不動產而生的權利義務關係。此項定義的首要理由在於將私法上的相鄰關係與公法上的相鄰關係相區別而在不同的領域處理。但是在現行相鄰關係的法律規定中，仍有關於公法上相鄰關係的規定，計有第七百八十一條的取得用水關係與第七百八十四條變更水流限制。首先，根據水利法第二條規定：「水為天然資源，屬於國家所有，不因人民取得土地所有權而受影響。」第十五條規定：「本法所稱水權，謂依法對於地面水或地下水，取得使用或收益之權。」第二十七條第一項規定：「水權之取得、設定、移轉、變更或消滅，非依本法登記不生效力。」由此可知，相鄰關係對於用水的規定，僅在水利法第四十二條第一項的情形下始為單純私法上的意義。水權雖為準物權之一種，私人於取得水權後可能發生民法第七百八十二條及第七百八十三條的相鄰關係，但是關於水權的取得，依水利法的規定已屬公法上關於國家與私人間的相鄰關係。就此而言，民法第七百八十一條應該刪除，而由水利法統一規範用水關係。從以上所述可知，既然國家已對於原本為私法上的相鄰關係為不同程度的介入，現行私法相鄰關係的法律規定，就此應該有所修正或限制，將已由國家公權力介入的相鄰關係任意留在民法規定中，除了使其規範功能不彰外，也使其相互的整合運用發生困難。就此而言現行法第七百八十一條、第七百八十四條、第七百八十五條、第七百九十九條，加入法令對於相鄰關係的限制及排除，亦是多餘的，不如讓民法第七百七十三條土地所有權的法令限制的規定，以及民法第一百八十四條第二項保護他人法律規定，作為公法相鄰關係與私法相鄰關係的連結規定，體系上較為明確妥適。

其次，關於相鄰關係的主體範圍與客體範圍，既然學者以及實務間已有絕大部分的共識，現行法也從善如流，增訂第八百條之一的準用規定，使相鄰關係能夠因時空、具體個案的不同，妥善規範涉及不動產而生的權利義務關係。

最後，私法自治原則如何運用於相鄰關係，以及私法自治原則在相鄰關係應有如何的限制，現行法隻字未提，而僅僅就各條文內容作補充修改，似有見樹不見林之憾。而意定相鄰關係實應加以規定，使其和法定的相鄰關係具有同一效力，此外，提供一個類似於消費者保護法第十二條第二項第二款，對於任意規定的立法意旨作為其變更排除任意規定的限制，在相鄰關係中尤有必要。亦即，當事人不得違反相鄰關係促進不動產使用效率的立法意旨，以一方意思或以雙方合意過度惡化當事人在任意規定中原有的法律地位。

2.權利義務分配的相應性

每一個權利皆與一個義務相對應，❺❹法律賦與當事人一方權利，另一方面他方特定或不特定的當事人必應有一相對的義務，❺❺亦即權利與義務有其相應性。例如根據民法第三百四十八條第一項賦與物的出賣人，負交付其物於買受人，並使其取得該物所有權的義務，他特定買受人因此相應的享有受領標的物並取得該物所有權的權利；又如民法第一百八十四條賦與受害人損害賠償請求權，該特定侵權行為人因此而負有損害賠償義務。因此法律僅僅賦與當事人特定權利或義務，而未有相應的義務或權利規定，除了認為其為不完全法條而有其他法律規定可以作為其權利義務的規定外，❺❻此種沒有特定法律效果的規定僅為一個「宣示或訓示規定」，此種規定違反法律以強制力為執行後盾之特質，使違反法律規定者不受任何制裁，徒損法律威信，因此，法律的制定應盡量避免此種法條的出現。

相鄰關係各個法律條文的規定亦應符合權利與義務相應的原則，惟相鄰關係就民法第七百七十四條關於鄰地損害的防免規定，似乎有違上述論

---

❺❹　參閱史尚寬，《民法總論》，頁 14，自版，1990 年 8 月 4 版。

❺❺　但是法律賦與當事人一方義務，其並非必有相應的權利，惟此情形究屬極度例外，例如依民法第 187 條第 2 項規定法定代理人如其監督並未疏懈，不負損害賠償責任，等於賦與其監督之義務，但是並無人取得請求監督之權利。參閱同前註。

❺❻　關於不完全法條的說明，參閱黃茂榮，《法學方法與現代民法》，頁 141 以下，自版，1993 年 7 月增訂 3 版。

旨。雖然我們可以經由解釋認為，民法第七百七十四條課予土地所有人注意義務，相鄰關係人相應的即有請求土地所有人注意的權利，但是此仍不能給予該條文合理充分的理由，其主要的原因在於：第一，請求注意此種一般的權利並非因為民法第七百七十四條而賦予，而是憲法第十一條言論自由規定所賦予的權利，因為縱使沒有民法第七百七十四條的規定，相鄰關係人仍可依據言論自由權表達其要求土地所有人注意的權利；第二，民法第七百七十四條縱使給與相鄰關係人請求注意的權利，在義務人不欲遵行該義務時，由於背後沒有任何的法律規定可供制裁，本條宣示規定的性質更無可疑。❺❼❺❽惟新法之中並未將此無用的條文刪除。

3.權利義務分配的均衡性──均衡正義❺❾

相鄰關係的權利義務群，除了應符合權利與義務的相應性外，權利與義務的分配亦應有均衡性，亦即在當事人一方取得權利時，同時的應使另一方當事人擁有均衡對應的補償權利，如此的資源分配方式始為合理。縱使在要求所有權社會化的今日，也不能以法律強使一方負有義務，否則，法律只是一個加深不平等的剝削工具而已。以下即就相鄰關係的權利義務群作綜合性的分類檢討。

首先，由於相鄰關係是對於所有權權能的限制與擴張，因此相鄰關係權利義務群的探討，應先說明物權法上所有權的權利義務態樣，所有權的權能有使用、收益、處分、占有與排除他人侵害，因此關於相鄰關係在物權法上的權利義務型態，亦不會超出此項範圍。根據表一的整理，相鄰關係物權法的權利有使用權、占有權和排除他人干涉權，而其義務僅有不得排除他人侵害之容忍義務。惟權利義務間應有其均衡性，因此相鄰關係的

---

❺❼ 民法第 794 條與第 795 條課與不動產所有人的預防義務，係為民法第 767 條第 1 項後段預防侵害請求權的具體類型化規定，與民法第 774 條根本尚未有妨害所有權之虞之情形，有所不同。因此二者不可等同而論。

❺❽ 雖然民法第 1084 條第 1 項規定：「子女應孝敬父母。」亦為宣示規定，但是本項規定具有道德性的要求，而法律與道德的區分以及道德可否進入法律領域，係為法理學上的難題，本書不擬論述。

❺❾ 參照洪遜欣，《法理學》，頁 275，自版，1994 年 9 月，關於均衡正義之說明。

法律規定並不僅以有物權法上的權利義務型態為已足，其背後尚須架構一套非物權法上的權利義務體系，以使相鄰關係人的權利義務運作狀態得以均衡，這也是現行物權編關於相鄰關係的規定，並不限於所有權權能的限制與擴張的規定的原因。

其次，關於相鄰關係非所有權權能的權利義務型態，根據表一的整理有：損害賠償義務（相應為損害賠償請求權，基於權利義務的相應性，以下的權利部分可由義務面反推得知）、費用負擔義務、費用分擔義務、修補義務、作為義務、變更使用占有方式義務、締結買賣契約義務、支付償金義務等。上述的權利義務型態可以體系化的方式分類如下：

⑴法律自行規定費用的負擔，而直接地從事資源分配，例如費用負擔義務。也由於法律對於資源一次而最終的介入分配，基本上即無衍生的權利義務出現。

⑵基於法律規定的合法原因而取得的請求權，性質上屬於法定之債，其未履行時即發生衍生的債務不履行責任。如原本應自行負擔設備的費用，因為相鄰人就此設備亦享有利益時，一方當事人得請求相鄰人分擔有利於相鄰人的費用；作為請求權、變更使用占有方式的請求權、償金請求權❻與修補請求權亦同。同理締結購買契約義務亦具有此項性質，他方具有締約權，一方不得拒絕，即等於法律強制一方為買賣要約，他方可以承諾而形成買賣契約，此時買賣契約的價金雖然尚未有合意，但可以請求法院裁判加以確定，是故民法第七百九十六條可以解釋為鄰地所有人對於越界建築人的法定要約有承諾權。

⑶基於不法原因而發生的損害賠償請求權，因一方當事人侵害他方當事人的權利，依侵權行為的法則，加害人亦應負損害賠償責任，所以，此

---

❻　學者多將償金請求權認為有對價性質與補償性質兩種，而且償金請求權為一種法定負擔，其請求權的性質，與基於侵權行為之損害賠償請求權大不相同，即此種償金之支付，對於故意過失能力等之有無，不受影響。參閱鄭玉波，《民法物權》，頁 92，三民書局，1982 年 10 月修訂 15 版；王澤鑑，《民法物權㈠通則‧所有權》，頁 173，自版，1992 年 9 月再版。

種損害賠償請求權的規定，僅在對於損害賠償的權利義務有特別規定的情況下，才有其意義。

從上述三點來看，法律課予相鄰關係一方當事人義務，而使得他人因而獲得使用權或是占有權，基於調和相鄰關係人間的衝突以達共同的利益，此項理由無可厚非。但是就所有權權能受限制的損失人來看，平白因為所謂的「所有權社會化」的抽象口號，根本不能彌補受不利益當事人的權利感情，因此要求權利義務的均衡公平，顯得重要。雖然相鄰關係的法律規定已體察此種情形而有所規定，而課予因法律規定而享有權利的人負損害賠償義務、費用負擔義務、費用分擔義務、修補義務、作為義務、變更使用占有方式義務、締結購買契約義務、償金支付義務等，但是仍嫌不足，因為如果以相鄰人受損害才支付償金，則當相鄰人並無具體損害，或無法證明時，豈不是讓因法律規定取得權利的人享受白吃的午餐？本書認為均衡正義和使用者付費的理念應該貫徹於整個相鄰關係的法律規定中，舊法與現行法對此均未有一般性規定，建議應有一般性的規定。對於因相鄰關係而享得一定權利的人，他方當事人得對其請求償金，而對於無法依合意定其數額時，可聲請法院裁判定之，才符合均衡正義。**❻❶**

六、財產法則還是補償法則**❻❷**

財產法則還是補償法則的爭辯，是對於絕對性權利賦予與否的考量，是經濟分析的重大課題。

㈠財產法則

財產法則的財產一詞，是指歸屬性的權利，因此，財產法則等同於物

---

❻❶ 以上參閱謝哲勝，〈民法上相鄰關係與社區管理之探討〉，《財產法專題研究㈡》，頁 176–204，元照出版，1999 年 11 月。

❻❷ 謝哲勝，〈民法的經濟分析〉，謝哲勝主編，《法律經濟學》，頁 205–206，五南圖書，2007 年 5 月；Guido Calabresi & A. Douglas Melamed, *Property Rules, Liability Rules, and Inalienability: One View of the Cathedral*, 85 Harvard Law Review. 1121 (1972).

權法則。依物權法則，法律給予排他性的保護，有別於契約上的權利，僅能在相對人間主張，並以違約責任為法律效果。法律對權利為排他性的保護，主要目的在於鼓勵生產的誘因，藉由拘束第三人的效力，使權利人的投資受到保護，誘導人們從事長期的投資規劃，增加財貨的產出。[63]

依賦予物權的法則，因非經物權人同意，他人無法侵入或使用屬於物權人權利範圍內的資源。即使他人侵入或使用屬於物權人權利範圍內的資源，會使整體資源使用效率提高，如果物權人不願藉由自願交易使他人取得權利，他人也無法從事此一侵入或使用屬於物權人權利範圍內資源的行為，因而使較有效率的資源使用狀態無法出現。

㈡補償法則

補償法則即賦予補償權利的法則，使物權人受到鄰地所有人侵入或使用屬於物權人權利範圍內的資源時，以請求補償的權利，代替排他的權利，因而確保較有效率的資源使用狀態可以出現。

民法相鄰關係的許多權利義務調整，基本上就是補償法則的體現，所有人不一定可以排除鄰地所有人侵入或使用其土地，而以請求償金加以保護，對於物權人的保護，其實重點在於投資報酬的保障，而不在於權利客體的支配或排他性的保護。

七、意定相鄰關係對第三人的效力[64]

㈠國內相關見解

關於意定相鄰關係對第三人的效力，國內一般學者未必有直接論述，[65]

---

[63] Richard Posner, *Economic Analysis of Law* 32–33 (1992).

[64] 謝哲勝，〈相鄰關係與隨不動產所有權移轉的契約〉，《財產法專題研究㈢》，頁157 以下，元照出版，2002 年 3 月。

[65] 主要實務見解為最高法院 75 年度第 5 次民事庭會議決議㈠：「甲所有之 A 地與乙所有之 B 地相毗鄰，因地界不規則，雙方為建屋方便，乃約定將相鄰部分之界址取直，因而逾越原界址之土地，均同意對方建築房屋（未辦理所有權移轉登記手續），嗣乙將 B 地售與丙，丙乃本於所有權訴請甲將占用 B 地上之建物拆除並交還土地，查本件例示情形，甲乙間既原有約定，當無民法第七百

大多以探討共有物分管契約為主，對分管契約的見解可大略地反映學者們對意定相鄰關係（也可稱為隨不動產所有權移轉的契約或附隨於不動產之特約）對第三人的效力的看法。基於契約應遵守的原則，意定相鄰關係於當事人間有其效力，國內學者就此並無爭論，但對於受讓人的效力，則不一致，大略可分為以下幾種見解：

1.有拘束力

主張共有物分管契約對於受讓人有拘束力的學者，認為分管契約應類推適用租賃契約，而有買賣不破租賃的適用；❻❻也有認為從土地的利用效率的觀點，分管契約有拘束第三人的效力，才能使共有人放手依其計畫就土地為投資利用。❻❼

最高法院四十八年臺上字第一〇六五號判例即採此見解，認為此一解釋的目的在避免破壞原有分管狀態及效力，並顧及其他共有人的利益。❻❽

2.對善意並無過失的受讓人無拘束力

主張此說的學者認為對受讓人「善意並無過失」的情形也當然有拘束力，有違財產權的保障，並認為即使從經濟分析的角度，此一見解也比絕對有拘束力或無拘束力有效率。因為絕對拘束力原則，使第三人增加資訊收集的成本，會造成較高的交易成本，如限於惡意或善意有過失的情形，只要稍加注意即可知分管契約的內容，交易成本不大。對善意並無過失的受讓人無拘束力，因而否定分管契約的效力，所可能造成的投資風險，則

九十六條越界建築規定之適用，惟關於土地之約定交互使用，並非無償，不能認為使用借貸；既不為土地所有權之移轉，亦不能認為互易，其性質應屬互為租賃之關係，乙如已將 B 地所有權移轉與丙，甲就 B 地之占用部分，應有民法第四百二十五條之適用。丙不能主張甲係無權占有而請求拆屋還地。」

❻❻ 參閱釋字第 349 號解釋，大法官楊與齡、張特生和鄭健才的不同意見書；謝在全，〈分別共有內部關係之理論與實務〉，詹森林、謝在全、郭玲惠、郭麗珍，《民法研究(1)》，頁 153，學林文化，1999 年 9 月。

❻❼ 參閱王文宇，〈從經濟觀點論保障財產權之方式〉，謝哲勝、陳忠五、李木貴、王文宇，《民法研究(3)》，頁 334，學林文化，1999 年 10 月。

❻❽ 參閱王澤鑑，《民法物權㈠通則・所有權》，頁 268，自版，1992 年 9 月再版。

因為分別共有隨時可以分割，對共有物利用效率影響不大。**❻**

3.原則上無拘束力

主張此說的學者認為分別共有法律規定可以隨時請求分割，因而具有暫時性，分割是立法者的優先期待，應有部分的受讓人就分管契約，有不同意見時，自無必要強制其受拘束。所以縱然承認分管契約得對抗應有部分的受讓人，也應僅限於具有長期性的共有，即共有人不得隨時請求分割的公同共有及少數的分別共有的情形。**❼**

㈡本書見解

1.意定相鄰關係的經濟分析

關於意定相鄰關係對第三人的效力，牽涉到原契約的他方當事人和受讓人孰應保護的問題，所應考量的效益與成本包括土地的使用效率、再為協議的談判成本、以及受讓人資訊蒐集與防止不測損害的成本。**❼**若為了促進土地的使用效率，減少再為協議的談判成本，應保護原契約的他方當事人，使其能放手投資利用不動產，不必擔心土地所有權變更影響原契約的效力，及可能支出再為協議的談判成本。但若為了減少受讓人資訊蒐集與防止不測損害的成本，減少交易成本，確保資源流向最有效率使用的地方，則應保護受讓人使其不致於遭到讓與人所訂契約不測的損害。乍看之下，似乎以上二者利益有衝突無法協調，事實上並非如此，對於二者的保

---

❻　蘇永欽教授於民法研究會第 13 次研討會的發言紀錄，參閱謝哲勝、陳忠五、李木貴、王文宇，《民法研究(3)》，頁 381–382，學林文化，1999 年 10 月；蘇教授有關於共有物分管契約有無拘束受讓人的效力的見解，參閱蘇永欽，〈民事判例的合憲性控制〉，《憲政時代》，第 20 卷第 3 期，頁 62–63，1995 年 1月；蘇教授有關於相鄰不動產使用協議有無追及效力的見解，參閱蘇永欽，〈相鄰關係在民法上的幾個主要問題〉，蘇永欽、黃茂榮、孫森焱、林美惠、陳聰富，《民法研究(2)》，頁 35–45，學林文化，1999 年 11 月。

❼　參閱陳榮傳，〈分管契約得否對抗應有部分之受讓人〉，蘇永欽主編，《民法物權爭議問題研究》，頁 214–215，五南圖書，1999 年 1 月。

❼　參照參閱王文宇，〈從經濟觀點論保障財產權之方式〉，謝哲勝、陳忠五、李木貴、王文宇，《民法研究(3)》，頁 334，學林文化，1999 年 10 月。

護法律規範仍然可以取得明智的平衡。

　　基於土地使用才是真正滿足人們的需求，土地縱然可以最低的交易成本流向最有效率使用的人手中，最終仍面對使用效率的問題，如不保護契約當事人的期待利益，土地使用有關的契約將難以或很少成立，將直接衝擊到土地使用的效率，所以，意定相鄰關係原則上應有拘束受讓人的效力。主張對善意並無過失的受讓人無拘束力的見解是顧及交易成本，但犧牲不動產使用效率並增加重新締約的成本。依此說則契約效力因為受讓人的不同及舉證成功與否的不確定性，使契約效力也不確定，使當事人締結此種契約的意願大減，有損不動產的使用效率。此說以法律可以隨時請求分割為佐證，認為分別共有關係本身具有暫時性，基本上不承認分別共有情形有長期投資的必要，❷如果在不動產分別共有的情形確實均無長期投資的必要，共有人的分管契約或對共有物使用所為的協議，即使有因為應有部分轉讓而受影響，其對於土地的使用效率影響就不大，然而，此一假設並不符合實際，不動產分別共有仍有長期投資的必要，理由如下：1. 不動產使用有經濟規模的問題，過度分割細分，將導致單位開發使用的成本提高，有礙不動產使用效率；2. 不動產由於價格昂貴，集合數人的財力比較容易購買一筆符合經濟規模使用的不動產，所以不得不採取共有的狀態；❸ 3. 臺灣建築物區分所有情形普遍，建築基地大多數為共有，即使是其他土地，共有情形亦十分普遍，就分別共有土地為長期投資的情形更是十分普遍，如社區土地的共有，或共有人就其分管部分建築房屋或為重大的改良。所以，以分別共有無長期投資的必要為假設前提所採的見解，即是誤將法條的規定作為真理，所為的推論因而失去說服力。

---

❷　參閱蘇永欽，〈從效率觀點看幾個共有關係的爭議〉，《走入新世紀的私法自治》，頁 314，元照出版，2002 年 5 月；參閱陳榮傳，〈分管契約得否對抗應有部分之受讓人〉，蘇永欽主編，《民法物權爭議問題研究》，頁 209，五南圖書，1999 年 1 月。

❸　黃茂榮老師於 89 年 5 月 20 日中研院社科所主辦的「法與經濟分析」學術研討會，評論蘇永欽教授所提的論文〈從效率觀點看幾個共有關係的爭議〉時，即提出此一觀點。

　　為了保護受讓人使其免於遭到讓與人所訂契約不測的損害，固然是保護交易安全所必要，但並非必須以一概否定意定相鄰關係對第三人發生效力為手段，以受讓人明知或可得而知為限，固然是保護受讓人的方法之一，但此一標準已超過保護受讓人使其免於遭到不測損害的必要範圍。受讓人會遭到不測損害必然是因為契約顯然不利於受讓人，如對受讓人有利，或契約符合均衡正義，即不致於使受讓人遭到不測損害，受讓人即無須支出資訊蒐集與防止不測損害的成本。所以，只要限制此種契約必須符合均衡正義才有效力，受讓人即無不測的損害，而且容許原契約當事人以違反均衡正義主張此契約失其效力，避免一時的承諾造成長期的遺憾。即使原契約符合均衡正義，但因情事變更，造成原契約不符合均衡正義或有害不動產的使用效率，也應准許任何當事人起訴主張此一契約失其效力。

　　基於前述，為了兼顧不動產的使用效率、減少再為協議的談判成本、以及減少受讓人資訊蒐集與防止不測損害的成本，意定相鄰關係原則上對當事人及當事人的受讓人都有效力，但如有違反均衡正義或情事變更，則可由一方主張終止此契約，使該契約失其效力。此外，因契約當事人有所變更，締約時如符合均衡正義，對當事人是有效的，但如他方契約當事人已先為給付，以致於不動產受讓後，僅受讓人單方面負擔給付的義務，他方無須給付，或一方給付義務與他方的給付顯不相當，則就契約受讓後的雙方義務而言，亦不符均衡正義，因此，此時需以受不利益的一方明知或可得而知時，契約他方已為的給付才對其發生效力，亦即契約雖有效力，但他方對讓與人所為的給付如讓與人未交付給受讓人，而受讓人亦無明知或可得而知的情形，受讓人仍可依契約向他方當事人請求給付，他方當事人只得向讓與人請求返還不當得利，或請求債務不履行的損害賠償。

2. 公示的問題

　　公示構成一種法定通知，公示的事項，當事人都是明知或可得而知，因而美國有些採行登記制度的州法院認為，如果契約的內容未經登記，買受人並非明知或可得而知的情形，可以不受契約的拘束。❼❹可見釋字第三

❼❹　Restatement of the Law of Property§450-end 3203–3204(1983). 並請參閱黃義

四九號所採的見解，雖有部分美國的州法院採行，但因在美國意定相鄰關係可登記，我國則到目前為止仍無法登記，其結果自然有所不同。

採明知或可得而知為對抗第三人的要件，必須配合登記制度，如契約不能登記，則不能以此為對抗第三人與否的標準。所以在釋字第三四九號見解下必須確保登記機關准許當事人申請登記，否則，依現在的情形，登記機關尚不准許當事人登記，他方當事人不易證明受讓人明知或可得而知，採明知或可得而知為對抗第三人的要件將使原契約關係遭到破壞。另外，如登記機關尚無法為此種契約的登記，則以登記為對抗要件，將形同否定其對抗效力。

在可得登記的情形，即使當事人未經登記，也不應一律認為不得對抗第三人，如受讓人明知或可得而知，就不會有不測損害可言，應該還是可以對抗他。

3.意定相鄰關係拘束受讓人的要件

歸納以上論述可知，意定相鄰關係拘束受讓人的要件，❼❺需區分此種契約可否登記：

在尚無法登記的情形，除非原契約有不符合均衡正義的情形，或情事變更因而不符合均衡正義或不符合不動產的使用效率，則可由一方主張終止契約，使其失效，否則，應有拘束受讓人的效力，才能維持原有的關係而能提供長期投資生產的誘因。

在可以登記的情形，可以區分為已登記和未登記兩種情形，如已登記，構成法定通知，受讓人不會有不測損害，對受讓人發生效力應無問題；但如未登記，則在受讓人明知或可得而知的情形下，受讓人不會有不測損害，因而可對其發生效力。

豐，〈論附隨於不動產之特約之效力〉，《法令月刊》，第 47 卷第 5 期，頁 23–24，1996 年 2 月。

❼❺　隨不動產所有權移轉的契約拘束受讓人的基本四要件：㈠書面契約㈡具備契約將隨不動產所有權移轉的真意㈢契約必須與不動產相關㈣有財產上的相互關係，當然也應具備。參閱謝哲勝，〈從釋字第三四九號解釋論隨土地所有權移轉的債權契約〉，《財產法專題研究》，頁 72–73，三民書局，1995 年 5 月。

意定相鄰關係原則上是長期性的法律關係，因而有情事變更原則的適用。

八、民法物權編相鄰關係條文內容及評析

為了提升不動產使用效率，應承認隨土地所有權移轉的契約對當事人及第三人的拘束力，為了減少交易成本，不使受讓人有遭受不測損害的疑慮，因而大幅提高資訊蒐集的費用，應准許受讓人及他方當事人於契約不符合均衡正義或情事變更時，主張其失效。依此原則決定隨土地所有權移轉的契約的效力，才能兼顧使用效率和減少交易成本。而不動產使用協議、共有不動產分管契約、不動產區分所有的規約、社區規約都是隨不動產所有權移轉的契約。

如果立法採取隨不動產所有權移轉的契約以登記為對抗第三人的要件，則應許可各種類型的隨不動產所有權移轉的契約都可登記。然而，現行法也僅就少數如共有不動產的分管等契約有規定，其餘類型的隨不動產所有權移轉的契約仍未能有明確規範，實有疏漏，而應增列必要的條文加以規範。

法定的相鄰關係雖有具體的規定，但適用上欠缺一般性的規定，如能有一般性的規定，應有利於相鄰關係的解釋適用。

綜合上述，本書對民法物權編相鄰關係的條文提供以下意見：

㈠增列相鄰不動產使用協議和社區規約的一般規定

「相鄰不動產所有人就其不動產使用所為的協議，未經登記，對於善意並無過失之受讓人或取得物權之人，不生效力。但有顯失公平或情事變更情形，當事人得聲請法院裁定變更之。社區規約準用第一項之規定。」

㈡增列相鄰關係的一般規定

「因涉及不動產而生之物之利用關係而取得一定權利或致他人受損者，相對人得按受益之程度，受損人按受損之程度，對其請求償金。但雙方不能依合意定其數額者，得聲請法院決定之。」❼❻

❼❻ 參閱謝哲勝，〈民法上相鄰關係與社區管理之探討〉，《財產法專題研究㈡》，頁

第四節　不動產的區分所有

　　如同共有可以是不動產所有權的一種形式，區分所有也可以是不動產所有權的一種形式，從公寓大廈管理條例對區分所有的定義，會讓人以為區分所有是針對建築物而言，然而，區分所有既然可以是不動產所有權的一種形式，土地也可形成區分所有，甚至其他不動產物權也可以區分所有，[77]所以，區分所有權 (unit ownership, condominium unit)[78]涵蓋的範圍就不當然只限於建築物本身。

第一項　建築物區分所有權的範圍

　　民法第七百九十九條第一項規定：「稱區分所有建築物者，謂數人區分一建築物而各專有其一部，就專有部分有單獨所有權，並就該建築物及其附屬物之共同部分共有之建築物。」（公寓大廈管理條例三⑵參照）關於建築物區分所有權的範圍，從最狹義到最廣義有四種不同的見解，[79]本書認為區分所有權是結合專有部分 (unit, individual unit)、共有部分 (common

---

218，元照出版，1999 年 11 月。

[77] Joseph W. Boucher & etc., Wisconsin Condominium Law Handbook 1.12, 2.14 (1994). 國內有學者認為民法尚未承認以土地為客體的區分所有權，參閱謝在全，《民法物權論（上）》，頁 369，自版，2003 年 7 月，本書認為民事所適用的規範，並不限於成文法典，目前並無任何法典限制土地的區分所有，即使民法第 757 條的物權法定原則，經釋字第 349 號解釋與 86 年度臺再字第 97 號判決推論下，也不會成為土地區分所有的障礙，更何況公寓大廈管理條例第 53 條已明文將社區準用區分所有的規定，而社區必然包括土地，而不限於建築物。將區分所有限於建築物，將無法為社區管理提供法律理論基礎，參閱謝哲勝，〈民法上相鄰關係與社區管理之探討〉，《財產法專題研究㈡》，頁 216，元照出版，1999 年 11 月。

[78] Joseph W. Boucher & etc., Wisconsin Condominium Law Handbook 1.24 (1994); Sheldon F. Kurtz & Herbert Hovenkamp, American Property Law 1019 (West, 1993).

[79] 參閱溫豐文，《土地法》，頁 59，自版，2005 年 2 月。

elements, common areas)──包括建築物共有部分和基地,以及規約 (agreement) 四者而形成的不動產所有權,[80]採最廣義說,簡要說明如下:

一、專有部分

依公寓大廈管理條例第三條第三款的定義,指公寓大廈的一部具有使用上獨立性,而且為區分所有權的標的,從這個定義可知,區分所有權包括專有部分。民法第七百九十九條第二項前段規定:「前項專有部分,指區分所有建築物在構造上及使用上可獨立,且得單獨為所有權之標的者。」

專有部分雖然通常情形都是指建築物內的一定空間或房間,並具有使用上獨立性,[81]然而一定空間的概念並不限於有牆壁隔間,只要標有明確界線,可以為觀念性的隔間即可。[82]

此外,民法第七百九十九條第三項前段規定:「專有部分得經其所有人之同意,依規約之約定供區分所有建築物之所有人共同使用」(公寓大廈管理條例三(6)參照)。

二、共有部分

共有部分包括建築物共有部分和基地,分別加以說明:

㈠建築物共有部分

公寓大廈管理條例第三條第四款稱共用部分,指公寓大廈專有部分以外的其他部分及不屬於專有部分的附屬建築物而供共同使用者。如強調該部分由區分所有權人共同使用似無問題,但如果指稱權利歸屬,則稱為共有部分比較合適,民法第七百九十九條第二項後段規定:「共有部分,指區分所有建築物專有部分以外之其他部分及不屬於專有部分之附屬物。」即稱為共有部分,值得贊同。

---

[80]　Joseph W. Boucher & etc., Wisconsin Condominium Law Handbook 1.23 (1994).

[81]　Joseph W. Boucher & etc., Wisconsin Condominium Law Handbook 1.12 (1994).

[82]　參閱溫豐文,《土地法》,頁60,自版,2005年2月。

㈡基　地

民法將土地上的建築物，視為獨立的不動產，因此，建築物可以獨立於土地而有獨立所有權，並可以獨立於土地而為處分。但是此一原則在區分所有權就無法適用，因為建築物不能無基地，而區分所有人數眾多，難以依前述原則個別處理區分所有和基地使用的法律關係，所以，民法第七百九十九條第五項及公寓大廈管理條例第四條第二項規定專有部分不得與其所屬建築物共有部分和基地權利分離而為移轉或設定負擔。

民法第七百九十九條第五項與公寓大廈管理條例第四條第二項的規定，雖然也可以解釋為只是為了使專有部分必然伴隨著基地的權利，未必指稱基地的應有部分包含於區分所有權，然而，為了使專有部分與基地權利的比例得以明確，並減少專有部分與基地權利不一致所形成的糾紛，基地權利的應有部分應該包含於區分所有權內。

民法第七百九十九條第四項規定：「區分所有人就區分所有建築物共有部分及基地之應有部分，依其專有部分面積與專有部分總面積之比例定之。但另有約定者，從其約定。」每一專有部分都對應一定比例共有部分，共有部分的應有部分的比例原則上應等同於專有部分面積的比例，在建築物區分所有，應等同於專有部分樓地板面積的比例，[83]由創設區分所有的規約加以確定，規約一旦確定此一應有部分比例，即屬永久的性質，非經區分所有權人全體同意，不得變更。[84]

民法第七百九十九條第四項但書規定，因為規定共有部分比例的規約草約是由起造人片面所訂定，並無約定可言，而區分所有不動產在銷售時也都使用定型化契約，難以自由磋商，因此解釋上必須十分嚴格，該約定（規約）的內容必須使區分所有人間就其專有部分和共有部分的權屬符合公平性，才能承認其有效。

此外，民法第七百九十九條第三項後段規定：「共有部分除法律另有規定外，得經規約之約定供區分所有建築物之特定所有人使用。」（公寓大廈

---

[83]　參閱溫豐文，《土地法》，頁 64，自版，2005 年 2 月。

[84]　Joseph W. Boucher & etc., Wisconsin Condominium Law Handbook 1.25 (1994).

管理條例三⑸參照）

三、規　約

　　廣義的區分所有權包括專有部分和共有部分，然而，此一定義是不周延的，因為它無法解釋為何構造完全相同的兩棟大樓，其中一個可以適用區分所有，而另一個卻可能無法適用，關鍵性的區別即在於有無規約，[85]有創設區分所有的規約（公寓大廈管理條例三⑿），才能使單一所有權的建築物變成區分所有。所以，規約也應納入區分所有權內，而為最廣義的區分所有權，規約所形成的法律關係，也可視為區分所有關係的構成員權。[86]這也是申請地政機關登記區分所有權時應準備的文件，地政機關應保留一份供將來區分所有權人查閱，這份規約是原始規約，在區分所有權人會議依法定方式決議變更前，是區分所有權人權利義務的準則。規約所形成的法律關係，除了規約外，尚有區分所有權人會議決議和管理委員會決議，都會影響區分所有法律關係的權利義務內容。

第二項　專有部分的理論

　　如前所述，專有部分雖然通常情形都是指建築物內的一定空間或房間，並具有使用上獨立性，然而一定空間的概念並不限於有牆壁隔間，只要標有明確界線，可以為觀念性的隔間即可，專有部分是區分所有權的最核心

---

[85]　規約即是隨不動產所有權移轉的契約的一種，參閱謝哲勝，〈相鄰關係與隨不動產所有權移轉的契約〉，《財產法專題研究㈢》，頁 155，元照出版，2002 年 3 月；另請參閱吳光明，〈公寓大廈規約之探討──兼論其與自己地役權之比較〉，《財產法暨經濟法》，創刊號，頁 1–38，2005 年 3 月。

[86]　參閱溫豐文，《土地法》，頁 59，自版，2005 年 2 月；有學者提出綜合所有權概念以說明此一區分所有權概念，參閱陳榮傳，〈離開土地的房屋（上）──最高法院九十一年度臺上字第三六號民事判決評釋〉，《台灣本土法學雜誌》，第 51 期，頁 31–42，2003 年 10 月；陳榮傳，〈離開土地的房屋（下）──最高法院九十一年度臺上字第三六號民事判決評釋〉，《台灣本土法學雜誌》，第 52 期，頁 47–60，2003 年 11 月。

部分，專有部分的要件、範圍、移轉及變更都值得深入探討。

一、專有部分的要件

　　區分所有權的專有部分是區分所有權人可以自由使用、收益、處分，並排除他人干涉的部分。只要有一定空間可以實現此一功能即可，因為區分所有的客體不限於建築物，所以重點不在於構造上是否具有獨立性，雖然一般情形構造上獨立性與使用上獨立性有關，然而，並非絕對，在攤位、停車場的使用，只要標有明確界線，即能達到使用上獨立性，因此，專有部分的要件應僅限於使用上具有獨立性即可。當然規約必須許可建築物某一空間為專有部分，才能成為區分所有權的標的。

　　專有部分也不限於相連的部分，也可能包括兩個以上不相連的區域，❽⓿例如一個居住單位加上車位，或一個居住單位加攤位，只要該部分的權利都具有排他性，可以由特定人獨立使用，在法令限制內，都可以規約規定為專有部分。

二、專有部分的範圍

　　專有部分的範圍在學說上有空間說、壁心說、牆面說和折衷說（壁心說與牆面說的折衷）等不同見解❽❽，專有部分只是區分所有權的一部分，專有部分的範圍比較寬，共有部分的範圍就會比較窄，相反地，專有部分的範圍比較窄，共有部分的範圍就會比較寬，專有部分和共有部分加起來的範圍應該是一致的。然而，專有部分的範圍的寬窄會影響區分所有權人權利的行使，確實有確定其範圍的必要，用來確定區分所有權人可以個別行使權利的範圍。

　　在對外關係上，區分所有權的讓與本就包括前述構成區分所有權的各部分的移轉，因此，不必為了解釋對第三人的關係，而擴張專有部分的範圍，因此，專有部分，解釋上達到內牆 (interior wall) 牆面即可，❽❾牆面、

---

❽⓿　Joseph W. Boucher & etc., Wisconsin Condominium Law Handbook 1. 12 (1994).

❽❽　參閱溫豐文，《土地法》，頁 61，自版，2005 年 2 月。

天花板、地板的結構部分，並非區分所有權人可以個別行使權利的範圍，應認為是共有部分。

公寓大廈管理條例第五十六條第三項第二款規定：「……建築物共用之牆壁，以牆壁之中心為界。」僅是為了辦理建築物所有權第一次登記方便，不當然解釋為專有部分的範圍到牆壁的中心，牆面內側部分到壁心仍可認為是共有部分。

三、專有部分的移轉

如前所述，區分所有權包括專有部分、共有部分和規約，專有部分只是指稱區分所有權人可以個別行使權利的範圍，專有部分的移轉只是區分所有權移轉的一部分，而區分所有權的讓與本就包括構成區分所有權的各部分的移轉，因此，專有部分必須與共有部分一併移轉，也當然繼受前手基於規約的權利義務。

四、專有部分的變更

公寓大廈管理條例第五十六條第一、二項規定：「公寓大廈之起造人於申請建造執照時，應檢附專有部分、共用部分、約定專用部分、約定共用部分標示之詳細圖說及規約草約。於設計變更時亦同。前項規約草約經承受人簽署同意後，於區分所有權人會議訂定規約前，視為規約。」就專有部分、共用部分、約定專用部分、約定共用部分標示之詳細圖說，解釋上為原始規約（即規約草約）的一部分，如無此一標示，是無法形成區分所有。建築物在完成建築前，專有部分是可以變更的，但是建築物已經辦理第一次所有權登記後，是否仍得辦理專有部分變更，則無明文規定。

專有部分是原始規約所定的權利範圍，變更專有部分，牽涉變更區分所有權的本權（權利本身），必須由該專有部分所有人提出，且原訂規約准許變更，才可以變更，⑨而且變更專有部分必須配合共有部分權利比例的

---

⑧ Sheldon F. Kurtz & Herbert Hovenkamp, American Property Law 1019 (West, 1993).

變更。專有部分變更與約定專用或約定共用事項的決議不同，後者不影響專有和共有部分的範圍，被約定為共用的專有部分，仍是專有部分，被約定為專用的共有部分，仍是共有部分，因此可以依公寓大廈管理條例第三十一條規定以特別多數決加以變更。而且，此一決議如影響其他區分所有權人權益，雖然依公寓大廈管理條例第三十一條形式上仍為有效，但如有對其他區分所有權人顯失公平的情形，因此決議而受不利益的區分所有權人，仍可以此決議顯失公平請求法院調整決議內容或確認決議無效。

第三項　共有部分的理論

建築物區分所有的情形，共有部分的範圍，包括建築物專有部分以外的部分並無爭議，但是否包括基地，即有爭議，以下分別加以說明：

一、建築物專有部分以外的部分

建築物共有部分即指不屬於專有部分的建築物其他部分，公寓大廈管理條例第三條第四款的規定基本上符合此一定義，除用語（共用部分）外，值得贊同。

如前所述，每一專有部分都對應一定比例共有部分，建築物區分所有的情形，共有部分的應有部分的比例，原則上應等同於專有部分樓地板面積的比例，由創設區分所有權的規約加以確定，規約一旦確定此一應有部分比例，即屬永久的性質，非經區分所有權人全體同意，不得變更。因此，建築物共有部分的權利比例，應非公寓大廈管理條例第三十一條可以決議變更的事項。

每一專有部分都對應一定比例建築物共有部分，則共有部分當然不得與所對應的專有部分分離而為移轉或設定負擔，買賣或移轉專有部分解釋上當然包括共有部分的買賣或移轉，共有部分隨同專有部分移轉應視為法定移轉，並不以登記為生效要件。

---

⑨ Joseph W. Boucher & etc., Wisconsin Condominium Law Handbook 1.32 (1994).

二、基　地

　　區分所有是數人共同享有不動產所有權的一種形式，區分所有不限於建築物已如前述，區分所有也不同於共有，區分所有的理論架構應足以解決區分所有所遭遇的全部問題，才是個周延的理論與制度。因為建築物不能無基地，而區分所有人的人數眾多，難以依共有規定個別處理建築物和基地使用的法律關係，所以，公寓大廈管理條例第四條第二項規定專有部分不得和建築物共有部分和基地權利的應有部分分離而為處分。

　　公寓大廈管理條例第四條第二項的規定，雖然可以解釋為只是為了使專有部分必然伴隨著建築物共有部分和基地的權利，未必指稱基地的應有部分包含於區分所有權，然而，如前所述，區分所有本不限於建築物，尚可包括土地的區分所有，同樣地，將土地和建築物整體視為區分所有的全部，不僅理論上如此，❾❶也是解釋區分所有所必要，公寓大廈管理條例第五十三條的規定就是此種理論的具體規定。因此，為了使專有部分與基地的權利的比例得以明確，並減少專有部分與基地權利不一致所形成的糾紛，對基地權利的應有部分應該包含於區分所有權內，則許多區分所有的實務爭議或難題都可迎刃而解。

第四項　規約的理論

　　規約 (condominium instrument) 在公寓大廈管理條例第三條第十二款定義為：「公寓大廈區分所有權人為增進共同利益，確保良好生活環境，經區分所有權人會議決議之共同遵守事項。」此一定義並未區分創設區分所有的規約和經區分所有權人會議訂定的規約，雖然此二者可以視為相同，但因為有先後關係，而且效力不完全相同，因此，有分別探討的必要，而區分所有權人會議決議事項如非規約，也關係著區分所有的權利義務關係，與規約有類似功能，而管理委員會在權限範圍內所為決議亦同，而有一併探討的必要。

---

❾❶　Joseph W. Boucher & etc., Wisconsin Condominium Law Handbook 1.13 (1994).

一、原始規約（或規約草約）

必須先有規約，才能創設區分所有，❷這也是同一建築物為共有或區分所有的不同點，沒有規約，而數人共同享有一建築物所有權，將是共有而非區分所有。在此種情形，規約為創設區分所有的文書，雖然一般情形區分所有在建築物使用執照取得前即已決定，為起造人所草擬，未經之後區分所有權人會議訂定，因此，公寓大廈管理條例第五十六條第一項稱為規約草約。

然而，建築物如未變更起造人，直接為第一次所有權登記，起造人本是原始取得建築物權利的人，即使是一人，也有權制定規約，也因為有此制定規約、創設區分所有的行為，才會有後續的區分所有的法律關係，因而起造人所為的規約草約其實就是規約，差別僅在於制定時點的先後，因此，公寓大廈管理條例第五十六條第二項規定，規約草約經承受人簽署同意後，於區分所有權人會議訂定規約前，視為規約。事實上，起造人申請建照時本須附規約草約，如果起造人直接登記為所有權人，就沒有承受人可言，因此，規約草約在區分所有權人會議訂定規約或變更規約草約前，即視為規約，只是之後區分所有權人會議有權加以變更而已。雖然公寓大廈管理條例規定區分所有似乎是建築物申請建照時即已決定，但使用執照取得後如經全體區分所有權人同意欲將單獨所有或共有的建築物變更為區分所有，理論上也並無不可。

原始規約決定專有部分和共有部分的範圍以及二者間的比例，創造區分所有，牽涉區分所有權的本權本身，因此，專有部分和共有部分的範圍以及二者間的比例，並非區分所有權人會議所得變更，而應經全體區分所有權人同意才可變更。同樣地，區分所有權人經全體同意也可以結束區分所有，❸如形成共有，或單獨所有（區分所有權人僅剩一人）。

---

❷　Joseph W. Boucher & etc., Wisconsin Condominium Law Handbook 4.9 (1994).

❸　Joseph W. Boucher & etc., Wisconsin Condominium Law Handbook 1.33 (1994).

二、正式規約

在建築區分所有，如果規約是由享有建築物全部權利的人所共同擬定，則此一規約即是正式規約，只有在建築物權屬未定前由起造人所擬定的規約才是規約草約，而規約草約經過區分所有權人會議訂定後，即成為正式規約，但因為公寓大廈管理條例第三十一條對於區分所有權人會議決議有出席人數和可決人數的限制，所以，正式規約也未必能在建築物所有權登記完成後短期間通過，正式規約未通過前，規約草約即繼續有效。

規約就如同區分所有法律關係的憲法，公寓大廈管理條例第二十三條並規定有些事項非經載明於規約不生效力。

另外，規約的內容，如有顯失公平或其他無效的情形，應賦予區分所有人聲請法院撤銷或確認規約無效的機會，民法第七百九十九條之一第三項規定：「規約之內容依區分所有建築物之專有部分、共有部分及其基地之位置、面積、使用目的、利用狀況、區分所有人已否支付對價及其他情事，按其情形顯失公平者，不同意之區分所有人得於規約成立後三個月內，請求法院撤銷之。」基本上符合前述意旨，值得肯定。

三、區分所有權人會議決議事項

區分所有權人會議，依修正後公寓大廈管理條例第三十一條，除規約另有訂定外，法定出席和可決人數門檻相當高（區分所有權人三分之二以上及其區分所有權比例合計三分之二以上出席，出席人數四分之三以上及其區分所有權比例占出席人數四分之三以上同意），只有在無法依該條決議後，才能依公寓大廈管理條例第三十二條較低門檻決議（區分所有權人三人並五分之一以上及其區分所有權比例合計五分之一以上出席，出席人數過半數及其區分所有權比例占出席人數區分所有權合計過半數之同意），但未區分一般事項和特殊事項，似乎是放寬特殊事項的決議可行性。公寓大廈管理條例既然不區分規約制定與變更的決議要件，則一般事項的決議和規約變更的決議難易度相同，除非規約另有規定，區分所有權人會議決議

事項都可納入規約或變更規約，則區分所有權人會議決議事項和規約實質上已無太大區別，除非有顯失公平或情事變更的情形，或違反第二十三條情形（未載明於規約），否則，各區分所有權人和繼受人都應遵守，在公寓大廈管理條例第二十四條規定下，繼受人也無遭受不測損害的可能。

四、管理委員會會議決議

公寓大廈管理條例第三十七條規定管理委員會會議決議的內容，不得違反條例、規約，或區分所有權人會議決議，在區分所有權人會議不易召開和決議下，管理委員會會議決議，將扮演規範區分所有法律關係的重要功能。在管理委員會的權限範圍內所為決議，除非有顯失公平或情事變更的情形，否則，各區分所有權人和繼受人都應遵守，在公寓大廈管理條例第二十四條規定下，繼受人也無遭受不測損害的可能。

第五項　區分所有權相關的問題

區分所有權有許多爭議問題，並未因公寓大廈管理條例通過施行和之後修正而解決，近十年來法院也尚未對許多問題表示明確見解，仍有待學者深入探討。以下即探討一些主要爭議，並提出本書的見解。

一、公寓大廈全部可否成為區分所有的專有部分

國內有學者認為公寓大廈全部不能成為區分所有權的客體，[94]因此，影響公寓大廈管理條例民國九十二年的修正，將專有部分的定義，排除公寓大廈全部的情形，此一見解是基於對區分所有的客體限於建築物，而得出的結論。

然而，如本書前述，區分所有不限於建築物，公寓大廈管理條例第二十六條已規定結合數幢獨立建築物可以形成區分所有，公寓大廈管理條例第五十三條也明文規定社區準用區分所有，而如前所述在建築物區分所有的情形，基地的權利也包含於區分所有權內，就此而言，公寓大廈管理條

---

[94]　參閱謝在全，《民法物權論（上）》，頁 377，自版，2003 年 7 月。

例第三條第三款修正前關於專有部分的定義相當正確,修正後反而無法包括全部區分所有的類型,也無法詮釋公寓大廈管理條例第五十三條的規定。

二、專有部分是否必須具有構造上獨立性

關於專有部分的構成要件,公寓大廈管理條例僅規定具有使用上獨立性且可以成為區分所有的標的即可,但因為國內許多學者認為專有部分必須具有構造上獨立性,[95]因而民法物權編增訂第七百九十九條第二項前段定義強調具構造上獨立性,而與公寓大廈管理條例規定不同。

事實上,將構造上獨立性列為專有部分的要件的學者,其實也都強調只要具備觀念上的隔間或區分的明確性,[96]即符合構造上獨立性。具備觀念上的隔間或區分的明確性者,既然即可以成為專有部分的標的,則停車位當然可以為專有部分,就此而言,強調構造上獨立性其實已無任何意義。因此,本書認為與其將構造上獨立性視為專有部分的要件,而不得不解釋構造上獨立性只要具備觀念上的隔間或區分的明確性即可,不如明確地認為構造上獨立性並非專有部分的要件,以免自尋煩惱。公寓大廈管理條例修正時未將構造上獨立性列為專有部分的要件,即是採此見解,值得贊同。此一見解既然符合理論和實際需要,民法物權編對於專有部分的定義與公寓大廈管理條例不同,即顯得十分突兀,在特別法優先適用下,物權編此種不同的定義顯得毫無意義。

---

[95] 參閱王澤鑑,《民法物權㈠通則‧所有權》,頁 255,自版,2001 年 4 月;謝在全,《民法物權論(上)》,頁 374,自版,2003 年 7 月;溫豐文,《土地法》,頁 60,自版,2005 年 2 月;戴東雄,〈公寓大廈管理條例上專有部分與共有部分之理論及屋內漏水之修繕〉,《法學叢刊》,第 169 期,頁 8,1998 年 1 月;謝在全,〈建築物區分所有權要論(上)〉,《法令月刊》,第 53 卷第 4 期,頁 5,2002 年 4 月。

[96] 參閱謝在全,《民法物權論(上)》,頁 375,自版,2003 年 7 月;溫豐文,《土地法》,頁 60,自版,2005 年 2 月。

三、專有部分與共有部分是否符合一定比率

現行公寓大廈管理條例並未規定專有部分與共有部分是否應符合一定比率，又因公寓大廈管理條例施行前，已經有許多建築物區分所有權人並非土地所有權人的情形，造成實務上出現許多區分所有權人無基地持分權，或基地持分權顯然不符相對於全體區分所有權數目的比例。雖然基地持分超過其專有部分比例的權利人，對於不具有相當於專有部分樓地板面積的比例的土地權利的區分所有權人，可以請求不當得利，但這終非一勞永逸的解決之道。

公寓大廈管理條例第四條第二項的規定，僅對於專有部分與共有部分已符合一定比例的情形有功能，就區分所有權人對於建築物共有部分和基地權利無權利或無相對比例權利的情形，仍然無法解決，專有部分與共有部分分離或權利不成比例的問題仍然將繼續存在。因此，唯有在法制上確認專有部分與共有部分應符合一定比率，否則建築主管機關不發給使用執照或地政機關不准許登記，才能徹底解決此一問題。民法第七百九十九條即增訂第四項規定：「區分所有人就區分所有建築物共有部分及基地之應有部分，依其專有部分面積與專有部分總面積之比例定之。但另有約定者，從其約定。」

四、讓與時是否應將一定比例的共有部分一併移轉

地政機關體認到前一問題的存在，要求移轉建築物專有部分和共有部分時，也應移轉一部分基地的權利，但因為公寓大廈管理條例未明訂此一比例，地政機關並未要求基地的應有部分比例應等同於專有部分樓地板面積的比例，只要移轉很小比例的基地權利即可，因此，此一問題仍未能解決。

雖然基地權利人可以向某些區分所有權人請求不當得利，但這終非一勞永逸的解決之道。唯有立法或解釋民法第七百九十九條第五項與公寓大廈管理條例第四條第二項，使今後區分所有權專有部分的移轉，必然伴隨

著建築物的共有部分和相當於專有部分樓地板面積比例的基地權利，才能徹底解決此一問題，如此既符合區分所有理論，又能兼顧實際所需。

　　民事法律的解釋適用本不拘泥於法條文義，上述見解又無違憲之虞，因此，本書認為如有關機關認同此一見解，不待修正民法第七百九十九條第五項與公寓大廈管理條例第四條第二項，即可依上述見解辦理。

五、繼受人是否概括繼受前手的權利義務

　　如前所述，規約也構成區分所有法律關係的一部，區分所有權的移轉，即包括對於區分所有法律關係的移轉，繼受人當然概括繼受前手基於區分所有權的權利義務。如果規約無法拘束繼受人，則區分所有權人將重新訂定規約，增加協商的成本，並不經濟。若為保護交易安全，避免繼受人遭受不測損害，則只要讓繼受人對於無法預測而且顯失公平的規約，主張不受拘束即可，但是在公寓大廈管理條例第二十四條的規定下，繼受人有查閱規約的義務，並無不測可言。[97]

　　實務上爭議最大的問題，是有關前手積欠的管理費繼受人應否負責繳納，關於此一問題，法院見解似乎尚未統一，因而此一爭議深具探討價值。

　　民法第七百九十九條之一第四項與公寓大廈管理條例第二十四條在修正前已明白規定繼受人應繼受前手關於本條例或規約的權利義務，從文義來看，並無法得出只有繼受後的管理費繼受人才有繳納的義務，則認為繼受人不必繼受前手積欠的管理費的見解，顯然是基於保護繼受人的考量，因為繼受人如必須繳納前手所欠管理費顯然對繼受人不利，將可能對繼受人造成不測損害。[98]再者，也有認為，區分所有權人之繼受人所應繼受者，係依本條例或規約所定的一切權利義務，如規約所訂繳交管理費的義務本身。但不及於積欠的管理費，此屬區分所有權人個人的債務，不隨同區分

---

[97]　參閱謝哲勝，〈民法的經濟分析〉，謝哲勝主編，《法律經濟學》，頁193，五南圖書，2007年5月。

[98]　參閱謝在全，〈建築物區分所有權要論（下）〉，《法令月刊》，第53卷第5期，頁17，2002年5月。

所有權的移轉而移轉，而由繼受人繼受之。❾然而，其他區分所有權人的利益也必須納入考慮，因此，解決此一爭議，雖然可以直接以區分所有權包括規約，而認為繼受人有概括繼受前手積欠的管理費的義務，也可以利益衡量的觀點，決定應保護繼受人還是其他區分所有權人。

　　管理費是公寓管理的費用，對區分所有權人使用區分所有標的和價值的維持具有重大功能，因此，區分所有權人應依規約或區分所有權人會議決議繳納管理費，並無疑義。如有任何區分所有權人可以藉故不繳納管理費，或法律解釋適用結果，使管理委員會無法收到管理費，顯然不符合全體區分所有權人的利益。對繼受人而言，可以向管理委員會詢問管理相關事項，所以前手是否積欠管理費是可得而知的資訊，繼受人可以藉由從買賣的價金中扣除而免受此一損害，但對管理委員會而言，區分所有權的移轉不必經過管理委員會同意，對於積欠管理費的前手如讓與區分所有權，管理委員會就可能催討無門，管理費因而不足或公寓管理品質受影響，使全體區分所有權人受害，因此，可以向繼受人催討才是個確保收取管理費的機制。或許有人認為，管理委員會本可向前手催討，何以等到區分所有權轉讓後再向繼受人催討？此一說法，乍看似乎有理，然而卻是完全不顧現實的想法。對區區數千元或數萬元的管理費訴請司法救濟，顯然不敷主張權利的成本，因此，催討管理費時勢必等到積欠相當數額才採取司法途徑，所以，管理委員會在現實上不可能對積欠管理費立刻訴請司法救濟，因而不能將不向前手訴追歸責管理委員會。依現行公寓大廈管理條例第二十四條，繼受人有義務查閱前手欠繳管理費，因而如果繼受人不將欠繳管理費從買賣價金中扣除，則顯然可歸責於繼受人。再從釋字第三四九號解釋來看，第三人明知或可得而知的情形，即不至於遭遇不測損害，即使公寓大廈管理條例未修正前，繼受人也很難主張其無機會知道前手積欠管理費，而為可得而知，讓可得而知的人繼受此一義務，並無使善意第三人遭遇不測損害之虞，而不會影響交易安全。現行公寓大廈管理條例課予繼受人閱覽或影印相關資料的義務，則對於前手積欠管理費即是明知的事實，

---

❾　參閱王澤鑑，《民法物權》，頁 230，自版，2010 年 6 月增訂 2 版。

繼受人更不至於遭受不測損害。

　　主張讓繼受人繼受繳納積欠管理費的義務，將使繼受人遭到不測損害的見解，完全昧於繼受人明知或可得而知的事實，顯然違背釋字第三四九號解釋所揭示的法理。因此，使繼受人繼受繳納積欠管理費的義務，符合全體區分所有權人的利益，又不至於使繼受人遭受不測損害，利益衡量結果，當然應肯定由繼受人繼受繳納積欠管理費的義務。⑩⑩

　　針對此議題，臺灣高等法院暨所屬法院八十九年法律座談會民事類第二十三號⑩①即就此一問題為研討，當時公寓大廈管理條例施行約五年，九十三年，臺灣高等法院暨所屬法院九十三年法律座談會民事類提案第十三號，⑩②又研討一次，再次研討該條例第二十四條的修正，是否影響後手對前手積欠管理費的繳納義務，九十八年再度研討，雖只限定拍賣的情形，

---

⑩⑩　相同見解參閱古振暉，〈論公寓大廈管理費負擔之繼受〉，《東海大學法學研究》，第 16 期，頁 95–110，2001 年 12 月。

⑩①　參閱臺灣高等法院暨所屬法院 89 年法律座談會民事類第 23 號，研討結果：公寓大廈管理條例第 24 條應屬契約地位之繼受規定，亦即後手對其繼受後所應生權利義務悉依原相關條例或規約定之，並非繼受前手已發生之債務，採否定說。

⑩②　參閱臺灣高等法院暨所屬法院 93 年法律座談會民事類提案第 13 號，研討結果：經付表決結果：實到 64 人，採甲說 1 票，採乙說 53 票，採丙說 7 票。乙說：否定說。㈠該條例第 24 條規定區分所有權人之繼受人應繼受原區分所有權人依本條例或規約所定之一切權利義務，係指依本條例或規約所定關於公寓大廈、基地或附屬設施之管理使用及其他住戶間相互關係之事項而言，例如依規約設定公寓大廈共用部分之專用權，又如依規約所定管理費之計算方式，對區分所有權人之繼受人亦有拘束力。惟對於繼受人前手區分所有權人所積欠之管理費，此項債權債務關係原係存在於社區管理委員會與積欠管理費之前手區分所有權人之間，依債之相對性原則，本應向原區分所有權人請求，且其法律關係早已明確，不在前開法條規範範圍內。再者，依現行法規定，管理委員會對住戶積欠管理費一事，並無公示方法，若將此義務強加於後手區分所有權人，會讓一般交易之第三人遭受不測之損害，亦會對法院拍賣程序造成不利之影響，減低有意承買者之意願，導致抵押權人無法充分受償，妨害經濟發展和資源之利用。㈡不論在何時繼受，均不受規約拘束。

但其實也是因應民法物權編九十八年一月就區分所有權相關的修正後，如何解釋適用區分所有權的相關規定，連同此次已是第三次就此一問題為研討。而在臺灣高等法院暨所屬法院九十八年法律座談會民執類提案第二十號的研討結果[103]則捨棄過往的否定說，改採本書的見解。[104]

六、司法院釋字第六○○號解釋[105]

釋字第六○○號解釋認為：「建築物（包含區分所有建築物）與土地同為法律上重要不動產之一種，關於其所有權之登記程序及其相關測量程序，涉及人民權利義務之重要事項者，諸如區分所有建築物區分所有人對於共用部分之認定、權屬之分配及應有部分之比例、就登記權利於當事人未能協議或發生爭議時之解決機制等，於土地法或其他相關法律未設明文，本諸憲法保障人民財產權之意旨，尚有未周，應檢討改進，以法律明確規定為宜。」[106]就區分所有的共用部分的認定、權屬的分配及應有部分的比例，作出警告性解釋，強調應以法律明文規定，才符合憲法保障人民財產權的意旨。

---

[103] 參閱臺灣高等法院暨所屬法院 98 年法律座談會民執類提案第 20 號，研討結果：經付表決結果：實到 68 人，採甲說 37 票，採乙說 15 票。甲說：肯定說。按民法第 826 條之 1 第 3 項規定：「共有物應有部分讓與時，受讓人對讓與人就共有物因使用、管理或其他情形所生之負擔連帶負清償責任」。公寓大廈之區分所有人間，就建物之共有部分，亦為分別共有關係，法院拍賣債務人所有區分所有建物之專有部分、共有部分及基地之應有部分時，自有上開規定之適用，故債務人如有欠繳管理費，拍定人應負連帶清償責任。

[104] 詳參謝哲勝，〈公寓繼受人對於讓與人積欠管理費繳納義務——臺灣高等法院暨所屬法院 98 年法律座談會民執類提案第 20 號決議評釋〉，《法令月刊》，第 63 卷第 7 期，頁 1–9，2011 年 7 月。

[105] 謝哲勝，〈憲法解釋對物權與土地法制發展的影響〉，《財產法專題研究(六)》，頁 367–368，翰蘆圖書，2008 年 11 月。

[106] 關於本號解釋評論，參閱戴秀雄，〈簡評大法官釋字第六○○號解釋〉，《台灣本土法學雜誌》，第 75 期，頁 203–210，2005 年 10 月。

第六項 民法第七百九十九條與第七百九十九條之一應為的規定

綜上所述，第七百九十九條與第七百九十九條之一應依學者草案修正為：

「稱區分所有不動產者，謂數人區分一不動產而各專有其一部，就專有部分有單獨所有權；並就該不動產之建築物之共同部分及其基地，按其專有部分比例共有之不動產。前項專有部分，指區分所有不動產在使用上可獨立，且得單獨為所有權之標的者。共有部分，指區分所有不動產，除專有部分以外之其他部分。專有部分得經規約或區分所有人決議供區分所有不動產之所有人共同使用；共有部分除法律另有規定外，得經規約或區分所有人決議供區分所有不動產之特定所有人使用。區分所有不動產共有部分之修繕費及其他負擔，由各所有人按其共有比例分擔之。但規約或區分所有人決議另有約定者，從其約定。前項規定，於專有部分經規約或區分所有人決議約定供區分所有不動產之所有人共同使用者，準用之。區分所有不動產之所有人依法令、規約或區分所有人決議所生之權利義務，繼受人亦受拘束。但如有顯失公平或情事變更情形，法院得因任何區分所有人之聲請，以裁定變更之。區分所有不動產之專有部分與共有部分，不得分離而為移轉或設定其他權利。公寓大廈管理條例第五十三條之集居地區適用區分所有之規定。」

第七項 施行法相關規定

民法物權編施行法第八條之五第一項規定：「同一區分所有建築物之區分所有人間為使其共有部分或基地之應有部分符合修正之民法第七百九十九條第四項規定之比例而為移轉者，不受修正之民法同條第五項規定之限制。」增訂理由提到：關於區分所有建築物之共有部分及基地，各區分所有人應有部分比例究為若干，本法第七百九十九條增訂第四項已有原則性之規範，惟對於實務上區分所有建築物之共有部分或基地，區分所有人之應有部分與該項規定不一致者，亦僅有單獨移轉其共有部分予其他區分所

有人之情形，為符實際需求，爰增訂第一項。又本項所稱「移轉」包括同一區分所有人自行調整其區分所有建築物之共有部分在內，併予指明。

第二項規定：「民法物權編修正施行前，區分所有建築物之專有部分與其所屬之共有部分及其基地之權利，已分屬不同一人所有或已分別設定負擔者，其物權之移轉或設定負擔，不受修正之民法第七百九十九條第五項規定之限制。」

第三項規定：「區分所有建築物之基地，依前項規定有分離出賣之情形時，其專有部分之所有人無基地應有部分或應有部分不足者，於按其專有部分面積比例計算其基地之應有部分範圍內，有依相同條件優先承買之權利，其權利並優先於其他共有人。」增訂理由提到：區分所有建築物之基地，依第二項規定有分離出賣之情形時，其專有部分之所有人於按其專有部分面積比例計算其基地之應有部分範圍內，有依相同條件優先承買之權利，且其承買之權利並優先於土地法第三十四條之一第四項共有人之優先承買權。又所稱「專有部分之所有人」，係專指區分所有建築物所有人中就區分所有建築物之基地尚無應有部分或雖有應有部分，惟其應有部分不足其按專有部分面積比例計算所應有之權利者而言，為期明確，爰增訂第三項。至本項之優先承買權僅具有債權之效力，不得對抗土地法第一百零四條具有物權效力之優先承買權，併此敘明。

第四項規定：「前項情形，有數人表示優先承買時，應按專有部分比例買受之。但另有約定者，從其約定。」

第五項規定：「區分所有建築物之專有部分，依第二項規定有分離出賣之情形時，其基地之所有人無專有部分者，有依相同條件優先承買之權利。」

第六項規定：「前項情形，有數人表示優先承買時，以抽籤定之。但另有約定者，從其約定。」

第七項規定：「區分所有建築物之基地或專有部分之所有人依第三項或第五項規定出賣基地或專有部分時，應在該建築物之公告處或其他相當處所公告五日。優先承買權人不於最後公告日起十五日內表示優先承買者，視為拋棄其優先承買權。」

第三章　動產所有權

第一節　概　說

動產所有權，是以動產為標的物的所有權，依民法第六十七條規定：「稱動產者，為前條所稱不動產以外之物。」不動產指土地及其定著物，故本章主要探討土地及其定著物以外之物的所有權相關問題。

第二節　動產所有權的取得

第一項　因法律行為而取得

動產物權因法律行為而變動者，非將動產交付，不生效力，民法第七百六十一條第一項本文定有明文，因動產物權無法登記，故其權利狀態，係以占有為公示方法，易言之，以交付為動產物權變動的生效要件。而交付的種類有四，即現實交付（民七六一 I 前段）、簡易交付（民七六一 I 後段）、占有改定（民七六一 II）及指示交付（民七六一 III），後三者又稱為觀念交付，現實上並無移轉占有的行為，之所以仍發生動產物權變動的效力，主要在尊重當事人物權變動意思，不以單一法定公示方法的完成為物權變動的要件。

第二項　因法律行為以外的事實而取得

動產所有權為所有權的一種，其內容及限制，自可適用通則部分的規定。至於動產所有權的取得原因，除因法律行為而取得外，也可能因法律行為以外的事實而取得，例如善意取得（請參閱第二篇第五章第五節四）、時效取得（請參閱第三篇第一章第六節一）、無主動產的先占（民八〇二）、遺失物的拾得（民八〇三至八〇七之一）、埋藏物的發見（民八〇八、八〇九）及添附（民八一一至八一六），說明如下：

第一款　無主動產的先占

家禽和家畜所有人已花勞力，無須捕捉，也為了犒賞所有人的投資，法律保護其所有權。野生動物如適宜供人們物質消費所需，則在人們捕捉前，無法供人民消費使用，因而法律必須設計一套機制，使人們有捕捉野生動物的誘因。對於不適宜供人們物質消費所需的保育類野生動物，則法律將禁止私人取得所有權。

民法第八百零二條規定：「以所有之意思，占有無主之動產者，除法令另有規定外，取得其所有權。」先占是事實行為，無主的動產必須係得為私有所有權的標的，如為法律禁止獵捕的動物或不得為私有的物，均不得為先占的標的。故無主動產先占的要件為：須為動產、須為無主物及必須以所有的意思占有。

在無主動產的先占的要件中，占有的要件在現實案件中是最有爭議的。占有是事實上的管領力，概念上容易說明，占有的認定，在空間上必須有支配可能性，時間上必須有繼續性，但事實認定卻沒有明確的標準。認定野生動物所有權的取得，應該就具體個案分別判斷，由何人取得所有權，應考量的因素包括：如何提供人們投資於捕捉野生動物的誘因、如何可以使野生動物確定供人們消費使用、如何使相關（包括糾紛解決）的成本最低，[107]說明如下：

㈠打死野生動物，不等於占有，例如開槍射死麻雀，但是獵人卻找不到，而未能真正支配，不等於已取得所有權。獵人離開後，他人撿到，由該他人先占取得所有權。

㈡抓到野生動物，又被牠掙脫，也不等於占有，例如網到鯰魚置於魚簍，魚跳出魚簍，又被他人網到，該他人取得所有權。

㈢甲開槍射中野生水鹿，野鹿繼續奔跑，乙再開一槍，野鹿倒地，甲乙都找到鹿時，應由乙取得所有權。

---

[107] 參閱謝哲勝，〈民法的經濟分析〉，謝哲勝主編，《法律經濟學》，頁 195–196，五南圖書，2007 年 5 月。

㈣合法設置的捕捉野生動物的陷阱,如野生動物陷在陷阱中無法逃脫,設置陷阱的人取得所有權。如有他人從陷阱中取走該動物,則構成侵權行為,也將成立刑事上的竊盜罪。

歸納上述,對於野生動物所有權的取得,如有糾紛,應衡量該野生動物是否為人們的物質需求來源,如果是肯定的,則必須特別保護投資設備時間於捕捉野生動物的人,以鼓勵人們投入生產財貨的活動。如果捕捉野生動物只是娛樂,則只要有一個明確的所有權歸屬的標準即可,以最低成本解決糾紛,則應由最終物理上支配該野生動物的人取得所有權。

第二款　遺失物的拾得

一、意　義

非基於占有人的意思而喪失動產的占有為遺失,而遺失物拾得是「發現」遺失物而「占有」的事實行為。遺失物的拾得係動產所有權原始取得原因之一,為無因管理的一種。

其要件為:必須占有人喪失占有、占有的喪失非基於占有人的意思、必須現在無人占有、必須為非無主物的動產及有拾得的事實行為。

二、法律效果

遺失物的拾得,不能即時取得所有權,必須履行通知或揭示等程序,無人認領時,才能取得所有權。遺失物並非無主物,故拾得遺失物人必須以通知或公告方法通知所有人,返還遺失物,不得逕行據為己有,必須履行一定程序而所有人未為領取時,始取得所有權。如拾得人未履行程序而將拾得物據為己有,則構成侵權行為或不當得利。

㈠拾得人的義務

1.通知或報告及交存義務

依民法第八百零三條第一項規定:「拾得遺失物者應從速通知遺失人、所有人、其他有受領權之人或報告警察、自治機關。報告時,應將其物一

併交存。但於機關、學校、團體或其他公共場所拾得者，亦得報告於各該場所之管理機關、團體或其負責人、管理人，並將其物交存。」第二項規定：「前項受報告者，應從速於遺失物拾得地或其他適當處所，以公告、廣播或其他適當方法招領之。」第八百零四條第一項規定：「依前條第一項為通知或依第二項由公共場所之管理機關、團體或其負責人、管理人為招領後，有受領權之人未於相當期間認領時，拾得人或招領人應將拾得物交存於警察或自治機關。」第二項規定：「警察或自治機關認原招領之處所或方法不適當時，得再為招領之。」

2.保管及返還義務

拾得人就拾得物於所有人認領前，或交於警察、自治機關或各該場所之管理機關、團體或其負責人、管理人以前，拾得人須負保管義務。

民法第八百零五條第一項規定：「遺失物自通知或最後招領之日起六個月內，有受領權之人認領時，拾得人、招領人、警察或自治機關，於通知、招領及保管之費用受償後，應將其物返還之。」

(二)拾得人的權利

1.費用償還請求權

民法第八百零五條第一項規定：「遺失物自通知或最後招領之日起六個月內，有受領權之人認領時，拾得人、招領人、警察或自治機關，於通知、招領及保管之費用受償後，應將其物返還之。」

2.報酬請求權

二〇一二年五月立法院通過遺失物拾得的修正條文，包括民法第八百零五條和第八百零五條之一，內容包括降低報酬請求權上限、報酬請求權酌減或免除以及無報酬請求權的例外情形，敘述及評析如下：

(1)主要修正內容

A.降低報酬請求權上限

原民法第八百零五條第二項規定：「有受領權之人認領遺失物時，拾得人得請求報酬。但不得超過其物財產上價值十分之三……」，現行法修正為：「有受領權之人認領遺失物時，拾得人得請求報酬。但不得超過其物財

產上價值十分之一……」，即降低報酬請求權上限，由遺失物財產上價值十分之三，降為十分之一。

　　B.報酬請求權酌減或免除

　　現行法增訂民法第八百零五條第三項規定：「有受領權人依前項規定給付報酬顯失公平者，得請求法院減少或免除其報酬。」即賦予有受領權人對於報酬金額過高而顯失公平時，得依請求法院減少或免除其報酬。

　　C.例外無報酬請求權

　　原民法第八百零五條之一第二款規定：「（有下列情形之一者，不得請求前條第二項之報酬：……）二、拾得人違反通知、報告或交存義務或經查詢仍隱匿其拾得之事實。」此次修正第二款為：「二、拾得人未於七日內通知、報告或交存拾得物，或經查詢仍隱匿其拾得遺失物之事實。」增訂第三款規定：「有受領權之人為特殊境遇家庭、低收入戶、中低收入戶、依法接受急難救助、災害救助，或有其他急迫情事者。」

　　第二款僅為形式修正，將第八百零三條拾得人應從速通知、報告或交存義務的「從速」明確界定為「七日內」。第三款增訂為實質修正，對經濟弱勢的人，排除給付報酬的義務。

　(2)綜合評析

　　A.降低報酬請求權上限差強人意

　　依原規定，遺失物經認領，拾得人可以請求遺失物財產上價值十分之三的報酬，使拾得人和遺失人得在此金額下斟酌個案為協議，如協議不成，則訴請法院裁判決定。法院得於「遺失物財產上價值十分之三」的上限範圍內加以決定。法院斟酌決定此一數額時，應考量拾得人因避免麻煩而不願拾得，將來物歸原主的可能性，拾得人將遺失物據為己有可能需承擔的風險，以及拾得人在拾得或處理遺失物過程中所付出的勞力、時間、費用 ⑩ 等因素，綜合判斷而決定。⑩「遺失物財產上價值十分之三」的上限就個

---

⑩　參閱陳忠五，〈拾得遺失物依法請求報酬有錯嗎？〉，《台灣法學雜誌》，第169期，頁8–9，2011年2月。

⑩　參閱謝哲勝，〈遺失物拾得人的報酬請求權與留置權〉，《月旦裁判時報》，第

案未必過高，原規定並無修正必要。❿

　　就高價的遺失物，十分之一的報酬對拾得人仍有誘因，但對於低價的遺失物，因低報酬可能無法抵償拾得人在拾得或處理遺失物過程中所付出的勞力、時間、費用，使人們可能不願拾得並占有，將增加遺失物雖被發現但發現人因為避免麻煩而任由遺失物毀損滅失情事。幸好民法第八百零七條之一另有規定總價五百元以下小額遺失物簡易處理程序，可以部分彌補因報酬過低而產生的社會成本。

　　修法過程中，有主張刪除報酬請求權，也有主張降低報酬比例，也有主張維持原十分之三規定，就通過條文結果來看，修正為十分之一，並不是最糟，木既已成舟，藉由妥當解釋，讓拾得人同時請求報酬和費用，仍可減少此一修正對拾得人誘因的負面影響，而勉強可以接受。

　　B. 報酬請求權酌減或免除應嚴格適用情形

　　現行法增訂民法第八百零五條第三項規定，賦予有受領權人對於報酬金額過高而顯失公平時，得請求法院減少或免除其報酬。遺失物財產上價值十分之一是上限，法院本可斟酌為十分之一以下任何合理數額，因此，所謂「得請求法院減少」，無非是針對拾得人請求的數額請求減少。原條文規定有受領權人對於拾得人請求的報酬數額，本可爭執，如無法協議，得訴請法院裁判決定，⓫則有受領權人自可於訴訟程序中請求法院酌減，因此，就酌減部分並未實質修正原條文規定。不過，處分權主義下，如有受領權人不爭執報酬數額，請求法院酌減，法院是可以完全依拾得人的訴之聲明而為判決，就此而言，此一修正有其意義。

　　如無報酬請求權，發現遺失物的人，為了避免麻煩，可能選擇不占有

　　　　15 期，頁 85–86，2012 年 6 月。

❿　參閱謝哲勝，〈遺失物拾得人的報酬請求權與留置權〉，《月旦裁判時報》，第 15 期，頁 89，2012 年 6 月。

⓫　參閱蔡明誠，〈遺失物拾得報酬請求〉，《月旦裁判時報》，第 15 期，頁 81，2012 年 6 月；謝哲勝，〈遺失物拾得人的報酬請求權與留置權〉，《月旦裁判時報》，第 15 期，頁 89，2012 年 6 月；陳忠五，〈拾得遺失物依法請求報酬有錯嗎？〉，《台灣法學雜誌》，第 169 期，頁 8–9，2011 年 2 月。

遺失物，而任由遺失物毀損滅失，喪失有用資源，不符合遺失人和社會整體的效率。對遺失人而言，物一旦遺失，未必可以尋回，與失去全部遺失物相比，尋回遺失物，應該知足感恩，基於感恩酬謝，給付報酬給拾得人，不僅是遺失人法律上義務，也是道德上義務。⑫因此，報酬只有高低的斟酌，而不應有全無的情事，本書認為除非符合第八百零五條之一免除經濟弱勢遺失人給付報酬義務的立法意旨，請求法院免除報酬的規定，並無適用的空間。

C. 無報酬請求權應嚴格適用情形

第八百零五條之一第三款免除經濟弱勢遺失人給付報酬義務的規定，發現遺失物的人並無從辨認遺失人是否為經濟弱勢，此一風險將減少潛在拾得人的誘因，而增加遺失物毀損滅失的機率，不符合社會整體的效率；為了照顧弱勢的成本，應由國家或全民負擔，而不適宜由個別拾得人承擔。然而，有時立法者會為了弱勢保護而做出不符合效率的決定，在不違反憲法保護人民基本權利的意旨下，應加以尊重並遵守；拾得人的權利並非其基本權利，而為法律賦予的權利，因此，此一排除拾得人報酬的規定並不違憲，而應遵守。

然而，任何法律文字都有解釋適用的空間，民事無非是當事人間權利義務的衡量，臺灣現行社會救助制度與相關法律規定，也不至於造成任何遺失人會因給付報酬無法維持生活，因此，第八百零五條之一第三款免除經濟弱勢遺失人給付報酬義務的規定，應符合以下要件：

(A) 確實符合特殊境遇家庭、低收入戶、中低收入戶、依法接受急難救助、災害救助等要件

經濟弱勢遺失人如有給付報酬義務，將減少其總財產，使其更加弱勢，免除其給付報酬義務，即使是無效率，確有照顧經濟弱勢功能。然而，是否經濟弱勢必須整體觀察，如遺失人遺失高價值貴重物品，如高價鑽戒、黃金，則此遺失人是否仍為經濟弱勢，即值得懷疑。殊難想像經濟弱勢的

---

⑫ 參閱謝哲勝，〈遺失物拾得人的報酬請求權與留置權〉，《月旦裁判時報》，第15期，頁87，2012年6月。

人還要使用數萬元（如超過一個月的基本工資）的鑽戒、金飾，更難想像在無特殊事由下，經濟弱勢的遺失人會攜帶數十萬元現金。

此款立法意旨既在照顧經濟弱勢遺失人，依此款而主張免除報酬的遺失人，應舉證證明符合特殊境遇家庭、低收入戶、中低收入戶、依法接受急難救助、災害救助等要件，而法院也應整體觀察加以確定，不能只以行政機關開立的低收入戶等形式證明，即加以認可。

⒝ 遺失人資力低於拾得人

法律可以為了照顧弱勢而犧牲效率，然而經濟弱勢是相對的，毫無理由為了照顧經濟弱勢中的資力較高者去犧牲資力較低者。而為了照顧經濟弱勢遺失人，決定拾得人報酬有無的利益衡量，就在於拾得人和遺失人的資力高低。因此，如拾得人比遺失人經濟上更加弱勢，則應照顧的一方是拾得人而非遺失人，就此而言，拾得人報酬請求權不應被排除。

因此，此款在適用上，應目的性限縮，增加遺失人資力低於拾得人此一要件，才符合此款照顧經濟弱勢一方的立法意旨。

⒞ 其他急迫情事者仍限於經濟弱勢遺失人

鉅富在遺失鉅款，因一時需鉅款應急，也會有急迫情事。但既為鉅富，自可於事後作適當調度而解決，因而該款最後的「有其他急迫情事者」作為排除報酬的事由，即顯得十分突兀，本事由有必要特別限制適用，分析如下：

a. 仍限於經濟弱勢遺失人

其他急迫情事者是接著「特殊境遇家庭、低收入戶、中低收入戶、依法接受急難救助、災害救助」等文字，從文義解釋、目的解釋都應限於經濟弱勢遺失人，以免如上所述，鉅富遺失人因一時急迫情形，也援引此款主張免除報酬。

b. 應是排除留置權而非報酬

遺失物拾得人的留置權，性質上應屬於一種「特殊留置權」。依民法第九百三十九條規定，民法物權編第九章留置權之規定，除其他留置權另有規定者外，得準用於其他留置權。其中，第九百三十條前段規定，

動產之留置，不得違反公共秩序或善良風俗；第九百三十二條但書規定，留置物為可分者，僅得依其債權與留置物價值之比例，行使其留置權。⑪

　　原立法委員正式提案中有一案中增訂民法第八百零五條第五項：「得請求報酬之拾得人，僅得就受報酬之範圍，行使留置權。但遺失人有緊急情事者，不在此限」是針對就報酬而對遺失物行使留置權的限制，而並非針對報酬免除的規定。併案審查後，竟然成為「其他急迫情事者」而出現在免除報酬的第八百零五條之一第三款。

　　3. 留置權

　　民法第八百零五條第五項規定：「第一項費用之支出者或得請求報酬之拾得人，在其費用或報酬未受清償前，就該遺失物有留置權。其權利人有數人時，遺失物占有人視為為全體權利人占有。」

　　4. 拍賣或變賣權

　　民法第八百零六條規定：「拾得物易於腐壞或其保管需費過鉅者，招領人、警察或自治機關得為拍賣或逕以市價變賣之，保管其價金。」

　　5. 遺失物取得權

　　民法第八百零七條第一項規定：「遺失物自通知或最後招領之日起逾六個月，未經有受領權之人認領者，由拾得人取得其所有權。警察或自治機關並應通知其領取遺失物或賣得之價金。其不能通知者，應公告之。」第二項規定：「拾得人於受前項通知或公告後三個月內未領取者，其物或賣得之價金歸屬於保管地之地方自治團體。」

(三)簡易招領程序規定

　　民法第八百零七條之一第一項規定：「遺失物價值在新臺幣五百元以下者，拾得人應從速通知遺失人、所有人或其他有受領權之人。其有第八百零三條第一項但書之情形者，亦得依該條第一項但書及第二項規定辦理。」第二項規定：「前項遺失物於下列期間未經有受領權之人認領者，由拾得人

---

⑪　參閱謝哲勝，〈遺失物拾得人的報酬請求權與留置權〉，《月旦裁判時報》，第15期，2012年6月，頁86。

取得其所有權或變賣之價金：一、自通知或招領之日起逾十五日。二、不能依前項規定辦理，自拾得日起逾一個月。」第三項規定：「第八百零五條至前條規定，於前二項情形準用之。」

　　現行法針對遺失物拾得相關條文有許多修正，但並未變更原有規定的精神，只是將揭示等相關條文，規定得更具體。

　　另外，第八百十條規定：「拾得漂流物、沈沒物或其他因自然力而脫離他人占有之物者，準用關於拾得遺失物之規定。」

第三款　埋藏物的發見

一、意　義

　　埋藏物指埋藏在其他不動產或動產中的動產，有可能為所有人不明的有主物（例如脫離所有人占有，因年代久遠無法辨認出真正所有人的物），也有可能為無主物（例如不曾為任何人所有的物、所有人拋棄所有權的物）。埋藏物的發見是「發見」埋藏物而「占有」的一種事實行為。其要件為：必須為動產、必須為埋藏之物、必須是所有人不明的有主物或無主物及必須經發見而且加以占有。

二、法律效果

　　發見埋藏物的法律效果，依隱藏埋藏物的動產或不動產所有權歸屬不同而有不同，民法第八百零八條規定：「發見埋藏物而占有者，取得其所有權，但埋藏物係在他人所有的動產或不動產中發見者，該動產或不動產的所有人與發見人，各取得埋藏物之半。」埋藏物如果無人發見並占有，使它回歸人們占有利用，則此埋藏物將不是人們的財產，無法供人們物質需求滿足之用。民法第八百零八條規定發見埋藏物而占有者，取得其所有權，正可提供發見並占有埋藏物的誘因。但是如果埋藏物是在他人所有的動產或不動產中發見者，該他人必然爭執該埋藏物的所有權，為了減少糾紛解決的成本，因而由該動產或不動產所有人和發見人各取得埋藏物的一半。

民法的規定符合效率。⑭

　　民法第八百零九條規定：「發見之埋藏物有足供學術、藝術、考古或歷史之資料者，其所有權之歸屬，依特別法之規定」，所謂特別法，修正前文化資產保存法第十七條規定：「埋藏地下、沉沒水中或由地下暴露地面之無主古物，概歸國家所有。前項古物之發現人，應即報告當地警察機關轉報或逕報地方政府指定保管機構採掘收存，對發現人獎勵辦法，由教育部定之。對於珍貴稀有之古物，地方政府應函請教育部指定公立古物保管機構收存保管。」而現行文化資產保存法第七十五條規定：「私有國寶、重要古物所有權移轉前，應事先通知中央主管機關；除繼承者外，公立文物保管機關（構）有依同樣條件優先購買之權。」第七十六條規定：「發見具古物價值之無主物，應即通知所在地直轄市、縣（市）主管機關，採取維護措施。」

第四款　添　附

　　添附是附合、混合和加工三者的概稱，指不同所有人間的物與物結合，或工作與他人所有物結合，添附是一個既成事實，為了維護既成事實的物的價值，甚至鼓勵創造物的價值，法律規範就有必要特別加以規定，因此，各國成文民法典都明文規定添附的法律效果。

　　民法將添附規定在第八百十一至八百十六條，體例上為物權編的動產所有權一節，這些規定解釋上應是任意規定，⑮當事人如有特約，應可以優先適用，例如附合時約定不由主物所有權人取得合成物所有權，而約定為共有，當然可以排除民法第八百十二條第二項的適用。

---

⑭　參閱謝哲勝，〈民法的經濟分析〉，謝哲勝主編，《法律經濟學》，頁197，五南圖書，2007年5月。

⑮　中國大陸的通說與本書見解相同，參閱王利明，《物權法論》，頁192，中國政法大學出版社，2003年修訂版；然而臺灣多數學者認為添附是強行規定，有學者則認為此一強行規定只解釋為不得請求所有物返還或請求回復原狀為損害賠償方法，但關於所有權歸屬仍是任意規定，參閱謝在全，《民法物權論（上）》，頁505–508，自版，2003年7月修訂2版。

　　所謂附合係指二個以上的物相結合，在交易上視為一物；混合則為不同的物攙和在一起；加工係就他人動產施以工作（民八一〇至八一六），說明於下：

一、附　合

㈠意　義

1.動產與不動產附合

　　民法第八百十一條規定：「動產因附合而為不動產之重要成分者，不動產所有人，取得動產所有權。」可知其要件為：必須是動產與不動產附合、動產成為不動產的重要成分，並且動產與不動產不屬同一人所有。

2.動產與動產附合

　　民法第八百十二條第一項規定：「動產與他人之動產附合，非毀損不能分離，或分離需費過鉅者，各動產所有人，按其動產附合時之價值，共有合成物。」可知其要件為：必須是不同所有人的動產，而且非毀損不能分離，或分離需費過鉅。

㈡法律效果

1.動產與不動產附合

⑴不動產所有人，取得動產所有權（民八一一）。

　　一九九九年草案第八百十一條增列動產與不動產附合的例外規定：「但基於一定權利得使用該不動產者，不適用之。」使基於一定權利得使用不動產的所有人，不受附合的限制，而可以放心地對不動產投入動產加以改良，有助於不動產的利用，值得贊同。但或許是由於實務上已以最高法院決議 ❶❻ 解決該問題，該一九九九年草案第八百十一條但書規定並未通過。

⑵動產所有權消滅。而且依民法第八百十五條規定：「動產之所有權消滅

---

❶❻ 最高法院 74 年度第 3 次民事庭會議決議：「未與土地分離之土地出產物，實務上認為得為強制執行之標的物（參看司法院院字第一九八八號解釋㈡及辦理強制執行事件應行注意事項二四），對於此項土地出產物有收取權，得因收取而原始取得該出產物所有權之第三人，應認為強制執行法第十五條所稱就執行標的物有足以排除強制執行之權利之第三人。」

者，該動產上之其他權利，亦同消滅。」惟動產上原存在的權利如為擔保物權，則依物上代位（民八九九 II 或九三七 II）移存於該從物所有人所得受的償金（民八一六）上。

⑶喪失權利的救濟

依民法第八百十六條規定：「因前五條之規定，而受損害者，得依關於不當得利之規定，請求償還價額。」

2.動產與動產附合

⑴所有權歸屬

民法第八百十二條規定：「……各動產所有人，按其動產附合時之價值，共有合成物。前項附合之動產，有可視為主物者，該主物所有人，取得合成物之所有權。」

⑵其他權利的存續

A. 共有附合物時

依民法第八百十二條第一項規定，各動產所有人，共有附合物時，原動產上的擔保物權應存在於原動產所有人按其動產附合時之價值所享有的應有部分。

B. 動產所有權消滅時

依民法第八百十二條第二項及第八百十五條規定，原動產成為附合物非主要部分而所有權消滅時，其上原存在的權利，自亦歸於消滅，惟該權利如為擔保物權，則依物上代位（民八九九 II 或九三七 II）移存於該從物所有人所得受的償金（民八一六）上。

C. 動產擔保交易法的特別規定

動產擔保交易法第四條之一規定：「動產擔保交易之標的物，有加工、附合或混合之情形者，其擔保債權之效力，及於加工物、附合物或混合物，但以原有價值為限。」依法條文義，此時擔保物權則存在於動產附合物上，惟以原有價值為限。

⑶喪失權利的救濟

民法第八百十六條規定：「因前五條之規定而受損害者，得依關於不當

得利之規定，請求償還價額。」

二、混　合

㈠意　義

不同所有人的動產，互相混合後，不能識別或識別需費過鉅，而生所有權變動的法律事實。其要件為：必須動產與動產混合、必須動產為不同人所有及必須不能識別或識別需費過鉅。

㈡法律效果

民法第八百十三條規定：「動產與他人之動產混合，不能識別，或識別需費過鉅者，準用前條之規定。」即混合的法律效果等同於動產與動產附合的法律效果。

三、加　工

㈠意　義

加工是就他人的動產施以工作的法律事實，其要件為：加工標的物為動產、加工的材料必須為他人所有、必須有加工行為。至於是否必須因加工而成為新物？本書認為，在鼓勵行為人因加工而使原物的價值極大化的想法下，此要件沒有存在的必要，因此，把將死的馬當活馬加以醫治，也應該承認發生加工的法律效果。❿

㈡法律效果

民法第八百十四條規定：「加工於他人之動產者，其加工物之所有權，屬於材料所有人。但因加工所增之價值顯逾材料之價值者，其加工物之所有權屬於加工人。」民法第八百十五條規定：「依前四條之規定，動產之所有權消滅者，該動產上之其他權利，亦同消滅。」並須一併注意動產擔保

---

❿ 相同見解，參閱謝在全，《民法物權論（上）》，頁470–471，自版，2010年9月修訂5版；蘇永欽，〈論動產加工的物權及債權效果〉，蘇永欽主編，《民法經濟法論文集㈠》，頁242–245，自版，1988年10月；不同見解，參閱王澤鑑，《民法物權》，頁258，自版，2010年6月增訂2版。

交易法第四條之一的規定。民法第八百十六條規定：「因前五條之規定而受損害者，得依關於不當得利之規定，請求償還價額。」

四、惡意添附的特別規定

　　添附使物權發生變動，雖然是法律規定，但對於未取得對價而喪失權利的人並不公平，因而民法第八百十六條規定喪失權利的人可以依不當得利請求償還價額，請求的範圍應以得利人的受益額度或物的價值二者中較低者為準。添附的利益返還限度以受益範圍和物的價值二者中較低者為準，將對惡意添附的人構成過度保護，所以，一九九九年第一次草案第八百十四條之一規定，⑱動產的惡意添附人不得取得所有權或成為共有人，此一規定可以避免藉由惡意添附而強制取得他人物品的所有權，值得贊同。

　　第一次草案第八百十四條之一是採減少惡意添附人的權利的方式來平衡雙方權利義務關係，作法值得贊同，然而，解釋上，如果使惡意添附人承擔侵權行為損害賠償責任，其實也可以達到同樣的嚇阻效果。因此，第一次草案第八百十四條之一修正通過前，妥善解釋添附人的侵權行為損害賠償責任，其實也可以達到相同的目的，即在同時構成侵權行為時，區別故意和過失的情形，而使添附人承擔不同程度的損害賠償責任（參閱以下五所述）。而該修正草案第八百十四條之一並未通過。

五、添附的不當得利請求權與侵權行為損害賠償請求權的
　　競合

㈠侵權行為的法律效果

　　侵權行為是不法侵害他人權利的事實，法律規範設計除了填補受害人的損害外，並負有預防損害再度發生的任務，而故意過失的行為就是可以預防的，所以傳統侵權行為就以故意過失為要件，而侵權行為的損害賠償範圍，除了受害人既有權利的損害外，還包括所失利益，甚至還可以請求超過所受

---

⑱　該條草案規定：「第八百十二條至第八百十四條之規定，於惡意之附合、混合、加工者，不得取得其所有權或為其共有人。」

損害和所失利益相加的金額（懲罰性賠償），損害賠償可以請求回復原狀，也可以請求金錢賠償（民二一三參照），原則上由債權人自由選擇。

以上規定賦予受害人較優厚的保護，課予加害人較重的責任，藉此達到侵權行為法預防損害再度發生的目的。在構成侵權行為的行為中又以故意行為最容易避免，因此，對於故意的行為，更有必要課予比過失行為更重的責任，以嚇阻同一故意行為再度發生，就此點而言，侵權行為法與刑法對於故意和過失行為為不同評價的精神，即無太大區別。

㈡二者競合時的法律適用

添附制度的目的在於維持物的價值甚至創造物的價值，因此，不應課予取得權利人太重的利益返還責任，否則取得權利人可能寧願分離合成物，破壞物的現狀以免除其責任，這將不符合添附的規範目的。然而，如果因為添附的規定，造成有人不遵循自願交易原則，藉此強制取得他人物品，則也不符合私法自治、契約自由的原則。因為自願交易會產生福祉，而非自願交易則通常無法產生福祉，所以法律不能隨意認可非自願交易。

添附的事實同時構成侵權行為時，在故意的添附的情形，不能僅以價值維持或創造價值為考量，尚須考慮強制取得他人權利的行為將使社會因此付出相當的社會成本，而有嚇阻其行為的必要性，所以因添附而喪失權利的人得同時請求侵權行為的損害賠償；而過失添附的情形，則以價值維持或創造價值為優先考量，為了避免因此妨礙有益的經濟行為，不宜以相同的標準來規範過失添附行為，所以因添附而喪失權利的人不得請求侵權行為的損害賠償，僅使因添附取得權利人負返還利益的責任，即可平衡喪失權利人和取得權利人雙方的利益。❶❾所以，如果有人想藉添附的事實形成非自願交易，則法律規範上應該不讓他得逞，即不應讓他享有合成物的所有權或課予惡意添附人損害賠償責任，這些都是藉由減少他的權利或增加他的責任，以嚇阻他再度從事相同的行為。

民法物權編一九九九年草案第八百十四條之一是採減少他的權利的方

---

❶❾　以上參閱謝哲勝，〈添附的不當得利返還與侵權行為的損害賠償請求權的競合〉，《月旦法學教室》，第 31 期，頁 14–15，2005 年 5 月。

式，值得贊同，然而，解釋上，如果讓他承擔侵權行為損害賠償責任，其實也可以達到同樣的嚇阻效果。因此，民法物權編原修正草案第八百十四條之一雖未修正通過，妥善解釋添附人的侵權行為責任，其實也可以達到相同的目的。

第三節　動產所有權的限制

動產所有權必須在法令限制的範圍內始能自由行使，關於法令對其的限制，說明於下：

一、民法上的限制

如民法明定的權利濫用的禁止、誠信原則及自衛行為等相關規定，另外尚須受第三人物權的限制，如動產設定抵押權，又關於禁止所有權受讓人處分所有權的特約，則不可對抗善意第三人。

二、特別法上的限制

法律明定某些物品不得私人擁有，或必須一定要件始可所有，此多係基於保護社會秩序目的而言，例如槍砲彈藥刀械管制條例相關規定。

法律也可能限制動產的使用，例如擁有保育類野生動物，在使用、收益及處分就受到許多限制，甚至可能完全被禁止。

第四章 共　有

第一節　概　說

　　共有指共同所有，一物而為二人以上所共同享有所有權。一物不得同時有數個所有權，但一物一個所有權，可以同時為數人享有。共有可使全體共有人雨露均霑其利益，也可聚集多數人的財力從事符合經濟規模的活動，所以共有制度有其不可取代的功能及存在的必要性。因此，物權法應該盡量留其利而少其弊。

　　如甲乙共有 A 地，甲如花費一萬元之勞力，可以產生一萬五千元的收穫，為求整體（二人）的最大利益，甲應花此勞力，但此收益由兩人平分，甲若只分得七千五百元而乙不分擔勞力，則甲將不投入此一勞力，所以比較複雜的分配協議才能達到最佳效果 (optimal results)，但這又將耗費更多成本去協商和執行。❿

　　共有制度的弊端在於使得決策成本增加，以及由共有人分擔勞力時，因為其所付出的貢獻無法完全歸自己所有，致影響工作的誘因。解決之道，是減少決策的成本，並提供真正工作的人工作的誘因。減少決策的成本的作法，就是使共有物的管理處分不必經由全體共有人的同意而以多數決模式行之即可，只要能使全體共有人能雨露均霑其利益即可，並不以全體共有人全體均應支配共有物為必要，則依法定決策模式，即可由單一或少數的人從事共有物的利用，且這些單一或少數的人所得到的報酬應隨著其所付出的勞力而比例增加，如此將比多數人共同付出勞力來得更有效率，因此，現行法大幅修正民法共有一節的規定。

　　共有可分為分別共有、公同共有及準共有三種，敘述如下：

---

❿　謝哲勝，〈民法的經濟分析〉，謝哲勝主編，《法律經濟學》，頁 190，五南圖書，2007 年 5 月。

第二節　分別共有

第一項　意　義

　　分別共有指數人按其應有部分，共有一物的所有權。權利人稱為共有人。所謂應有部分，即共有人就同一所有權享有的分量，也是共有人就所有權享有的抽象比例，而非具體分割所有物的比例。應有部分的多寡依當事人的約定或法律規定加以決定，例如甲乙二人，分別出資五十萬元共同購買土地一塊，原則上依出資比例，決定其應有部分分別為二分之一、二分之一，但當事人如另有約定，則依其約定。各共有人的應有部分不明時，則推定其為均等（民八一七 II）。

第二項　權利義務關係

　　分別共有人的權利義務可分內部關係與外部關係：

第一款　內部關係

　　分別共有人的內部權利義務關係圖示如下：

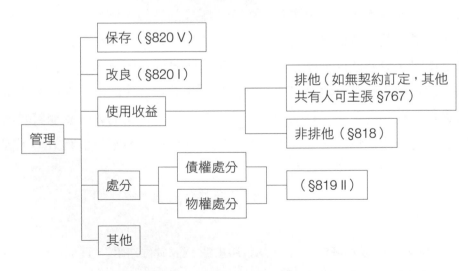

一、權　利

㈠共有物的使用收益權

　　各共有人，除契約另有約定外，按其應有部分，對於共有物之全部，有使用收益之權（民八一八）。因此，當共有人擅自占用共有物的特定部分時，就逾越其應有部分所受的利益，自屬不當得利，[121]且也可能同時構成無權占有、[122]侵權行為。[123]

㈡共有物的管理權

1.意　義

　　所謂管理，包括共有物的改良行為、保存行為、使用收益、處分及其他行為。但因民法第八百十九條對共有物的處分另有規定，因而第八百二十條所稱的管理不包括處分。所謂改良行為，指增加共有物效用、收益或提高共有物價值的行為，例如共有房屋的重新裝潢。保存行為指防止共有物的有形毀損、滅失或價格減低的行為，例如共有物的簡易修繕、除共有耕地的雜草。而共有物的出租也是對於共有物的管理行為。[124]

---

[121]　參照最高法院 55 年臺上字第 1949 號判例要旨：「共有人如逾越其應有部分之範圍使用收益時，即係超越其權利範圍而為使用收益，其所受超過利益，要難謂非不當得利。」

[122]　參照最高法院 74 年度第 2 次民事庭會議決定㈢：「未經共有人協議分管之共有物，共有人對共有物之特定部分占用收益，須徵得他共有人全體之同意。如未經他共有人同意而就共有物之全部或一部任意占用收益，他共有人得本於所有權請求除去其妨害或請求向全體共有人返還占用部分。但不得將各共有人之應有部分固定於共有物之特定部分，並進而主張他共有人超過其應有部分之占用部分為無權占有而請求返還於己。」

[123]　參照最高法院 51 年臺上字第 3495 號判例：「共有，乃數人共同享受一所有權，故各共有人本其所有權之作用，對於共有物之全部均有使用收益權。惟其使用收益權應按其應有部分而行使，不得損及他共有人之利益，若有侵害，則與侵害他人之所有權同。被侵害之他共有人，自得依侵權行為之規定，而行使其損害賠償請求權。」

[124]　過去在民法第 820 條第 1 項規定共有物管理可以多數決模式決定前，共有物的

2.管理的方式

依民法第八百二十條第一項規定：「共有物之管理，除契約另有約定外，應以共有人過半數及其應有部分合計過半數之同意行之。但其應有部分合計逾三分之二者，其人數不予計算。」則共有物的管理，可以經全體共有人同意為協議管理，也可以多數決模式決議管理。此外，共有物的管理，原則上以多數決模式決定，但共有物之簡易修繕及其他保存行為，得由各共有人單獨為之（民八二○V），因為保存共有物，為必要之事，所費不多，故可單獨為之。而依同條第四項規定：「共有人依第一項規定為管理之決定，有故意或重大過失，致共有人受損害者，對不同意之共有人連帶負賠償責任。」

同條第二項規定：「依前項規定之管理顯失公平者，不同意之共有人得聲請法院以裁定變更之。」則當事人間的契約或決議的內容，顯失公平時，得聲請法院裁定變更之，所謂顯失公平，即是違反均衡正義，契約違反均衡正義，義務人都可以主張其無效或拒絕履行，共有物的管理契約是繼續性的契約，解釋上得因不同意的共有人的主張而終止契約，為明確起見，以聲請法院裁定變更而使原契約失其效力。

同條第三項規定：「前二項所定之管理，因情事變更難以繼續時，法院得因任何共有人之聲請，以裁定變更之。」則當事人間的契約或決議的內容，因情事變更難以繼續時，得聲請法院裁定變更。所謂情事變更難以繼續，應包括客觀情況有所變化，使原契約不合時宜，或對原契約當事人，或轉讓後受讓人與其他契約當事人間，顯失公平的情形。

分管契約即為第八百二十條第一項所稱契約另有約定的管理，因此，本書認為也可適用同條第二、三項的規定。

另外，實務上也承認默示分管契約。[125]如果只是單純沉默不作為，基

出租是否有土地法第 34 條之 1 第 1 項的適用或類推適用曾是一大爭議。請參閱謝哲勝，《財產法專題研究》，頁 143–156，三民書局，1995 年 5 月。

[125] 參照最高法院 105 年度臺上字第 211 號判決、最高法院 99 年度臺上字第 2278 號判決。

於尊重當事人意思自主，原則上不生法律效果，惟如共有人間對於共有物的管理，有一定情事足以間接認定（推定）其間具有分管契約的表示時，則共有人間應可成立默示分管契約。明示分管契約的期限，取決於共有人間的約定，可以定有期限，也可以未定有期限，但是默示分管契約，因基於當事人默示意思表示而成立，難以想見共有人間對該契約的期限已有約定，所以，除有相反的意思表示外，可認為是未定有期限的分管契約。未定有期限的分管契約，解釋上應從分管的事實推定以當事人可期待的期限（默示的期限）為其期限，即可以當事人使用土地的內容推定默示的期限（如定期收穫的作物可收成時、房屋耐用期限）。而默示分管契約的終止，除共有人全體同意終止外，本書認為亦應可類推適用民法第八百二十條第二項或第三項，因顯失公平（違反均衡正義）或情事變更難以繼續時，法院得因任何共有人的聲請裁定變更之。❶㉖

3.聲請法院裁定管理方式

為避免不能獲多數共有人同意時，即無從決定共有物的管理方式，一九九九年草案第八百二十條第二項規定：「共有人不能依前項規定定其管理者，法院得因任何共有人之聲請，以裁定定之。」雖通過條文刪除此一規定且存有不同見解，❶㉗但本書認為，基於訴訟權是憲法所保障人民的基本權，解釋上於無法為協議管理及決議管理時，任何共有人仍得聲請法院以裁定定管理方法。

4.共有人的優先承租權

多數共有人依決議出租共有物時，少數共有人應可主張優先承租權，❶㉘

---

❶㉖　詳參謝哲勝，〈默示分管契約〉，《台灣法學雜誌》，第 193 期，頁 132–135，2012 年 2 月。

❶㉗　不同見解否定之，請參閱謝在全，《民法物權論（上）》，頁 383–384，自版，2014 年 9 月、鄭冠宇，《民法物權》，頁 297，新學林出版，2019 年 7 月、最高法院 66 年度第 7 次民庭庭推總會議決議㈡：「民法第八百二十條第一項規定，共有物除契約另有訂定外，由共有人共同管理之，是共有土地之如何分別管理，應由全體共有人以契約為之，此與共有物之分割不同，不能由法院判決，各共有人訴請分管，於法無據。」

說明如下：

(1)決議管理有少數共有人保護的問題

　　每一共有人都是共有物的所有人之一，在協議管理的情形，既然得到全體共有人同意，必然符合全體共有人利益。但是，決議管理並未得到全體當事人同意，多數共有人依法律的授權，就共有物的管理代少數共有人為決定，這就涉及代理的問題。代理的情形，因為代理人對於代理行為的結果不享受權利並負擔義務，本人和代理人間可能產生利益衝突，因而有代理的成本，❷除了代理人不是利益歸屬者外，也包括隱藏的資訊和行為。在決議管理時，同意出租的共有人既決定自己的權利，也代不同意的共有人決定，理論上固然同意共有人的權利也在其中，而為利益歸屬者，如無隱藏的資訊和行為，多數共有人所為的出租，原則上都符合多數和少數共有人的最佳利益。

　　然而，畢竟是多數共有人所做的決定，可能有隱藏的資訊和行為，例如檯面下的利益輸送，所為出租即可能不符合少數共有人的最佳利益，因而少數共有人權利有必要加以保護。民法第八百二十條第二項及第四項的規定，固然在某種程度上也可以達到保護少數共有人權利的目的，惟僅是事後的損害賠償和法院介入的規定，欠缺對多數共有人權限的必要性限制與事前防範，仍不夠周延。

(2)多數共有人、少數共有人權利義務的衡平及資源配置效率

　　民法應是當事人間權利義務的衡平，法規範應追求當事人加總淨福祉極大，而非偏向某一方。如同土地法第三十四條之一第四項：「共有人出賣其應有部分時，他共有人得以同一價格共同或單獨優先承購。」是針對共有人出賣其應有部分的情形所規定，本非針對多數共有人出賣共有物全部的情形，然而因為有少數共有人保護的問題，因而賦予少數共有人有優先

---

❷　謝哲勝，〈共有人的優先承租權〉，《台灣法學雜誌》，第 208 期，頁 104–108，2012 年 9 月。

❷　參閱邵慶平，〈公司法的經濟分析〉，謝哲勝主編，《法律經濟學》，頁 260–261，五南圖書，2007 年 5 月。

購買權。

首先，不同意的共有人如有優先承租權，可以避免多數共有人以低於少數共有人期待的租金額出租共有物，達成保護少數共有人的目的，並無疑義。

其次，應探討優先承租權對於多數共有人的權利是否有不利影響。對於多數共有人而言，本不欲自己使用共有物，而寧願收取擬出租的租金額。賦予少數不同意出租的共有人優先承租權，多數共有人仍然可以收到擬出租的租金額，因此，並無不利影響。

再者，也要分析為何不一併賦予多數共有人優先承租權。對同意出租共有物的共有人而言，同意出租本身，意味著其所擬收取租金金額，比自己使用更有利，不讓同意出租的共有人主張優先承租權，並未剝奪他一個更好的選擇，因此，對同意出租的共有人並無不利。

最後，因有第三承租人，賦予少數不同意出租的共有人優先承租權，是否影響共有物的資源配置效率，也要納入討論。優先承租權是以同一條件承租，少數不同意出租的共有人願意以同一條件承租，表示少數不同意出租的共有人使用共有物的效率與第三承租人相同，因而不影響共有物的資源配置效率。

⑶土地法第三十四條之一第四項的類推適用

如前所述，賦予少數不同意出租的共有人優先承租權，既可保護少數共有人權利，又不阻礙多數共有人最佳利益的追求，也不影響共有物的資源配置效率，符合少數共有人、多數共有人及第三承租人權利義務的衡平，是最佳的制度，即使無明文規定，解釋上也應藉由類推適用，以達到此一目的。

民法第八百二十條第一項增訂決議管理的規定，本有參考土地法第三十四條之一第一項的規定。其實如認為出租有土地法第三十四條之一第一項的適用或類推適用，則增訂民法第八百二十條第一項決議管理的規定即無明顯實質意義，如今增訂了也只是達到土地法第三十四條之一第一項的適用或類推適用的目的而已。既然共有物的出租採納土地法第三十四條之

一第一項多數決法理，則該條第四項的類推適用，也就順理成章，而實質法理及利益衡量如前所述。但類推適用時，對於其他有償契約的情形，以及優先承租的範圍仍有釐清的必要，說明如下：

A. 買賣以外其他有償契約都有可能類推適用

土地法第三十四條之一第四項雖是規定「出賣」時，但為了保護少數共有人，其他有償契約對待給付是可替代物的情形，都有可能類推適用（請參閱後述㈤優先購買權），因此出租的類推適用，也吻合該項的整體解釋。

B. 與未主張優先承租的不同意共有人共同使用

在出賣的情形，少數共有人行使優先購買權後，是以應有部分比例的同一價格，購買同意出賣的共有人的應有部分。因而解釋上，不同意出租的共有人行使優先承租權後，是以應有部分比例的同一租金，承租同意出租的共有人的應有部分，因而此時優先承租的不同意共有人，與不同意出租但未主張優先承租的共有人均可使用共有物。

優先承租的不同意共有人，雖然承租同意出租共有人的應有部分，理論上在未能與未主張優先承租的不同意共有人協商如何共同使用前，仍不能就特定部分排除未主張優先承租的不同意共有人的權利。然而，優先承租的不同意共有人，因已取得共有物絕大部分比例（包括自己的和承租他共有人的）的管理權利，仍可依民法第八百二十條規定決定管理方法，而實際使用共有物的特定部分。

⑷數人主張先租時，共同承租

不同意共有人未必只有一人，因而有可能數人主張先租。決議管理本是減少關於共有物使用決定的協商成本，數人主張先租時，抽籤決定由一人承租，固然是另一種選擇。然而，就如同數人主張先買時採共同承買相同（土地法第三十四條之一執行要點十一㈨），如共同承租，並不礙共有物使用，基於以下理由，採共同承租會比抽籤決定為佳。

首先，數人主張先租時，每一人都預料對共有物的使用必須再與他人協商，既為預料中事，而各主張先租的共有人仍決定先租，則表示各主張先租的共有人認為承租比收取租金對其有利。其次，多數共有人仍然可以

收到擬出租的租金額，因此，並無不利影響。最後，少數不同意出租的共有人願意共同承租，表示其共同使用共有物的效率與第三承租人相同，因而不影響共有物的資源配置效率。

(三)應有部分的處分權

1.意　義

應有部分既為所有權人能享受的權利比例，各共有人自得自由處分其應有部分（民八一九 I）。共有人自得未經其他共有人的同意將其應有部分，讓與第三人，由受讓應有部分的第三人加入為共有人，原屬應有部分讓與人所享有的權能，轉由應有部分受讓人享有，於其他共有人不生影響。

2.設定抵押權

處分行為有高度與低度的處分行為，移轉應有部分為高度處分行為，既於其他共有人無影響，而無須徵得其他共有人的同意，則以應有部分設定抵押權的低度處分行為，自亦無須徵得其他共有人同意，司法院大法官釋字第一四一號解釋「共有之房地，如非基於公同關係而共有，則各共有人自得就其應有部分設定抵押權」即說明此原理。

3.設定地上權

應有部分可否設定地上權，曾有爭論。否定見解認為用益物權需要占有標的物，應有部分是抽象存在於共有物上，設定地上權時，除事實上並無占有的可能外，在性質上也無法兼容；此外，實務見解有認為應有部分不得為租賃之標的，[130]基於相同的法理應認為應有部分不得約定用益的負擔。[131]

然而，地上權人為使用土地，須占有土地，且可請求土地所有人交付占有，但是地上權於設定完成時，即已存在，不以交付占有為要件。且共有人既可處分其應有部分，形同移轉共有人全部權利，則移轉部分權利如不致於對其他共有人有不利影響，理論上自應可行。應有部分設定地上權

---

[130]　最高法院 58 年度上字第 1152 號判決。然而最高法院 77 年度臺上字第 413 號判決持相反見解，肯定應有部分得為租賃的標的。

[131]　姚瑞光，《民法物權論》，頁 121-122，自版，1983 年 11 月。

等用益物權，只是該應有部分的共有人將其用益權能暫時讓與用益物權人，使取得用益物權的人在其權利範圍內取得該應有部分的共有人的地位，而可以與其他共有人共同使用收益共有物，對其他共有人的權利並無影響，即並無不利之處，因而應有部分亦可設定地上權等用益物權。❶❸❷

㈣共有物的處分權

共有物的處分、變更及設定負擔，應得共有人全體的同意（民八一九II）。❶❸❸共有物的任何部分，各共有人既均有其應有部分，處分共有物實體、變更共有物實體或以共有物實體設定負擔，都影響每一共有人的權利，原則上即須得其他共有人全體的同意始得為之，否則不生效力。

民法關於共有物處分的規定，過分保護共有人所有權，不利於共有物的利用，有礙國民經濟的發展，因此土地法第三十四條之一規定「共有土地或建築改良物，其處分、變更及設定地上權、農育權、不動產役權或典權，應以共有人過半數及其應有部分合計過半數之同意行之，但其應有部分合計逾三分之二者，其人數不予計算。」即多數共有人或應有部分加總占三分之二以上的共有人，得依此規定將共有物整體出賣並移轉所有權給第三人。此條規定係為了解決「依修正前民法第八百十九條及第八百二十八條之規定，共有物之處分，應得共有人全體之同意，以致對共有土地或建築改良物之處分，遭遇不少困難，甚至不能處分，妨礙都市計畫之執行，影響社會經濟之發展甚鉅」❶❸❹的問題。❶❸❺本項是民法第八百十九條、八百

---

❶❸❷ 參閱謝哲勝，〈應有部分設定地上權〉，《地上權法制之研究》，頁 115–118，元照，2018 年 7 月。相同見解，請參閱謝在全，《民法物權論（上）》，頁 357–358，自版，2014 年 9 月；黃茂榮，《民法判解評釋㈠》，頁 289–292，自版，1985 年 11 月。

❶❸❸ 本書認為民法第 819 條第 2 項的處分包括事實上處分與法律上處分（處分行為及負擔行為），不同見解則認為負擔行為不以有處分權為必要，不包括負擔行為，參閱王澤鑑，《民法物權》，頁 286–287，自版，2011 年 8 月。

❶❸❹ 參閱土地法第 34 條之 1 立法理由。

❶❸❺ 關於土地法第 34 條之 1 第 1 項的規範意旨，請參閱黃健彰，《共有不動產處分與優先購買權》，頁 3–6，元照出版，2018 年 7 月。

二十八條的特別規定，應優先適用。而在適用上所產生的一些爭議，分述如下：

1. 處　分

(1)相對人

雖然曾有行政法院見解[136]認為共有人可以為處分的相對人，然而所謂處分，是指移轉、設定、變更或消滅物的權利，也是指物的權利基於當事人的意思所為的變動，物的權利必然在不同權利人間發生變動，相對人必指處分人以外之人，並無處分給自己的說法，因此，土地法第三十四條之一第一項規定所指的處分，並不包括買受人是共有人之一。[137]

---

[136] 最高行政法院 91 年度判字第 214 號判決。

[137] 內政部 80 年 3 月 14 日臺內地字第 907642 號函釋和法務部(71)法律決字第 2147 號函釋見解相同。內政部 101 年 2 月 1 日內授中辦地字第 1016650079 號函：查部分公同共有人或分別共有人得否依土地法第 34 條之 1 規定就整筆土地處分或設定用益物權予同意處分或設定用益物權之共有人之一或數人，經函准法務部 101 年 1 月 4 日法律字第 1000023833 號函：「部分共有人依土地法第三十四條之一第一項規定，於共有土地或建築改良物上為處分、變更及設定地上權、農育權、不動產役權或典權時，因係同意處分之共有人代不同意之共有人處分其所有權，其性質係代理權之性質，且係依法取得之代理權，並非基於不同意共有人之授權，故屬法定代理權性質，此觀之同法條第三項規定『應代他共有人申請登記』足資證明。又民法第一百零六條關於禁止雙方代理之規定，於意定代理及法定代理均有其適用（最高法院六十五年臺上字第八四〇號判例參照）。又查土地法第三十四條之一之立法意旨在於兼顧共有人之權益範圍內，解決因少數共有人不予同意，即無從處分共有物之困難，爰限制少數共有人所有權之方式並賦予部分共有人得處分共有物之權，以促進共有土地或建築改良物之有效利用，增進公共利益。惟倘多數共有人代理少數共有人將共有土地或建築改良物全部處分或設定用益物權予同意處分或設定用益物權之共有人之一或數人，其價金、用益物權租金、使用方法等之決定難謂合理，縱少數之共有人有優先購買權，但可能因無力優先購買而導致其權益受損，故土地法第三十四條之一規定仍有民法第一百零六條禁止自己或雙方代理規定之適用，亦即部分公同共有人或分別共有人不得依土地法第三十四條之一規定，就共有土地或建築改良物全部處分或設定用益物權予同意處分或設定用益物權

(2)本條項處分的範圍

本條項所稱的處分，包括事實上處分與法律上處分，如買賣、交換、共有土地上建築房屋及共有建物的拆除等都包括在內。❸然而有疑義的是，無償的處分是否包括在內？而分割又是否包括在本條項所稱的處分？分述如下：❸

A. 無償處分

如從本條所謂處分或設定負擔字眼看來，並未區分有償與無償，似乎均應包括在內，然而，為避免以大吃小的現象，並參照本條第三項有為處分的共有人對於他共有人應得的對價或補償應負連帶責任的規定，因此，不應包括無償處分。❶信託也是無償處分，所以，也不包括信託。

B. 分　割

肯定說認為分割共有物亦屬處分行為的一種，況且分割土地也是促進土地的充分利用，與本條立法意旨並無違背，而且處分中的買賣為高度行為，分割為低度行為，因此，應包含分割在內。❶

否定說則基於以下幾點理由加以反對：❷

A. 民法除於第八百十九條規定外，對於共有物的分割，另外規定於第八百二十三條和第八百二十四條，顯然第八百十九條的處分不包括分割的概念。

B. 民法第八百二十四條第一項的分割，是以「協議」方式行使，指共

之共有人之一或數人。」再度確認。

❸ 即包含負擔行為，相同見解，參閱王澤鑑，《民法物權》，頁 292，自版，2011 年 8 月。不同見解，則認為負擔行為之有效成立本不以有處分權為前提，故本項處分不包含負擔行為，參閱謝在全，《民法物權論（上）》，頁 368–369，自版 2014 年 9 月。關於本項處分的一般性探討，請參閱陳澤嘉，謝哲勝編，《共有不動產管理與處分法律與政策》，頁 37–45，元照，2015 年 10 月。

❸ 參閱謝哲勝，《土地法》，頁 115–117，自版，2011 年 9 月。

❶ 內政部 69 年 5 月 3 日(69)臺內字第 21203 號函。

❶ 內政部 67 年 5 月 10 日(67)臺內地字第 784534 號函。

❷ 74 年臺上字第 2561 號判例；71 年 3 月司法院司法業務研究會第一期。

有人全體協商同意而言，與本條項的議決不同，並不適用多數決的原則，而且協議不成時另外可以聲請裁判分割，並無欲分割而不得分割的情事，與本條立法理由的促進土地有效利用而排除民法規定，並不相同。

　　C.本條項僅規定處分，而第六項條文中將分割與其他處分分別規定，更可認為處分指分割以外的處分而言。

　　基於土地法第三十四條之一的制定，是為了解決原民法規定所無法解決的困境，加上條文規定也確實有所區別，因此，應採否定說。

　2.變　　更

　　所謂變更，指超過利用與改良程度的行為而言。包括權利客體及權利內容的變更，如土地法第三十四條之一執行要點（簡稱執行要點）第五點規定，標示的分割或合併即為適例。

　3.設　　定

　　本條項所規定的設定負擔，明文規定者有地上權、農育權、不動產役權及典權四種。學者間就抵押權是否包括於此的設定中，幾乎皆認為本條項已有列舉，自不包括抵押權在內，⓵⓸⓷實務也同此見解。⓵⓸⓸

　　基於就土地應有部分設定抵押權以融資，共有人之一本來就可以行使，而且融資也並非可以解決土地無法利用的問題，並非土地法第三十四條之一制定的目的，加上融資本就應反映債務人的資力，有多少資產才適宜從事多大金額的融資，不應讓其他共有人成為物上保證人，因此，應採否定見解。

㈤優先購買權

　　所謂優先購買權或優先承購權即是英文 option of first purchasing; preemptive right; right of first refusal; first right to buy 的意思，為依法律規定（以下簡稱法定的優先承購權）或契約約定（以下簡稱意定的優先承購權）一方有權利在他方出賣時以出賣人願意接受的第三人要約同一條件或特定

⓵⓸⓷　李鴻毅，《土地法論》，頁 144，自版，1993 年 9 月；溫豐文，《土地法》，頁 87，自版，2001 年 4 月。

⓵⓸⓸　內政部 65 年 4 月 19 日怗臺內字第 669864 號函。

條件向他方購買某一財產的權利，簡稱為先買權，⑭⑤為附條件的選擇權 (conditional option) 的一種。先買權既然是附條件的選擇權，因選擇權的內容是一個有持續效力的要約，⑭⑥則先買權內容即為附條件的要約，權利人所得行使的權利為承諾權，惟此一承諾權附有條件，⑭⑦必須條件成就才可行使承諾權，承諾權一行使，意思表示一致，即成立一個與該附條件要約內容一致的契約，即標的契約 (underlying contract)，⑭⑧而條件既已成就，所成立的契約即不附條件。

1. 優先購買權的構成要件

先買權既是附條件的選擇權，選擇權可分為意定的選擇權和法定的選擇權，⑭⑨則先買權亦包括意定的先買權和法定的先買權，因此，其構成要件也有些許不同，以下即依序說明意定先買權和法定先買權的構成要件。

(1)意定先買權

意定先買權是依契約而成立，雖然該約定通常只是一個較複雜的契約中的附屬條款，⑮⓪有時則是契約的要素，⑮①但其本身即是有價值的

---

⑭⑤　參照 *Black's Law Dictionary* 1325 (6th ed. 1990).

⑭⑥　參閱謝哲勝、張靜怡、林學晴，《選擇權》，頁 10，五南圖書，2003 年 9 月 2 版；另請參閱 Paskal, Rights of first refusal and the package deal, 22 (2) *Fordham Urban L. J.* 464 (Winter 1995).

⑭⑦　因此亦為附有條件的形成權，參閱最高法院 60 年度臺上字第 2438 號判決要旨：「優先承買權之主要內容，乃賦與先買權人以附有條件的形成權，因先買權人附有條件的形成權之行使，使權利人與義務人之間成立義務人與第三人所訂立同樣條件之買賣。被上訴人與第三人就系爭房屋所有權如先有買賣契約之存在，而上訴人並以此項買賣為其主張先買權之條件時，則兩造間因上訴人形成權之行使而成立之買賣，即不能謂無價金之約定，或以未另定價金，而認兩造間並未成立買賣關係。」

⑭⑧　謝哲勝、張靜怡、林學晴，《選擇權》，頁 13–15，五南圖書，2003 年 9 月，2 版。

⑭⑨　謝哲勝、張靜怡、林學晴，《選擇權》，頁 22–30，五南圖書，2003 年 9 月，2 版；並參閱鄭玉波著，〈論先買權〉，《法令月刊》，第 25 卷第 12 期，頁 8，1974 年 12 月。

(valuable)。❿而其內容為附條件的要約，因此，其構成要件有以下三項：

　A.先買權契約的要約

　　成立先買權的契約，即是先買權契約，既為契約，亦須具備契約的要素，要約是契約的要素之一，因此，亦是先買權契約構成的要素之一，惟此處所謂的要約，是指構成先買權契約的要約，與構成標的契約的要約不同。

　B.先買權契約的承諾

　　承諾亦是契約的要素之一，先買權契約亦不可缺少承諾，惟此一承諾是構成先買權契約的承諾，而非構成標的契約的承諾，即與先買權契約成立後，條件成就時所得行使的承諾權不同。

　C.標的契約的要約

　　前面二項已說明先買權契約的要素，要約和承諾的意思表示一致，契約即已成立，而其內容則為一附條件的要約，即標的契約的要約。因為先買權契約的內容為一有效的要約，但附有條件，因此，先買權人才能於條件成就時，依其一方的意思表示，即承諾，而與義務人締結一與該附條件要約的內容相同的契約。

　　由以上說明可知，先買權契約與其他契約不同，乃在於其內容為附條

❿　參閱 Radio, Webs, Inc., 292 S. E. 2d at 713（買賣無線電視公司股份的契約包含對有線電視臺的優先購買權）；Gyurkey v. Babler, 651 P. 2d 928, 929–930 (Idaho 1982)（不動產買賣契約包含對鄰地的優先購買權）；Anderson v. Armour & Co., 473 P. 2d 84, 86 (Kan. 1970)（租賃契約包括對租賃物的優先購買權）.

❿　參閱 Pincus v. Pabst Brewing Co., 893 F. 2d at 1544, 546 (7th Cir. 1990)（以對 A 公司的優先購買權作為辭去 B 公司董事長一職並協助斡旋 B 公司出售的對價）.

❿　Pincus, 893 F. 2d at 1549（「從此案例顯示，一個具有拘束力的先買權可以是個強有力的工具。」）；Boyd & Mahoney v. Chevron, 614 A. 2d 1191, 1194 (Pa. Super. Ct. 1992)（「先買權是個有價值的財產權」）；American Broadcast Companies, Inc. v. Wolf, 430 N. Y. S. 2d 275, 281 (N. Y. App. Div. 1980)（「意定的先買權是個受到法院保護的有價值的權利」）；11 Samuel Williston & Walter H. E. Jaeger, *A Treatise: on the Law of Contracts*, §1441A at 949 (3rd ed. 1968 & Supp. 1994)（「先買權……是個有價值的特權 (prerogative)」）.

件的要約而非一特定給付。一般情形契約如已成立生效，雙方當事人即負依契約的本旨而為給付的義務，亦得向他方請求給付。但在先買權契約成立後，於條件成就時，原附條件未發生效力的要約即已生效。對方即有承諾的權利，在承諾權行使前，並無具體的權利義務發生，當承諾權（先買權）一行使，雙方即成立標的契約，而可以該契約請求他方為給付。

先買權契約的內容（即標的契約的要約）必需包含以下幾項：

(A) 一定的標的物

先買權一經行使，標的契約內容即告確定，雙方當事人並無須就標的契約的契約標的物再為協商，因此標的契約的契約標的物必須於先買權契約成立時即已確立，先買權才能行使。標的物不拘種類，只要能為買賣標的物即可，但以不動產的情形居多。❸

(B) 一定的條件

先買權契約的標的契約即是一個買賣契約，則除了標的物外，買方應完成的條件也必須於先買權契約中明定，買方應完成的條件以支付一定數額的金錢，而此數額可事先約定或與第三人的要約相同，即同一價額，因此，價格未特定並不影響先買權契約的效力。❹

(C) 所附條件的事實

先買權契約是附條件的要約，而其行使時期為條件成就時，條件何時成就，尚須視契約的約定，如售價已確定，即為義務人出賣標的契約之標的物時，因此即是以出賣為所附條件的事實，義務人如未出賣標的物，條件不成就，如出賣標的物，條件即已成就，先買權人即得行使承諾權。如

---

❸ 參閱 Burzynski v. Travers, 636 F. Supp. 109 (E. D. N. Y. 1986). 指出優先購買權經常出現在與不動產有關的契約條款中。以下的判決亦均與不動產有關。Abdallah v. Abdallah, 359 F. 2d 170, 172 (3rd Cir. 1966); Manella v. Brown, 537 F. Supp. 1226, 1227 (D. Mass. 1982); Myers v. Lovetinsky, 189 N. W. 2d 571, 573 (Iowa 1971); Aden v. Estate of Hathaway, 427 P. 2d 333 (Colo. 1967); First Nat'l Exch. Bank v. Roanoke Oil Co., Inc., 192 S. E. 764, 765–766 (Va. 1937); Tarallo v. Norstar, 534 N. Y. S. 2d 485, 486 (N. Y. App. Div. 1988).

❹ 參閱 Socony-Vacuum Oil Co. v. Texas Co., 113 F. Supp. 514 (D. C. Mich. 1953).

契約上用優先購買字眼，亦就標的物和價金為具體約定，然而卻不附其他條件，則是選擇權而非先買權。❺

　　然而如契約約定為義務人出賣時，權利人有依同樣條件，或同一價格優先購買，則解釋上，義務人僅為出賣的要約的引誘，條件尚未成就，先買權尚不得行使，必須等到第三人為一真實的要約，而且義務人願意承諾 (willing to accept) 時，條件即成就，通常義務人會通知權利人此一事實，使權利人於一定期間內行使其先買權，如義務人僅是通知權利人第三人要約的內容，而並無表示願意承諾，則先買權尚無法行使，亦無消滅的問題。❻

　　如雙方約定，於一方接到第三人要約時，給予他方提出較高出價的要約 (a higher offer) 的機會，此種契約固然亦為有效，但只是拘束一方須給予他方一個合理時間去提出要約，因為他方提出要約，一方尚可決定是否承諾，無法形成買賣契約，因此，此種契約即無法創設先買權。❼

　　先買權是附條件的承諾權，雖然先買權人必須等到條件成就，先買權才能行使，可認為先買權是出賣時才發生，或認為在先買權契約成立時即已成立先買權，而在出賣時生效。後一見解較能解釋附條件權利成立與生效的區別，為本書所採。因此，先買權契約成立後，條件成就前，權利人即有附條件的權利，而為期待權的一種，應受法律的保護。

　　此外，先買權契約亦可約定其存續期間，使附條件的要約不待條件確定不成就即因期間的經過而消滅。❽因先買權限制義務人的契約自由，不

---

❺　參閱 Corbin, op. cit., p. 485

❻　參閱 Gleason v. Patrick, 374 P. 2d 195 (Colo. 1962) 在本案中，原被告間有先買權契約，被告寫信給原告表示，第三人願意以一定價格購買標的物，而此時該第三人為唯一的可能買受人，請原告回信建議 (advise) 該價格原告是否同意。法院認為此封信僅是通知原告第三人的要約以及被告將不賣給其他人，而並無表示被告願意承諾此要約，因此，條件尚未成就，優先購買權尚不得行使，亦無消滅可言。

❼　參閱 Pirman v. Palmer First Nat. Bank & Trust Co. of Sarasota, 111 So. 2d 686 (Fla. 1959).

❽　參閱 Arthur L. Corbin, 1A *Contracts* §261 472 (1963).

動產有賴長期投資經營，義務人受此限制將影響其投資經營的意願，有礙不動產使用效率，因而先買權如有關於不動產，其存續期間應有特定年限，然而如先買權的賦與係與繼續性契約義務的履行有關者，例如出租人賦與承租人於租賃期間享有先買權，則在該租賃契約有效期間內，承租人均得被賦與先買權。

(2)法定先買權

法定先買權是由法律規定而成立，其內容亦為附條件的要約，其與意定先買權不同之處在於意定先買權是依當事人間的要約和承諾，意思表示一致而成立，但法定先買權因係法律所規定，法律即代替當事人間的契約，而成立一個附條件的要約。其要件也可說明如下：

A. 法律明文規定

先買權有礙契約自由，又妨害交易安全，故法律明文規定者不多，但如明文規定，則形成一法定的附條件要約。

B. 強制的附條件要約

法律明文規定具有相當當事人契約約定同樣的效果，因是法律明文規定，所以是法定的，而並非由當事人依契約成立的。而其內容則與意定先買權相同，均成立一個附條件的要約，即標的契約的要約。

法律既明文規定此一法定的附條件要約，則對於標的契約的標的物、買賣的條件及所附條件為出賣時均已明文規定，與意定先買權情形並無不同，請參閱(1)意定先買權相關的說明。

2.優先購買權的效力

先買權的主要法律效力在於使義務人於出賣時，必須依契約約定或第三人的要約條件，向權利人為要約的意思表示，權利人得於相當期間為承諾與否的意思表示，如承諾，即成立標的契約。如不於相當期間內承諾或拒絕承諾，先買權即消滅。然而先買權依其為意定的先買權或法定的先買權，其效力亦有不同。其次，先買權如有關於不動產，必須符合公示的要件，即登載於土地登記簿才可對抗善意第三人，以保護交易安全，然而若為公寓大廈管理規約所約定，❶❺❾或符合釋字第三四九號解釋者，亦可對抗

第三人。動產以占有為公示方法，先買權並不占有標的物，因此，為保護交易安全，先買權如有關於動產，也不得對抗善意第三人。

⑴意定的優先購買權

A. 權利的行使

(A) 購買的期間

意定的先買權基於契約自由原則，其權利行使的期間，亦依契約約定。但原則上係於義務人出賣其標的物的要約引誘提出後，第三人提出令義務人滿意的要約，義務人表示願意接受此要約時，先買權即可行使。因為義務人具有選擇不出賣或向權利人為要約的自由，❿因此解釋上因義務人知先買權存在不得未經先買權人拒絕購買而售與他人，而直接向先買權人為要約，而為先買權人承諾，亦為先買權作用的結果，可視先買權人行使的承諾權即為先買權。❿然而若義務人原先出價過高，而為先買權人拒絕承諾，降價時，亦應得先買權人拒絕承諾，才可售與第三人。

一般而言，如義務人通知先買權人可行使其權利，除契約有約定或法律另有規定，先買權人應於相當期間內行使其權利，此相當期間，應視標的物為動產或不動產而有不同，不動產因價值較高，行使期間應較長。如逾行使期間，先買權即告消滅。

此外，義務人向先買權人為要約的意思表示時，必須有依該要約的買賣條件，出售給願意購買的第三人的意願，如義務人或第三人並無此意願，先買權人雖未為承諾的意思表示，其先買權亦不消滅。為明確起見，義務人應於一定期間內簽訂買賣契約，並移轉標的物所有權，以證明義務人確

---

❿ 公寓大廈管理條例第 24 條第 1 項規定：「區分所有權之繼受人，應於繼受前向管理負責人或管理委員會請求閱覽或影印第三十五條所定文件，並應於繼受後遵守原區分所有權人依本條例或規約所定之一切權利義務事項。」

❿ 參閱 Corbin，前揭書，頁 476。

❿ 依宋朝制度，於不動產買賣，應先問房親，次及四鄰，即先向先買權人為要約，並不以義務人先向第三人為出賣要約之引誘，或訂立買賣契約為必要。參閱潘維和，〈中國固有法上之不動產先買權〉，《法學叢刊》，第 20 卷第 2 期，頁 9，1975 年 4 月。

實將標的物出賣給第三人，先買權才消滅。

⒝ 購買的要件

意定先買權其購買要件，亦視契約的約定，一般均約定為第三人的出價，或與第三人同一條件，解釋上如有客觀市價的物，亦可約定為市價。

⒞ 購買標的物

意定的先買權，其標的物可為任何融通物，只要法律無禁止買賣的規定，應均得為意定先買權行使的標的物。

B. 權利的移轉

意定的先買權是一種財產權，除非依其性質不得讓與或依契約不得讓與，否則均可以轉讓，惟此一權利畢竟為附條件的權利，而且為期待權，除非與當事人原有法律關係一併移轉，或購買的條件遠低於市價，否則受讓此一權利並無太大實益，因此，權利轉讓的情形應不多見。

C. 權利的消滅

先買權契約內容既是附條件的要約，在先買權人承諾前要約失其效力的問題即值得探討。先買權契約的先買權消滅即指要約失其效力，其事由有標的物滅失或法令禁止、期間屆滿、拒絕承諾。然而不因義務人或先買權人死亡或喪失行為能力而使先買權消滅。以上各種事由說明如下：

⒜ 標的物滅失或法令禁止

先買權係以標的物出賣為行使的條件，標的物既已滅失，即無從出賣，要約無由生效，因此，先買權即消滅。又如法令禁止造成標的物不能出賣，結果亦同。

⒝ 期間屆滿

先買權契約一般均有存續期間，只有在存續期間內，義務人出賣標的物才須受先買權契約的拘束，存續期間屆滿，義務人即不受先買權契約的拘束。因此，先買權契約存續期間屆滿，先買權即消滅。如契約約定，先買權人必須於義務人出賣通知到達一定期間內為承諾行使，否則承諾權消滅。先買權人若未能於此約定期間內行使先買權，則先買權（承諾權）亦歸於消滅。

⒞ 拒絕承諾

先買權可行使期間很短，而且第三人已出價，為使義務人和第三人能早作準備，應認為只要先買權人拒絕承諾，先買權即消滅。

⒟ 義務人死亡或喪失行為能力

意定先買權，是一種財產權，對義務人而言是債務，義務人死亡時，由繼承人繼受此一債務，先買權不受影響，但權利人仍須待條件成就，即繼承人出售標的物，才能行使先買權。

義務人如喪失行為能力，則由法定代理人代理其法律行為，先買權亦不受影響。

⒠ 先買權人死亡或喪失行為能力

先買權人死亡，其權利義務由繼承人繼承，原則上亦不受影響。先買權人喪失行為能力，由法定代理人代理其行使先買權，先買權亦不受影響。

⑵法定的優先購買權

A. 權利的行使

⒜ 購買的期間

法定先買權一般均有權利行使期間的規定，否則視為放棄其先買權。但是先買權必須以義務人出賣其所有權時，才可以行使先買權，實務上見解甚且認為必須以行使時所有人與第三人間有買賣契約的存在為要件，❶❷出賣人應將出賣條件通知先買權人，先買權人不於十日（土地一〇四）或十五日（耕地三七五減租條例一五）內表示承購者，即放棄其優先購買權。

⒝ 購買的要件

法律所規定的先買權其承購條件的用語並不統一，有用同一價格、同一條件亦有用承銷價等。所謂同一條件係指和願買的第三人同一條件；在買賣情形，同一條件大多指同一價格，因此，先買權人必須以願買第三人的出價為承購價格，不得低於此價格，否則先買權即無法行使。並且，同一條件應就出賣人能否實現整體出賣利益個別判定。

❶❷　參閱最高法院 67 年度第 5 次民事庭推總會議決議，65 年臺上字第 2113 號判例。

買賣契約所涉及價格、標的以及其他契約條款是否必須完全相同才是同一條件？❶⑥⑶實務有見解認為義務人與第三人締結的買賣契約內容須完全相同，❶⑥④但也有見解認為同一條件是指同一價格。❶⑥⑤因為先買權是法定的權利，先買權人並未也不必與義務人就買賣契約的其他條件為磋商，❶⑥⑥標的和價金以外的買賣契約其他條件，並非契約必要之點，雙方如能協議固然依其協議，如無法協議，法院依其事件的性質定之即可。但買賣過程應支付的規費或稅金，約定由何人負擔，實質上影響出賣人出售土地可收取的價金數額，故此部分如出賣人與第三人已有別於一般交易習慣或法規的特別約定，先買權人亦應依該條件承買。❶⑥⑦出賣人與第三人所為買賣契約的內容如有不合理契約條款（異常條款），為了避免出賣人藉此規避法定先買權的規定，而損及少數共有人的利益，本書認為可以加以忽略，不構成優先購買權人與出賣人間形成的買賣契約內容。

因此，買賣契約所涉及價格、標的以及其他契約條款皆應納入考量，以判定先買權人與出賣人所形成買賣契約的同一條件，此時應就個別買賣契約內容分別判定，不可一概而論。❶⑥⑧

---

❶⑥⑶　認為應完全相同的學者有：林誠二，〈優先承買權之效力與行使期間——最高法院 99 年度台上字第 1699 號民事判決評釋〉，《月旦裁判時報》，第 10 期，頁 32–36，2011 年 8 月；溫豐文，〈共有人之優先購買權〉，《台灣本土法學雜誌》，第 38 期，頁 113，2002 年 9 月；楊松齡，《實用土地法精義》，頁 326，2012 年 3 月；許政賢，〈土地共有人優先購買權之行使〉，《月旦法學教室》，第 111 期，頁 21–23，2012 年 1 月。

❶⑥④　最高法院 69 年臺上字第 1710 號民事判例、100 年度臺上字第 1530 號、第 2019 號民事判決、99 年度臺上字第 1699 號民事判決參照。

❶⑥⑤　最高法院 97 年臺上字第 1339 號判決。

❶⑥⑥　參閱謝哲勝，〈以同一價格行使優先購買權〉，《月旦裁判時報》，第 17 期，頁 17，2012 年 10 月。

❶⑥⑦　參閱謝哲勝，〈以同一條件行使優先購買權——最高法院 103 年度台上字第 1481 號民事判決評析〉，《法令月刊》，第 66 卷第 4 期，頁 11，2015 年 4 月。

❶⑥⑧　以上請參閱謝哲勝，〈土地共有人以同一條件行使優先購買權——最高法院 107 年度台上字第 2434 號民事判決評釋〉，《月旦裁判時報》，第 88 期，頁 27–

例如，在數宗土地一併出售情形，為了保障出賣人利益可得實現，出賣人與第三人進行契約協商時，先買權人雖不必然知道契約內容，但出賣人將與第三人所磋商的契約內容告知先買權人時，先買權人就可判斷扣除法定先買權標的以外的標的是否影響第三人買受意願，或如分別出售是否將降低法定先買權標的以外的標的的價格，如分別出賣將影響第三人的買受意願與降低法定先買權標的以外的標的的價格時，則認為同一條件，應是包括法定先買權以外標的，而先買權人須一併買受。❾擴張先買權的標的是為了出賣人的利益，如果出賣人證明分別出賣總價將賣得比較低，則可主張先買權人應全部購買，如分開賣，對出賣人並無不利，且出賣人也不爭執，則先買權標的應限於法定的標的範圍，既平衡先買權人與出賣人的利益，又可確保土地可由較有效率的人取得利用。❿

(C) 購買的標的物

法定優先承購的標的物依法律規定。

B. 權利的移轉

先買權是一種財產權，除非依其性質不得讓與或依契約不得讓與，否則亦可以轉讓。典權人的留買權、共有人、基地承租人、地上權人、典權人、耕地承租人、毗鄰耕地所有人的優先承購權，以及區段徵收後原土地所有權人的優先承購權、有限責任股東出資的優先受讓權、員工的新股認購權、優先認購股份權、船舶共有人的優先承買權，均以一定法律關係才可主張此權利，因此，此種優先承購權即不得與當事人間原有法律關係分

29，2019 年 10 月。

❾　亦即可細緻化為區別數宗買賣標的物依買賣契約目的是否可分而分別加以認定，或是買賣標的總體經濟價值是否因為法定優先購買權標的以外部分受到影響，加以判斷同一條件的內容，目前最高法院就優先購買權同一條件的見解已趨於一致。參閱謝哲勝，〈土地共有人以同一條件行使優先購買權——最高法院 107 年度台上字第 2434 號民事判決評釋〉，《月旦裁判時報》，第 88 期，頁 28–30，2019 年 10 月。

❿　謝哲勝，〈以同一條件行使優先購買權——最高法院 103 年度台上字第 1481 號民事判決評析〉，《法令月刊》，第 66 卷第 4 期，頁 10，2015 年 4 月。

開而單獨讓與。惟依公司法第二百六十七條規定股東的新股認購權則可與原有股份分離而獨立轉讓，是為例外。

C. 權利的消滅

法定的先買權，權利的行使依法律的規定，權利的消滅，亦依法律規定，其事由有以下數種：

(A) 特定標的物滅失

法定先買權皆特定先買權行使所欲成立買賣契約的標的物，如該標的物滅失，無法出賣，法定先買權即無法發生，若已發生，亦因標的物滅失而告消滅。

(B) 期間屆滿

先買權的行使，依法律的規定如有行使的期限，則亦因期間屆滿而消滅，例如土地法第一百零四條規定先買權人於接到出賣通知後十日內不表示者，其優先權視為放棄。

(C) 拒絕承諾

先買權是一種承諾權，如權利人拒絕承諾，將使要約失其效力，不得再為承諾，先買權即告消滅。

法定先買權所欲成立的標的契約均為給付一特定標的物，因此不會因特定人死亡而消滅。法定先買權既是法律所規定，如法律變更，否定此一先買權的存在，則法定先買權即無由發生，但如條件成就，既已發生，為法律所賦與的權利，基於法律不溯及既往原則，即不至於因法令禁止而消滅。

此外，法定先買權並不重視契約的當事人為何人，其目的均為達成一定法律政策，因此，只要是處於法律所規定的地位的人，即被賦與權利或課與義務，以貫徹法律的政策。而法定先買權當事人的法律地位均無一身專屬性，例如為共有人的地位，或為基地承租人的地位，因此，均可以繼承，此地位既可以繼承，則先買權不因當事人任何一方死亡而消滅。當事人任何一方如有喪失行為能力，其為先買權行使的意思表示及受意思表示，即由法定代理人為之，先買權並不因而消滅。❿

❿　以上參照謝哲勝、張靜怡、林學晴，《選擇權》，頁 49–70，五南圖書，2003 年

3.土地法第三十四條之一第四項的共有人優先購買權🈀

本項規定:「共有人出賣其應有部分時,他共有人得以同一價格共同或單獨優先承購。」此即共有人的優先購買權。本項的立法目的在於防止共有人的應有部分落於共有人以外的人手中,故賦予他共有人對於共有人的應有部分有優先承購權,藉此盡量減少共有人的人數,並便利共有土地管理、使用及處分,以保護他共有人的利益,減少土地共有,裨益社會經濟。🈀至於先買權的法律性質,無論其為法定或約定,行使的結果都形成一個買賣契約,其性質皆屬形成權,已如前述。

實務見解可以最高法院六十七年度第五次民事庭庭推總會議決議㈠和六十五年臺上字第二一一三號判例加以說明。該決議認為「土地法第一百零四條所定之優先購買權為物權之先買權。先買權人於該不動產出賣於第三人時,有權向不動產所有人以意思表示,使其負有移轉其不動產於自己,而自己負有支付所有人原與第三人所約定代價之義務,故亦為形成權之一種。此形成權之行使,須以行使時所有人與第三人間有買賣契約之存在為要件。」該判例亦認為「共有土地優先購買權之行使,須以共有人有效出賣其應有部分與第三人為基礎,苟共有人與第三人間之出賣行為根本無效,亦即自始不存在,則所謂優先購買權即無從發生。」依此見解顯係認為在所有人未與他人簽定買賣契約的情形,先買權即無從發生。依此見解,則如何解釋所有人通知的義務,況且如一定要求所有人與第三人間須有買賣契約存在,則一旦先買權人行使先買權時,因成立兩個買賣契約,則所有人勢必須對第三人或先買權人負債務不履行的損害賠償責任。而且如果出賣人通知先買權人,先買權人答應承買,則此時該先買權人行使的不正是

---

9 月,2 版。

🈀　參閱謝哲勝,《土地法》,頁 117–126,自版(翰蘆總經銷),2006 年 7 月。

🈀　王澤鑑,〈共有人優先承購權與基地承租人優先購買權之競合〉,《民法學說與判例研究㈢》,頁 320,自版,1983 年 10 月,3 版;李永然,《房地產法律談》,頁 153,永然文化,1992 年 3 月。關於土地法第 34 條之 1 第 4 項的規範意旨,請參閱黃健彰,《共有不動產處分與優先購買權》,頁 6–9,元照出版,2018 年 7 月。

先買權嗎？因此，認為先買權的行使，必須以行使時所有人與第三人間有買賣契約的存在為要件，實在毫無依據且違反常情。

先買權並非單純僅是形成權，先買權是附條件的選擇權，以標的出賣時，可以選擇購買的權利，義務人已為要約或有要約的義務，而權利人則有承諾的權利。而先買權人的先買權在標的出賣前只有期待權性質，因為在出賣前當事人無法向對方請求任何權利，而且該先買權能否行使，何時行使均不確定，此種期待權和既得權利不同，僅是一種法律上地位，但此種法律上地位並非毫無作用或價值，至少出賣人出賣標的前均會顧忌先買權人將會行使先買權，所以會通知其承買人或所有人為免被優先承購而不欲出賣，因而此種法律上地位為期待權的一種，應該受到法律的保護。

在本項的適用上，值得探討的問題甚多，分述如下：

⑴行使的範圍

A. 出　賣

本項規定在共有人「出賣」其應有部分時始有適用，但其他有償契約的情形（如互易），有無類推適用的可能？有關此點，可以分為下述幾點討論：

⒜ 如有償契約附有贈與的性質（如半買半送），因為並非全部契約皆類似於買賣（即非全部皆為有償契約的情形），因此無類推適用的可能，但出賣人就此應負舉證責任。

⒝ 如有償契約的對價為不可代替物或一身專屬性的行為（如古董、作畫等），則其有償契約無類推適用的可能，但出賣人就此應負舉證責任。

⒞ 如有償契約的對待給付為可替代物（如白米一百包）的情形，參酌民法第三百四十七條規定「本節規定，於買賣契約以外之有償契約準用之。但為其契約性質所不許者，不在此限」的意旨，此時應可類推適用土地法第三十四條之一第四項規定，使有償契約可類推適用買賣，而有本條項適用的可能。以使土地共有的關係消滅，盡量達成所有權單一化的目標。

B. 出賣全部

本項文字僅指共有人出賣「應有部分」時，始有本條項的適用，則依土地法第三十四條之一第一項規定出賣共有土地或建築改良物的全部時，

有無本項的適用？則有疑義。就不同見解分述如下：

(A) 否定說

認為本項既僅規定「應有部分」，則出賣全部時自不包括。而且如依肯定說所言係代理行為，則該出賣行為原應及於該共有人，何以該共有人在其應有部分已出賣的情況下，仍能主張先買權？而且若採肯定說，仍有若干規避的途徑：❼如共有人依本條第一項先將土地設定地上權予受讓人，再依同條項出賣時，則受讓人依土地法第一百零四條地上權人的先買權行使，則仍可取得共有土地的全部所有權。另一種方式是他共有人主張先買權時，多數共有人可訴請裁判分割，也難以使土地所有權單一化的目標達成。

(B) 肯定說

自理論而言，法律既允許部分共有人得逕出賣共有物，理應使他共有人享有先買權，才足以適當平衡當事人的利益，而且部分共有人出賣共有物，實質上是出賣自己的應有部分及代理他人的應有部分，故他共有人主張承購共有物時，實與購買處分者的應有部分無異。故出賣全部時，也應有本項的適用。❼

土地法第三十四條之一第四項規定，主要目的在形成單一化所有權，如果少數共有人購買多數共有人的應有部分，將可減少共有人數；況且，部分共有人出賣共有物，基於對少數不同意出賣的共有人的保護，使其有先買權，可防止多數共有人以顯不相當的對價濫予處分，致少數共有人的權益遭受損害。因此，肯定說見解較為可採。❼

---

❼ 內政部 66 年 1 月 31 日⑹臺內地字第 719535 號函；司法院 76 年 9 月 17 日⑺廳民一字第 2820 號函皆採此說。

❼ 內政部 69 年 5 月 3 日⑹臺內字第 21203 號函；70 年度臺上字第 565 號判決；78 年度第 12 次民事庭會議決議；執行要點十；學者採此說者，參閱王澤鑑，〈共有人優先承購權與基地承租人優先購買權之競合〉，《民法學說與判例研究㈢》，頁 321，自版，1983 年 10 月，3 版；溫豐文，《土地法》，頁 121，自版，2001 年 4 月；李鴻毅，《土地法論》，頁 145，自版，1993 年 9 月。

❼ 謝哲勝，〈多數共有人將共有土地出賣給共有人之一〉，《台灣法學雜誌》，第

　　附帶說明的是，肯定少數共有人於多數共有人依土地法第三十四條之一第一項將共有物出賣給第三人，少數共有人有先買權時，則少數共有人行使先買權後，所購買者為同意出賣的共有人應有部分，或是行使先買權以外的共有人應有部分，存有疑義。本書認為應是前者，即所購買者為同意出賣的共有人應有部分。首先，基於土地法第三十四條之一第一項的文義解釋，處分指物的權利基於當事人的意思所為的變動，物的權利必然在不同權利人間發生變動，相對人必指處分人以外之人，並無處分給自己的說法，因此，本項所指的處分並不包括買受人是共有人之一；其次，基於法理解釋，任何人不得將大於自己的權利讓與他人，多數共有人之所以可以讓與大於自己的權利給共有人以外的第三人，是因為有土地法第三十四條之一第一項的授權，如果是讓與權利給共有人之一，則不在本項的授權範圍內；最後，基於共有人間利益衡平，單一所有只是減少共有之弊，但共有也有其功能，不能只為了單一所有，犧牲少數共有人的權利，更何況當多數共有人將共有物賣給共有人之一時，不論共有人之一是否因行使先買權而與多數共有人形成買賣契約，如解釋為少數不同意出賣的共有人無先買權，而又可將其應有部分一併出賣，且價格任由與少數不同意出賣的共有人利害衝突的買賣雙方決定，則少數不同意出賣的共有人其權利豈非任由多數共有人宰割，應無此種道理。⓱

　　C. 強制拍賣

　　先買權的行使，實務見解是以義務人與第三人締結買賣契約為要件（即出賣的概念），則在強制拍賣應有部分的情形，能否適用，實務採肯定見解，認為強制執行法上的拍賣，應解釋為買賣的一種，即拍定人為買受人而以拍賣機關代替債務人，立於出賣人的地位。⓲

　　D. 強制拍賣全部

---

169 期，頁 105–106，2011 年 2 月。

⓱　詳細論述，請參閱謝哲勝，〈多數共有人將共有土地出賣給共有人之一〉，《台灣法學雜誌》，第 169 期，頁 106–108，2011 年 2 月。

⓲　49 年臺抗字第 83 號判例。

即共有物遭拍賣時，其他共有人得否主張土地法第三十四條之一第四項的先買權，本書認為應採否定見解，❶⁷⁹ 說明如下：

(A) 首先，該共有物存在的抵押權設定，可以想見為全體共有人同意所設定，而非土地法第三十四條之一第一項多數決的方式，因該項適用上應不包含設定抵押權。因此，最終由其承擔拍賣的法律效果，對其並無權利上的剝奪與不利益。亦即，如贊同原先抵押權設定的共有人嗣後又得主張先買權，非但有違反禁反言之嫌，對於拍定人權利的保護亦不周全，並將使拍賣程序的制度功能降低，此與抵押權設定的本旨有違。共有人如欲保全其共有物，應以清償債務的方式為之，而非承認其先買權存在。

(B) 基於拍賣採私法買賣說的法律關係，各該共有人本身即為出賣人，如承認先買權，即會發生「出賣人與買受人同一的法律地位」，於法理上有所違誤。

　E. 買賣契約無效、撤銷、解除的情形

如先買權行使時，買賣契約已有無效、撤銷、解除的情形，則是否仍有先買權行使的可能？分述如下：

(A) 契約無效

實務見解認為，先買權的行使，必須以共有人有效出賣其應有部分於第三人為基礎，如果共有人與第三人間的出賣行為根本無效，則出賣情形自始不存在，則所謂先買權即無從發生。❶⁸⁰

(B) 契約撤銷

契約撤銷，則契約溯及既往消滅，依實務見解先買權即失其附麗，故也不得行使。

(C) 契約解除

若行使先買權時，契約已經解除者，依實務見解固無行使的可能（理

---

❶⁷⁹ 謝哲勝，〈抵押權設定契約書記載的效力與土地法三四條之一優先購買權行使的限制——最高法院 101 年度台上字第 1031 號民事判決評析〉，《月旦裁判時報》，第 27 期，頁 32–33，2014 年 6 月。

❶⁸⁰ 65 年臺上字第 2113 號判例。

由同上所述），但若行使先買權後契約始解除，則解除的效力如何？實務認為若已業經行使其優先承買的形成權，則原有的權利義務即已變更，縱然之後合意解除契約，亦不能使兩造間因行使先買權而成立的買賣契約歸於消滅。[181]

以上三種情形，如從條文僅就出賣和同一價格為先買權行使的要件而言，只要確定出賣人具有出賣的意思，而且也能確定出賣的條件（願意接受的價格），先買權即可行使。實務以必須簽訂買賣契約為要件，可謂自討苦吃，如依本書見解，僅以第三人的有效要約而出賣人願意承諾為要件，則以上三種情形都不成為問題。反而依實務見解，出賣人只要於其他共有人行使先買權時，即主張買賣契約已不存在（以共有人行使先買權為解除條件或以共有人不行使先買權為停止條件），將增加許多無謂的困擾。[182]

(2)行使的程序

共有人出賣應有部分時，對他共有人是否負有通知義務，自他共有人有先買權的觀點，自應作肯定解釋。但通知之後，他共有人若不表示是否承購時，應如何處理？則有不同見解，分述如下：

A. 肯定說

有認為他共有人於接到出賣通知後十五日內不表示者，其先買權視為放棄。[183]

B. 否定說

有認為土地法第一百零四條規定與土地法第三十四條之一規定的法律性質不同，不宜逕予準用。故他共有人接到通知後，未適時表示者，是否可認為放棄其先買權，應參酌誠實信用原則解釋當事人意思加以決定。[184]

---

[181]　70 年度臺上字第 823 號判決。

[182]　參閱謝哲勝，〈土地共有人以同一條件行使優先購買權──最高法院 107 年度台上字第 2434 號民事判決評釋〉，《月旦裁判時報》，第 88 期，頁 27，2019 年 10 月。

[183]　見土地法第三十四條之一執行要點十一㈠。

[184]　王澤鑑，《民法學說與判例研究㈢》，頁 320，自版，1986 年。

本書認為土地法第三十四條之一未規定行使的程序，是法律漏洞而可以類推適用土地法第一百零四條第二項的規定。

⑶行使的效力 ⑱

A. 共有人行使先買權形成的買賣契約的性質

共有人行使先買權形成的買賣契約的性質，依最高法院判例見解，僅具有債權效力，⑱如有違反此一義務，應負損害賠償責任。⑱但權威學者認為應使共有人的先買權具有物權效力。⑱

B. 債權和物權的區分是技術規定而非法理

先買權規定於土地法第三十四條之一，最高法院認為僅具有債權效力，規定於土地法第一百零四條和耕地三七五減租條例第十五條，最高法院則認為具有物權效力，權威學者則更認為共有人的先買權也應具有物權效力。

對於同一權利會有定性為債權或物權的不同，顯示債權與物權的區分不具一般性和普遍性意義，這可由法國民法典使用財產指稱相當物權的權利，日本民法的物權範圍與德國民法不同，而英美法則採財產法、契約法、侵權行為法三分法，而非債法和物權法二分法，可得驗證。

因此，債權和物權的區分是技術規定而非法理，既非法理就非一成不變，重要的是某權利具有何種效力，否則就無法理解釋字第三四九號解釋「具有物權效力（對第三人發生效力）的債權」的概念。

C. 債權物權相對化

共有人行使先買權形成的買賣契約，依通說僅具有債權效力，但「為實現應由優先承購的共有人優先購買的立法目的，於該共有人行使先買權後，原承買人即不得請求出賣的共有人所有權移轉登記。」⑱而此一債權

---

⑱ 謝哲勝，〈債權物權相對化〉，《月旦法學教室》，第 69 期，頁 10–11，2008 年 7 月。

⑱ 最高法院 65 年臺上字第 853 號民事判例。

⑱ 見土地法第三十四條之一執行要點十一㈤。

⑱ 參閱王澤鑑，〈共有人優先承購權與基地承租人優先購買權之競合〉，《民法學說與判例研究㈢》，頁 324，自版，1983 年 10 月。

⑱ 最高法院 95 年度臺上字第 2214 號民事判決要旨。

優先於出賣的共有人與第三人成立買賣契約的債權，則顯示債權間不當然平等，也可能有優先劣後的問題，而這原是物權才具有的效力。共有人行使先買權形成的買賣契約可以排除出賣的共有人與第三人成立的買賣契約，則等於對第三人發生效力，而產生物權效力，即出現物權效力的債權。因此，「債權一律平等」的說法，適用上就有侷限性。

⑷優先承買權競合時的處理

A. 與土地法第一百零四條的競合

土地法第一百零四條規定：「基地出賣時，地上權人、典權人或承租人有依同樣條件優先購買之權。房屋出賣時，基地所有人有依同樣條件優先購買之權。其順序以登記之先後定之。前項優先購買權人，於接到出賣通知後十日內不表示者，其優先權視為放棄。出賣人未通知優先購買權人而與第三人訂立買賣契約者，其契約不得對抗優先購買權人。」此條規定與本條項產生競合時，如土地的共有人出賣其應有部分時，即可能發生他共有人先買權及基地承租人（或地上權人、典權人）先買權競合的情形。於此情形，應以何人的先買權為優先？

通說與實務皆認為，就現行規定而言，土地法第三十四條之一第四項僅有債權效力，同法第一百零四條所規定基地承租人（或地上權人、典權人）的優先承買權，立法理由說明中認為具有相對的物權效力。故後者較前者更具優先性。是以二者競合時，應以承租人（或地上權人、典權人）的先買權更為優先。⓳⓿

因為耕地三七五減租條例第十五條第三項規定：「出租人違反前二項規定而與第三人訂立契約者，其契約不得對抗承租人。」所謂「其契約不得對抗承租人」，指出賣人與承買人不得主張基於買賣而認為承租人的先買權為之消滅，⓳⓵是指物權移轉對承租人不生效力。⓳⓶土地法第一百零四條第

⓳⓿　溫豐文，《土地法》，頁 122–123，自版，2001 年 4 月；李鴻毅著，《土地法論》，頁 146–147，自版，1993 年 9 月；謝在全，《民法物權論》，頁 576，自版；實務見解：內政部 65 年 7 月 21 日⑹臺內字第 690461 號函；65 年臺上字第 853 號判例；68 年度臺上字第 1147 號判決；67 年度臺上字第 2062 號判決。

二項規定的契約，實務認為此條項修正後，具有物權效力，其理由認為買賣契約應從廣義解釋，包括物權行為在內。⑲

　　基於利用權和所有權合一可以提供生產的誘因，而所有權單一化本身僅具有減少協商收租成本的效果，前者具有促進積極生產的功能，後者僅具有減少成本支出的效果，因此，應以前者為重要，通說與實務見解值得贊同。

　　B. 與民法物權編施行法第八條之五第三項及第五項的競合

　　現行法第七百九十九條第五項規定：「專有部分與其所屬之共有部分及其基地之權利，不得分離而為移轉或設定負擔。」但是，依照民法物權編施行法第八條之五第二項，民法物權編修正施行前，區分所有建築物之專有部分與其所屬之共有部分及其基地之權利，已分屬不同一人所有或已分別設定負擔者，其物權之移轉或設定負擔，不受現行法第七百九十九條第五項處分一體性原則的限制。

　　(A) 與民法物權編施行法第八條之五第三項的競合

　　民法物權編施行法第八條之五第三項規定：「區分所有建築物之基地，依前項規定有分離出賣之情形時，其專有部分之所有人無基地應有部分或應有部分不足者，於按其專有部分面積比例計算其基地之應有部分範圍內，有依相同條件優先承買之權利，其權利並優先於其他共有人。」當本項的先買權與土地法第三十四條之一第四項的先買權競合時，民法物權編施行法第八條之五第三項的先買權應優先適用（土地法第三十四條之一執行要點十一(六)本文）。

　　(B) 與民法物權編施行法第八條之五第五項的競合

　　民法物權編施行法第八條之五第五項規定：「區分所有建築物之專有部

---

[191]　47 年臺上字第 151 號判例。

[192]　60 年度臺上字第 2340 號判決。

[193]　67 年臺上字第 479 號判例；68 年度臺上字第 1147 號判決；王澤鑑，〈共有人優先承購權與基地承租人優先購買權之競合〉，《民法學說與判例研究(三)》，頁 322–323，自版，1986 年 10 月 3 版。

分，依第二項規定有分離出賣之情形時，其基地之所有人無專有部分者，有依相同條件優先承買之權利。」當本項的先買權與土地法第三十四條之一第四項的先買權競合時，土地法第三十四條之一第四項的先買權應優先適用（土地法第三十四條之一執行要點十一㈥但書）。

二、義　務

共有人的義務主要是管理費及其他費用的分擔，規定於民法第八百二十二條：「共有物之管理費及其他負擔，除契約另有約定外，應由各共有人按其應有部分分擔之。共有人中之一人，就共有物之負擔為支付，而逾其所應分擔之部分者，對於其他共有人得按其各應分擔之部分，請求償還。」

第二款　外部關係

一、共有人的物權請求權

各共有人對於第三人，得就共有物之全部，為本於所有權之請求，但回復共有物之請求，僅得為共有人全體之利益為之（民八二一）。所謂本於所有權的請求，實務上傾向狹義見解，認係指民法第七百六十七條所規定的物權請求權而言。[194]惟學說上有採廣義說，認第七百六十五條及相鄰關係所生的權利，亦包括在內，而基於共有物所有權的確保及共有物利用的增進，學說上的廣義見解應較可採。[195]

因為各共有人既為所有人，即應與所有人受同一的保護，故共有人對於第三人得為一切行為，與單獨所有人同。請求回復共有物，不必由共有人全體共同行使，以此為標的的訴訟，也無須由共有人全體共同提起，但應求為命被告向共有人全體返還共有物的判決，不得請求僅向自己返還（司法院院字第一九五〇號解釋、四一年臺上字第六一一號判例）。

---

[194] 參照最高法院 28 年上字第 2361 號判例。

[195] 蔡明誠，〈共有物之物權請求權〉，《月旦法學雜誌》，第 82 期，頁 9，2002 年 3 月。

二、共有人關於共有物約定的對外效力

共有人基於所有權，自得對共有物為管理、使用、收益的約定，然而此約定的法律關係的性質為何、可否對第三人發生效力，學說實務上有不同見解，探討如下：

㈠共有人就共有物約定的法律關係的性質

共有人就共有物約定的法律關係的性質，有兩種不同見解：

1.契約說

此說認為共有物的使用協議，其目的並非發生物權的得喪變更，因為物權非依法律或習慣不得創設（民七五七），此種協議既非法定物權，解釋上應不屬物權契約，而為債權契約。[196]實務上曾也認為共有物的分管契約雖屬債權契約性質，但對於契約成立後以惡意受讓應有部分之第三人仍有拘束力。[197]

2.物權說

共有人就共有物約定的法律關係，是對物的法律關係，已發生物權內容的權利義務的變動，並可以對第三人發生效力，因此，是物權的法律關係。

此說才能對共有人就共有物約定可以對外發生效力，提供理論基礎，符合人民的法律感情，本書採此說。

㈡共有人就共有物約定對第三人的效力

1.各種不同見解

共有物使用協議是否對第三人發生效力，有許多不同見解，分述如下：

⑴肯定說

最高法院四十八年度臺上字第一〇六五號判例認為：「按共有人於與其他共有人訂定共有物分割或分管的特約後，縱將其應有部分讓與人，其分

---

[196] 謝哲勝，〈土地使用協議之性質及其法律效力〉，《財產法專題研究》，三民書局，頁 184，1995 年 5 月。

[197] 參閱最高法院 83 年度臺上字第 2544 號民事判決。

割或分管契約對受讓人仍繼續存在。」

此說的理由有二：

A. 類推民法第四百二十五條的規定

此說認為大法官的解釋及其理由書理論有欠一貫，也忽視他共有人因共有物分管而取得的財產權益，應受憲法保障。而且共有不動產的分管，共有人占有使用分管部分以其存在於他共有人占有使用部分的權利為代價，具有租賃性質，自應類推適用民法第四百二十五條的規定，不問受讓人是否善意，均應承受分管契約的權利義務。❸

B. 債權物權化

此說認為應個別地就一定情形的債權（如與物權相結合）討論其是否應物權化。而不動產共有人就共有物訂立的分管契約，各就特定部分實行分管時，賦予物權化效力，實為提升共有物的利用價值，維護合理的財產秩序，以增進公共利益所必要。縱使因而使部分共有人受有某種權利行使的限制，也未逾越憲法第二十三條得予限制的範圍，自與憲法無所牴觸。❸

(2)否定說

此說認為基於債權效力相對性及物權公示原則，此種共有物使用協議均不生拘束第三人的效力。❸

(3)折衷說

有些見解則認為不應一概而論，此原則上肯定例外否定，或原則上否定例外肯定，可以稱為折衷說，又可分為三說：

A. 拘束明知或可得而知的受讓人說

釋字第三四九號解釋認為：「最高法院四十八年度臺上字第一〇六五號判例就維持法律秩序安定性固有必要，惟應有部分的受讓人若不知悉有分

---

❸　此說為大法官楊與齡及張特生對司法院釋字第 349 號解釋所提之部分不同意見書。

❸　此說為大法官鄭建才對司法院釋字第 349 號解釋所提之不同意見書。

❸　郭雨嵐、林發立，〈試論分管契約之效力〉，《萬國法律》，第 76 期，頁 13，1994 年 8 月。

管契約，亦無可得而知的情形，受讓人仍受讓與人所定分管契約的拘束，有使善意第三人受不測損害之虞，與憲法保障人民財產權意旨有違。」從其解釋文可得知，此種對共有物使用的協議，以受讓人惡意或有過失而不知者為限才受到拘束。

B. 視共有類型及協議的內容定其效力說

此說認為在分別共有情形，因具有明顯的暫時性，應與公同共有及區分所有建築物的所有人的共有關係，適用不同的法律原則；此外若協議內容非純粹共有人內部協議尚以第三人為締約對象者，則亦具物權效力。此說認最高法院未區分前述情形，則無法反映整體事實的爭議焦點，亦有以偏概全之失。❷⓪❶

C. 具一定要件即生物權效力說

此說認為共有物分管契約為「隨不動產所有權移轉的契約」或「附隨不動產之特約」，如具一定要件，即發生物權效力而拘束特定第三人。❷⓪❷又此要件應包括一、書面契約，二、具備契約將隨土地所有權移轉的真意，三、契約必須與不動產相關，四、必須要有財產上的相互關係，即必須繼受契約當事人一方的財產利益，五、能增加土地的使用效益。但如果此種契約有顯失公平，則得由當事人或繼受人請求法院宣告無效、變更或終止。

單純的肯定說將無法說明當事人間如無拘束第三人意思，則為何第三人會受到拘束，而且未解決如何終止此協議的問題。單純的否定說則只是基於概念機械地推論，罔顧當事人權利義務關係的衡平，幾乎已不為學者所採。視共有類型及協議的內容定其效力說，將分別共有視為毫無長期投資的必要，則罔顧分別共有長期存在、長期分管和共有人長期投資的事實。拘束明知或可得而知的受讓人說，以保護交易安全避免第三人受到不測損害為理由，則顯然將第三人受到不測事件和不測損害劃上等號，思考並不

---

❷⓪❶　陳榮傳，〈分管契約得否對抗應有部分受讓人〉，蘇永欽主編，《民法物權爭議問題研究》，五南圖書，頁 214，1999 年 1 月。

❷⓪❷　黃義豐，〈論附隨於不動產之特約之效力〉，《法令月刊》，第 42 卷第 2 期，頁 17、21，1996 年 2 月。

精密，因為如為了保護交易安全，只要避免第三人受到「不測」的「損害」即可，因此，只要主張不受不符合均衡正義的協議的拘束即可。因此，本書採具一定要件即生物權效力說，也只有此說可以妥適地適用各種個案。

2.現行法規定

由上述可知，在效力部分，學說實務嚴重分歧，為解決問題，民法增訂第八百二十六條之一第一項規定：「不動產共有人間關於共有物使用、管理、分割或禁止分割之約定或依第八百二十條第一項規定所為之決定，於登記後，對於應有部分之受讓人或取得物權之人，具有效力。其由法院裁定所定之管理，經登記後，亦同。」第二項規定：「動產共有人間就共有物為前項之約定、決定或法院所為之裁定，對於應有部分之受讓人或取得物權之人，以受讓或取得時知悉其情事或可得而知者為限，亦具有效力。」第三項規定：「共有物應有部分讓與時，受讓人對讓與人就共有物因使用、管理或其他情形所生之負擔連帶負清償責任。」

在民法第八百二十六條之一第一項增訂後，學說上有認為現行法已提供了一套相較於司法院釋字第三四九號解釋更為具體明確的標準，[203]在分管契約未登記的情形下，即表示不拘束受讓人，亦即不動產的分管契約須以登記為限，始得拘束受讓人，毋庸考量該受讓人的善惡意與否。[204]然而，此種見解與釋字第三四九號解釋的意旨不同，有待商榷。

釋字第三四九號解釋，以第三人明知或可得而知作為對抗第三人的要件，其意旨為僅在保護交易安全的限度內奪真正的權利。不動產共有人間的協議創造共有人關於共有物的權利義務關係，是一種真正的權利，而值得保護，不應因為定性為債權或物權而有所不同，因而原則上對繼受人有拘束力。

然而繼受人善意且無過失的情形，如仍受拘束，則繼受人可能遭到不測損害，而為交易安全所要保護的對象。為了保護交易安全，有必要排除

---

[203] 溫豐文，〈分管契約之效力〉，《月旦法學教室》，第 50 期，頁 13，2006 年 12 月。

[204] 謝在全，《民法物權論（上）》，頁 527，自版，2010 年 9 月。

因受拘束而有不測損害的繼受人，使分管契約僅對於明知或可得而知的第三人有拘束力，因此，採取對明知或可得而知的繼受人有拘束力的見解，與釋字第三四九號解釋的意旨相符。

　　登記是法定公示方法，是實現第三人知悉或可得知悉的目的的方法，以保護交易安全，而非實質目的本身，不應為了方法而害目的，如有其他事實足以證明第三人明知或可得而知的事實，使真正權利對於明知或可得而知的第三人發生效力，並不影響交易安全，而符合釋字第三四九號解釋的意旨。共有物分管契約為共有人基於合意創設的共有人間權利義務關係，當然是真正的權利，故對明知或可得而知的繼受人有拘束力，且不以登記為限。縱然在資訊取得便利的今日，如果共有不動產外觀上並無分管的客觀狀態，而應有部分出賣人非分管契約原當事人，繼受人於買受時亦不知其他共有人存在，仍不排除繼受人有無法明知或可得而知的情形。❷⓪❺

　　因此，依照民法第八百二十六條之一第一項，不動產共有人間的協議以登記為對抗第三人的要件，在契約可以登記的情形，受讓人如明知或可得而知，即使未經登記，也應可對抗他人。❷⓪❻採取未經登記不得對抗的看法，便與大法官會議釋字第三四九號解釋的見解不相符。第八百二十六條之一規定的不動產共有人使用協議在本質上係屬物權的權利，在可以登記的前提下，未經登記，對於善意且無過失的受讓人不生效力；如在契約不能登記的情形，則原則上對受讓人有拘束力，當違反均衡正義和情事變更時，受讓人才可主張不受拘束。現行登記制度在土地登記規則第一百五十五條之一以下配合增訂通過後，已可以登記，建議民法第八百二十六條之一第一項修正為：「不動產共有人間關於共有物使用、管理、分割或禁止分割之約定或依法所為之決定，未經登記，對於應有部分之善意並無過失之受讓人或取得物權之人，不生效力。其由法院裁定所定之管理，亦同。」

---

❷⓪❺　謝哲勝，〈共有物管理對於繼受人的效力——最高法院 102 年度台上字第 500 號民事判決評釋〉，《法令月刊》，第 64 卷第 10 期，頁 3–6，2013 年 10 月。

❷⓪❻　謝哲勝，〈相鄰關係與隨不動產所有權移轉的契約〉，《財產法專題研究㈢》，頁 166–168，自版（元照總經銷），2002 年 3 月。

　　同條第二項動產共有人間的協議，以明知或可得而知為對抗第三人的要件，雖符合釋字第三四九號解釋意旨，但如前所述，應再限縮至只適用於因此協議而受到不測損害的人即可。

第三項　共有物的分割

第一款　以自由為原則

　　民法第八百二十三條第一項前段規定：「各共有人，……，得隨時請求分割共有物。」實務認為，此分割請求權，為形成權且無除斥期間的限制。[207]該條規定僅適用於分別共有，公同共有物的分割則依民法第八百二十九條規定：「公同關係存續中，各公同共有人，不得請求分割其公同共有物。」

　　共有雖然具有分享利益和聚集多數人資金以購買金額龐大的物的優點，然而因為共有物管理的協商和執行成本遠高於單獨所有，因此，除非共有物已有既定或協議管理的方式，或協議管理方式成本不高，否則維持共有並不利於物的使用效率。分別共有不似公同共有已有公同關係作為既定管理方式的依據，未必能夠經由協議定管理方式，有必要藉由分割以終止分別共有關係，而成為單獨所有，以維護物的使用效率，因此，分別共有物以自由分割為原則。

第二款　以限制為例外

一、分別共有物分割的限制

　　為了利益分配的公平、規模經濟的考慮和風險分散的功能，分別共有事實的存在也絕非短暫的，既然分別共有將存續一段期間，為了保護共有人就共有物的投資，以提供生產的誘因，就有必要維持現狀，因此，對分別共有的分割也有一定的限制。民法第八百二十三條第一項後段規定：「但因物之使用目的不能分割或契約訂有不分割之期限者，不在此限。」就是

---

[207]　29年上字第1529號判例。

基於此一考量，而對分別共有物的分割加以限制，說明如下：

（一）**物的使用目的**

如物的性質不適合分割，如共有一頭耕牛，共有道路用地或區分所有建築物的共同使用部分（釋字三五八），都將因分割而無法達到物的使用目的，此時即不得分割。

（二）**不分割契約**

雖然物的使用目的可以分割，但是如果共有人有不分割契約，也不得請求分割，但不得分割的約定將使共有關係持續，時間過長可能不利物的使用效率，因此，民法第八百二十三條第二項規定：「前項約定不分割之期限，不得逾五年；逾五年者，縮短為五年。但共有之不動產，其契約訂有管理之約定時，約定不分割之期限，不得逾三十年；逾三十年者，縮短為三十年。」第三項規定：「前項情形，如有重大事由，共有人仍得隨時請求分割。」

（三）**法令限制**

因為土地使用有規模經濟的考量，或分割不符使用目的，法令有時會對分割加以限制，例如耕地分割的限制、每宗建地最小面積的限制、法定空地分割的限制，本質上也是使用目的不能分割，而由特別法直接加以限制。

二、已有分管契約是否受到不得分割的限制

從民法第八百二十三條的文義，似乎無法直接得出已有分管契約即是物的使用目的不得分割或契約訂有不分割的期限，而受到不得分割的限制，這就面臨第八百二十三條如何解釋適用的問題，以下分別從物的使用目的、契約訂有不分割期限二方面加以探討，並就現行法加以評析（請一併參閱本章第三項第六款四）：

（一）**物的使用目的**

共有人依分管契約使用共有物而為投資行為，即應保護共有人的合理期待，使分管契約在合理年限內，可以不因分割而受影響，以保護共有人投資的期待，因此，已有分管契約應構成因物的使用目的不能分割。即所

謂物的使用目的，除了基於物的性質而為的通常使用目的，也包括基於契約而為的約定使用目的，分管契約也是契約，基於分管契約，共有物即有約定使用目的，一旦分割，約定使用目的即無法達成，因此，應認為構成物的使用目的不能分割。

㈡契約訂有不分割期限

分管契約是共有人間的契約，使共有人就共有物有依分管契約而使用的義務，而此一義務的履行顯然必須經過一段期間，才符合分管契約的目的，因而，共有人如明示不分割，固然即構成契約訂有不分割期限，即使分管契約並未明示不分割和期限，解釋上，也應認為共有人間有不分割的默示的意思表示，而構成訂有不分割期限，而不得請求分割。

㈢現行法評析

第一次修正草案第八百二十三條第一項規定：「各共有人，除法令另有規定外，得隨時請求分割共有物。但因物之使用目的不能分割或契約訂有不分割之期限者，不在此限。前項契約所定不分割之期限，不得逾五年；逾五年者，縮短為五年。但有重大事由者，仍得隨時請求分割。」⑳然不動產基於其特性，實有長期投資的規劃或是必要性，而此一規定似乎並未考慮共有物有分管或管理契約的情形，而不動產分割和分管或管理契約不應完全分開討論，如認為分管契約或共有不動產的管理契約的內容明示或默示一定期間內不得分割，則在此相當期間內，應不准共有人提起裁判分割之訴。第八百二十三條第一項如能修正為「……但因物之使用目的不能分割、分管或管理契約內容明示或默示一定期間內不得分割或契約……」，⑳則可免於因共有物的裁判分割使得共有物喪失透過分管或管理

---

⑳　參閱法務部，《民法物權編部分條文、民法物權編施行法修正草案》，頁 114，
1999 年 3 月。

⑳　以上參閱謝哲勝，《財產法專題研究㈢》，頁 166、167，自版（元照總經銷），
2002 年 3 月；另參謝哲勝，〈從釋字第三四九號解釋論隨土地所有權移轉的債
權契約〉，《財產法專題研究》，頁 57–77，三民書局，1995 年 5 月；謝哲勝，
〈土地使用協議之性質及其法律效力——最高法院八十三年度臺上字第三四七
號判決評釋〉，《財產法專題研究》，頁 175–194，三民書局，1995 年 5 月。

契約所能達到的有效率利用，並有避免爭議的功效。

　　現行法第八百二十三條第二項及第三項規定為：「前項約定不分割之期限，不得逾五年；逾五年者，縮短為五年。但共有之不動產，其契約訂有管理之約定時，約定不分割之期限，不得逾三十年；逾三十年者，縮短為三十年。前項情形，如有重大事由，共有人仍得隨時請求分割。」解釋上在共有物已有分管或管理契約時，即可推定因物之使用目的而有不能分割的情況，而且不分割的意思不限於明示，也包括默示，如從分管或管理的內容，可認為共有人有一定期間內不分割的意思，則也可推定有不分割的約定；而依該條第三項，共有人仍可因重大事由請求分割，應解釋為指不分割將違反物的使用效率或違反正義衡平，共有人才可隨時請求分割。❷⓵⓪

第三款　共有人請求分割的決定方式

　　關於共有人請求分割的決定方式，可分為協議分割及裁判分割兩種：

一、協議分割

　　協議分割是以契約改變共有物所有權歸屬的方法，為分割協議的共有人，必須有完全行為能力，若無行為能力或只有限制行為能力，則必須由其法定代理人代理，或經其法定代理人的允許或承認（四十年臺上字第一五六三號判例）。

　　協議分割的「協議」所指為何，有無土地法第三十四條之一第一項的適用，也值得探討。土地法第三十四條之一第一項規定：「共有土地或建築改良物，其處分、變更及設定地上權、農育權、不動產役權或典權，應以共有人過半數及其應有部分合計過半數之同意行之。但其應有部分合計逾

---

❷⓵⓪　謝哲勝，〈共有土地分管與裁判分割〉，《台灣法學雜誌》，第 179 期，頁 81，2011 年 7 月。不同見解認為，共有物分管契約與共有物不分割之約定有異，不影響共有人共有物分割請求權之行使；法院判決分割確定時，先前共有人間的分管契約，即應認為終止，請參閱最高法院 100 年度臺上字第 327 號判決、最高法院 82 年度臺上字第 2566 號判決。

三分之二者,其人數不予計算。」就此行政院曾作函釋表示:「應否包括共有物分割,核屬私權事項,如有爭議,應以最高法院就具體事件所示見解為準。」最高法院於七十四年臺上字第二五六一號判例則認為:「土地法第三十四條之一第一項所稱之處分,不包括分割行為在內。」因而目前共有物的協議分割必須經共有人全體同意,而不得採多數決的方式。至於該協議分割的內容能否加以拘束法院,對於此點,實務見解認為,請求分割共有物之訴,應由法院依民法第八百二十四條命為適當之分配,不受任何共有人主張之拘束。審判上共有物分割方法,以原物分割為原則,價金分配為例外,民法第八百二十四條第二項並已明文規定。

二、裁判分割

分割的方法,不能協議決定,或於協議決定後因消滅時效完成經共有人拒絕履行者,法院得因任何共有人的聲請,作成分割共有物的判決(民八二四 II 參照)。分割共有物之訴本質上是非訟事件,因為共有人間對權利並無爭執,只是對分割方法有爭執,而分割方法對共有人分割後的權利關係重大,因而以訴訟方式進行,使共有人受到較嚴謹的程序上保障,但法院對於分割的方法則不受當事人訴之聲明的拘束,因此,是一種形式的形成之訴。

(一)要 件

依第八百二十四條第二項規定,聲請裁判分割共有物,須因分割的方法不能協議決定或協議決定後因消滅時效完成經共有人拒絕履行,說明如下:

1.分割的方法不能協議決定

協議必須全體同意,分割的方法不能協議決定,即指共有人間對於共有物的分割方法無法得到全體共有人的同意。此項分割協議的消滅時效,應適用民法第一百二十五條,因十五年不行使而消滅。❷

2.協議決定後因消滅時效完成經共有人拒絕履行

---

❷ 參閱最高法院 59 年臺上字第 1198 號民事判例。

　　對於共有物的使用收益及處分方式，原則上遵循私法自治原則，當事人間如有分割協議，即應依協議履行，無須聲請裁判分割。然而當事人間如有協議，但因消滅時效完成經共有人拒絕履行的情形，如無法請求裁判分割，即無法消滅共有關係，因而有准予聲請裁判分割的必要，因此此項要件有其必要。㉑

㈡消滅時效完成後共有人拒絕履行而請求裁判分割

　　消滅時效完成後，共有人拒絕履行而請求裁判分割的情形，可以分為「協議內容全部」或「協議內容部分」經共有人拒絕履行，說明如下：

1.協議內容全部拒絕履行

　　共有人不依協議內容全部為履行，當然構成「拒絕履行」。於此情形，即由主張分割的共有人依第八百二十四條第二項對於其他共有人提起共有物分割之訴。㉓

2.協議內容部分拒絕履行

　　協議內容部分經共有人履行，惟部分經共有人拒絕履行，此種情形與法條文義不完全相符，而可能有爭議。考量民法第八百二十四條第二項的規範目的為在顧及共有人間的利益衡平下，促進共有物的有效利用，協議分割內容如仍有部分未履行，因消滅時效完成後，他共有人拒絕履行，仍無法消滅共有關係；而已依約履行的共有人，卻因時效消滅而無法強制拒絕履行的共有人依該分割協議的內容履行，顯然不符均衡正義，因此准予聲請裁判分割即可兼顧共有人間的利益衡平和共有物的有效利用，而應予肯定。㉔

㉑　謝哲勝，〈共有物的裁判分割〉，《月旦法學教室》，第 131 期，頁 15–16，2013年 9 月。

㉓　謝在全，《民法物權論（上）》，頁 555，自版，2010 年 9 月。

㉔　謝哲勝，〈共有物的裁判分割〉，《月旦法學教室》，第 131 期，頁 16–17，2013年 9 月。相同見解，最高法院 81 年臺上字第 2688 號民事判例。

第四款　分割的方法

過去舊法第八百二十四條第二項就裁判分割共有物的方法，僅規定㈠以原物分配於各共有人；㈡變賣共有物，以價金分配於各共有人。以原物為分配時，如共有人中，有不能按其應有部分受分配者，得以金錢補償之。至於是否承認其他的共有物分割方法，有不同見解。曾有實務採嚴格的文義解釋，並不承認條文規範以外的分割方法，[215]上開見解固有法條上論理的依據，然而不足適應社會的需要，常造成分割上的困難，並損及共有人間的利益。故學說上認為應承認其他的共有物分割方法，依當事人對土地利用的現況、應有部分比例的大小等情形而彈性分割，比較符合經濟效益。[216]對此現行法第八百二十四條修正如下：

一、明文增訂舊法所無的分割方法

依第八百二十四條第二項規定，分割方法包括：「一、以原物分配於各共有人。但各共有人均受原物之分配顯有困難者，得將原物分配於部分共有人。二、原物分配顯有困難時，得變賣共有物，以價金分配於各共有人；或以原物之一部分分配於各共有人，他部分變賣，以價金分配於各共有人。」又依同條第三項、第四項規定：「以原物為分配時，如共有人中有未受分配，或不能按其應有部分受分配者，得以金錢補償之。以原物為分配時，因共有人之利益或其他必要情形，得就共有物之一部分仍維持共有。」

故依照現行法規定，裁判分割共有物的方法包括：

---

[215] 最高法院 62 年臺上字第 2575 號判例（物權編修正後已不再援用）認為：「民法第八百二十四條第三項規定『以原物為分配時，如共有人中有不能按其應有部分受分配者，得以金錢補償之』，係指共有人已就原物受分配，但其受配部分較其應有部分計算者為少之情形而言，若將原物全部分配予共有人中之一人或數人，而對其餘共有人全不予分配，僅以金錢補償者，則非裁判分割之方法。此觀同條第二項第一款規定『以原物分配於各共有人』而自明」。

[216] 李林盛，〈談共有土地分割之限制與礙難問題〉，《新竹律師會刊》，第 4 卷第 2 期，頁 31，1999 年 5 月。

㈠原物分配。

㈡原物分配及不能受分配人的金錢補償。

㈢原物一部分配及共有物一部仍維持共有。

㈣原物一部分配，他部變賣以價金分配。

㈤原物變賣而以價金分配。

　　以原物為分配時，如共有人中，有未受分配或不能按其應有部分受分配者，得以金錢補償之。

二、共有物變價分割時共有人的優先承買權

　　共有物變價分割時共有人的優先承買權，明文規定於民法第八百二十四條第七項前段：「變賣共有物時，除買受人為共有人外，共有人有依相同條件優先承買之權。」增訂理由提到：「共有物變價分割之裁判係賦予各共有人變賣共有物，分配價金之權利，故於變價分配之執行程序，為使共有人仍能繼續其投資規劃，維持共有物之經濟效益，並兼顧共有人對共有物之特殊感情，爰於第七項增訂以變價分配時，共有人有依相同條件優先承買之權。」

三、二人以上願優先承買時如何處理

　　民法第八百二十四條第七項後段規定：「有二人以上願優先承買者，以抽籤定之。」增訂理由提到：「但為避免回復共有狀態，與裁判分割之本旨不符，爰仿強制執行法第九十四條規定，有二人以上願優先承買時，以抽籤定之。又買受人為共有人時，因本項規範目的已實現，且為免法律關係之複雜化，故明定於此種情形時，排除本項之適用。」與土地法第三十四條之一第四項，對於二人以上願優先承買時的處理方式，解釋上並不相同。其他共有人對於共有人出賣應有部分的優先承買權，目的在減少共有人數或消除共有，因此，二人以上願優先承買時，為求公平起見，每一主張優先承買的共有人，其優先承買的部分應按各主張優先承買權人的應有部分比率定之（土地法第三十四條之一執行要點十一㈨），也符合減少共有人數

的立法目的。

　　共有物變價分割時共有人的優先承買權，是針對共有物不適宜原物分割時，法院才判決變賣共有物，以價金分配於各共有人，目的在消除共有，因此，只能由一位共有人優先承買，不能由數人共同優先承買，才能消除共有，形成單一所有，而符合消除共有的立法目的。為求公平起見，民法第八百二十四條第七項後段規定，以抽籤定之，本書認為值得贊同。❷⑰

第五款　合併分割

　　合併分割可避免土地過度細分，促進不動產使用效率。相關說明如下：

一、合併分割修法前的實務見解

㈠協議合併分割

　　在共有人全體能達成分割協議的情形下，基於私法自治，當事人分割的原因及方法，法律原則上應不加以干涉。因而有人以共有物協議分割，達到土地所有權實質移轉的目的，而被稅捐機關課徵土地增值稅，基於實質課稅原則，稅捐機關的作法無可厚非。如無稅捐考量，協議合併分割原則上並無限制。

㈡裁判合併分割

　　關於數筆共有土地的裁判合併分割問題，以下分別加以探討：

1.數宗土地的分別共有人非完全相同的情形

　　如依民法第八百二十五條規定：「各共有人應按其應有部分，對於他共有人分割而得之物負與出賣人同一之擔保責任。」則因為共有人並非完全相同，即無從於分割後取得非共有土地相互移轉的權利，亦無從對移轉部分互負擔保責任，❷⑱則似乎無法合併分割。

---

❷⑰　以上參閱謝哲勝，〈共有物變價分割時共有人的優先承買權〉，《月旦法學教室》，第 101 期，頁 12–13，2011 年 3 月。

❷⑱　李林盛，〈談共有土地分割之限制與礙難問題〉，《新竹律師會刊》，第 4 卷第 2 期，頁 32，1999 年 5 月。

2. 數宗土地的分別共有人完全相同的情形

此種情形，可否合併分割則有不同的見解：

肯定說認為，依民法第八百二十五條的分割共有物效力係採移轉效力的意旨，若數筆共有土地的共有人及其應有部分均相同且得全體共有人的同意，即得予以分割。❷⓳

否定說認為，由於共有係數人共有一所有權，而基於一物一權原則，共有人的所有權係分別存在於每一共有物上，故法院為分割時，僅能就每一共有物為分割，而不能將之併為一共有物，當作一所有權予以分割。❷⓴

折衷說則承認若共有物雖為數宗不同地號的土地，然而共有人係以成立一共有關係的意思而共有數宗土地，而且經全體共有人同意者，得合併分割。❷㉑

故修法前實務上對數宗土地裁判合併分割原則上採否定見解。❷㉒

二、現行法規定

㈠協議合併分割

共有土地的分割，可依全體共有人同意而為協議分割，在共有人全體能達成分割協議的情形下，基於私法自治，當事人分割的原因及方法，法律原則上並不加以干涉。經由協議分割，共有人得採取合併分割，分割方法原則上不受限制。❷㉓

---

❷⓳　參照最高法院 77 年度臺上字第 2061 號民事判決。

❷⓴　李林盛，〈談共有土地分割之限制與礙難問題〉，《新竹律師會刊》，第 4 卷第 2 期，頁 32–33，1999 年 5 月。

❷㉑　劉清景，《民法精要物權編》，學知出版社，頁 81，2000 年 1 月，採 68 年 12 月臺中地院座談會意見。

❷㉒　參閱法務部 82 年度臺內地字第 8205090 號函。

❷㉓　謝哲勝，〈共有人部分相同的不相鄰數不動產的裁判合併分割──雲林地方法院 100 年度訴字第 330 號判決評釋〉，《月旦裁判時報》，第 36 期，頁 16–17，2015 年 6 月。

(二)裁判合併分割

　　一九九九年第一次修正草案第八百二十四條之一第四項及第五項原規定為：「共有人相同之相鄰數不動產，除法令另有規定外，共有人得聲請合併分割。共有人部分相同之相鄰數不動產，各該不動產均具有應有部分之共有人，經各該不動產應有部分逾二分之一共有人之同意，得適用前項之規定，聲請合併分割。但法院認為合併分割為不適當者，仍分別分割之。」[224]

　　有學者認為共有的數不動產，常因不能合併分割致分割方法採酌上甚為困難，且因而產生土地細分，有礙社會經濟的發展，草案以「相鄰」的數不動產為限，未盡合理，如能予以刪除，似對共有物分割的判決給予更寬廣的空間，也將給予一般共有人於協議分割時更多也更方便的選擇。因而建議將第四項及第五項「相鄰」二字刪除。[225]

　　現行法將第一次修正草案第八百二十四條之一第四項及第五項移列至第八百二十四條第五項及第六項，且第八百二十四條第五項已刪除「相鄰」二字，但第六項並未修正，並增訂第七項。亦即依現行法第八百二十四條第五項及第六項規定為：「共有人相同之數不動產，除法令另有規定外，共有人得請求合併分割。共有人部分相同之相鄰數不動產，各該不動產均具有應有部分之共有人，經各該不動產應有部分逾二分之一共有人之同意，得適用前項之規定，請求合併分割。但法院認為合併分割為不適當者，仍分別分割之。」

　　此一修正，變更之前關於數宗土地不得合併分割的實務見解，而將裁判

[224]　參閱法務部，《民法物權編部分條文、民法物權編施行法修正草案》，頁118，1999年3月。

[225]　林旺根，〈民法物權編修正草案有關共有物分割分管與登記問題之探討〉，《民法物權編修正之探討與因應學術研討會會議論文》，頁34，臺北，內政部、輔仁大學法學院暨法律系、中國土地改革協會、中華民國土地登記專業代理人公會全國聯合會主辦，2000年；吳萬順，〈民法物權編修正草案有關所有權（區分所有、共有）與登記問題之探討〉，《民法物權編修正之探討與因應學術研討會會議論文》，頁6、7，臺北，內政部、輔仁大學法學院暨法律系、中國土地改革協會、中華民國土地登記專業代理人公會全國聯合會主辦，2000年。

合併分割不動產的要件，區分共有人全部相同與共有人部分相同兩種情形：

1. 共有人全部相同（民八二四 V）

共有不動產合併分割，可以避免土地分割破碎，使土地使用符合規模經濟，當共有人完全相同時，得請求合併分割，原則上並無其他要件的限制。但如兩宗相鄰土地使用分區不同，不同使用分區土地無法合併為一個地號，則未必可以合併分割。

2. 共有人部分相同（民八二四 VI）

共有人部分相同的情形，條文規定必須符合「相鄰」和「經各該不動產應有部分逾二分之一共有人之同意」，各該不動產均具有應有部分的共有人，得請求合併分割。但法院認為合併分割為不適當者，仍分別分割之。

合併分割與土地合併的概念並不相同，合併分割是將數筆土地統籌定其分割時的分配方法。土地合併是標示合併，標示合併指兩筆不同地號的土地合併為同一地號的一筆土地，可知合併分割與土地合併的概念並不相同。㉖

合併分割的目的仍在分割，雖然可能將兩宗以上土地標示合併為一宗後再予分割，但也可不將兩宗以上土地為標示合併而統籌定其分割時的分配方法。而土地合併，固以同一地段、地界相連、使用性質均相同的土地為限（地籍測量實施規則二二四 I），但土地合併分割僅是將數筆土地統籌定其分割時的分配方法，自無須限於地界相連的土地，始得合併分割，因此而並無須限制為「相鄰」的數筆不動產為必要。㉗

不相鄰的共有土地合併分割，可以避免土地分割破碎，使土地使用符合規模經濟，雖然此種不相鄰共有土地合併分割將有規避土地增值稅之嫌。然而本書仍持肯定見解，因為若採實質課稅原則，即可以達到課稅目的，

㉖　謝哲勝，〈共有人部分相同的不相鄰數不動產的裁判合併分割——雲林地方法院 100 年度訴字第 330 號判決評釋〉，《月旦裁判時報》，第 36 期，頁 17-18，2015 年 6 月。

㉗　參閱蔡明誠，〈數筆共有土地之裁判合併分割問題〉，《台灣本土法學雜誌》，第 22 期，頁 71，2001 年 5 月。

避免共有人以分割之名行土地移轉之實，而且共有物分割時亦能發生實質移轉土地所有權的效果，依目前實務見解本須繳納土地增值稅，❷❷❽基於促進土地使用的考量，本書認為共有人部分相同不動產的分割應刪除「相鄰」的要件，以增加合併分割不動產的適用範圍，以避免土地過度細分，影響不動產使用效率。在修法刪除前則應認為不相鄰的不動產也可類推適用第八百二十四條第六項規定。

但書「法院認為合併分割為不適當者，仍分別分割之。」雖賦予法院裁量權，但除非法令有限制或事實上有困難，法院仍不宜分別分割，才符合裁判合併分割的立法意旨。

第六款　分割的效力

共有物分割發生權利移轉的效力，分述其效力如下：

一、單獨取得所有權

關於協議分割，實務見解認為自協議分割者完成不動產分割登記或動產交付時始單獨取得所有權，❷❷❾但本書認為於分割協議生效時即單獨取得所有權；關於裁判分割，自分割共有物判決確定之日起，就其分得部分，單獨取得所有權。

共有物分割的效力，從立法例來看，有採權利認定主義，有採權利移轉主義，前者認為共有物因分割而成為單獨所有的效力，溯及於共有關係

---

❷❷❽ 釋字第 173 號解釋。

❷❷❾ 例如最高法院 59 年臺上字第 1198 號判例：「共有人就共有物已訂立協議分割契約者，縱使拒絕辦理分割登記，當事人亦僅得依約請求履行是項登記義務，而不得訴請法院按協議之方法，再為分割共有物之判決。」及最高法院 67 年臺上字第 2647 號判例要旨：「共有人成立不動產協議分割契約後，其分得部分所有權移轉請求權，乃係請求履行協議分割契約之權利，自有民法第一百二十五條消滅時效規定之適用。」學說上相同見解，請參閱謝在全，《民法物權論（上）》，頁 400–401，自版 2014 年 9 月、鄭冠宇，《民法物權》，頁 309，新學林，2019 年 7 月。

成立時發生，分割只不過是將原來自始屬於各人單獨所有的事實加以宣示而已；後者則認為因分割而成為單獨所有的效力，於分割完畢時發生，不溯及既往。❷⓪我國過去就此雖未明文規定，然通說及實務係採後者，其理論依據為，依民法第八百二十五條：「各共有人，對於他共有人因分割而得之物，按其應有部分，負與出賣人同一之擔保責任。」規定可知，共有物因分割而各共有人各自取得分得物的單獨所有權，而共有人間相互的關係，與普通所有權讓與的關係相似，❷① 亦即因相互移轉的結果，他共有人因分割而得的物，各共有人按其應有部分，賦予出賣人同一的擔保責任，故效力係向後發生而非溯及既往。

現行法第八百二十四條之一第一項規定：「共有人自共有物分割之效力發生時起，取得分得部分所有權。」明文採權利移轉主義。

二、對於共有物上限制物權的效力

㈠原則上繼續存在

共有物分割前，共有人若以共有物或應有部分設定限制物權予第三人，該限制物權於分割後，仍存在於共有物全部上，而不存在於分割後的具體特定部分上，即共有物既已存在的限制物權不因分割而受影響。

㈡對應有部分抵押權的效力

1.舊條文的解釋

於共有物分割時，該設定抵押權的共有人只取得共有物的一部分，則第三人的抵押權究竟存在於該設定人所分得的具體部分，或抽象的存在各共有人的分得部分上，實務及通說皆認抵押權及質權仍抽象的存在各共有人分得部分上，說明如下：

⑴就共有物分割的效力而言，共有物的分割如前所述既採移轉主義，其

---

❷⓪　溫豐文，〈共有物分割對應有部分抵押權之效力〉，《月旦法學雜誌》，第 59 期，頁 21，2000 年 4 月。

❷①　蔡明誠，〈數筆共有土地之裁判合併分割問題──最高法院八十九年度臺上字第一八七五號判決評釋〉，《台灣本土法學雜誌》，第 22 期，頁 69，2001 年 5 月。

效力既是向後發生，參照民法第八百六十八條：「抵押之不動產如經分割，或讓與其一部，或擔保一債權之數不動產而以其一讓與他人者，其抵押權不因此而受影響。」的規定，可知該抵押權仍存於各共有人所分得部分上。❷❸❷

(2)土地登記規則修正前第一百零七條也如此規定：「分別共有土地，部分共有人就應有部分設定抵押權者，於辦理共有物分割登記時，該抵押權按原應有部分轉載於分割後各宗土地之上。但經先徵得抵押權人同意者，該抵押權僅轉載於原設定人分割後取得之土地上。」

因此，該分別共有土地的分割及轉載，毋須抵押權人同意，然而於分割登記後，應通知抵押權人提出他項權利證明書，辦理土地標示變更的加註手續（內政部六五、五、一二臺內地字第六八三○九○號函）。❷❸❸

(3)司法院釋字第六七一號解釋

釋字第六七一號解釋文：「……分別共有不動產之應有部分，於設定抵押權後，共有物經分割者，其抵押權不因此而受影響（民法第八百二十五條及第八百六十八條規定參照）。於分割前未先徵得抵押權人同意者，於分割後，自係以原設定抵押權而經分別轉載於各宗土地之應有部分，為抵押權之客體。是強制執行時，係以分割後各宗土地經轉載抵押權之應有部分為其執行標的物。於拍定後，因拍定人取得抵押權客體之應有部分，由拍定人與其他共有人，就該不動產全部回復共有關係，其他共有人回復分割前之應有部分，經轉載之應有部分抵押權因已實行而消滅，從而得以維護其他共有人及抵押權人之權益。……」本書認為該解釋值得肯定與讚揚，同時對解釋要旨簡要說明，也提出補充解釋理由，並釐清部分解釋理由，分述如下：

A. 該解釋值得肯定與讚揚

(A) 釐清了民法上相當複雜的問題

---

❷❸❷　溫豐文，〈共有物分割對應有部分抵押權之效力〉，《月旦法學雜誌》，第 59 期，頁 21，2000 年 4 月；司法行政部民事司臺(64)民司函字第 0382 號函。

❷❸❸　尤重道，〈應有部分設定抵押權後分割共有物抵押權歸屬問題之研究(二)〉，《現代地政》，第 201 期，頁 11，1998 年 3 月。

如同黃茂榮大法官的協同意見書所述：「分別共有之分割，其抵押權人及共有人之利益衝突情狀如學說及實務所示，所涉問題相當複雜」，本號解釋在解釋文、理由書和謝在全大法官為首的協同意見書的補充理由闡釋下，不僅在理論上，明確剖析分別共有、財產權保障、交易安全保護等相關法學理論，釐清了民法上相當複雜的問題，在糾紛個案上，也提出了調和各法學理論所代表的法益的方式，解決了極難處理的糾紛，因此，此號解釋在理論和實務都極具重要意義，值得肯定與讚揚。

(B) 第三人不至於受到不測損害，即無礙交易安全的保護

釋憲聲請人主張：「抵押權，聲請人不僅毫無所悉，亦未經聲請人同意，且其借貸所得聲請人亦未獲絲毫利益，但上揭抵押權卻隨同移轉至聲請人分割後所分得之土地上，明顯欠缺法律上之原因，並使聲請人意外負擔抵押之義務，而嚴重妨害聲請人所有權之行使，致受有損害，明顯不公……」，乍看之下，似乎振振有詞，然而，如同以謝在全大法官為首的協同意見書的四、㈢所闡釋：「於共有物分割後，應有部分抵押權人實行抵押權前，若有第三人受讓分得之原物，或就該分得物成立物權者，因應有部分曾設定抵押權，經分割後，應有部分抵押權仍存在等情形，土地登記自始均有詳細之記載，依此項登載所公示之狀況為第三人所得知，第三人為交易時可預為處理，是無礙於交易安全之保障，無善意保護之問題」，仔細推敲之下，就可確定聲請人並非交易第三人，因此，也並非交易安全所要保護的對象。所謂第三人，在本案是指設定抵押權後，就共有現狀而取得權利的人，如第三人受讓應有部分，或共有物分割後，第三人受讓分得的原物，原共有人當然不是第三人，不能主張交易安全的保護。

對於保護交易安全而言，是避免第三人受到不測損害，與其談意外或不測，不如先探討有無損害，如無損害，就不會有不測損害，而無損交易安全。因此，就涉及交易安全保護的探討時，不可忽略損害的要件。就本案而言，如不論共有人不是第三人，如未分割，應有部分設定抵押權，如無法清償債務，應有部分被拍賣，只是共有人變更，如同共有人移轉應有部分給他人，其他共有人並無損害可言，不符合損害的要件，即其他共有

人並不因共有人之一就其應有部分設定抵押權而受損害。就意外而言，應有部分設定抵押權，如無法清償債務，應有部分被拍賣，只是共有人變更，如同共有人移轉應有部分給他人，處分應有部分既然是共有人的自由，共有人變更，對於其他共有人，應無意外，因而共有人並無不測損害。

分割訴訟後，抵押權移轉到其他共有人所分得的部分，形成其他共有人所有土地的物上負擔，似乎構成損害。然而，如同上述協同意見書所稱：「因應有部分曾設定抵押權，經分割後，應有部分抵押權仍存在等情形，土地登記自始均有詳細之記載，依此項登載所公示之狀況為第三人所得知，第三人為交易時可預為處理……」，針對分割後的結果而言，分割訴訟前，共有土地的應有部分，已設定抵押權，共有人查閱登記簿即可得知，因此，抵押權未經抵押權人同意而轉載，對其他共有人而言，並無意外。既無意外，即使真有損害，也不是不測損害。就本案而言，應有部分設定抵押權及之後轉載到其他共有人所分得的原物，不僅共有人不會有不測損害，又因抵押權經登記，第三人可得而知，第三人為交易時可預為處理，也不至於受到不測損害，即無礙交易安全的保護。

B. 解釋要旨簡要說明

因為所涉理論和實務問題相當複雜，本號解釋公布後，有些登記機關似乎尚有疑義，為求方便理解，本文以下簡要加以說明。

本號解釋要旨簡要敘述即是修正前的土地登記規則第一百零七條合憲，理由是：未先徵得抵押權人同意，原設定抵押權及於分割後各宗土地之應有部分；抵押權人以分割後各宗土地之應有部分為其執行標的物。於拍定後，因拍定人取得抵押權客體之應有部分，由拍定人與其他共有人，就該不動產全部回復共有關係，其他共有人回復分割前之應有部分，經轉載之應有部分抵押權因已實行而消滅。

C. 補充闡釋解釋理由

(A) 他人不能處分或變更抵押權人原有的權利

如同黃茂榮大法官所言「將來最適合的解決之道是：分別共有物之協議分割應由共有人及抵押權人共同為之。其不能獲致協議者，以裁判的方

式分割。不論是協議分割或裁判分割，在分割後皆以抵押人因分割分得之單獨所有物為該抵押權之標的。」然而，本案的分割是裁判分割，解釋文為何仍認為原設定抵押權及於分割後各宗土地的應有部分，在法學理論上，即有探討的空間。

抵押權雖然是擔保物權，不同於所有權是完全物權，然而，抵押權人在符合一定條件下，是有可能成為所有權人，例如流押條件成就或抵押權人依民法第八百七十八條取得所有權，即使認為抵押權是價值權，在抵押權人所得支配的交換價值範圍內，抵押權人仍有歸屬性（物權）的權利，物上的其他權利人，包括共有人，未經抵押權人的同意，當然不能處分或變更抵押權人原有的權利。因此，分別共有物的協議分割，如由共有人及抵押權人共同為之，即經抵押權人同意，在裁判分割的情形，必須抵押權人參加訴訟或被告知訴訟，有機會參與裁判分割的程序，分割的效力才能對抵押權人發生效力。

(B) 抵押權人同意分割，抵押權移轉於原設定人分割後取得的土地

如同謝在全大法官為首的協同意見書的補充理由一所述，土地登記規則第一百零七條於九十八年七月六日配合民法第八百二十四條之一修正（同年七月二十三日施行）為：「分別共有土地，部分共有人就應有部分設定抵押權者，於辦理共有物分割登記時，該抵押權按原應有部分轉載於分割後各宗土地之上。但有下列情形之一者，該抵押權僅轉載於原設定人分割後取得之土地上：一、抵押權人同意分割。二、抵押權人已參加共有物分割訴訟。三、抵押權人經共有人告知訴訟而未參加。」可見，關於應有部分設定抵押權，於共有物分割後，該抵押權應如何處理，於民法第八百二十四條之一規定施行後，已設有適當的規範，足以保護共有人及抵押權人的利益。部分呼應黃茂榮大法官所言「將來最適合的解決之道是：分別共有物之協議分割應由共有人及抵押權人共同為之。其不能獲致協議者，以裁判的方式分割。不論是協議分割或裁判分割，在分割後皆以抵押人因分割分得之單獨所有物為該抵押權之標的。」

然而，民法第八百二十四條之一的修正，就協議分割，只規定抵押權

人同意分割，抵押權移轉於原設定人分割後取得的土地，並未規定應經抵押權人同意，全體共有人才能協議分割。就共有人權利行使的自由來看，全體共有人同意為協議分割並無問題，但因為共有人不能處分或變更抵押權人原有的權利，因而抵押權人的權利不受影響，而仍存在於分割後各宗土地的應有部分。全體共有人同意為協議分割後，如抵押權因債務清償而塗銷，則共有土地分割的效力，即告確定，因此，全體共有人同意協議分割，雖然未經抵押權人的同意，仍有實益，而不必規定應經抵押權人同意，全體共有人才能協議分割。

D. 有待釐清的解釋理由

解釋文所稱：「憲法第十五條關於人民財產權應予保障之規定，旨在確保個人依財產之存續狀態行使其自由使用、收益及處分之權能，不得因他人之法律行為而受侵害。」並不周延。如同以謝在全大法官為首的協同意見書的四、㈠所闡述：「於符合憲法第二十三條規定之限度內，（國家）仍得以法律或法律明確授權之命令加以限制」財產權外，私人侵害他人財產權的情形，並不限於以「法律行為」加以侵害。

法律行為必須以意思表示為要素，然而侵害他人財產權的行為，更多的情形是發生在非法律行為，例如侵權行為等。財產權作為一種歸屬性的權利，他人不能侵害權利人的權利，不限於以法律行為加以侵害，況且他人不能合法地處分或變更權利人原有的權利，則在通常情形，只要妥當地解釋適用法律，人民的財產權，也不會因他人的法律行為而受侵害。

上述解釋文適用於本案，也有疑問，因為裁判分割似乎並非法律行為，基於保障財產權不限於法律行為受侵害的情形，因而上述解釋文對憲法第十五條關於人民財產權應予保障的規定，所作的闡釋，顯然並不周延。❷❸❹

2. 現行法規定

依照民法第八百二十四條之一第二項規定：「應有部分有抵押權或質權者，其權利不因共有物之分割而受影響。但有下列情形之一者，其權利移存

---

❷❸❹ 以上參閱謝哲勝，〈應有部分設定抵押權後共有物分割的效力──釋字第六七一號評釋〉，《月旦裁判時報》，第 8 期，頁 18–22，2011 年 4 月。

於抵押人或出質人所分得之部分：一、權利人同意分割。二、權利人已參加共有物分割訴訟。三、權利人經共有人告知訴訟而未參加。」故以抵押權人已同意或已參加訴訟或受告知參加訴訟，其權利才移存於抵押人或出質人所分得的部分，否則，其權利不因共有物的分割而受影響，而土地登記規則第一百零七條也配合民法修正，使條文規範更為明確。其次，同條第三項規定：「前項但書情形，於以價金分配或以金錢補償者，準用第八百八十一條第一項、第二項或第八百九十九條第一項規定。」因此，共有人將其應有部分抵押或出質者，嗣該共有物經分割，抵押人或出質人並未受原物分配時，該抵押權或質權應準用第八百八十一條第一項、第二項，或第八百九十九條之規定，由抵押人或出質人所受之價金分配或金錢補償，按各抵押權人或質權人之次序分配之，其次序相同者，按債權額比例分配之，並對該價金債權或金錢債權有權利質權，以保障抵押權人或質權人的權益。❷❸❺

三、發生法定抵押權

民法第八百二十四條之一第四項規定：「前條第三項之情形，如為不動產分割者，應受補償之共有人，就其補償金額，對於補償義務人所分得之不動產，有抵押權。」參考立法理由，本項乃為保障因不動產之裁判分割而應受補償共有人之權益而設。而從民法第八百二十四條之一第四項立法理由「為保障因不動產之裁判分割而應受補償共有人之權益，爰於第四項增訂」來看，當然包括裁判分割並無疑義，但是否包括協議分割，則顯有討論的空間。對此，本書認為，從體系來看，民法第八百二十四條是關於分割方法的規定，第一項針對協議分割，概括規定依當事人協議的方法，第二項規定裁判分割的方法。第三項以金錢補償的規定，依體系固然可以認為是延續第二項的規定，而認為只限於第二項裁判分割的情形，然而體系解釋上，也可認為協議分割方法因無另外規定，第二項和第三項的分割方法也可作為協議分割的方法。如果民法第八百二十四條第三項的規定可

❷❸❺　參閱黃健彰，〈擔保物權的物上代位性——民法物權編修正後相關條文的解釋適用〉，《中原財經法學》，第 27 期，頁 198–202，2011 年 12 月。

以包括協議分割，第八百二十四條之一第四項既針對「前條第三項之情形」，則應受補償人有法定抵押權即包括協議分割的情形。再從法理言之，裁判分割應受補償人的補償金債權應加以保障，是基於應得補償金的共有人以其原應有部分換取補償金，協議分割的情形與裁判分割的情形相同，因而協議分割應受補償人的補償金債權也應加以保障，而應得主張法定抵押權。

同條第五項規定：「前項抵押權應於辦理共有物分割登記時，一併登記，其次序優先於第二項但書之抵押權。」本書認為，法定抵押權是符合法律規定，即有抵押權，因此，共有不動產分割應受補償人的法定抵押權不以登記為生效要件。[236]

四、對於共有物上分管契約的效力

共有物有分管契約，是否仍可以請求裁判分割，仍有爭議（參閱本章第三項第二款二），即使採「共有物分管契約與共有物不分割之約定有異，不影響共有人共有物分割請求權之行使」的見解，則是否可得出「法院判決分割確定時，先前共有人間的分管契約，即應認為終止。」[237]以下從分管契約的拘束力和物的使用效率分別加以探討：

(一)分管契約的拘束力

分管契約是由共有人全體所形成的契約，可以是明示的，也可以是默示的，[238]其目的是在不分割共有物的前提下，而追求全體或大多數共有人對於共有物的使用收益的最大利益，因而分管契約如有期限，當然在期限屆滿時消滅。依民法第八百二十條規定所形成的管理，也可達到分管契約的目的，但因為不是全體同意而是多數決所為，因此，應稱為管理決議或

[236] 以上參閱謝哲勝，〈共有不動產分割應受補償人的法定抵押權〉，《月旦法學教室》，第 85 期，頁 18-19，2009 年 11 月。

[237] 臺灣高等法院 98 重上字 208 號民事判決。

[238] 參閱溫豐文，〈默示的分管契約／最高院 98 台上 1087〉，《台灣法學雜誌》，第 170 期，頁 199-202，2011 年 2 月；謝哲勝，〈默示分管契約〉，《台灣法學雜誌》，第 193 期，頁 132-135，2012 年 2 月。

分管決議，分管契約即為契約另訂定的管理，因此，也可適用民法第八百二十條第二、三項的規定。

　　分管契約如未定有期限，在無民法第八百二十條第二、三項顯失公平和情事變更的情形下，則分管契約可否任意終止，除了應分析該條項的規定外，更應分析此一任意終止，是否符合共有人形成此一分管契約的意思。

　　從民法第八百二十條第二、三項條文規定，必須有顯失公平和情事變更的情形下，法院才能以裁定加以變更，則反對解釋，無此二種情形，法院即不能以裁定加以變更。如果解釋上卻允許共有人中之一人，得隨時請求裁判分割，而認為是終止分管契約的意思，法院判決分割確定時，共有人間的分管契約，即應認為終止，則顯然不符合民法第八百二十條第二、三項條文的文義，因為該條項文義具有「列舉其二理由」，而排除其他理由的意思。

　　共有人形成此一分管契約，雖未約定期限，從分管或管理的內容，也可探求共有人對分管契約期限的默示的意思。如分管的變更對於共有人造成的成本不高，則共有人間不會有太長期間的期待，如共有農地，分管的農地僅作稻作或蔬菜短期作物的種植，探求當事人的真意，分管契約的期限通常不長。然而，分管的土地如為建地，而共有人又得到其他共有人同意建築房屋，則興建房屋的共有人應可以合理期待，分管期限為房屋的通常耐用年限，這符合正常理性的人的合理期待。

　　綜上所述，從分管契約的拘束力來看，在共有物已有分管或管理契約時，無論從民法第八百二十條第二、三項條文規定，或探求共有人對分管契約期限的默示的意思，都無法得出各共有人得隨時請求分割，因而終止分管契約。

(二)物的使用效率

　　從物的使用效率來看，共有物通常是土地，如各共有人得隨時藉由請求分割，進而終止分管契約，而使共有人形成無權占有，面臨拆屋還地的窘境，拆除合法興建的房屋是破壞有用資源的行為，只應適用於嚇阻擁有該有用資源的人的特定行為，但合法興建房屋的行為，顯然不在其內。而

拆屋還地對於已投入龐大成本的共有人，將造成巨大損害，也將嚇阻共有人將來對分管土地的投入，也將影響共有土地的使用效率，因此，從物的使用效率來看，也無法得出各共有人得隨時請求分割，因而終止分管契約。

綜上，在違反分管契約意旨下，不能請求裁判分割；因分割共有物如使分管狀態變更形同變更分管契約，分管契約在無民法第八百二十條第二、三項情形，共有人也不得請求法院裁定變更分管契約；除非經全體同意終止分管契約，共有人對分管契約也未必有終止權。因此，法院審理分割訴訟時應先斟酌分管契約內容，並判斷有無顯失公平和情事變更，❷❸❾認為准予分割不違反分管契約的拘束力，始准予分割，否則應以約定的物的使用目的或默示的不分割期限為理由，駁回共有物分割訴訟。❷❹⓿退步而言，即使認為可以分割，則共有人仍受分管契約的拘束。

五、瑕疵擔保責任

各共有人對於他共有人因分割而取得之物，按其應有部分，負與出賣人同一的擔保責任（民八二五），不論分割為協議分割或裁判分割。

六、證書的保存及使用

共有物分割後，各共有人應保存其所得物的證書，關於共有物的證書，則歸取得最大部分之人保存之。無最大部分者，由分割人協議定之，不能協議決定者，得聲請法院指定之，各分割人得請求使用他分割人所保存之證書（民八二六）。

---

❷❸❾ 關於情事變更原則的效力，請參閱謝哲勝，〈情事變更原則排除適用條款的效力——最高法院 105 年度台上字第 1710 號民事判決評析〉，《法令月刊》，第 68 卷第 8 期，頁 1–14，2018 年 3 月。

❷❹⓿ 謝哲勝，〈共有土地分管契約對裁判分割的拘束力——最高法院 105 年度台上字第 849 號民事裁定評析〉，《法令月刊》，第 69 卷第 3 期，頁 6–9，2018 年 3 月；文中所評析的實務見解，仍維持過去實務「共有人請求分割共有物，即係終止分管契約之意思」的見解，固值得再商榷，但於裁定理由增加「顧及分管狀態」與「符合土地之應有權利狀態」兩項標準，理由已更加周延而值得贊同。

第三節 公同共有

一、意 義

　　公同共有是數人基於公同關係而共有一物。該數人稱為公同共有人（民八二七 I），所謂公同關係，指依法律規定或依契約約定成立的公同關係，前者如遺產的繼承（民一一五一），後者如合夥（民六六八）。公同共有人的權利，及於公同共有物的全部，各該共有人對於應有部分的權利，受到公同關係的限制，不能如同分別共有的應有部分般地自由處分。公同共有財產有合夥財產、共同繼承財產、祭祀公業財產、同鄉會館、校友會館……等。

二、權利義務關係

　　公同共有人的權利義務，依其公同關係所由成立之法律、法律行為或習慣定之（民八二八 I），依法律行為成立之公同關係，以有法律規定或習慣者為限（民八二七 II）。但因各公同共有人之權利，及於公同共有物之全部（民八二七 III），公同共有物之處分及其他權利之行使，除法律另有規定外，應得公同共有人全體之同意（民八二八 III）。法律另有規定的情形包括民法第八百二十八條第二項：「第八百二十條、第八百二十一條及第八百二十六條之一規定，於公同共有準用之。」另外，依土地法第三十四條之一第五項準用第一項，公同共有之土地或建築物的處分、變更及設定用益物權，可以多數決為之。公同共有也有應有部分，因而也得以共有人過半數及其應有部分過半數或應有部分三分之二以上的同意，處分共有物。❷⁴¹

---

❷⁴¹　內政部 94 年 5 月 9 日內授中辦地字第 0940725026 號函要旨：核釋「土地法」第 34 條之 1 第 5 項準用第 1 項公同共有人處分全部公同共有物時應經公同共有人過半數及其「潛在的應有部分」合計過半數之同意，現行土地法第 34 條之 1 執行要點第 6 點亦規定以潛在應有部分計算。

三、應有部分為數人所公同共有

　　針對修正前土地法第三十四條之一執行要點第十二點，釋字第五六二號解釋認為：「土地法第三十四條之一執行要點第十二點規定：『分別共有土地或建物之應有部分為數人所公同共有，公同共有人就該應有部分為處分、變更或設定負擔，無本法條第一項之適用』，於上開範圍內，就公同共有人公同共有不動產所有權之行使增加土地法上揭規定所無之限制，應不予適用。」㉒嗣後，土地法第三十四條之一執行要點修正時將原第十二點移列為第二點，並將第二點修正為：「共有土地或建物之應有部分為公同共有者，該應有部分之處分、變更及設定地上權、農育權、不動產役權或典權，得依本法條規定辦理。」

四、公同共有物的分割

　　公同關係存續中，各共有人不得請求分割共有物（民八二九）（但民法第一一六四條規定繼承人得隨時請求分割遺產屬於例外），此與分別共有的共有人可以隨時請求分割的規定不同。但於合法終止公同關係後，自得隨時請求分割。公同關係終止後，共有人得請求分割，公同共有物的分割，除法律另有規定（例如民法第一一六五條關於遺產分割的規定）外，應依關於共有物分割的規定（民八三〇II）。

　　土地法第三十四條之一也適用於公同共有的不動產，則除了繼承的情形有民法第七百五十九條限制外，於公同關係存續中，公同共有的不動產也可以多數決加以處分，而分配價金，實質達到分割的目的。

五、公同共有的消滅

　　公同共有的消滅，因公同關係之終止（例如合夥解散，民八三〇I）及

㉒　關於此號解釋的說明，請參閱王澤鑑，〈物權法在實務上的最新發展，2003年版序言〉，《民法物權㈠通則‧所有權》，頁12–14，三民書局，2003年10月增補版。

公同共有物之讓與（民八三〇I）等原因而消滅。

第四節　祭祀公業的法律問題

第一項　意　義

祭祀公業又稱祭田，是以祭祀祖先為主要目的，由享祀者的子孫所組成，且設置有獨立財產的宗族團體；我國為祭祀目的而設立祭祀公業，俾祖先有所血食，並求降福鮮孫。❷⁴³依習慣，女子不得為祭祀公業派下，但特殊情形得為派下，大多在祭祀公業的設立或管理章程中明文規定；而派下代表大會，係派下總會的代替機關，即祭祀公業的最高意思機關。

因此，祭祀公業包含兩個面向：祭祀與財產，在現代法律，財產面向才是法律所規範的重點，至於祭祀面向則非能以法律的手段予以保護與實現。❷⁴⁴民國九十六年制定祭祀公業條例，目的即在於將祭祀公業法人化並清理祭祀公業財產。

第二項　法律性質

祭祀公業的法律性質有不同見解：

一、派下員公同共有說

此說為臺灣光復後的最高法院所採，認為祭祀公業本身並非法人，僅屬於某死亡者後裔公同共有祭祀財產的總稱，其本身無權利能力，故不能為權利的主體，其財產為祭祀公業派下員公同共有，不因土地登記簿記載其所有人名義為祭祀公業，或設有管理人，而有所不同。❷⁴⁵

---

❷⁴³　高欽明，《祭祀公業財產處分實務》，頁 19，永然，2015 年 10 月。

❷⁴⁴　陳榮傳，〈不問祭祀問繼承──祭祀公業和釋字第七二八號解釋〉，《月旦法學雜誌》，第 243 期，頁 6，2015 年 8 月。

❷⁴⁵　參閱最高法院 40 年臺上字第 998 號判例。

二、習慣法人說

此說為日據時期通說，而目前土地登記簿上，仍照日據時代的作法記載其所有人為祭祀公業，而不載為派下員公同共有，故不問其是否具備社團法人或財團法人的法定要件，均得視為法人，即應該承認祭祀公業為習慣法人，不動產即屬祭祀公業所有。

目前尚有效存在的祭祀公業，都有財產和管理人，而登記實務也將它當成登記名義人，而權利主體才能成為登記名義人，因而其實是實質地承認祭祀公業為習慣法人，為求名實相符，本書採第二說，認為祭祀公業為習慣法人。

第三項　祭祀公業條例

立法院於中華民國九十六年三月二日三讀通過祭祀公業條例，總統於九十六年十二月十二日公布祭祀公業條例。

祭祀公業條例，有下列重要規定：

一、用詞定義

第三條規定：「本條例用詞定義如下：一、祭祀公業：由設立人捐助財產，以祭祀祖先或其他享祀人為目的之團體。二、設立人：捐助財產設立祭祀公業之自然人或團體。三、享祀人：受祭祀公業所奉祀之人。四、派下員：祭祀公業之設立人及繼承其派下權之人；其分類如下：㈠派下全員：祭祀公業或祭祀公業法人自設立起至目前止之全體派下員。㈡派下現員：祭祀公業或祭祀公業法人目前仍存在之派下員。五、派下權：祭祀公業或祭祀公業法人所屬派下員之權利。六、派下員大會：由祭祀公業或祭祀公業法人派下現員組成，以議決規約、業務計畫、預算、決算、財產處分、設定負擔及選任管理人、監察人。」

二、派下員

第四條規定：「本條例施行前已存在之祭祀公業，其派下員依規約定之。無規約或規約未規定者，派下員為設立人及其男系子孫（含養子）。派下員無男系子孫，其女子未出嫁者，得為派下員。該女子招贅夫或未招贅生有男子或收養男子冠母姓者，該男子亦得為派下員。派下之女子、養女、贅婿等有下列情形之一者，亦得為派下員：一、經派下現員三分之二以上書面同意。二、經派下員大會派下現員過半數出席，出席人數三分之二以上同意通過。」

同法第五條規定：「本條例施行後，祭祀公業及祭祀公業法人之派下員發生繼承事實時，其繼承人應以共同承擔祭祀者列為派下員。」關於上述規範內容，說明如下：

㈠派下權的意義與性質

享祀者的子孫，可依祭祀公業的設立或管理章程❷⁴⁶規定，而成為祭祀公業的派下（或稱為派下員）。派下員有派下權，而派下權的持分，依各房設立時的出資額決定，如設立人死亡後，從家產分拆的方法，定其男性的繼承人及其應分額。❷⁴⁷

依習慣，女子不得為祭祀公業派下，但特殊情形得為派下。而派下代表大會，係派下總會的代替機關，即祭祀公業的最高意思機關。

除了祭祀的權利難以在法律上規範外，最高法院認為祭祀公業是派下員公同共有後，不承認為法人，則祭祀公業雖仍有作為宗族團體的結社性質，祭祀公業派下權主要的意義在於財產權的享有，而為財產權。

---

❷⁴⁶　惟從法條文字上來看，似乎有意以法人化與否區別規約與章程的用語（參照祭祀公業條例 15、24）。

❷⁴⁷　戴東雄，〈女孩所流父母的血緣難道與男孩有所不同——評釋字第七二八號解釋意旨排除女性子孫繼承祭祀公業財產不違憲〉，《月旦裁判時報》，第 41 期，頁 63–64，2015 年 11 月。

㈡派下員繼任的性質

　　繼任派下員即繼受派下權，繼任派下員外觀上類似繼承，但仍有不同。祭祀公業是設立人生前合意訂立章程而成立，故為財產所有人生前處分其財產，然而繼承是針對被繼承人死亡時的財產。祭祀公業設立人於章程中規定的派下即是將來可享有此財產權的人，因此，章程中繼任派下員的規定，為祭祀公業設立人生前對可享有祭祀公業財產的約定，屬於祭祀公業設立人間就其生前提供的財產所為的處分。派下員繼任其實不是派下權繼承，而是派下權繼受，應適用私法自治原則，優先尊重祭祀公業設立人間就其處分時的意願，因此，章程如有規定自當優先適用。❷❹❽

㈢私法自治原則與男女平等原則競合時法律的解釋適用

　　若以祭祀公業章程排除女性子孫成為派下，是否有效？分析如下：

　　依照釋字第七二八號解釋的意旨，規約是設立人與其子孫所為私法上的結社及財產處分，屬於私法自治的範圍，應予以尊重，肯定其效力。

　　基於祭祀公業派下權是財產權，祭祀公業章程涉及的是該祭祀公業的設立人與其子孫間在私法上的結社與財產處分，主要是財產權人處分其財產的行為，適用私法自治原則，規約內容自當優先適用，男女平等原則是用來限制國家的權力，不能基於男女而有差別待遇，但男女平等原則的憲法保障，並不因而剝奪人民固有的契約自由和財產權自由；然而，規約如無規定，適用法律的補充規定時（祭祀公業條例四 I 後段），法律規定不得違反憲法所保障的男女平等原則。❷❹❾

三、申報義務及未申報的處理

　　第六條規定：「本條例施行前已存在，而未依祭祀公業土地清理要點或臺灣省祭祀公業土地清理辦法之規定申報並核發派下全員證明書之祭祀公

---

❷❹❽　謝哲勝，〈私法自治與男女平等〉，《月旦法學教室》，第 163 期，頁 7，2016 年 5 月。

❷❹❾　謝哲勝，〈私法自治與男女平等〉，《月旦法學教室》，第 163 期，頁 6–8，2016 年 5 月。

業，其管理人應向該祭祀公業不動產所在地之鄉（鎮、市）公所（以下簡稱公所）辦理申報。前項祭祀公業無管理人、管理人行方不明或管理人拒不申報者，得由派下現員過半數推舉派下現員一人辦理申報。」

　　第七條規定：「直轄市、縣（市）地政機關應自本條例施行之日起一年內清查祭祀公業土地並造冊，送公所公告九十日，並通知尚未申報之祭祀公業，應自公告之日起三年內辦理申報。」

　　第五十一條規定：「祭祀公業土地於第七條規定公告之日屆滿三年，有下列情形之一者，除公共設施用地外，由直轄市或縣（市）主管機關代為標售：一、期滿三年無人申報。二、經申報被駁回，屆期未提起訴願或訴請法院裁判。三、經訴願決定或法院裁判駁回確定。前項情形，祭祀公業及利害關係人有正當理由者，得申請暫緩代為標售。前二項代為標售之程序、暫緩代為標售之要件及期限、底價訂定及其他應遵行事項之辦法，由中央主管機關定之。」第五十二條規定：「依前條規定代為標售之土地，其優先購買權人及優先順序如下：一、地上權人、典權人、永佃權人。二、基地或耕地承租人。三、共有土地之他共有人。四、本條例施行前已占有達十年以上，至標售時仍繼續為該土地之占有人。前項第一款優先購買權之順序，以登記之先後定之。」

　　第五十五條規定：「依第五十一條規定代為標售之土地，經二次標售而未完成標售者，由直轄市或縣（市）主管機關囑託登記為國有。前項登記為國有之土地，自登記完畢之日起十年內，祭祀公業得檢附證明文件，向直轄市或縣（市）主管機關申請發給土地價金；經審查無誤，公告三個月，期滿無人異議時，依該土地第二次標售底價扣除應納稅賦後之餘額，並加計儲存於保管款專戶之應收利息發給。所需價金，由地籍清理土地權利價金保管款支應；不足者，由國庫支應。」

　　第五十六條規定：「本條例施行前以祭祀公業以外名義登記之不動產，具有祭祀公業之性質及事實，經申報人出具已知過半數派下員願意以祭祀公業案件辦理之同意書或其他證明文件足以認定者，準用本條例申報及登記之規定；財團法人祭祀公業，亦同。

前項不動產為耕地時，得申請更名為祭祀公業法人或以財團法人社團法人成立之祭祀公業所有，不受農業發展條例之限制。」

四、祭祀公業法人

第二十一條規定：「本條例施行前已存在之祭祀公業，其依本條例申報，並向直轄市、縣（市）主管機關登記後，為祭祀公業法人。本條例施行前已核發派下全員證明書之祭祀公業，視為已依本條例申報之祭祀公業，得逕依第二十五條第一項規定申請登記為祭祀公業法人。祭祀公業法人有享受權利及負擔義務之能力。祭祀公業申請登記為祭祀公業法人後，應於祭祀公業名稱之上冠以法人名義。」

第五十九條規定：「新設立之祭祀公業應依民法規定成立社團法人或財團法人。本條例施行前，已成立之財團法人祭祀公業，得依本條例規定，於三年內辦理變更登記為祭祀公業法人，完成登記後，祭祀公業法人主管機關應函請法院廢止財團法人之登記。」

五、施行日期

第六十條規定：「本條例施行日期，由行政院定之。」九十七年五月十九日行政院院臺秘字第〇九七〇〇一八一三九號令發布定自九十七年七月一日施行。

第五節　準共有

民法第八百三十一條規定：「本節規定，於所有權以外之財產權，由數人共有或公同共有者準用之。」學說上稱為準共有，以別於以所有權為標的物的共有。所謂所有權以外的財產權，例如限制物權（地上權、農育權、抵押權）、債權、礦業權、商標權、專利權、著作權等均屬之，因權利的性質雖不同，但其得為共有則相同，故仍得準用該節規定。

一、債權的行使

最高法院一〇四年度第三次民事庭會議決議認為：「公同共有債權人起訴請求債務人履行債務，係公同共有債權之權利行使，非屬回復公同共有債權之請求，尚無民法第八百二十一條規定之準用；而應依同法第八百三十一條準用第八百二十八條第三項規定，除法律另有規定外，須得其他公同共有人全體之同意，或由公同共有人全體為原告，其當事人之適格始無欠缺。」學者則有認為，準共有債權之本質，即數人享有一債權，則對準共有債權的行使上不應與適用債編可分債權、不可分債權及連帶債權的規定矛盾，並提出細緻化的區分，亦即準分別共有可分債權時，須一併注意第二百七十一條之規定，故應依第八百三十一條準用第八百二十一條本文，允許分別請求；準分別共有不可分債權時，須一併注意第二百九十三條之規定，故應依第八百三十一條準用第八百二十一條本文及但書，各共有人得單獨請求惟須向全體為給付；而於準公同共有可分及不可分債權時，不應只考慮債編第二百七十一條及二百九十三條規定，尚須顧及公同共有的團體性，應依第八百三十一條準用第八百二十八條第二項及第八百二十一條本文及但書，允許單獨請求惟須向全體為給付。❷⁵⁰本書贊同學者見解。

二、繼承股份時的股權行使

依民法第一千一百五十一條規定：「繼承人有數人時，在分割遺產前，各繼承人對於遺產全部為公同共有。」而公司每年應至少召集一次股東會（公司一七〇），若未達法定出席數即為流會，則當繼承人準公同共有股份時，如何出席股東會將至關重要。而出席股東會究屬民法第八百三十一條

---

❷⁵⁰ 請參閱游進發，〈準分別共有與公同共有債權之行使──以最高法院一〇二年度台上字第一三〇七號裁定為出發點〉，《月旦裁判時報》，第 34 期，頁 15–23，2015 年 4 月；游進發，〈再論準公同共有債權之行使──以最高法院一〇四年度第三次民事庭會議㈠為反思對象〉，《月旦法學雜誌》，第 246 期，頁 186–195，2015 年 10 月。

準用第八百二十八條第二項、第八百二十條的管理行為，以多數決為之；或是民法第八百三十一條準用第八百二十八條第三項的其他權利行使，必須全體同意為之，目前實務見解似乎傾向後者，由全體同意為之，❷⁵¹然而如此極易使公司產生營運僵局。有學者認為可引進共有股份分割投票制度，較能尊重每位共有人的意思，不易產生少數受到多數壓迫的情形，❷⁵²即每一位繼承人都可以依其應繼分比例股權，單獨行使其股東權，本書表示贊同。

★★ 例題暨解題分析

> 一、所有權的權能有哪些？

答：占有、使用、收益、處分及排除他人干涉。

> 二、處分包含哪幾種？

答：法律上處分和事實上處分。如承認物權行為，則法律上處分尚可區分為物權處分和債權處分。

> 三、乙未經甲允許，自民國六十二年開始占有甲已登記的 A 地，並蓋有建築物，民國七十五年乙將其占有轉讓給丙，丙繼續占有至今，甲於九十六年十二月一日發覺，向法院起訴，問甲得向丙主張何種權利？

答：解答此一概括性的問題，必須先粗略地檢驗甲得向丙主張權利的可能性，甲丙間無契約關係，丙並無為甲管理事務的意思，而無成立無因管理，丙的占有超過侵權行為損害賠償的請求時效，因此，甲得向丙主張的權利只有物權請求權和不當得利返還請求權。

答題時應針對物權請求權和不當得利返還請求權精緻地分析，探討是否符合構成要件。甲依民法第七六七條請求所有物返還時，必須符合甲是所有人與丙為無權占有二要件，丙是否無權占有（即乙、丙是否因為長

---

❷⁵¹ 參照最高法院 103 年度臺上字第 1570 號判決、最高法院 104 年度臺上字第 2414 號判決。

❷⁵² 請參閱周振鋒，〈論繼承股份時行使共有股份權利之爭議——以出席股東會為討論中心〉，《財金法學研究》，第 1 卷第 3 期，頁 361–365，2018 年 12 月。

時間的占有而取得一定權利），重點就在於丙是否時效取得地上權。

丙如未符合時效取得地上權的要件而構成無權占有，也構成無法律上原因而受有占有的利益，而必須分析是否符合民法第一七九條的構成要件，然而本書則認為不當得利僅具有補充功能，因而既有民法第七六七條對本案為妥善規範，即不必再適用不當得利的規定。

另外，丙的占有受有相當於租金額的利益，甲如受有相當於租金額的損害，就此利益，如符合民法第一七九條的構成要件，也可以請求返還。

四、甲和乙是鄰居，甲蓋房屋越界，乙見到笑說沒關係，二個月後乙後悔，問乙得向甲主張何種權利？

答：本題是簡易題，將民法第七九六條適用於案例事實即可，其中「笑說沒關係」是指未表示異議，「二個月後」是不符合「即」的要件，因此，如甲建築房屋非因故意或重大過失逾越地界，則乙不得請求甲移去或變更其建築物，但得請求償金、請求購買越界部分的土地及因此形成的畸零地。

五、甲、乙為 A、B 二相鄰土地的所有人，因地形畸零不整，甲、乙約定二人各自使用他方的土地的一部分，之後，甲將其 A 地轉讓給丙，丙主張此一協議對其不生效力，問此主張是否有理由？

答：本題是考意定相鄰關係對第三人的效力，請參閱第二章第三節第二項。

六、甲出賣花崗石 A、B 二大塊給乙，每塊價格二千元，未交付前，又將此二塊花崗石賣給丙，每塊價格三千元，並交付之，丙將二塊花崗石放在其住宅門前廣場。與丙同住之表弟工匠丁，一日興起，將 A 塊花崗石雕刻成佛像，價值二萬元，B 塊花崗石被住在隔壁的堂兄戊拿去建新房子，成為新房子的主要柱子。問：

⑴乙可向甲丙丁戊主張何種權利？

答：本小題應逐一回答乙對甲、乙對丙、乙對丁、乙對戊可主張何種權利。

乙尚未取得 A、B 花崗石的所有權，甲乙有契約關係，乙對甲可主張民法第二二六條的請求權。

乙尚未取得所有權，雙重買賣原則上也不構成侵權行為，因此，乙對

丙丁戊無法主張任何權利。

　　⑵丙可向丁戊主張何種權利？

答：丙由甲取得 A、B 花崗石的所有權，丁的行為構成加工，依民法第八
　　一四條，丁取得所有權，丙依第八一六條向丁請求。戊的行為構成動
　　產附合於不動產，戊取得所有權，丙依第八一六條向戊請求。丁戊的
　　行為對丙構成侵權行為，因而有添附的不當得利返還請求權和侵權行
　　為損害賠償請求權競合的問題，基於平衡添附鼓勵創造價值和維持價
　　值與嚇阻強迫他人交易行為的規範目的，丁戊如果是過失行為，則應
　　認為丙不得請求侵權行為損害賠償。丁戊如果是故意行為，則應認為
　　丙得請求侵權行為損害賠償，但賠償的方法不得請求回復原狀。

七、A 大廈總共有四十個區分所有權，問：

　　⑴何謂專有部分？

答：A 大廈的一部分，具有使用上獨立性，且為區分所有權的標的的部分。

　　⑵何謂共有部分？

答：A 大廈專有部分以外的部分。

　　⑶A 大廈有十個停車位，可否約定由特定十戶使用？

答：此停車位應為法定停車位，雖為共有部分，但可約定專用，因此，可
　　約定由特定十戶使用。

　　⑷甲原為 A 大廈區分所有權人，甲將其區分所有單位出售給乙，A 大
　　　廈規約規定不得養狗，乙酷愛養狗，主張該規約對其不生效力，問
　　　有無理由？

答：依隨不動產所有權移轉的契約的法理、民法第七九九條之一第四項及
　　公寓大廈管理條例第二四條規定，繼受人受此規約拘束，除非有顯失
　　公平或情事變更的情形，否則乙主張該規約對其不生效力，並無理由。

　　⑸甲為 A 公寓大廈的區分所有權人，積欠管理費十萬元未繳，之後甲
　　　將其區分所有權賣給乙並辦妥登記，公寓大廈管理委員會就依規約
　　　向乙催繳甲所欠的管理費，問有無理由？

答：參閱第二章第四節第五項五、「繼受人是否概括繼受前手的權利義

務」，有理由。

八、甲、乙、丙、丁、戊、己共有 A 地，各有應有部分六分之一，未約定管理方法，甲、乙、丙、丁四人同意為下列法律行為，問：

　　⑴將 A 地出賣給庚，並為移轉登記，其效力如何？

答：適用土地法第三四條之一，有效，並對戊、己發生效力。

　　⑵出賣 A 地時，戊、己可否主張優先購買權？

答：參閱第四章第二節第二項第一款，多數見解認為可依土地法第三四條之一第四項主張優先購買權。

　　⑶將 A 地出租給辛，並交付 A 地，其效力如何？

答：參閱第四章第二節第二項第一款，有效，並對戊、己發生效力。

　　⑷出租 A 地時，戊、己可主張何種權利？

答：參閱第四章第二節第二項第一款，基於對少數不同意出租的共有人的保護，戊、己可主張類推適用土地法第三四條之一第四項，優先承租 A 地。

九、乙、丙、丁、戊、己、庚、辛共同繼承（應繼分均等）A 地，尚未辦理繼承登記，經乙、丙、丁、戊、己五人同意，將 A 地出售給甲，庚接到出賣通知後，於期限內以同一條件主張行使先買權，之後甲起訴請求命乙、丙、丁、戊、己將 A 地所有權移轉登記予甲，問法院應如何判決？

答：乙、丙、丁、戊、己、庚、辛共同繼承 A 地，尚未辦理繼承登記，則 A 地為乙、丙、丁、戊、己、庚、辛七人公同共有，乙、丙、丁、戊、己五人同意將 A 地出售給甲，將 A 地所有權移轉登記予甲的行為，依民法第八二八條第三項規定，應得到共有人全體同意；然而本案是共有土地的情形，優先適用土地法第三四條之一，又本案是公同共有，因而適用同條第五項規定，準用第一至四項規定。

準用同條第一項規定，公同共有人過半數及其應有部分合計過半數同意可以處分共有物，乙、丙、丁、戊、己五人有權將 A 地所有權移轉登記予甲；準用同條第四項，並依目前通說，多數共有人出賣共有

物，不同意的少數共有人可以行使優先承購權，因而庚行使先買權，即與乙、丙、丁、戊、己五人成立買賣契約；「為實現應由優先承購的共有人優先購買的立法目的，於該共有人行使優先承購權後，原承買人即不得請求出賣的共有人所有權移轉登記。」即庚的債權優先於甲的債權，因而法院應判決甲敗訴。

十、乙為Ａ地原所有人，於民國（下同）七十八年於Ａ地上興建房屋及非房屋地上物，因Ａ地的地目為「林」，房屋及非房屋地上物為違章建築，無法辦理建物第一次登記，但有申報房屋稅籍登記。乙於八十五年間陸續將Ａ地的房屋及非房屋地上物讓與並交付給丙。甲於九十五年五月間自法院拍得乙的Ａ地，並在九十六年六月間領得權利移轉證書。甲因拍得Ａ地卻無法使用，依民法第七六七條第一項訴請法院命丙拆除房屋及非房屋地上物返還土地，問法院應如何判決？

答：甲自法院拍得Ａ地，但Ａ地上原所有人乙興建的房屋及非房屋地上物之前已讓與給丙，甲、丙間並未就Ａ地的使用有約定，就房屋的部分，如讓與所有權，原所有人乙與受讓人丙可依民法第四二五條之一主張推定租賃關係，但就非房屋地上物的部分民法第四二五條之一並未規定；其次，丙受讓系爭房屋及非房屋地上物的權利，無法辦理移轉登記，依實務見解僅取得事實上處分權，則丙是否因僅取得事實上處分權而變成無權占有，而使甲可以民法第七六七條第一項請求丙拆除房屋及非房屋地上物返還土地，為本案例主要的兩個爭點。

本書認為案例中違章建築房屋與非房屋地上物的受讓人丙，得主張類推適用民法第四二五條之一，使丙與基地所有權人間有租賃關係存在，甲依民法第七六七條訴請拆除房屋及非房屋地上物返還土地的訴訟，並無理由，法院應駁回原告之訴。

十一、甲將Ａ地借給乙合法建築Ｂ屋，但雙方對Ａ地借用並未約定借用期間，之後乙的Ｂ屋被拍賣由丙取得所有權，甲即主張終止甲、乙間借用契約，並且不同意丙使用Ａ地，以丙無權占有為理由，向法院起訴請求丙拆屋還地，問法院應如何判決？

答：民法第四二五條之一可類推適用於基地借貸，丙固然不能主張可以無償使用 A 地，甲也不能主張終止借貸契約而以丙無權占有 B 屋為理由，請求丙拆屋還地。甲僅能主張類推適用民法第四二五條之一，請求丙給付租金。

十二、A 地原為甲所有，甲將 A 地贈與兒子乙並辦理所有權移轉登記予乙，不久之後甲得到乙的同意後，在 A 地上建築 B 屋一棟作為經營觀光民宿以求收益，甲為感謝其救命恩人，在臨終前將 B 屋贈與給丙並辦理所有權移轉登記予丙。甲死亡後，乙向丙主張拆屋還地，請問有無理由？

答：為確保房屋基地利用權，維護有經濟價值的房屋所有權，減少基地與房屋所有權人間自行協商的成本，應將民法第四二五條之一類推適用於「土地及房屋（具有一定經濟價值）不同屬一人」的基地使用借貸。本案例中的 B 屋所有人丙，得以類推適用民法第四二五條之一，主張有權占有 A 地，乙向丙主張拆屋還地，無理由。

十三、A 地為甲、乙、丙、丁四人分別共有，各有應有部分四分之一，四人約定各分管 A 地的一部，甲乙丙就在各自所分管的土地上建築房屋，丁則將所分管的土地設置停車場，不久之後，丁請求協議分割共有物，甲乙丙主張應以分管的現狀分割，丁不同意，丁即向法院提起分割共有物之訴，問法院應如何判決？

答：分管契約的存在，使共有人就 A 地有依分管契約而使用的義務，構成 A 地的約定使用目的，而共有人建築房屋，需得到其他共有人同意，甲、乙、丙既然得到丁的同意而建築房屋，應認為丁為了履行分管契約有不分割的義務，而認為契約默示訂有不分割期限，因此，已有分管契約即構成因物的使用目的不能分割，或契約訂有不分割期限，丁即不得請求分割，除非分管契約顯失公平，或情事變更，否則法院應駁回丁的聲請。

十四、甲、乙共有 A 地，各有應有部分二分之一，二人共同將 A 地出租與丙，丙建有 B 屋一棟，之後，甲出賣其應有部分，問乙和丙可以向

甲主張何種權利？

答：乙是 A 地的共有人，依土地法第三四條之一規定，於他共有人出賣其應有部分時，乙得以同一價格優先承購，所謂同一價格是指出賣人願意接受的第三人要約的價格，如依實務見解，則指出賣人與第三人成立有效買賣契約的價格。因此，須以第三人向甲要約而甲願意接受時，或依實務見解於甲與第三人成立有效的買賣契約時，乙才可以行使其優先購買權。乙行使其先買權後，即與甲成立一個買賣契約，而契約條件則與甲願意接受的第三人要約相同，如依實務見解，則契約條件與出賣人和第三人成立有效的買賣契約相同。

丙是 A 地的承租人，依土地法第一〇四條規定和民法第四二六條之二，於出租人出賣基地時，丙得依同樣條件優先購買之權，因特別法優於普通法適用，所以直接適用土地法第一〇四條。該條使用「基地出賣」，在本案是出賣應有部分，有無該條的適用，文義上並非毫無疑義，但通說採肯定見解。

所謂同樣條件，一般是指買賣的價格，但如嚴謹地說則應指買賣契約的條件，即契約的內容，是指出賣人願意接受的第三人要約的條件，如依實務見解，則指出賣人與第三人成立有效買賣契約的條件。因此，須以第三人向甲為要約而甲願意接受時，或依實務見解於甲與第三人成立有效的買賣契約時，丙才可以行使其先買權。依土地法第一〇四條第二項規定，甲必須通知丙其願意出賣的條件，丙如未於十日內表示承諾者，則先買權視為放棄。丙行使其先買權後，即與甲成立一個買賣契約，而契約條件則與甲願意接受的第三人要約相同，如依實務見解，則契約條件與出賣人和第三人成立有效的買賣契約相同。當乙和丙都行使其先買權時，則以丙的先買權優先，甲負有移轉應有部分給丙的義務，對乙則因係不可歸責於甲的事由致給付不能，甲免給付義務。

十五、甲、乙、丙、丁、戊共有 A 地，各有應有部分五分之一，戊、己、庚、辛、壬共有 B 地，各有應有部分五分之一，某日，戊想要分割

A 地和 B 地，希望分割後自己所分配的土地可以集中在一處，就去
請教念法律的您，可否合併分割，請問您如何回答？

答：戊想要合併分割 A 地和 B 地，如可以得到甲、乙、丙、丁、己、庚、
辛、壬全體同意，可以協議分割加以決定。

A 地和 B 地共有人部分相同，依第八二四條第六項規定必須符合「相
鄰」和「經各該不動產應有部分逾二分之一共有人之同意」，戊為 A
地和 B 地均具有應有部分的共有人，得請求合併分割。因此，如 A
地和 B 地相鄰，戊也取得甲、乙、丙、丁及己、庚、辛、壬各二人以
上同意，得請求合併分割。如 A 地和 B 地不相鄰，本書認為仍可類
推適用該條文，而請求合併分割。

十六、甲、乙、丙共有 A 地，各有應有部分三分之一，甲提出經法院變價
　　　分割的確定判決聲請強制執行。A 地經拍賣由丁得標買受，甲、乙
　　　二人分別具狀願優先承買，問執行法院應如何處理？

答：甲、乙是 A 地的共有人，依民法第八二四條第七項後段規定，變賣共
有物時，除買受人為共有人外，共有人有依相同條件優先承買之權。
因此，A 地經拍賣由共有人以外第三人丁得標買受，甲、乙都有優先
承買權，必須以丁得標金額優先承買。當甲、乙二人分別具狀願優先
承買時，則以抽籤定之，中籤的人才能承買，中籤的人依拍賣程序規
定，取得權利移轉證書時，即取得共有物的單一所有權。如執行法院
違反民法第八二四條第七項規定而為所有權變動時，除非有可以撤銷
拍定的情事，如拍賣程序結束確定由他人取得共有物所有權，甲或乙
不可主張已為的所有權變動對其不發生效力，僅得依法主張國家賠
償。

十七、張三、丙、李四、戊、王五、趙六共有 A 地，張三、丙、李四、
　　　戊、王五、趙六全體同意興建 B 屋及 C 屋，B 屋為張三、丙、李
　　　四、戊共有，也連同相鄰其他土地所有人一併起造包括 B 屋及 C 屋
　　　在內共十棟連棟式建築物，之後因政府公告的預定巷道坐落建成房
　　　屋的基地上，為免遭拆除，張三、李四配合以訴請分割共有物方式

解決之，法院判決原物分割為 A1、A2 及 A3 三筆土地，B 屋坐落於 A1 地和 A2 部分土地上。甲、乙繼承張三對 B 屋享有的應有部分，丁繼承李四對 B 屋享有的應有部分，己、庚分別受讓王五、趙六的應有部分，分別為 A2 的二八五分之一七、二八五分之五〇，受讓時並知悉 B 屋坐落於 A2 部分土地上。己、庚與甲、乙、丙、丁、戊協商合建辦理都市更新，協商不成後，己、庚依民法第七六七條及第八二一條的規定，請求甲、乙、丙、丁、戊將 A2 部分土地上的 B 屋拆除，並將該土地騰空返還予己、庚及共有人全體，問法院應如何判決？

答：共有土地分管後，分管契約有效情形下，除共有人有明示或默示可以分割，否則共有人不可請求裁判分割。共有人之一人提出分割共有物之訴時，不可解為有終止分管契約的意思，而可以終止分管契約，法院應以分管契約在無相反的明示或默示意思表示下，有默示不分割契約，而直接裁定駁回。退一步而言，分管契約有效情形下准許裁判分割，於裁判分割後如認為分管契約仍有拘束力，則分割並無實益。

在本案，己、庚就 A2 的應有部分的前手，與甲、乙、丙、丁、戊或其被繼承人為 A2 分割前原物 A 地的共有人，甲、乙、丙、丁、戊或其被繼承人是取得包括己、庚的前手在內的 A 地的全體共有人的同意而興建 B 屋，則 A 地的全體共有人都受此一分管契約的拘束。A 地既已分管，則共有人訴請法院裁判分割，法院應予以駁回，准許分割，並不妥當。

己、庚為 A 地的共有人的繼受人，雖然 A 地已原物分割為 A1、A2 及 A3 三筆土地，己、庚繼受 A2 地的應有部分，而為 A2 地的共有人，然而原存在 A2 地的分管契約，對原共有人及其繼受人，仍有拘束力。B 屋坐落 A2 部分土地上，是基於分管契約，己、庚在無民法第八二〇條第二、三項情形，不得請求法院裁定變更，因而仍受分管契約的拘束，而必須容忍 B 屋坐落 A2 部分土地上，己、庚依民法第七六七條及第八二一條的規定，請求甲、乙、丙、丁、戊將 A2 部分土地上

的 B 屋拆除，並將該土地騰空返還予己、庚及共有人全體，法院應駁回原告之訴。

十八、甲、乙共有 A 地，各有應有部分二分之一，甲取得乙同意於 A 地上興建 B 屋，之後甲欲以 B 屋向銀行貸款，銀行以甲只有 A 地應有部分二分之一，就 B 屋坐落 A 地全部欠缺完整權利，因而要求甲先就乙的應有部分二分之一設定地上權，甲提供 A 地所有權應有部分二分之一、應有部分二分之一地上權以及 B 屋為共同抵押，銀行才同意貸款。問 A 地應有部分二分之一可否設定地上權？

答：參閱第四章第二節第二項第一款，應有部分可以設定地上權，因此 A 地應有部分二分之一可以設定地上權。

十九、甲、乙共有 A 地及 B 地，應有部分各二分之一，二人於民國八十年間，就兩筆土地為協議分割，依該分割協議約定，由甲取得 A 土地的所有權，乙則取得 B 土地的所有權。其後甲依約履行，然而事經十六年後，乙卻遲遲不願履行。甲於民國九十六年以乙為被告聲請裁判分割 A、B 二筆土地，請問有無理由？

答：甲、乙就 A、B 兩筆土地為協議合併分割，甲依約履行，乙因消滅時效完成後拒絕履行，雖然只是乙拒絕履行，而為協議內容部分拒絕履行，如前所述，兼顧共有人間的利益衡平和共有物的有效利用下，應認為協議內容部分拒絕履行的情形，亦可聲請裁判分割。甲聲請裁判分割 A、B 二筆土地，有理由。

二十、乙女為某祭祀公業派下員甲男的長女，甲男有三個兒子，並非均無男性子孫，乙女行招贅婚後生下一子丁男，丁男並從母姓。甲男過世後，乙女想與仍然在世的弟弟丙男平分甲男派下權的權益分配金數千萬元，但遭拒絕，丙男認為依該祭祀公業的管理章程第四條前段的規定：「登記在案派下員亡故時，其直屬有權繼承人公推一名為代表繼任派下員，惟依照政府有關規定，凡女子無宗祠繼承權。」乙女訴請繼承派下權，問法院應如何判決？

答：本案例中該祭祀公業章程規定女子並無宗祠祭祀權，真意為女子不繼

受派下權，該章程依憲法第一五和二二條所保障的私法自治原則而應被認定為有效，並非違反第七條所保障的平等原則而應認定為無效。該章程的規定優先適用，因而該祭祀公業派下權由男子繼受，故乙女無繼承派下權的資格，法院應駁回乙女請求。

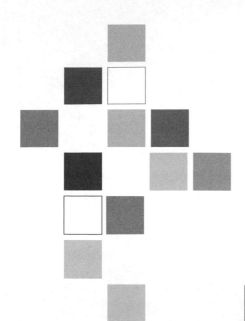

第四篇
用益物權

第一章　通　則

第一節　用益物權的意義

　　用益物權是以支配物的利用價值為內容的物權，權利人得就標的物依其性質為使用收益，並因物的使用而直接達成其目的，故兩個不相容的用益物權不能同時存在，然而同一標的物上，用益物權設定後，仍可設定相容的用益物權，或設定擔保物權。

第二節　用益物權的經濟作用

　　所有權的權能包含利用價值與交換價值，所有權即係對標的物的此二種價值為全面支配。所有權人將標的物的利用價值提供他人享受以收取對價，此種以支配標的物的利用價值為限的支配權，即為用益物權。由於社會經濟整體資源有限，例如沒有土地而需利用土地的人，則可以透過用益物權如地上權的設定而達使用土地的目的，毋須真正擁有土地所有權，而土地所有權人亦可因此獲利，不必讓土地閒置，故用益物權可促使社會資源真正充分被開發使用，促進經濟發展、社會進步，讓單一資源作最佳的利用，此即為用益物權的經濟作用。

第三節　用益物權的種類

　　民法規定的用益物權有以下幾種：

一、地上權

　　依民法第八百三十二條規定：「稱普通地上權者，謂以在他人土地之上下有建築物或其他工作物為目的而使用其土地之權。」

　　大眾捷運法和獎勵民間參與交通建設條例第十九條規定了「區分地上權」，民法第八百四十一條之一第一項也規定：「稱區分地上權者，謂以在他

人土地上下之一定空間範圍內設定之地上權。」區分地上權與民法第八百三十二條普通地上權間，僅屬量的差別，並無質的差別，故二者本質相同。

二、不動產役權

依民法第八百五十一條規定：「稱不動產役權者，謂以他人不動產供自己不動產通行、汲水、採光、眺望、電信或其他以特定便宜之用為目的之權。」

三、典　權

依民法第九百十一條規定：「稱典權者，謂支付典價在他人之不動產為使用、收益，於他人不回贖時，取得該不動產所有權之權。」

四、農育權

依民法第八百五十條之一第一項規定：「稱農育權者，謂在他人土地為農作、森林、養殖、畜牧、種植竹木或保育之權。」

另外，土地法第一百三十三條則規定耕作權，也是一種法律明文規定的物權。

第二章　地上權

第一節　概　說

第一項　地上權的意義

地上權是以在他人土地的上下有建築物或其他工作物為目的而使用其土地的權利（民八三二）。權利人稱為地上權人，供給土地的人，即為土地所有人。因建築物或其他工作物的所有人，有時無法同時享有土地的所有權，地上權的制度，即在使無土地的人也有機會利用土地興建建築物或其他工作物。

地上權的內容為使用土地，為用益物權的一種，地上權的標的物是土地，地上物則是建築物、工作物。地上權人為使用土地，須占有土地，但地上權於地上權設定完成時，即已存在，不以交付占有為要件，不過地上權人可基於地上權請求土地所有人交付占有。

現行法第八百三十二條就地上權的內涵則作出更明確的規範：首先，因應學說與實務見解均承認土地的上空或地下均得設定地上權，而將原條文「土地之上」修正為「土地之上下」。現行法將原條文「地上權」修正為普通地上權，但地上權一詞因為容易誤解為存在於土地上方的權利，無法望文生義，顯然不是個完美的名稱。尤其在地下設定的區分地上權，更是令人費解。更名固然應該慎重，但是不完美的名稱持續存在，卻也是種故步自封的表現，因此，仍應更名為宜。既然現行法的普通地上權是在他人土地有建築物或其他工作物為目的而使用土地的權利，都是以建築為使用目的，稱為「建築使用權」顯然更能望文生義，又不會有誤解，而為更理想的名稱。

其次，現行法將原條文「或竹木」三字刪除，使地上權的使用土地目的僅限於有建築物或其他工作物。建築物或其他工作物都是土地改良物，

都是廣義的建築物，地上權使用土地的目的因而相同，而比較容易從名稱即知權利的內容或目的，是個比較理想的類型規定。❶

第二項　地上權的經濟作用

一、用益他人土地

地上權可以使無土地所有權的人，藉由取得地上權，而用益他人土地，因此，地上權最重要的經濟作用在於用益他人的土地。

二、確保在他人土地上有工作物的所有權

地上權的標的，除建築物外，尚有工作物，工作物尚未成為定著物前也是土地的一部分，如無使用土地的本權，工作物都成為土地所有人所有，而透過地上權的設定，使工作物與地上權結合，確保地上權人在他人土地上有工作物的所有權。

第二節　地上權的取得

第一項　因法律行為而取得

一、地上權的設定

民法第七百五十八條規定：「不動產物權，依法律行為而取得、設定、喪失及變更者，……，應以書面為之。」而地上權是不動產物權的一種，則依契約設定時，自應有書面合意。而地上權設定契約性質為何？地上權設定除地租外，也可能有權利金的交付，分述如下：

---

❶ 以上參閱謝哲勝，〈民法物權編修正草案（普通地上權）綜合評析〉，《財產法專題研究㈥》，頁 171–172，翰蘆圖書，2008 年 11 月。

㈠地上權設定契約性質

1.債權契約說

此說又分為兩種不同觀點，有認為地上權設定契約是先有債權契約，然後才有物權契約，因而地上權設定契約，並非單純的物權契約。

如不承認物權契約的獨立性和無因性，則物權行為只是履行行為，因而地上權設定契約當然是債權契約。基於物權行為的獨立性和無因性是德國民法封建時代的產物，為絕大多數國家所不採，因此，本書採此見解。

2.物權行為說

本說認為地上權設定契約乃以直接發生地上權內容的土地所有人與地上權人間的物權契約。故設定行為應與原因行為相區別，至於其原因行為得為買賣、贈與或遺贈。❷

㈡權利金的性質

地上權人取得地上權可以必須支付一筆權利金作為對價，權利金的支付應認為是有償契約的對價，即地上權設定契約的對價。至於權利金與地上權間的關係，有以下不同見解：❸

1.獨立債務關係說

此說認為支付權利金僅係單純債的關係，故僅由債務人即地上權人負擔，為獨立債務。從而地上權讓與他人時，除有特約外，僅得向原地上權人請求支付權利金，因地租或權利金並非地上權成立要件，故應認為非從屬於地上權的債務。

2.物上負擔說

此說認為地租或權利金的支付無論登記與否，均應屬一種物上負擔，此種物上負擔與地上權結為一體而有不可分離的關係。因此，地上權讓與他人時，此一物上負擔當然隨同移轉。從而移轉前尚未支付的權利金或已到期地租與移轉後應支付的地租，地上權受讓人均有支付義務。

---

❷　參閱史尚寬，《物權法論》，頁 173-174，自版，1987 年 1 月。

❸　參閱謝在全，《民法物權論（上）》，頁 446-447，自版，1997 年 9 月。

3. 折衷說

此說認為在法律的構成上，地租或權利金債權從屬於土地所有權；而地租或權利金債務乃從屬於地上權，二者個別的結合而構成一法律單位。惟此等關係乃依附於不動產物權關係而生，故應為登記始生效力。

物權法第八百三十六條增訂第二項：「地租之約定經登記者，地上權讓與時，前地上權人積欠之地租應併同計算。受讓人就前地上權人積欠之地租，應與讓與人連帶負清償責任。」其修正理由並說明：地租約定經登記者，因該約定已成地上權內容，故應有物權效力。

4. 本書見解

首先，地上權人負擔給付權利金，是基於地上權法律關係，即使認為是另一債務，也是從屬於地上權法律關係而存在，獨立債務關係說認為權利金並非從屬於地上權的債務，顯然與事實不符，而不可採。

其次，物上負擔說認為地租或權利金的支付無論登記與否，均應屬一種物上負擔，此種物上負擔與地上權結為一體而有不可分離的關係，與上述折衷說本質上並無不同，都承認權利金與地租均構成地上權法律關係的一部。

本書採物上負擔說，權利金和地租都是地上權人和所有權人所約定，依地上權法律關係地上權人應對所有人的給付，構成地上權法律關係的一部，不能分開處理或個別解釋適用法律。約定的權利金未給付前，如同地租，都是地上權人地上權的權利上負擔，如權利金已給付，或地上權人預付租金，則構成所有人在其所有物上的物上負擔，地上權的受讓人都可以主張已付權利金或預付地租的利益。因此，權利金和地租如果可以登記，則非經登記不得對抗善意且無過失第三人，如果無法登記，則只有不符合均衡正義或情事變更時，受讓人才可主張不受權利金和地租約定的拘束。❹

(三)權利金和地租的關係

權利金作為取得地上權的對價，其與地租之間的關係如何，在物權法

---

❹　謝哲勝，〈地上權的權利金〉，《地上權法制之研究》，頁 87–89，元照出版，2018 年 7 月。

只規定地租而忽視對權利金明文規範下，當事人未詳細約定權利金的效力時，如何解釋權利金和地租的關係，才符合當事人的意思和雙方權利義務的衡平，顯得十分重要。❺

　1.權利金本質上即是地租

　　權利金和地租都是地上權法律關係中，地上權人和所有人約定，地上權人取得地上權的對價，如同土地租賃的租金是承租人取得租賃權的對價，承租人可以一次給付全部租金，或定期給付租金。因此，權利金本質上即是地租。

　2.權利金形同預付的地租

　　權利金本質上既是地租，地租通常是依使用土地的時間比例的定期給付，則當事人不約定定期給付權利金（地租），而一次給付鉅額的權利金，則是就地上權法律關係應付的地租，在地上權人尚未依時間比例實際享受使用收益權時，約定提早支付，形同地租的預付。

　　如地上權人給付權利金後，不必再給付租金，則等於地上權人一次給付全部地租；如地上權人給付一筆權利金後，約定仍須給付地租，則權利金仍是部分地租的預付。

　3.權利金應類推適用關於租金的規定

　　權利金既然是地上權人取得權利的對價，相當於地租的預付，則在地上權法律關係中有關於租金的規定，對於有支付權利金的地上權，都應將權利金列為地租的預付，而計算已支付或未支付租金的總額。因此，權利金應類推適用關於租金的規定。

二、因基地租賃而生的地上權設定

　　關於租用基地建築房屋的基地租賃，依土地法第一百零二條的規定：「租用基地建築房屋，應由出租人與承租人於契約訂立後二個月內，聲請該管直轄市或縣（市）地政機關為地上權之登記。」民法第四百二十二條

---

❺　以下論述請參閱謝哲勝，〈地上權的權利金〉，《地上權法制之研究》，頁 89–90，元照出版，2018 年 7 月。

之一也規定:「租用基地建築房屋者,承租人於契約成立後,得請求出租人為地上權之登記。」故基地租賃也可以成立地上權。

此種因基地租賃而生的地上權,其性質有準地上權說、法律行為轉換說、目的性限縮說與加強保護說等四說,目前學說通說與實務見解(六四年第五次決議)均採加強保護說:認為土地法第一百零二條與民法第四百二十二條之一的立法目的乃在鞏固承租人的地位,俾加強其保護,從而若解釋為此際原租賃契約業已轉換為地上權,則民法或土地法上相關保護承租人之規範(如:民四五一)即無法繼續適用,如此反而弱其保護,自非立法之原意。

本書認為加強保護說符合立法者建制此等地上權時的規範意旨,值得採取。而從基地租賃可以登記為地上權,也可以驗證租賃其實是本質上物權,而與地上權並無本質上的差異。只要結論是可以達到加強基地租賃承租人保護的規範意旨,而又不會導致民法或土地法上相關保護承租人的規範無法繼續適用,則採準地上權說或目的性限縮說,也未嘗不可。

三、地上權的讓與

依舊法第八百三十八條規定:「地上權人,得將其權利讓與他人。但契約另有訂定或另有習慣者,不在此限。」地上權是財產權的一種,財產權以自由為原則,地上權人原則上得自由處分其權利,亦得就該權利設定負擔。故物權法修正第八百三十八條規定:「地上權人得將其權利讓與他人或設定抵押權。但契約另有約定或另有習慣者,不在此限。前項約定,非經登記,不得對抗第三人。地上權與其建築物或其他工作物,不得分離而為讓與或設定其他權利。」明文規定地上權人得就地上權設定抵押權。

其次,地上權不得讓與的特約,如無適當的公示方法,可能使第三人遭受不測的損害,有礙交易安全,故增訂第二項,規定該地上權不得處分的特約,非經登記,不得對抗第三人。此一規定既是為了保護交易安全,明知特約存在的第三人無不測可言,因此,此第三人限於善意第三人。

最後,地上權的經濟作用,在調和土地與地上物間的使用關係,建築

物或其他工作物通常都不能脫離土地而獨立存在，二者必須相互結合才能發揮其經濟作用。因此，地上權與其建築物或其他工作物間必須具處分上的一體性，因而增訂第三項，規定地上權與其建築物或其他工作物不得分別而為讓與或設定其他權利，以避免因土地和建築物的權利分離而增加相關的成本。

第二項　因法律行為以外的事實而取得

第一款　時效取得

依民法第七百七十二條規定：「前五條之規定，於所有權以外財產權之取得，準用之。於已登記之不動產，亦同。」可知地上權亦可因時效而取得。

一、時效取得地上權的要件

依民法第七百七十二條規定，準用第七百六十九和七百七十條的規定，時效取得地上權，應具備以下要件：

㈠占有的主觀意思

占有人主張時效取得地上權時，是否應主張以行使地上權的意思而占有，最高法院六十四年臺上字第二五五二號判例採肯定見解，但此一見解有待商榷，將於下述二、再說明。時效制度所重視的是維護社會現狀，因此，占有人是否以有權占有的意思占有才是重點，以所有的意思而占有既為法律所推定（民九四四 I），以所有的意思而占有所可行使的權能包括以任何其他意思而占有所可行使的權能，所以以所有的意思而占有，應符合作為取得任何其他權利的主觀要件，因此，主張時效取得地上權，應無須以行使地上權的意思而占有為要件。即使主張須以行使地上權的意思而占有為要件，也應認為只要占有人如此主張，即為法律所推定，占有人無須就其以行使地上權的意思而占有負舉證責任。❻

---

❻　參閱謝哲勝，〈時效取得地上權〉，蘇永欽主編，《民法物權爭議問題研究》，頁59，五南圖書，1999 年 1 月。

㈡占有的客觀狀態

占有人須以和平及公然的手段維持占有，和平及公然占有受到第九百四十四條的推定。

㈢占有他人的不動產

第七百六十九和七百七十條規定時效取得所有權的客體均以未登記的不動產為限，則時效取得地上權準用第七百六十九和七百七十條時，是否仍限於未登記的土地？因為土地不管有無登記，都有獎勵勤勉人並懲罰怠惰人（時效制度的精神）的必要，因此，通說採否定見解，❼修正後民法第七百七十二條後段規定也採此見解。

㈣經過法定期間

時效取得地上權，除了符合以上要件外，尚須繼續占有經過法定期間，占有之始，如為善意並無過失，法定期間為十年，其餘情形，法定期間則為二十年，並可合併前手的占有而為主張（民九四七）。

二、應否證明以行使地上權的意思而占有

占有人於占有物上行使的權利，推定其適法有此權利，又推定其為以所有的意思，善意、和平及公然占有，依此規定，占有人如欲主張行使地上權的意思似乎反而必須以反證推翻，如採此見解，占有人即須舉證證明其以行使地上權的意思而占有，實務上即有採此見解者。❽修正後土地登記規則第一百十八條第一項亦規定：「土地總登記後，因主張時效完成申請地上權登記時，應提出以行使地上權意思而占有之證明文件及占有土地四鄰證明或其他足資證明開始占有至申請登記時繼續占有事實之文件。」修正理由提到：所稱「以行使地上權意思而占有之證明文件」，例如當事人間已有設定地上權之約定，本於該約定先將土地交付占有而未完成登記；或已為申請地上權設定登記而未完成登記；或已為設定登記但該設定行為具

---

❼　實務見解參閱 60 臺上 4195 判例。

❽　參閱臺灣高等法院臺南分院 87 年度上字第 469 號民事判決；最高行政法院 95 年 9 月份庭長法官聯席會議決議。

有無效情形；或占有人於占有他人土地之始，即將以行使地上權之意思表示於外部並取得第三人之證明等之相關證明文件。

　　然而此種見解實不可採，理由如下：臺灣可以時效取得所有權的土地幾乎不存在，需支付對價才可以取得的權利，依國內多數說認為不能因時效取得，❾則不動產時效取得制度在臺灣幾乎僅時效取得地上權較有其實益。占有人推定其適法有此權利，又推定以所有的意思占有，都是為了保護占有人，如今卻依據民法第九百四十四條第一項規定就占有人行使地上權的意思課舉證責任，這對該條文以保護占有人的占有利益的意旨顯有違背。推定以所有的意思為占有是因為所有的概念是一般有意思能力的人所具備的，然而一般人並無地上權的概念，此又為主觀意思，要求其證明，實在有其困難。占有人於占有物上行使的權利，推定其適法有此權利，除客觀上推定其適法有此權利，主觀上應也推定其具有行使此權利的意思。❿

三、符合民法第七百七十二條規定，是否已經取得地上權

　　符合民法第七百七十二條規定的占有人取得何種權利，有三種不同見解：
㈠取得登記請求權
　　依據最高法院六十九年度第五次民事庭會議決議，符合民法第七百七十二條規定，僅是取得登記的請求權。
㈡經地政機關受理取得實體裁判的權利
　　最高法院於八十年度第二次民事庭會議決議修正前一見解，改採如占有人因時效而取得地上權登記請求權者，以已具備時效取得地上權的要件，向該管地政機關請求為地上權登記，如經地政機關受理，則受訴法院應就占有人是否具備時效取得地上權的要件，為實體上裁判。⓫

---

❾　參閱謝在全，《民法物權論（上）》，頁 187，自版，1997 年 9 月。

❿　參閱謝哲勝，〈時效取得地上權〉，蘇永欽主編，《民法物權爭議問題研究》，頁 61–63，五南圖書，1999 年 1 月。

⓫　參閱謝哲勝，〈時效取得地上權〉，蘇永欽主編，《民法物權爭議問題研究》，頁 64–65，五南圖書，1999 年 1 月。

(三)取得地上權

民法第七百七十二條是基於法律規定取得物權的規定,即依該條規定即取得地上權。

主張僅取得登記請求權的見解,是依條文「請求登記」的文字解釋(民七七二準用七六九或七七〇),完全不顧時效取得的精神,依此見解,占有人幾乎毫無可能時效取得不動產物權,形同否定時效取得不動產物權,實不可採。因為以時效取得為原因申請地上權登記,須先申請土地複丈,❷ 複丈後地政事務所才會受理申請,受理後地政事務所審查無誤後即公告,並通知土地所有權人。❸ 法定期間內無人異議,才會直接准其登記,如有人異議,由地政機關予以調處,不服調處,須於接到調處通知後十五日內提起訴訟,否則即依調處結果辦理。❹ 如果在未依法登記為地上權人以前,占有人仍為無權占有,則所有人請求所有物返還,占有人都將敗訴,則占有人幾乎無取得地上權的可能。

最高法院於八十年度第二次民事庭會議決議見解固然比前一決議見解改善,但仍衍生如何認定地政機關受理與否的問題,而且使符合時效取得地上權的占有人的權利仍不確定,違反時效獎勵勤勉人的精神,符合時效取得地上權要件的占有人,其權利已具保護的必要性,而為財產權的一種,❺ 最高法院八十八年度臺上字第四〇四號判決要旨,即認為占有人雖然尚未聲請地上權登記並經地政機關受理,但只要占有人在訴訟繫屬中反訴提起請求確認地上權登記請求權存在及命所有人容忍其辦理地上權登記,且其提起反訴於程序上並無不合,法院自應就訴訟標的的法律關係是否存在,為實體上裁判,承認占有人符合時效取得地上權的要件,並於訴訟上主張,不必經地政機關受理聲請,法院即應承認其權利存在。❻ 因此,

---

❷ 土地登記規則第 108 條第 3 項。

❸ 土地登記規則第 118 條第 3 項。

❹ 土地登記規則第 118 條第 4 項、土地法第 59 條。

❺ 參閱大法官會議釋字第 291 號解釋。

❻ 詳參謝哲勝,〈符合時效取得要件時占有人取得的權利〉,《台灣法學雜誌》,第 218 期,頁 127–131,2013 年 2 月。

本書認為時效取得是非因法律行為而取得，登記前即已取得地上權。

四、如何認定地政機關受理與否

如採最高法院八十年第二次民事庭會議決議見解，則該決議所謂「經地政機關受理」的時點，可能是以下二個時點之一：

㈠地政機關受理複丈申請時

因為時效取得地上權登記的申請必須附占有位置圖，占有位置圖則必須先申請土地複丈。

㈡複丈後受理時效取得地上權登記的申請時

如果地政機關不同時受理時效取得地上權登記的申請和土地複丈的申請，以占有位置圖為受理時效取得地上權登記申請的要件，則必然是土地複丈後取得占有位置圖，才能申請時效取得地上權登記，地政機關也才會受理。

如採第二個時點，在地政機關人員到場複丈時，所有人因被通知而知悉占有人的申請，將立即提起訴訟請求拆屋還地，以此為時點，占有人幾乎都將會敗訴。而此確實是地政機關之前的作法，[17]先不受理時效取得地上權登記的申請，要求申請人先申請土地複丈，複丈後才受理時效取得地上權登記的申請。

占有人如符合時效取得地上權的要件，即應依時效取得的精神賦予占有人權利，視為占有人已取得地上權或有取得地上權的期待權，其權利已具保護的必要性，而為財產權的一種，不因此時所有人提起訴訟而受影響，所以不應採第二個時點。[18]故地政機關就時效取得地上權登記的申請為收件，本應認為已受理申請，如有欠缺相關資料再請申請人補正，所以，即使因為時效取得地上權必須附占有位置圖，而必須先申請土地複丈，也應以地政機關受理土地複丈時視為受理，占有人時效取得的法律地位才不至

---

[17]　舊土地登記規則第 103 條第 3 項。現已刪除。

[18]　但實務上有採此見解的判決，例如臺灣嘉義地方法院 86 年度訴字第 714 號判決文所陳述的法律見解。

於受到損害，而符合時效取得制度鼓勵勤勉人並避免資源閒置的精神，因此，如採該決議見解，「經地政機關受理」，也應採第一個時點。❶❾

目前實務作法已將土地複丈申請和時效取得地上權的申請同時受理，對於時效取得地上權人的保護，稍有改善，但仍不如前述占有人已取得地上權的見解，後者並已為最高法院八十八年度臺上字第四〇四號判決要旨所採納。

綜上所述歸納如下：一、在時效取得地上權的構成要件上，其應符合：㈠占有的主觀意思；㈡占有的客觀狀態；㈢占有他人的不動產；㈣經過法定期間。二、占有人應否證明其以行使地上權的意思而占有，其答案應屬否定，即使其係以所有的意思而占有，也不妨礙地上權的時效取得。三、符合民法第七百七十二條規定者，應認為是已經取得地上權，而非取得登記的請求權，才符合時效取得的立法本旨。四、至於地政機關受理時效取得地上權登記的申請的時點的認定上，因土地複丈申請是時效取得地上權登記的申請的一部分，應認為為了時效取得地上權申請而申請土地複丈，「地政機關受理複丈申請時」即已受理時效取得地上權登記的申請。

五、司法院相關大法官解釋

有關於時效取得地上權的解釋，包括釋字第二九一號、三五〇號、四〇八號、四五一號解釋，這幾號解釋主要在於解釋時效取得占有人的地位攸關財產權的保障。

第二款　繼　承

地上權為財產權的一種，故地上權人死亡後，地上權由繼承權人繼承（民一一四七、一一四八），是當然取得，不必經過登記，然而，依現行民法第七百五十九條規定，則仍須經登記，始可處分地上權。

---

❶❾　參閱謝哲勝，〈時效取得地上權〉，蘇永欽主編，《民法物權爭議問題研究》，頁66-86，五南圖書，1999 年 1 月。

第三款　法定地上權

依民法第八百七十六條規定：「設定抵押權時，土地及其土地上之建築物，同屬於一人所有，而僅以土地或僅以建築物為抵押者，於抵押物拍賣時，視為已有地上權之設定，其地租、期間及範圍由當事人協議定之。不能協議者，得聲請法院以判決定之。設定抵押權時，土地及其土地上之建築物，同屬於一人所有，而以土地及建築物為抵押者，如經拍賣，其土地與建築物之拍定人各異時，適用前項之規定。」此為法律規定而發生的地上權，故亦為地上權取得的原因。

此外，民法第八百三十八條之一第一項也規定：「土地及其土地上之建築物，同屬於一人所有，因強制執行之拍賣，其土地與建築物之拍定人各異時，視為已有地上權之設定，其地租、期間及範圍由當事人協議定之，不能協議者，得聲請法院以判決定之。其僅以土地或建築物為拍賣時，亦同。」此一規定在於避免土地與建築物因拍賣致所有人各異時，建築物遭拆除而危及社會經濟利益，並解決建築基地使用權問題，而增設此等法定地上權的規定。

法定地上權規定於民法第八百七十六條和新增的第八百三十八條之一，與推定租賃（民四二五之一）的情形相類似，都在解決房地異主的問題，其差異僅在於前者是法院拍賣行為，後者是私法買賣行為。[20]肯定二者分別規定的學者，認為「在『讓與』之情形，推定其有租賃關係，於強制執行之拍賣，則視為已有地上權之設定，立法目的或在保護拍定人，並強化強制執行拍賣之功能」，[21]「本條（按：指第四二五條之一）立法政策上，基於僅適於使其形成債之關係之立場……無容許使用土地之人得享有地上權」，[22]「由於民法係屬一般市民之私權利義務規範，故應無依土地法

---

[20]　林誠二，〈法律推定租賃關係〉，《月旦法學雜誌》，第 81 期，頁 10，2002 年 2 月。

[21]　王澤鑑，〈民法物權㈡用益物權・占有〉，頁 52，自版，2003 年 10 月。

[22]　朱柏松，〈論房地異主時房屋所有人之土地使用權──評最高法院八十八年臺上字第二一九三號判決〉，《月旦法學雜誌》，第 57 期，頁 179，註 16，2000

第一百零二條規定，由房屋所有人請求登記地上權登記之問題」，❷並認為本條讓與的概念不排除公法上強制執行的拍賣或變賣。❷

持否定態度的學者認為「應是統一的規定，在第四百二十五條之一所定情形，房屋受讓人對於房屋基地有法定地上權」，❷「該地上權之登記在第四百二十二條之一所適用者為登記生效主義，在第八百七十六條所適用者為登記對抗主義」，❷房屋和土地同屬於一人時，利用權被包含在土地所有權之中，須待各異其主時才成為顯在的狀態，❷即「利用權始顯然出現」，❷因此，似宜刪除民法第八百七十六條及第四百二十五條之一的規定，❷另增訂自己地上權的規定，❸使房屋和土地從同屬於一人所有變為不同人所有時，房屋所有人當然具有土地的使用權。

就前述兩種見解，肯定分別規定的學者，似乎有意區分自願移轉和強制移轉，或區分債的關係和物權關係，來合理化分別規定的不同法律效果，但是解釋的結果，第四百二十五條之一的規定也可能適用在強制拍賣，前一理由就難以將其合理化。而後一理由，在民法第四百二十二條之一規定基地租賃可以請求為地上權登記的規定下，其實也難有區分的實益。因為

年 1 月。

❷ 朱柏松，〈論房地異主時房屋所有人之土地使用權──評最高法院八十八年臺上字第二一九三號判決〉，《月旦法學雜誌》，第 57 期，頁 173，2000 年 1 月。

❷ 朱柏松，〈論房地異主時房屋所有人之土地使用權──評最高法院八十八年臺上字第二一九三號判決〉，《月旦法學雜誌》，第 57 期，頁 172、176，2000 年 1 月；黃陽壽，〈論合建房屋異主時房屋所有人之基地使用權〉，《民法研究(5)》，頁 348，學林文化，2001 年 5 月。

❷ 黃茂榮，《債法各論》第一冊，頁 76，自版，2003 年 8 月。

❷ 黃茂榮，《債法各論》第一冊，頁 76，自版，2003 年 8 月。

❷ 陳榮傳，〈離開土地的房屋（上）──最高法院九十一年度臺上字第三六號民事判決評釋〉，《台灣本土法學雜誌》，第 51 期，頁 37，2003 年 10 月。

❷ 史尚寬，《物權法論》，頁 252，自版，1987 年 1 月。

❷ 陳榮傳，〈離開土地的房屋（上）──最高法院九十一年度臺上字第三六號民事判決評釋〉，《台灣本土法學雜誌》，第 51 期，頁 38，2003 年 10 月。

❸ 謝在全，《民法物權論（中）》，頁 601、602，自版，2004 年 8 月增訂 3 版。

民法第八百七十六條及第四百二十五條之一的規定，其實在解決相同的問題，當所有人有設定抵押權時，就依民法第八百七十六條法定地上權的規定處理，否則就依民法第四百二十五條之一的規定處理，並無法自圓其說，本書認同持否定態度學者的見解。本書主張將民法第八百七十六條和新增的第八百三十八條之一及第四百二十五條之一的規定刪除，而另為統一規定。房屋和土地同屬於一人時，房屋本具有基地的使用權，就是房屋有權占有土地，而形成一個完整的權利狀態，為物權的法律關係。任何人繼受房屋或基地所有權，都只是繼受此一完整權利狀態的一部，而為一部繼受，既是物權的法律關係的一部繼受，原有的使用關係原則上也當然繼受，因此，原房地同主變更為房地異主，使房屋所有人有基地使用權，當然符合法理。

　　使房屋具有基地的使用權，而為有權占有，並無爭議，既然都是解決相同的問題，統一規定當然比較妥當，又因這樣的法律關係是基於房地異主，是著眼於資源的利用關係，而非人與人的請求關係，因此，是物權法的範圍，而應規定在物權編中。❸❶

　　因此，本書認為應刪除民法第四百二十五條之一和第八百三十八條之一，並將第八百七十六條修正為：「土地及其建築物同屬於一人所有，因讓與或拍賣，而為不同人所有時，視為已有地上權之設定，其地租、期間及範圍由當事人協議定之，不能協議者，得聲請法院定之。」❸❷

第三節　地上權的存續

一、當事人定有存續期間

　　當事人設定地上權時，如有存續期間的約定，則從其約定。通說認為

---

❸❶　以上參閱謝哲勝，〈租賃的推定〉，《台灣本土法學雜誌》，第 78 期，頁 110–111，2006 年 1 月。

❸❷　立法院司法委員會，《民法物權編暨其施行法部分條文修正草案（擔保物權部分）公聽會報告》，頁 85–86，2006 年 10 月 25 日。

地上權並無最短期間的限制，然而是否有最長期間限制及是否可設定永久地上權，此處有不同見解。❸

在最長期間限制方面，通說均認為其並無最長期間的限制；至於可否設定永久地上權，不同見解如下：

㈠否定說

否定說認為民法第八百三十四條文義並無「永久」字樣，因地上權與舊法第八百四十二條永佃權「永久」的用語有別，故自不得認為地上權係永久無期限的物權。民法第八百三十四條規定未定期限的地上權原則上得隨時拋棄其權利，此即暗示地上權必有存續期限，若認為得設定無限期地上權則與立法意旨不符。永久無期限地上權的設定使土地所有人喪失回復的能力，如此將侵害所有權的彈力性與完整性。永久無期限地上權的設定因無法提供誘因，反有礙土地改良，且與用益物權（定限物權）應有期限性的本旨有悖。

㈡肯定說：其理由如下❹

肯定說認為自法條文義觀之：法律既無就地上權最長存續期間作出限制，則不宜解為其有期間的上限，且未定有期限的地上權，其可長達百年、千年，此際已與永久無異。地上權的永久存續可使地上權人作長期、永久的改良與投資，如此反提供誘因，故並無礙於土地的改良。所有權業已逐漸觀念化的今日，土地所有權乃蛻變為永久的地租收取權，於永久地上權，地租倘有不當，亦非不得予以增減（民八三五之一），從而地上權的永久存續，並無礙於所有權的本質。實務上亦有認為未定期限的地上權，倘該地確有永久存續的習慣，自應從其習慣，此即承認得成立永久地上權。

---

❸ 鄭玉波，《民法物權》，頁 162，三民書局，1982 年 10 月；姚瑞光，《民法物權論》，頁 151，自版，1990 年 12 月；史尚寬，《物權法論》，頁 175，自版，1987 年 1 月；梅仲協，《民法要義》，頁 410，自版，1963 年 10 月。

❹ 參閱鄭玉波，《民法物權》，頁 162，三民書局，1982 年 10 月；史尚寬，《物權法論》，頁 175，自版，1987 年 1 月；謝在全，《民法物權論（上）》，頁 437，自版。

(三)本書見解

民法第八百三十三條之一規定：「地上權未定有期限者，存續期間逾二十年或地上權成立之目的已不存在時，法院得因當事人之請求，斟酌地上權成立之目的、建築物或工作物之種類、性質及利用狀況等情形，定其存續期間或終止其地上權。」及第八百三十三條之二規定：「以公共建設為目的而成立之地上權，未定有期限者，以該建設使用目的完畢時，視為地上權之存續期限。」就地上權的存續期間，作出基本規範。修正理由認為因科技進步，土地上的工作物或建築物，其使用年限均有延長趨勢，故地上權非具有相當程度以上的存續期限，實難達成土地利用的目的，而且不足以發揮其機能，從而為兼顧當事人利益，對於未定期限的地上權，可由法院於存續逾二十年後，以形成判決定其期限。至於關於公共建設的地上權，則以使用目的完畢時，為其存續期限。此等修正一方面未規定地上權最長存續期限，另一方面對未定期限的地上權也給予符合使用目的的期限保障，無異於承認永久無定期限地上權的存在。

綜上所述，法律既無明文規定，而地上權永久存續，不但使地上權人願意從事標的物的改良，而且無礙土地的改良，故應認為可設定永久地上權。至於如因情事變更，則可由當事人聲請法院調整當事人間的權利義務關係。

地上權人如不必支付地租，而又不必支付稅捐，地上權必然是有價值的財產，地上權人並無拋棄的理由，因而地上權人也不太可能拋棄。在地上權人不必支付地租的情形，地上權人拋棄地上權，對於所有人並無不利可言，因而，地上權人得隨時拋棄其權利。就此而言，民法第八百三十四條規定：「地上權無支付地租之約定者，地上權人得隨時拋棄其權利。」將原條文明確化，並刪除但書習慣限制拋棄的文字，也符合所有人的利益，因而值得贊同。㉟

㉟　有學者認為在舊法時期，本條但書的規定應優先適用，請參閱蔡明誠，〈習慣與物權法定原則〉，《私法學之傳統與現代（下）：林誠二教授六秩華誕祝壽論文集》，頁 332–334，學林文化，2004 年 4 月。

　　然而，地上權人如必須支付地租，則地上權的真正價值必須扣除地租，如扣除地租後的價值為零，則地上權即不是真正的積極財產，因而地上權人即有拋棄的必要。

　　任何人不得以單方行為處分他人的權利，地上權人拋棄地上權如因而影響所有人的權利，則必須給所有人相當補償。民法第八百三十五條第一項規定：「地上權定有期限，而有支付地租之約定者，地上權人得支付未到期之三年分地租後，拋棄其權利。」原則上值得贊同。當事人間如達成合意而使地上權人拋棄地上權，則地上權人也可能依雙方合意支付少於未到期的三年分地租，基於私法自治原則，此一拋棄仍為有效。❸❻

二、當事人未定存續期間

　　依民法第八百三十四條規定：「地上權無支付地租之約定者，地上權人得隨時拋棄其權利。」，可知本條是針對無支付地租的地上權，基於財產權可以自由拋棄的原則，除非拋棄將影響他人權利，否則，無支付地租的地上權，地上權人應可隨時拋棄其權利，因此，明文加以規定。

　　有地租約定的地上權，民法第八百三十五條第一、二項規定：「地上權定有期限，而有支付地租之約定者，地上權人得支付未到期之三年分地租後，拋棄其權利。地上權未定有期限，而有支付地租之約定者，地上權人拋棄權利時，應於一年前通知土地所有人，或支付未到期之一年分地租。」如因不可歸責於地上權人的事由，致無法達成原土地使用的目的者，同條第三項規定：「地上權人於支付前二項地租二分之一後，得拋棄其權利。」將土地無法使用的危險由所有人和地上權人平均承擔，基於天災由物權人承擔的法理，此一規定值得贊同。

　　未定期限的法律關係，當事人雖以得隨時終止為原則，但地上權人在土地上有建築物或工作物，如所有人可隨時終止地上權，將嚴重影響地上權人的權利，因而新增第八百三十三條之一規定：「地上權未定有期限者，

---

❸❻　以上三段參閱謝哲勝，〈民法物權編修正草案（普通地上權）綜合評析〉，《財產法專題研究㈥》，頁 173–174，翰蘆圖書，2008 年 11 月。

存續期間逾二十年或地上權成立之目的已不存在時，法院得因當事人之請求，斟酌地上權成立之目的、建築物或工作物之種類、性質及利用狀況等情形，定其存續期間或終止其地上權。」第八百三十三條之二規定：「以公共建設為目的而成立之地上權，未定有期限者，以該建設使用目的完畢時，視為地上權之存續期限。」因此，地上權人如前所述可拋棄地上權，然而所有人則無隨時終止地上權的權利。使地上權人有符合使用目的之基本期限保障以回收其投資，可提供地上權人投資改良土地的誘因，因而促進土地的有效利用。此一規定值得贊同。

第四節　地上權的效力

地上權的效力可分地上權人的權利與地上權人的義務加以說明：

一、地上權人的權利

㈠使用收益權

地上權是以在他人土地上有建築物、工作物為目的，而使用其土地的權利。故地上權人得在他人的土地，基於意定或法定使用目的範圍內使用土地。而所謂「使用」，應解釋為包括收益在內，因而地上權人固然可以建築房屋供自己使用，也可以將房屋連同土地出租他人而收取租金，也在收益的範圍內。

其次，地上權設定契約如有約定土地使用的方法，地上權人自應依該約定使用方法使用土地，地上權人如有違反，應認為土地所有人有阻止權，如經阻止而仍繼續違反者，應使土地所有人有終止地上權的權利。民法第八百三十六條之三前段規定：「地上權人違反前條第一項規定，經土地所有人阻止而仍繼續為之者，土地所有人得終止地上權。」的規定，值得贊同。但約定的使用方法如為繼受人所不知，難免對其發生不測損害，因此，增訂第八百三十六條之二的規定，使地上權約定的使用方法，非經登記不得對抗善意的受讓人。

1.地上權人將土地出租的爭議

關於地上權人得否自己不使用土地,而將土地出租他人收取租金,有不同見解:

(1)否定說

否定說認為舊法第八百四十五條永佃權人轉租禁止的規定,對於地上權應可類推適用,因為如承認地上權轉租,勢必使地上權人自居第二所有權人的地位,導致中間剝削,增加土地實際利用人的負擔,而違反地上權的設定本旨。其次,依民法第八百三十二條與第八百四十一條的立法精神,應認為地上權人須自行使用土地,因此不得將土地出租或出借他人使用。

(2)肯定說[37]

肯定說認為地上權並無與舊法第八百四十五條相類似的規定,足以證明出租並非法律所禁止。其次,從民法第八百三十二條與第八百四十一條的文義,也無法推論出地上權人應自行使用土地的結論。地上權的本質應在於重視土地的使用,使土地發揮最高的經濟效用,至於地上物為何人所有,則不重要。因此,地上權人與地上物所有人不必是同一人,法律既未明文限制,也無限制出租的正當事由。至於出租是否會造成中間剝削,加重使用人的負擔,則是立法政策應否限制的問題。況且,在房屋租賃的情形下,也承認原則上得部分加以轉租(民四四三),不動產也得以轉典(民九一五),均為法律所明文許可的情形,也無鼓勵中間剝削的疑慮。

2.本書見解

基於以下理由,應採肯定說:(1)民法就地上權並未有如舊法第八百四十五條永佃權禁止轉租的類似規定,文義上本不限制出租;(2)使用收益權的內涵包括出租在內,因地上權是物權關係,可享有所有人的部分權能,解釋上自應包括出租與借貸權;[38](3)因科技的發展,人類社會生活的分工愈加精細,地上權人與地上物利用人的分離符合比較利益法則下的專業分工型態,有助於物的效用極大化。

---

[37] 參閱謝在全,《民法物權論(上)》,頁 440,自版,1997 年 9 月。

[38] 參閱史尚寬,《物權法論》,頁 177,自版,1987 年 1 月。

㈡處分權

地上權是一種財產權，並且無享受上的專屬性，因此除契約另有約定或另有習慣外，得將其權利讓與他人（民八三八）。高度處分行為的讓與既然在地上權人的權能範圍內，則以地上權為標的，設定抵押權（民八八二）或將地上權的土地出租予第三人的低度處分行為，基於「舉重以明輕」的法理，也在地上權人的權能範圍內。

因此，現行法第八百三十八條第一項規定：「地上權人得將其權利讓與他人或設定抵押權。但契約另有約定或另有習慣者，不在此限。」明文承認地上權原則上為無專屬性的財產權，故權利人得自由處分其權利，包括讓與或設定抵押權在內。然而建築物或其他工作物通常不能脫離土地而存在，二者相互結合才能發揮較高經濟效用，因而增訂第八百三十八條第三項，規定：「地上權與其建築物或其他工作物，不得分離而為讓與或設定其他權利。」使地上權與地上物同時讓與或設定其他權利，避免地上物所有人欠缺占有的本權，固然具有正當性，然而對財產權的限制必須通過憲法第二十三條的檢驗，此種限制是否符合必要性或狹義的比例原則，則仍有疑義。

至於第八百三十八條第一項但書地上權禁止處分的特約，是否得對抗第三人，則有不同見解：

1.肯定說

肯定說認為：此等禁止特約為物權編所規定的物權的內容，具有物權效力，自有對抗第三人的效力。

2.否定說

否定說認為：地上權的讓與性，是財產權的當然結果，倘以契約變更地上權的此等效力，則違背民法第七百五十七條所揭櫫的物權法定主義。該項特約的效力應解為僅有債權性質，不能對抗第三人。

3.折衷說

折衷說認為：權利讓與的特約，本質上應僅以具債權性為常見，而地上權則係不動產物權，自應以登記表現其內容方具公示與公信效力，故此

等特約須經登記始得對抗第三人，以保障交易安全。❸❾

　　針對此一爭議，民法增訂第八百三十八條第二項：「前項約定，非經登記，不得對抗第三人。」該條文的解釋，與對此爭議所採見解有關。上述否定說和折衷說違反二十八年院字第一九一九號解釋，超過保護交易安全的必要限度剝奪真正的權利，也違反釋字第三四九號解釋，未經登記的權利並非即不得對抗第三人，都不值得採納。因此，原則上應採肯定說，但為了保護交易安全，則未經登記不得對抗善意第三人，該條文的第三人即應指善意第三人，排除明知或可得而知的人，才符合該二號憲法解釋的意旨。

(三)取回權

　　依民法第八百三十九條規定，地上權消滅時，地上權人得取回其工作物，但應回復土地原狀。並且土地所有人以時價購買其工作物者，地上權人不得拒絕。

　　地上權人取回權的行使，應及早行使，使法律關係得以早日確定，因而第八百三十九條第二項增訂取回權的除斥期間與地上權人回復原狀義務的規定：「地上權人不於地上權消滅後一個月內取回其工作物者，工作物歸屬於土地所有人。其有礙土地之利用者，土地所有人得請求回復原狀。」以平衡當事人間的利益。

　　為了使土地所有權人可以及早知悉地上權人是否行使取回權，現行法於第八百三十九條第三項並規定地上權人取回工作物前有通知所有權人的義務。土地所有人願以時價購買其工作物時，舊法第八百三十九條第二項僅規定「地上權人」不得拒絕，但參照民法第九百十九條的規定，解釋上應認為地上權人非有正當理由，不得拒絕，現行法已於第八百三十九條第三項明文規定。

(四)補償請求權

　　現行法第八百四十條就地上權人的補償請求權的行使，較舊法作出更為細緻的規範。地上權人之工作物為建築物者，如地上權因存續期間屆滿

---

❸❾　以上不同見解，參閱謝在全，《民法物權論（上）》，頁442，自版，1997年9月。

而消滅，地上權人得於期間屆滿前，定一個月以上之期間，請求土地所有人按該建築物之時價為補償。但契約另有約定者，從其約定（民八四○I）。土地所有人拒絕地上權人前項補償之請求或於期間內不為確答者，地上權之期間應酌量延長之。地上權人不願延長者，不得請求前項之補償（民八四○II）。

依據條文規定，地上權人的補償請求權應符合以下要件：❹一、須土地上的工作物為建築物；❹二、須地上權因存續期間屆滿而消滅；❹三、須於地上權期間屆滿前，定一個月以上之期間，向土地所有人請求；四、須當事人別無特約；五、須無民法第八百四十條第二項前段及後段的情形，即無應延長地上權期間或地上權人不願延長的情形。

首先，於第八百四十條第一項就收買請求權的行使，規定應於「期間屆滿前，定一個月以上之期間，請求土地所有人按時價為補償。」使法律關係及早確定。其次，土地所有人拒絕地上權人補償的請求或於期間內不為確答者，地上權的期間應酌量延長。關於收買的時價，依同條第三項規定，當事人不能協議者，得聲請法院以裁定定其價格，此等時價裁定性質上如同非訟事件法第一百八十二條有關收買股份價格的裁定，故屬非訟事件。關於延長地上權期間，依同條第四項規定，其期間由土地所有人與地上權人協議定之，不能協議者，得聲請法院斟酌建築物與土地使用的利益，以判決定之。

㈤相鄰權

地上權人得占有土地而為使用收益，而民法上相鄰關係的規範本在於調和不動產利用人間的關係，因此民法第七百七十四條至第七百九十八條關於土地所有人相鄰關係的規定，於地上權人也有其準用（民八○○之一）。❹

---

❹　參閱謝在全，《民法物權論（上）》，頁 458–459，自版，1997 年 9 月。

❹　如為建築物以外的工作物，則有民法第 939 條的適用。參閱謝在全，《民法物權論（上）》，頁 608，自版，2014 年 9 月。

❹　如地上權是因其他原因消滅者，則有民法第 939 條的適用。參閱謝在全，《民法物權論（上）》，頁 608，自版，2014 年 9 月。

㈥優先購買權

土地法第一百零四條規定：「基地出賣時，地上權人、典權人或承租人有依同樣條件優先購買之權。房屋出賣時，基地所有權人有依同樣條件優先購買之權，其順序依登記之先後定之。前項優先購買權人，於接到出賣通知後十日內不表示者，其優先權視為放棄。出賣人未通知優先購買權人而與第三人訂立買賣契約者，其契約不得對抗優先購買權人。」因此，地上權人如在土地上建築房屋，即有優先購買權。

基地所有人如違反本條規定，未通知地上權人而與第三人訂立買賣契約，並移轉基地所有權，則地上權人得行使優先購買權，以形成一個買賣契約，並得對第三人主張效力。訴訟上，地上權人得確認其對基地有優先購買權，並行使優先購買權，形成一個買賣契約，且強制基地所有人履行，請求法院命令第三買受人塗銷已為的所有權移轉登記，由基地所有人與地上權人訂定書面契約，並協同辦理所有權移轉登記。

二、地上權人的義務

地上權人的義務主要有二：

㈠給付地租的義務

地上權分有租金與無租金兩種，因而給付地租並非地上權的要件，只有在當事人間有應支付地租的約定時，地上權人才有給付地租的義務。然而，不必給付地租的地上權未必就是無償，因為設定地上權時，地上權人可能有給付權利金，地上權人給付權利金，作為取得權利的對價，此種情形，地上權仍是有償的。之後地上權人可能不必再給付地租，也可能必須再給付地租，依土地所有人和地上權人雙方設定地上權時所為的約定加以決定。

給付地租的約定，依法構成地上權的內容，為地上權的效力，是物權關係。因而地租的約定有物權效力，但為了保護交易安全，非經登記，不得對抗善意第三人，現行法規定，地租之約定經登記者，地上權讓與時，

---

❸ 舊法第 833 條原就地上權有準用的規定，惟現行法第 800 條之 1 已作出概括規定，故將舊條文刪除。

前地上權人積欠之地租應併同計算（民八三六 II）、土地所有權讓與時，已預付之地租，非經登記，不得對抗第三人（民八三六之一），都應依此一精神而為解釋。就此而言，第八百三十六條之一說明中使用「預付地租之事實……未經登記者，僅發生債之效力」，就是債權和物權區分走火入魔的結果。

地上權如依法律行為而取得，是否給付地租，依當事人設定地上權的行為而定。地上權如為依時效而取得，則無須給付地租，因為長期占有本身即為取得權利的代價，因此，無須再給付地租。

如地上權人積欠地租達二年的總額，除另有習慣外，土地所有人，得撤銷地上權，土地所有人撤銷地上權應向地上權人以意思表示為之（舊民八三六）。撤銷一詞在此只表示地上權向將來發生消滅的效力，應該是終止的意思，現行法已經加以修正。

最後，如因不可抗力致妨礙地上權人就土地的利用者，地上權人仍負有給付地租的義務，而不得請求免除或減少租金（民八三七）。從天災由物權人承擔的精神，此一規定固然並無問題。

但地上權人與土地所有人間是長期的法律關係，土地的價值，長期都會有所變動，如於地上權設定後，因土地價值的昇降，地上權人給付原定地租，依一般觀念顯失公平者，或原未訂有地租的地上權，如因土地所有人就土地的租稅及其他費用等負擔增加，而非設定地上權當時所得預料者，如仍令土地所有人單獨負擔，顯失公平者，基於情事變更原則，當事人均得提起民事訴訟，聲請法院在前者情形增減租金，後者情形酌定地租。現行法第八百三十五條之一規定：「地上權設定後，因土地價值之昇降，依原定地租給付顯失公平者，當事人得請求法院增減之。未定有地租之地上權，如因土地之負擔增加，非當時所得預料，仍無償使用顯失公平者，土地所有人得請求法院酌定其地租。」都是情事變更原則的明文化，值得贊同。**❹**

㈡返還土地義務

地上權消滅時，地上權人得取回其工作物，但應回復土地原狀，然後

---

❹　謝哲勝，〈民法物權編修正草案（普通地上權）綜合評析〉，《財產法專題研究
　　㈥》，頁 176，翰蘆圖書，2008 年 11 月。

返還土地於土地所有人（民七六七、八三九 I、八四〇）。

　　最高法院七十九年度臺上字第二六二三號判例：「民法第八百四十條第一項規定：地上權人之工作物為建築物者，如地上權因存續期間屆滿而消滅，土地所有人應按該建築物之時價為補償。此與土地所有人請求塗銷地上權登記係屬二事，互無對價關係，地上權人不得執此主張同時履行抗辯權。」即地上權人的返還土地義務與土地所有人依民法第八百四十條所應負的補償義務，二者並非處於對價關係，因而無民法第二百六十四條同時履行抗辯的適用。

第五節　地上權的消滅

　　地上權的標的物為土地，而非工作物（或地上物），因此地上權不因工作物的滅失而消滅（民八四一）。

　　地上權的消滅原因如下：

一、地上權的拋棄

　　現行法就地上權的拋棄，則分就該地上權的設定有無地租約定而為不同規定：無支付地租約定者，地上權人得隨時任意拋棄其權利，因此種情形就土地所有人的利益並無影響（民八三四）；有支付地租約定者，則分別依其是否定有期限而課地上權人支付一定數額的地租或期前通知義務，以免土地所有人取得地租的期待權受到重大影響（民八三五）。

　　地上權無支付地租之約定者，地上權人得隨時拋棄其權利（民八三四）。此一拋棄是地上權人的權能之一，如並未對第三人有不利影響，則不以對特定人為意思表示為必要，但如對第三人有不利影響，則須經該第三人同意（民七六四）。地上權如有給付地租的約定者，地上權人拋棄地上權時，應支付未到期之三年分地租（民八三五 I，地上權定有期限的情形），或是應於一年前通知土地所有人或支付未到支付期的一年分地租（民八三五 II，地上權未定有期限的情形）。地上權的拋棄是地上權人權能的行使，在未對第三人不利時，於地上權人為此意思表示時即發生效力，如對第三

人有不利影響，則經第三人同意而為拋棄的意思表示，也發生拋棄的效力，不以登記為要件，至於有無此一意思表示，則是證據證明的問題。但為了保護交易安全，地上權的拋棄，非經登記不得對抗善意第三人。

二、地上權的終止

除另有習慣外，地上權人積欠地租達二年的總額者，土地所有人得撤銷其地上權，此項撤銷，應向地上權人為撤銷的意思表示，撤銷前，解釋上須定相當期限催告地上權人支付租金，必須地上權人於其期限內不為支付者，始得撤銷地上權（舊民八三六、六八年臺上字第七七七號判例參照）。

因此，現行法第八百三十六條第一項就地上權人積欠地租達二年以上者，修正為土地所有人應先定相當期限催告地上權人支付地租，如地上權人於期限內不為支付，土地所有人得終止地上權。並將現行條文用語「撤銷」修正為「終止」，因所謂的撤銷地上權，並無溯及效力，地上權僅向將來發生效力，因而其性質，應為終止。

如土地所有人依法終止地上權，而該地上權經設定抵押權者，則應如何兼顧抵押權人的利益。現行法第八百三十六條第一項後段規定：「地上權經設定抵押權者，並應同時將該催告之事實通知抵押權人。」使抵押權人得依民法第三百十二條利害關係人的身分代位清償，使地上權不因而被終止，如此抵押權即不會因為抵押權標的的消滅而消滅。從地上權可以因為積欠地租而被終止，則以地上權設定抵押權時，債權人應將支付地租的金額納入考量，而精確地計算出地上權的價值，作為擔保債權金額的依據。

三、存續期間屆滿

地上權定有存續期間者，於期間屆滿時，地上權歸於消滅，不待登記，當然發生消滅的效力。㊺司法院七十四年二月七日七四院臺廳一字第○一六八○號函同此見解。

㊺　參閱謝在全，《民法物權論（上）》，頁449，自版，1997年9月。

第六節　區分地上權

第一項　概　說

　　土地上的權利本可以空間上的分割，有承認土地上下一定空間範圍設定地上權的必要性，因而增訂「區分地上權」的規定，增加第八百四十一條之一至第八百四十一條之六等六個條文加以規範。主要的內涵包括：區分地上權的意義與設定要件、區分地上權的意定相鄰關係、由法院依判決延長區分地上權的期間者應並斟酌第三人的利益、區分地上權人對第三人的補償、同一土地先後設定區分地上權和地上權不得妨礙先設定的地上權、區分地上權準用普通地上權。[46]

第二項　區分地上權的意義

一、名　稱

　　法律概念的名稱本是約定成俗即可，然而，如名稱會產生誤解，不能望文生義，則顯然不是個完美的名稱。[47]區分地上權一詞因為容易誤解為存在於土地上方的權利，無法望文生義，顯然不是個完美的名稱。尤其在地下設定的區分地上權，更是令人費解。

　　更名固然應該慎重，但是不完美的名稱持續存在，卻也是種故步自封的表現，因此，仍應更名為宜。既然普通地上權是在他人土地上下有建築物或其他工作物為目的而使用土地的權利，都是以建築為使用目的，則區分地上權改為「區分建築使用權」顯然更能望文生義，又不會有誤解，而為更理想的名稱。

---

[46] 以下各項內容，參閱謝哲勝，〈民法物權編區分地上權增訂條文綜合評析〉，《地上權法制之研究》，頁 357–371，元照出版，2018 年 7 月。

[47] 謝哲勝，〈民法物權編修正草案（普通地上權）綜合評析〉，《財產法專題研究㈥》，頁 171，翰蘆圖書，2008 年 11 月。

二、使用土地的範圍

　　普通地上權是存在他人土地上下，而區分地上權則是存在他人土地上下的「一定空間範圍內」，後者的空間範圍顯然包括在前者之內，前者似乎指土地上下的全部空間，後者則是指土地上下的部分空間，以此來區別普通地上權和區分地上權，固然也言之成理。民法第八百四十一條之一就此而言，值得贊同。

　　然而，當事人設定普通地上權時，也可約定普通地上權的成立目的、建築物或工作物的種類、性質利用狀況，[48]則依設定當事人間的約定，普通地上權也可能是存在於土地上下的「一定空間範圍內」，[49]而僅存在於土地上下的部分空間的權利。就此而言，普通地上權和區分地上權的區別，也是相對的，而非絕對的。[50]

第三項　區分地上權的內容

一、區分地上權設定的條件

　　現行法第八百四十一條之一，明文承認得在他人土地上下一定空間範圍內設定的區分地上權，以配合土地上權利可以空間上分割的原則。

二、區分地上權的意定相鄰關係

　　民法第八百四十一條之二規定：「區分地上權人得與其設定之土地上下

---

[48]　參照草案第 833 條之 1 規定：「地上權未定有期限者，存續期間逾二十年或地上權成立之目的已不存在時，法院得因當事人之請求，斟酌地上權成立之目的、建築物或工作物之種類、性質及利用狀況等情形，定其存續期間或終止其地上權。」

[49]　參閱溫豐文，〈論區分地上權──以探討民法物權編修正草案之規定為主〉，《台灣本土法學雜誌》，第 105 期，頁 116–117，2008 年 4 月。

[50]　謝哲勝，〈民法物權編區分地上權增訂條文綜合評析〉，《地上權法制之研究》，頁 357–359，元照出版，2018 年 7 月。

有使用、收益權利之人，約定相互間使用收益之限制。其約定未經土地所有人同意者，於使用收益權消滅時，土地所有人不受該約定之拘束。前項約定，非經登記，不得對抗第三人。」此即為區分地上權與相鄰不動產的使用限制的規定，以下從約定當事人和效力範圍分別評析如下：

㈠約定當事人

區分地上權的權利範圍僅及於土地上下一定空間，因而區分地上權與周圍土地有使用收益權利人，既有平面相鄰，也有垂直相鄰的情形，區分地上權與水平相鄰和垂直相鄰的權利人，都有相鄰關係。條文僅規定「區分地上權人得與其設定之土地『上下』有使用、收益權利之人，約定……」，顯然遺漏了「四周」的有使用、收益權利之人。(51)條文雖有遺漏，但解釋上，區分地上權人當然得與其設定之土地「四周」有使用、收益權利之人，約定相互間使用收益之限制。

區分地上權上下四周有使用、收益權利之人，包括所有權人，參照民法第八百條之一的規定，(52)法定的相鄰關係既可及於土地、建築物的利用人，(53)此種由相鄰不動產權利人相互間所形成的意定相鄰關係，也應擴及在區分地上權上下四周的土地、建築物的利用人。(54)

㈡及於人的效力範圍

此種意定相鄰關係，及於人的效力範圍，以下從不動產利用人及其不動產權利的繼受人、所有人以及第三人，分別加以說明。

基於意定相鄰關係，不動產利用人在其權利範圍內與其他相鄰不動產利用人之間約定的意定法律關係，只有對該約定的當事人和該特定物的繼受人，具有效力，因此，不動產利用人及其不動產權利的繼受人，受此意

(51) 參閱溫豐文，〈論區分地上權——以探討民法物權編修正草案之規定為主〉，《台灣本土法學雜誌》，第 105 期，頁 118，2008 年 4 月。

(52) 參閱王澤鑑，《民法物權》，頁 372，自版，2009 年 7 月。

(53) 參閱陳榮隆，〈互動而成之新物權通則及所有權〉，《月旦法學雜誌》，第 168 期，頁 16，2009 年 5 月。

(54) 溫豐文，〈論區分地上權——以探討民法物權編修正草案之規定為主〉，《台灣本土法學雜誌》，第 105 期，頁 118，2008 年 4 月。

定相鄰關係的拘束。

用益物權人之間的約定，與所有人之間的約定不同，當然可為不同的規範。兩個地上權人的約定，對於所有權人並無效力，同時所有權人在地上權人可以使用收益的期間內，亦不得干涉其使用收益，一旦權利消失之後，該項約定自然不對所有權人發生效力。換言之，因土地所有人並非意定相鄰關係的當事人及其權利的繼受人，自不受該約定的拘束。土地上有所有權以外的使用收益權存在時，土地所有人的權利受該使用收益權的拘束，在其無法行使使用收益權的範圍內，土地所有人形同也受到該意定相鄰關係的拘束，但在該土地的使用收益權範圍外，即使在該土地使用收益權的存續期間，土地所有人當然也不受拘束。只有經土地所有人同意的意定相鄰關係，於該土地使用收益權的有效存續期間內和消滅後，才能對土地所有人有拘束力。因此，民法第八百四十一條之二第一項後段規定：「其約定未經土地所有人同意者，於使用收益權消滅時，土地所有人不受該約定之拘束。」值得贊同。

意定相鄰關係是本質上物權的權利，在可以登記的前提下，未經登記，對於善意且無過失的受讓人不生效力。如不能登記，則原則上對受讓人有拘束力，當違反均衡正義和情事變更時，受讓人才可主張不受拘束。用益物權人之間的約定，與所有人之間的約定不同，當然可為不同的規範。兩個地上權人的約定，對於所有權人並無效力，同時所有權人在地上權人可以使用收益的期間內，亦不得干涉其使用收益，一旦權利消失之後，該項約定自然不對所有權人發生效力。

現行登記制度在土地法登記規則第一百五十五條之二配合增訂後，解釋上，民法第八百四十一條之二第二項所謂「非經登記不得對抗第三人」，應指「未經登記，不得對抗該地上權或對該不動產有使用、收益權利的『善意並無過失』的受讓人」。(55)該項條文說明：「又前項約定經登記者，方能發生物權效力，足以對抗第三人。」顯然誤會了登記對抗(56)的精神，也不

(55) 參閱謝哲勝，〈物權的公示〉，《月旦民商法雜誌》，第2期，頁15、16，2003年12月。

符「在保護交易安全的必要範圍內才限制當事人意思自治」的交易安全保護的精神，應修正或不予理會。(57)

三、判決延長區分地上權的期間

區分地上權的存續期間，依設定人的約定，存續期間(58)屆滿，區分地上權原則上應歸於消滅。然而，區分地上權的地上物為建築物時，依民法第八百四十條規定，(59)除契約另有約定外，土地所有人應補償地上權人；如土地所有人不願補償，則地上權的期間應酌量延長，延長地上權期間不能協議者，依第八百四十條第四項，得請求法院判決延長區分地上權的期間。為了妥當規範對第三人權利所造成的影響，現行法增訂第八百四十一條之三和第八百四十一條之四的規定，分別評析如下：

㈠斟酌第三人的利益

民法第八百四十一條之三規定(60)：「法院依第八百四十條第四項定區分地上權之期間，足以影響第三人之權利者，應併斟酌該第三人之利益。」因為第三人如因區分地上權消滅，而能對該區分地上權的空間主張權利，則因法院判決依第八百四十條第四項延長地上權的期間，將影響第三人權利的行使，因此應並斟酌該第三人的利益。(61)此一規定，值得贊同。

---

(56) 參閱黃銘傑，〈「登記對抗主義」輓歌──評最高法院九十六年度台上字第一六五八號判決〉，《月旦法學雜誌》，第154期，頁233-251，2008年3月。

(57) 以上參閱謝哲勝，〈民法物權編區分地上權增訂條文綜合評析〉，《地上權法制之研究》，頁360-362，元照，2018年7月。

(58) 請參閱蔡明誠，〈地上權過短期限約定之效力〉，《月旦法學教室》，第9期，頁14-15，2003年7月。

(59) 請參閱鄭傑夫，〈土地所有人與其上房屋所有人間之法律關係──租賃、地上權、典權與不動產質權〉，《華岡法粹》，第44期，頁112-113，2009年7月。

(60) 相關見解參照吳珮君，〈區分地上權消滅後之效果──兼論物權篇修正草案第八三九條、第八四〇及之一、之二條〉，《法令月刊》，第52卷第11期，頁18-30，2001年11月。

(61) 參閱謝在全，《民法物權論（中）》，頁139-140，自版，2004年8月。

　　然而，立法理由二提到「區分地上權如為第三人之權利標的」的情形，延長區分地上權顯然對該第三人有利，如為有利影響，因為第三人在此種情形為間接受有利益，在法條未規定下，法院應如何斟酌第三人利益，仍有待學說和實務發展，加以具體化。

㈡補償金額的決定

　　民法第八百四十一條之四規定：「區分地上權依第八百四十條的規定，以時價補償或延長期間，足以影響第三人之權利時，應對該第三人為相當之補償。補償之數額以協議定之；不能協議時，得聲請法院裁定之。」第三人因區分地上權的延長，因而受到不利影響者，基於均衡正義，自然應受到補償，此一規定就此範圍內，值得贊同。受到有利影響者，自然不應受任何補償。

　　然而，其條文尚包括「以時價補償……足以影響第三人之權利時」，區分地上權期間屆滿，以時價補償建築物，則地上權消滅，符合第三人的預期，似乎沒有「影響第三人之權利」，則何來補償的問題。區分地上權如為第三人的權利標的，除非區分地上權有與第三人約定，擔保區分地上權的有效期間超過原訂存續期間，否則期滿區分地上權歸於消滅，即符合該第三人的預期；如有區分地上權人補償第三人的可能，也是依雙方的法律關係加以處理，並無區分地上權在存續期間屆滿而消滅後，對第三人有不利影響時，還須向第三人補償的問題。如果區分地上權在先，除非土地所有人向第三人承諾區分地上權消滅時將拆除建築物，否則建築物存在也沒有影響第三人的權利；如果區分地上權在後，區分地上權權利的行使不得影響第三人，因此若建築物的存在會影響第三人，則在區分地上權人興建建築物時，就必須得到第三人的同意，除非土地所有人或區分地上權向第三人承諾區分地上權消滅時將拆除建築物，否則建築物存在也沒有影響第三人的權利。如依土地所有人或區分地上權向第三人的承諾，而有補償的義務，則是依約定所為的補償，並無規定的必要。就此而言，「，以時價補償或」幾個字應該刪除，而成為「區分地上權依第八百四十條的規定延長期間，足以影響第三人之權利時，應對該第三人為相當之補償。……」

四、同一土地先後設定區分地上權及其他用益物權的效力

　　基於私法自治、物權自由原則，土地所有人先設定物權給他人後，在該物權人的權利範圍外，所有人仍得自由地行使其所有權，而在所有物上設定其他權利。因此，無論是先設定區分地上權，再設定其他物權，或先設定其他物權，再設定區分地上權，都會有區分地上權與其他用益物權同時存在的情形。[62]因此民法第八百四十一條之五規定：「同一土地有區分地上權與以使用收益為目的之物權同時存在者，其後設定物權之權利行使，不得妨害先設定之物權」，此條與民法第八百五十一條之一規定：「同一不動產上有不動產役權與以使用收益為目的之物權同時存在者，其後設定物權之權利行使，不得妨害先設定之物權。」法理相同，互相輝映，還原物權法的私法本質，彰顯了物權自由原則，[63]值得肯定並大加讚揚。以下就後設定權利不需先設定權利人同意、並存權利的類型及範圍、並存權利的優先次序分別評析如下：

㈠後設定權利不需先設定權利人同意

　　因為土地所有人先設定物權給他人後，在先設定物權人權利範圍內，所有人即無權利，所有人如於先設定物權人權利範圍內再設定物權，等於無權處分，除非後設定物權人取得先設定物權人權利範圍內的權利，或符合善意受讓的要件，否則，後設定物權人在先設定物權人權利範圍內，自無法取得權利，而不得妨礙先設定物權。既無影響先設定權利人權利的行使，自不需先設定權利人的同意，就此而言，所有人就能在設定各種時間、空間或內容上不同的權利，充分發揮單一土地的使用效率。

㈡並存權利的類型及範圍

　　並存的權利條文用語是「使用收益為目的之物權」，即指用益物權，然是否僅限於用益物權可以同時存在，擔保物權難道不能與區分地上權同時

---

[62]　參閱謝在全，《民法物權論（中）》，頁138，自版，2004年8月。

[63]　參閱謝哲勝，〈物權法定原則與限制〉，《月旦法學教室》，第27期，頁12–13，2005年1月。

存在嗎？解釋上，擔保物權當然可以與區分地上權同時存在，因此，可以與區分地上權同時存在的物權包括擔保物權。

　　土地上的權利可以依水平和垂直方式為空間上切割，因此，並存權利的範圍可能為某一土地的部分空間，而與區分地上權在空間上毫無重疊，如權利存在的範圍在空間上有重疊關係，因為對土地權利內容不同，也未必互相排斥。如權利存在的範圍在空間上有重疊關係，而且權利內容，也互相排斥，則依優先次序決定何一權利優先。

㈢並存權利的優先次序

　　並存權利間的優先次序，可分別敘述如下：

1.用益物權間

　　同一標的物存在兩個以上並存的用益物權時，先成立的用益物權優先於後成立的用益物權。

2.用益物權與擔保物權間

　　同一標的物同時存在用益物權和擔保物權，則先成立的物權優先於後成立的物權。亦即如用益物權成立在先，則擔保物權實行的結果，不得影響用益物權的行使；如擔保物權成立在先，而用益物權的存在也不得影響擔保物權所擔保債權的滿足。

五、區分地上權準用普通地上權

　　普通地上權是在土地上垂直空間概括地享有使用建築物或工作物的權利，區分地上權則是於一定範圍內的垂直空間，享有使用建築物或工作物的權利，二者本質相同。因此，區分地上權可準用普通地上權，規定於第八百四十一條之六：「區分地上權，除本節另有規定外，準用關於普通地上權之規定。」評析如下：

㈠準用或適用

　　準用是明文規定的類推適用，類推適用則是法未明文時，而援引性質相近之法比附之。[64]如強調區分地上權在權利的範圍較普通地上權窄，認

---

[64]　參閱王澤鑑，《民法總則》，頁 21，自版，1983 年 11 月。

為二者為不同的權利，使用準用一詞自無問題。然而如前所述，普通地上權也可能是存在於土地上下的「一定空間範圍內」，而僅存在於土地上下部分空間的權利，普通地上權和區分地上權的區別，是相對的，而非絕對的，(65)則普通地上權的條文也可直接適用於區分地上權。

㈡準用的範圍

普通地上權和區分地上權的區別，既然只是相對的，則普通地上權的條文，除非解釋上該地上權只限於針對土地垂直空間的全部，否則，只要普通地上權的權利範圍可能僅及於土地的部分空間，則與區分地上權的性質相符，而可以準用。

檢視普通地上權的條文，即使是第八百三十八條之一，解釋上，法定地上權(66)也可以依建築物的高度，在地下及地表的一定高度範圍內設定，所有人仍可保留建築物一定高度以上空間的權利，自行使用或設定其他權利給第三人。因此，普通地上權的每一個條文，區分地上權都可以準用。

六、綜合評價

以上就現行法區分地上權各部分，分別加以評析，以下則綜合上述評析意見，就現行法為綜合評價。

㈠現行法基本上值得肯定

先不論個別值得再斟酌的條文，將原規定於特別法的區分地上權，明文規定於民法中，明確其權利內容及效力，將有助於區分地上權應用的推廣；並增訂民法第八百四十一條之五及八百五十一條之一，還原物權的私法本質，彰顯了物權自由原則。

㈡憲法解釋仍待貫徹

憲法解釋是針對合憲與否加以解釋，效力形同憲法，照說立法也不能

(65) 參閱溫豐文，〈論區分地上權——以探討民法物權編修正草案之規定為主〉，《台灣本土法學雜誌》，第 105 期，頁 117，2008 年 4 月。

(66) 參閱謝在全，〈法定地上權〉，蘇永欽主編，《民法物權實例問題分析》，頁 158–159，五南圖書，2001 年 1 月。

違反憲法解釋。然而，大法官會議釋字第三四九號解釋明確表示在第三人明知或可得而知的情形下，債權並非不得對第三人發生效力，二十八年院字第一九一九號解釋明確表示「並非要在保護交易安全的必要限度以外剝奪真正的權利」，第八百四十一條之二的說明三：「又前項約定經登記者，方能發生物權效力，足以對抗第三人。」顯然誤會了登記對抗的精神，立法者完全忽視憲法解釋的存在，確實很難想像，但是，前述說明「前項約定經登記者，方能發生物權效力，足以對抗第三人」卻公然地違反該兩號解釋，因此，憲法解釋仍待貫徹。(67)

㈢現行法尚待修正

如前評析所述，除了可以藉由解釋即可解決爭議外，現行法尚有區分地上權的名稱、約定使用收益限制的他方當事人包括四周有使用收益權人、第八百四十一條之二的說明三登記的效力、時價補償時是否可能須對第三人補償等條文，有待修正。

第七節　地上權和土地租用

地上權是法律明文規定的物權，土地租用雖然規定在債編，而通常被歸類為債權，但因土地承租人以直接支配特定土地而享有其利益，是一種本質上物權。而且就利用他人土地而言，二者完全相同，而且於租賃物權化後，二者相同處遠大於相異處，以下分別加以說明。

一、成立要件

地上權的設定，應製作不動產物權變動的書面，依第七百五十八條規定，非經登記，不生效力；土地租用雖然不以書面為必要，但租約逾一年而未立書面，則視為不定期租賃（民四二二），因而實務上絕大多數情形仍會立書面契約，而且不必登記就已生效。

其次，租金是租賃契約成立的要件，如無租金則非租賃契約，可能成

(67) 參閱謝哲勝，〈民法物權編修正草案（普通地上權）綜合評析〉，《財產法專題研究㈥》，頁188，自版，2008年11月。

立無償的使用借貸契約；地上權則不以地租約定為其成立要件，不論有無地租支付的約定，均不影響地上權的成立。然而，地上權雖無地租的約定，但取得時可能有支付權利金，而土地租用也可能由承租人先給付一大筆押租金，而不必定期給付租金。

二、存續期間

地上權的存續期間，原則上並無限制；土地租用依民法第四百四十九條規定則不得逾二十年，而且不限制更新，但須注意該條第三項規定。

三、地　租

依民法第八百三十七條規定，地上權人縱因不可抗力妨礙土地使用，亦不得請求減少或免除租金，然土地租用若因不可抗力而妨礙土地的利用，參照民法第四百三十五條、四百四十一條及第四百五十七條規定，可請求減少或免除租金。

四、相鄰關係

地上權人間及地上權人與土地所有人間，依舊民法第八百三十三條規定有準用相鄰關係的規定，但土地租用修正前法條原無明文規定。然而新增訂的第八百條之一，已將相鄰關係的準用，及於承租人或其他土地、建築物或其他工作物利用人，就相鄰關係而言，二者已無區別。

五、終止原因

依民法第八百三十六條第一項規定，地上權人積欠地租達兩年總額者，除另有習慣，經過催告，土地所有權人得終止其地上權；關於土地租用，在基地或農地租用，地租積欠達兩年總額，經過催告，土地所有權人得終止租約(68)。就此而言，二者並無不同。

(68) 參閱土地法第 103 條第 4 款、第 114 條第 7 款及耕地三七五減租條例第 17 條第 3 款。

六、讓　與

依民法第八百三十八條規定，地上權人得將權利讓與他人，民法第八百八十二條也明文規定，得以地上權為抵押權的標的物。然而土地租用權則不得讓與，轉租並受有限制(69)。

七、標的物滅失

依民法第八百四十一條規定，地上權不因建築物或其他工作物的滅失而消滅，於土地租用，原則上也不因承租人於土地上興建的建築物或工作物的滅失而消滅。但在未定期限的基地租賃，因適用土地法第一百零三條規定，則探求當事人的真意，應解為租至房屋不堪使用為止，亦即租賃權因房屋的滅失而當然消滅。

八、危險承擔

因不可歸責於權利人的事由，致其無法行使該權利的危險，在地上權的情形，該危險以地上權人負擔為原則，此由民法第八百三十七條的規定而知。然而現行法第八百三十五條第三項則例外由土地所有人與地上權人平均分擔，應予注意；至於在租賃權的情形，依民法第四百三十五條的意旨，則應由出租人承擔。

九、默示更新

於租賃契約中，民法第四百五十一條第一項明文承認租賃契約的默示更新；於地上權中，現行法則未明文規範，通說及實務見解則均否定地上權得類推適用租賃契約默示更新的規定。(70)

(69) 參閱民法第443條、土地法第103條、第108條及耕地三七五減租條例第16條。

(70) 參閱最高法院70年臺上字第3678號判例：「法律關係定有存續期間者，於期間屆滿時消滅，期滿後，除法律有更新規定外，並不當然發生更新之效果，地上權並無如民法第四百五十一條之規定，其期限屆滿後自不生當然變更為不

十、租金增減或酌定請求權

　　於租賃契約，民法第四百四十二條承認就未訂期限的租賃契約，當事人有租金增減聲請權；至於地上權，舊法條文無明文規範，現行法基於公平原則與情事變更原則，增訂第八百三十五條之一，肯定當事人有地租增減或酌定請求權。

　　定期限之效果，因而應解為定有存續期間之地上權於期限屆滿時，地上權當然消滅。」

第三章　農育權

第一節　概　說

　　稱「農育權」，係為使名實相符，因為此種新設物權的重要內容為農業使用及土地保育，且單純的種植竹木，未達森林的程度，非農業使用所能涵蓋。增訂農育權的理由，在於民法對於建地的使用設有地上權的規定，而對於農地的使用則並無物權設定的規範，認為體例上有所缺漏，因而增訂「農育權」一章。規定於第八百五十條之一至第八百五十條之九，共九個條文，內容包括：農育權的意義及期間、農育權的讓與、農育權的終止與拋棄、農育權的土地或農用工作物出租的限制規定與其法律效果、農育權人使用土地的方法與違反效果、農育權消滅時出產物及農用工作物的取回、特別改良費用的償還、以及地上權相關條文的準用。

第一項　農育權的增訂要點

　　以下就農育權的增訂要點，敘述如下：

一、農育權的意義及期間

　　第八百五十條之一規定：「稱農育權者，謂在他人土地為農作、森林、養殖、畜牧、種植竹木或保育之權。農育權之期限，不得逾二十年，逾二十年者，縮短為二十年。但以造林、保育為目的或法令另有規定者，不在此限。」本條第一項規定包含森林及種植竹木，所謂「森林」是指林地及其群生竹、木之總稱（森林法第三條第一項參照），與「種植竹木」二者程度有別。第二項規定農育權的期限，理由為「期限如過於長久，將有害於公益，經斟酌農業發展、經濟利益及實務狀況等因素，認以二十年為當。」

二、農育權的讓與

第八百五十條之三規定：「農育權人得將其權利讓與他人或設定抵押權。但契約另有約定或另有習慣者，不在此限。前項約定，非經登記不得對抗第三人。農育權與其農育工作物不得分離而為讓與或設定其他權利。」本條第一項規定的修正理由為：「農育權為財產權之一種，依其性質，農育權人原則上得自由處分其權利，亦得以其權利設定抵押權，以供擔保債務之履行。」此外，農育工作物，例如因農育權設置於土地上的水塔或倉庫，應與農育權相互結合，始能發揮其經濟作用，因此為避免農育權與其農育工作物的使用割裂，於同條第三項明文規定二者不得分離而為讓與或設定其他權利。

三、農育權的終止與拋棄

第八百五十條之二第一項規定：「農育權未定有期限時，除以造林、保育為目的者外，當事人得隨時終止之。」第二項規定：「前項終止，應於六個月前通知他方當事人。」第三項規定：「第八百三十三條之一規定，於農育權以造林、保育為目的而未定有期限者準用之。」本條增訂理由：「為兼顧土地所有人與農育權人利益，參考農業發展條例第二十一條第三項規定，應於六個月前通知他方當事人。」

第八百五十條之四規定：「農育權有支付地租之約定者，農育權人因不可抗力致收益減少或全無時，得請求減免其地租或變更原約定土地使用之目的。前項情形，農育權人不能依原約定目的使用者，當事人得終止之。前項關於土地所有人得行使終止權之規定，於農育權無支付地租之約定者，準用之。」本條的說明強調：「本項所定農育權人的減免地租請求權，一經行使，即生減免地租的效果，應屬形成權的性質（最高法院七十一年臺上字第二九九六號判例意旨參照）」。

四、農育權的土地或農用工作物出租的限制規定與其法律效果

　　第八百五十條之五規定：「農育權人不得將土地或農育工作物出租於他人。但農育工作物之出租另有習慣者，從其習慣。農育權人違反前項規定者，土地所有人得終止農育權。」本條明定禁止出租的限制，理由為：「如農育權人不自行使用土地或設置於土地上之農育工作物，而以之出租於他人，使農地利用關係複雜化，並與土地所有人同意設定農育權之原意不符。」

五、農育權人使用土地的方法與違反效果

　　第八百五十條之六第一項規定：「農育權人應依設定之目的及約定之方法，為土地之使用收益，未約定使用方法者，應依土地之性質為之，並均應保持其生產力或得永續利用。」第二項規定：「農育權人違反前項規定，經土地所有人阻止而仍繼續為之者，土地所有人得終止農育權。農育權經設定抵押權者，並應同時將該阻止之事實通知抵押權人。」本條第一項所謂的「設定之目的」，係指「第八百五十條之一第一項所定農作、森林、養殖、畜牧、種植竹木或保育等目的」。本項增訂的理由在於「農育權本即以土地之農業生產或土地保育為其內容，故一方面應物盡其用，他方面則應維護土地之本質，保持其生產力，俾得永續利用，為謀兩者間之平衡，爰增訂第一項。」；又「土地之使用不得為使其不能回復原狀之變更、過度利用或戕害其自我更新能力，以避免自然資源之枯竭，例如某種殺蟲劑或除草劑之過度、連年使用，有害土地之自我更新能力時，即不得任意施用等，方符農育權以農業使用或保育為內容之本質。」

六、農育權消滅時出產物及農用工作物的取回

　　第八百五十條之七規定：「農育權消滅時，農育權人得取回其土地上之出產物及農育工作物。第八百三十九條規定，於前項情形準用之。第一項出產物未及收穫而土地所有人又不願以時價購買者，農育權人得請求延長

農育權期間至出產物可收穫時為止,土地所有人不得拒絕。但延長之期限,不得逾六個月。」依現行法第六十六條第二項規定,不動產的出產物,尚未分離者,為該不動產之部分。惟本條第一項增訂理由謂:「土地上之出產物,為農育權人花費勞力或資金之所得;農育工作物,如係農育權人因實現農育權而設置,皆宜於農育權消滅時由農育權人收回,始合乎情理。」

七、特別改良費用的償還

第八百五十條之八第一項規定:「農育權人得為增加土地生產力或使用便利之特別改良。」第二項規定:「農育權人將前項特別改良事項及費用數額,以書面通知土地所有人,土地所有人於收受通知後不即為反對之表示者,農育權人於農育權消滅時,得請求土地所有人返還特別改良費用。但以其現存之增價額為限。」第三項規定:「前項請求權,因二年間不行使而消滅。」

第二項　農育權準用地上權的規定

因農育權與地上權均為使用他人土地的物權,其性質相似,因而增訂第八百五十條之九:「第八百三十四條、第八百三十五條第一項、第二項、第八百三十五條之一至第八百三十六條之一、第八百三十六條之二第二項規定,於農育權準用之。」明文規定農育權拋棄時應盡的義務、農育權的終止、農用權預付地租與約定使用方法對受讓人的效力等,均準用地上權的相關規定。

第二節　增訂農育權的檢討

對於現行法農育權乙章的增訂,探討如下:

一、可以考慮刪除農育權乙章

不動產物權作為一種不動產資源分配的制度,將扮演不動產資源交易的一種標的,在現實市場上進行交易,因而將受到市場法則所左右,同一

交易目的，如有不同的標的可以選擇，則只有最具競爭力的商品才能留存下來，就如同不具競爭力的公司將被市場淘汰一樣。

增訂農育權與否，也必須思考農育權是否具有競爭力，而能在不動產交易市場中存活，並非增訂於民法典，它就自然地存在，現行法既然將永佃權刪除，現行實務也極少新設定的典權，則由法典新設物權，必須考量實用性，否則又將成為具文。許多具實用性的物權（如人役權、優先權、優先購買權、意定相鄰關係等）不於法典中規範，而規定無實用性價值的物權，這將會是非常諷刺的。

增訂的農育權是以農作、森林、養殖、畜牧、種植竹木或保育為目的的土地物權，此種可能出現的物權，將面臨不動產租賃的競爭，租賃雖有期限二十年的限制，但因期限屆滿後可以更新，而且農業使用除森林和保育外也很少有超過二十年的投資規劃，在現代工商業社會私人也很難作超過二十年的農業規劃，因而不動產租賃幾乎可以完全替代農育權的功能。此二種交易既然幾乎具有完全替代性，則何者具有競爭力，將決定何者得以生存，本書認為農育權不具競爭力，因而市場上將很難出現或沒有農育權，分析如下：

㈠不動產租賃為人們所熟悉

不同的交易標的，如具有相同功能，人們將傾向於選擇知名或熟悉的交易標的，以避免因資訊不足，而受到不測的損害。任何新制度的引進，即使新制度為較佳的選擇，都有人反對，更何況如果新制度毫無新意（功能），將不會受到人們的青睞。不動產租賃存在已久，為人們所熟悉，農育權則是全新的制度，一般人不熟悉，法律人也不熟悉，如無特別誘因，很難期待有人願意嘗試一個與既有制度功能相同的新制度。

㈡不動產租賃承租人所受保護並不亞於農育權人

不動產租賃在租賃物權化下，藉由公證（民四二五 II），可以享有和物權相同甚至更好的保護，(71)需要土地作為農作使用的人，在採用不動產租

(71) 不動產租賃，有民法第 451 條默示更新與土地法第 114 條出租人收回耕地限制的適用。

賃，承租人所受保護並不亞於農育權人時，並不會因為農育權是物權，而使人們有更強的誘因採用農育權。

㈢不動產租賃對雙方當事人的交易成本較低

不動產租賃藉由公證，可達到與物權同樣的保護，而公證費用低廉，然而，農育權必須登記，當事人必須繳納代書費、書狀費、登記費等費用，各種成本總和，可能是不動產租賃公證費用的十倍或數十倍。[72] 在成本考量下，農育權並無競爭力。

㈣不動產租賃能夠滿足各種不同的需求

農育權的規定，相較之下較無彈性，而不動產租賃契約內容自由，能夠滿足各種農作不同的需求，較能滿足當事人各種不同的需求。

綜上所述，農育權即使增訂，也可能成為具文或無太大實益，因此，本書認為現行法增訂的農育權，可以考慮刪除。

二、農育權可以規定在特別法

如果制定農育權規定是主管機關的政策，但政策也可能因時間不同而變更，則農育權規定比較適宜訂在特別法，則由農業主管機關制定農育權條例，或納入農業發展條例規定，而由主管農業的部門制定並修改，可能比將農育權規定在民法適宜。

民法是私法的基本大法，不適宜時常變更，又是各種考試必考科目，農育權規定在民法，增加民法教師和學生的授課和學習負擔，考一個不實用的問題，將來必遭批評。法學者如不研究實用問題，閉門造車研究無實用價值的制度，也是缺乏實益。農育權如規定在特別法，代表主管機關政策使然，法學界就能避免遭受此種批評。如果農業政策變更，又要修正農育權，則修正特別法也比修正民法更為容易。

---

[72] 目前一般公證費用每件不到一千元，而不動產登記的代書費每件接近一萬元，不動產登記的登記費，依土地法第 76 條則是權利價值的千分之一。因此，當權利價值不高時，農育權的交易成本可能大約是不動產租賃的十幾倍，如權利價值很高，如千萬以上，則農育權的交易成本將會是不動產租賃的數十倍。

三、增訂十週年檢討農育權條款

現行法雖已增訂農育權，為了避免重蹈永佃權和典權的覆轍，建議於施行法中訂定施行滿十週年時檢討修正農育權的存廢，如果私有土地十年內平均每一年每一縣市新登記的農育權件數低於一件，則刪除農育權，以免徒增贅文。

第四章　不動產役權

第一節　役權概說

民法採取房地分離，土地所有權不及於其上的工作物。現行物權編第五章為不動產役權，該章章名原為地役權，但因文義僅提及土地，是否涵蓋單純房屋之間為便宜之用的情形，仍有疑問。所以，應將地役權範圍擴大為不動產役權（包括土地與建物）並將役權設定人範圍擴大為使用人。不動產役權最特別之處在於不僅客體屬物，而且主體屬物，所謂主體屬物，係指役權主體隨土地（所有權）而定，所有權移轉，主體也當然移轉，(73)如此可使役權多樣化，與承認隨不動產所有權移轉的契約殊途同歸，符合交易所需。(74)

然而，役權並不限於供自己使用的不動產便宜之用，也包括供自己便宜之用，即人役權，例如道路通行權；而且役權的客體也不限於不動產，動產也可以為役權或用益物權的客體，只是在現代社會，動產役權或用益物權實用價值較低，而且有動產租賃可以代替，未必有訂定動產用益物權的必要。因此，物權編第五章章名應修正為「役權」。而且，第八百五十一條也應修正為：「稱役權者，謂以他人不動產供自己或自己使用之不動產便宜之用之權。」即包括人役權(75)和不動產役權。目前現行法將章名改為「不動產役權」，第八百五十一條至第八百五十九條之五都是關於不動產役權的規定，應規定為第一節不動產役權，並應另設第二節單獨對人役權加以規

(73) 蘇永欽，〈重建役權制度——以地役權之重建為中心〉，《月旦法學雜誌》，第65期，頁81–91，2000年10月。

(74) 謝哲勝，〈學界回顧：民法——財產法〉，《財產法專題研究㈢》，頁92，自版（元照總經銷），2002年3月。

(75) 國內早有學者主張訂定人役權，參閱謝在全，《民法物權論（中）》，頁189，自版，2004年8月修訂3版；蘇永欽，〈重建役權制度——以地役權之重建為中心〉，《月旦法學雜誌》，第65期，頁81–91，2000年10月。

範。所以，現行法第八百五十二條至第八百五十九條之五之「地役權」已一律改為「不動產役權」，「需役地」改為「需役不動產」，「供役地」改為「供役不動產」。(76)

現行法第八百五十九條之三第一項規定：「基於以使用收益為目的之物權或租賃關係而使用需役不動產者，亦得為該不動產設定不動產役權。」第二項規定：「前項不動產役權，因以使用收益為目的之物權或租賃關係之消滅而消滅。」肯定可以取得不動產役權的人，不限於不動產的所有人。現行法第八百五十九條之四規定：「不動產役權，亦得就自己之不動產設定之。」修法理由提到：按現行供役不動產僅限於對他人土地設定之，若供役不動產為需役不動產所有人所有，所有人本得在自己所有之不動產間，自由用益，尚無設定不動產役權之必要，且有權利義務混同之問題，是自己不動產役權承認與否，學說上不無爭議。然而隨社會進步，不動產資源有效運用之型態，日新月異，為提高不動產之價值，就大範圍土地之利用，對各宗不動產，以設定自己不動產役權方式，預為規劃，即可節省嗣後不動產交易之成本，並維持不動產利用關係穩定。例如建築商開發社區時，通常日後對不動產相互利用必涉及多數人，為建立社區之特殊風貌，預先設計建築之風格，並完整規劃各項公共設施，此際，以設定自己不動產役權方式呈現，遂有重大實益。肯定所有人可以就自己的不動產為自由的規劃，然後讓與他人，使受讓人受到讓與人之前規劃的拘束，形成物權多樣化的內容。第八百五十九條之三第一項規定，顯示物權法律關係不限於存在物權人之間，第八百五十九條之四規定，則為物權自由原則的實踐，都將賦予物權法嶄新的面貌。

(76) 蘇永欽，〈重建役權制度——以地役權之重建為中心〉，《月旦法學雜誌》，第65期，頁81–91，2000年10月。

第二節　不動產役權概說

第一項　不動產役權的意義

　　所謂地役權，依舊條文，係以他人土地供自己土地便宜之用的權利。受便宜之用的土地稱為需役地，供他人土地便宜之用的土地稱為供役地。地役權即以供役地供給需役地便宜之用，在地役權效力範圍內，供役地的所有權權能受到限制，而需役地則因此而擴張其權能範圍。

　　不動產役權的概念則擴及土地以外的不動產，而且供役不動產不以他人的土地為限，需役不動產也不限於自己所有的不動產為限，其功能與隨不動產所有權移轉的契約功能相同，均為了促進不動產的有效率利用。現行法第八百五十一條已將不動產役權的概念納入規範：「稱不動產役權者，謂以他人不動產供自己不動產通行、汲水、採光、眺望、電信或其他以特定便宜之用為目的之權。」將需役地的客體擴張及於「不動產」而明文肯認不動產役權，但供役不動產並不限於土地，因此，他人「土地」應改為他人「不動產」。基於不動產役權是由當事人合意創設，並非為不動產便宜之用的人役權尚且有承認必要，則不動產利用人是基於何種關係使用土地，並無限制的必要，因此，一九九九年修正草案增訂第八百五十一條第二項：「前項所稱自己使用之不動產，以基於物權或租賃關係而使用者為限。」現行法將其規定於第八百五十九條之三第一項：「基於以使用收益為目的之物權或租賃關係而使用需役不動產者，亦得為該不動產設定不動產役權。」已限制不動產利用人的範圍，應予刪除。

　　有學者建議修正第八百五十一條之一為：「不動產役權由需役不動產之所有人、移轉請求權人或利用人與供役不動產所有人設定之。數不動產得由不同所有人共同設定或同一所有人單獨設定相互為便宜之用之役權。」修正理由為：不動產役權的設定，對物性大於對人性，故可開放非所有人的買受人和利用人設定不動產役權，不必要對其範圍設限。若能明確建立自己役權的制度，使社區可以透過事前規劃登記，讓認購者確知購得土地、

建物在社區中的權利及負擔範圍，不僅可以發揮地盡其利的效果，而且可以省去嗣後交易與爭議的大量成本。對於地狹人稠的臺灣，意義重大。(77)此一建議，值得贊同。

其次，為充分發揮土地的經濟效用以達到地盡其利的目的，故同一土地設定用益物權後可以再設定不動產役權，設定不動產役權後也可設定其他物權，只要後設定物權不影響前設定物權人的權利即可，以符合物權自由的本旨。一九九九年修正草案原增訂第八百五十一條之一第一項：「土地所有人於設定地上權或其他以用益為目的之物權後，經該物權人之同意，於同一土地得設定地役權。」第二項：「土地所有人設定地役權後，於同一土地得設定其他物權。其於地役權之行使有礙者，應得地役權人之同意。」的規定，本次修正已將第八百五十一條之一改為：「同一不動產上有不動產役權與以使用收益為目的之物權同時存在者，其後設定物權之權利行使，不得妨害先設定之物權。」符合上述意旨，值得贊同。

第二項　不動產役權的經濟作用

不動產利用人可能因所處位置關係，而不能與其使用不動產目的相配合，此時只有藉由利用他人不動產，才可達其使用目的，故不動產役權的目的即在於調和不動產之間的利用關係，以達地盡其利的目的。

民法為求調和相鄰土地間的利用，已設有相鄰關係的規範，與不動產役權的經濟作用相同。因此，相鄰關係如同法定不動產役權，而不動產役權也形同意定的相鄰關係，只是定義和用語的不同，本質上並無不同。(78)

---

(77) 蘇永欽，〈重建役權制度——以地役權之重建為中心〉，《月旦法學雜誌》，第65期，頁81–91，2000年10月。

(78) 美國法 easement 一詞的定義，即包括我國的意定和法定相鄰關係與不動產役權的概念，參閱 Black's Law Dictionary 509–510 (6th ed. 1990); Restatement of the Law of Property (Servitudes) 457–476 (2nd Reprint 1983).

第三項　不動產役權的特性

不動產役權具有從屬性和不可分性，分述如下：

一、從屬性

地役權是從屬於需役地的物權，具有從屬性。地役權不得與需役地分離，而單獨讓與第三人或單獨以地役權為標的設定限制物權（舊民八五三），即需役地移轉或為限制物權的標的時，除當事人另有約定外，地役權應隨同移轉或連同需役地一併為限制物權的標的。

現行法第八百五十三條規定：「不動產役權不得由需役之不動產分離而為讓與或為其他權利之標的物。」將原「需役地」的用語修改為「需役之不動產」，是配合承認不動產役權，而為相配套的修正。

不動產役權的從屬性，包括以下內涵：

(一)不動產役權不得由需役不動產分離而為讓與

不動產役權與需役不動產所有權具處分上的一體性，需役不動產所有人不得自己保留需役不動產所有權，而僅以不動產役權讓與他人；也不得僅將需役不動產所有權讓與他人，而自己則保留不動產役權；更不得將需役不動產所有權與需役不動產分離，而分別讓與不同的人。單獨讓與不動產役權的情形，其讓與將因為違反民法第八百五十三條的規定而無效；單獨讓與需役不動產所有權的情形，其讓與行為有效，解釋上，除當事人間有相反意思，否則主權利的處分及於從權利，因而不動產役權隨同移轉，但如當事人單獨讓與需役不動產所有權並不願不動產役權隨同移轉，則不動產役權因違反從屬性，故構成不動產役權消滅的原因；在需役不動產與不動產役權分別讓與的情形，則應認為需役不動產的讓與有效，不動產役權的讓與無效，其結果應與單獨讓與需役不動產所有權的情形相同。

(二)不動產役權不得由需役不動產分離而為其他權利的標的物

不動產役權是從權利，並未有如地上權、典權等得為其他權利標的物的規定，故需役不動產為其他權利標的物時，不動產役權也應一併成為該

項權利的標的物。例如以需役不動產設定抵押權時，該抵押權的效力當然及於不動產役權，從民法第八百六十二條的規定也可推論得知。

二、不可分性

不動產役權的不可分性，包括以下內涵：

㈠需役不動產分割的情形

需役不動產經分割者，其不動產役權，為各部分的利益，仍為存續，但不動產役權的行使，依其性質，只關於需役不動產的一部分者，僅就該部分仍為存續（民八五六）。

㈡供役不動產分割的情形

同樣地，供役不動產經分割者，不動產役權就其各部分，仍為存續，但不動產役權的行使，依其性質，只關於供役不動產的一部分者，僅對於該部分，仍為存續（民八五七）。

不動產役權功能在於提高需役不動產的使用效率，是為了需役不動產的全部而存在；而且不動產役權就供役不動產的物上負擔內容是在利用供役不動產，故在不動產役權的利用範圍內，也需利用該土地的全部，否則可能無法達到設定不動產役權的目的。因而不動產役權的效力，就供役不動產或需役不動產而言，原則上均及於其全部，即不動產役權的不可分性。

然而不動產役權的行使，依其性質僅關於需役不動產的一部分，則於需役不動產分割的情形，不動產役權僅就該部分而存在。同樣地，不動產役權的行使，依其性質僅關於供役不動產的一部分，則於供役不動產分割的情形，不動產役權僅存在於該部分上。

㈢需役不動產為共有的情形

需役不動產為共有的情形，增訂第八百五十二條第二項：「前項情形，需役之不動產為共有者，共有人中一人之行為，或對於共有人中一人之行為，為他共有人之利益，亦生效力。」第三項：「向行使不動產役權取得時效之各共有人為中斷時效之行為者，對全體共有人發生效力。」的規定，分別說明如下：

1. 取得的不可分性

需役不動產為共有的情形，共有人無法只為自己的應有部分而取得不動產役權。例如：共有人中一人因時效而取得不動產役權，其他共有人也應一同取得不動產役權。即不動產役權是為需役不動產的便宜而取得，自不可能只為需役不動產的應有部分或其特定共有人而存在，因而共有人一人主張取得不動產役權，應解釋為是為了全體共有人而取得。

2. 行使的不可分性

需役不動產或供役不動產不問是原來或嗣後成為共有，於不動產役權設定後，不動產役權是由需役不動產共有人共同享有，並由供役不動產共有人共同負擔。

3. 消滅的不可分性

需役不動產為共有的情形，共有人其中一人如按其應有部分為消滅供役不動產上不動產役權的行為（如拋棄），應認為其行為不生效力。即各共有人不得為消滅其應有部分不動產役權的行為。

第四項　不動產役權的種類

不動產役權的目的，指為了需役不動產的便利而就供役不動產為使用的內容。以設定的目的區分，不動產役權主要可分為：

一、通行不動產役權

設定不動產役權的目的在通行供役不動產，使不動產役權人可以通行供役不動產。

二、眺望不動產役權

設定不動產役權的目的在以供役不動產作為不動產役權人眺望之用，供役不動產因不動產役權的設定，而不得遮擋需役不動產的視線，例如供役不動產上不得興建高樓或任何建築物，使需役不動產可以享有不受遮蔽的視野。

三、排水不動產役權

　　不動產役權人得經供役不動產開鑿溝渠、連接管線以排放水流，供需役不動產排水之用。

第三節　不動產役權的取得

第一項　因法律行為而取得

一、不動產役權的設定

㈠設定的方式

　　不動產役權是不動產物權的一種，依法律行為而設定不動產役權，除以契約方式設定外，也可以遺囑的方式而設定不動產役權，二者都應依民法第七百五十八條第二項規定，作成書面。此外，以遺囑的方式而設定不動產役權，也應符合民法第一千一百九十條、第一千一百九十一條、第一千一百九十二條、第一千一百九十四條與第一千一百九十五條所定遺囑的法定方式，遺囑自遺囑人死亡而發生效力，因此，不待遺囑執行人辦理不動產役權登記，即取得不動產役權。

㈡當事人

　　可以就需役不動產取得不動產役權的人，不以需役不動產所有人為限，需役不動產的利用權人即可就需役不動產設定不動產役權。關於需役不動產利用人的範圍，於民法第八百五十九條之三增訂前，法無明文，多數見解認為為使地盡其利，用益物權人得取得不動產役權。然而，對於用益物權人以外的不動產利用人的範圍應否限制，則有爭議，範圍由狹而廣，可以分為：

　1.限於用益物權人

　　因舊法對此並無明文規定，此說以法律並無允許承租人取得不動產役權的規定，基於租賃權是債權的概念法學觀點，認為債權人的承租人不得

為租賃物取得不動產役權。如有取得不動產役權的必要，只可以租用或借用方式處理。

2.限於用益物權人和承租人

此說認為不動產役權不重所有權誰屬，基於租賃物權化，不動產承租人的地位，就不動產役權的關係，應與地上權為同樣考量，以地盡其利。但為避免需役不動產利用人的範圍過廣，影響需役不動產所有人的權益，認為應限於用益物權或租賃關係而使用者為限。此說為民法物權編第一次修正草案第八百五十一條第二項所採，現行法則於第八百五十九條之三加以規定。[79]

3.包括任何不動產利用人

此說認為需役不動產的利用人均可就需役不動產設定不動產役權。因為不動產役權是以調節不動產的利用關係為目的，使地盡其利，而需役不動產利用人，既屬實際利用不動產的人，民法第八百條之一已規定不動產利用人有相鄰關係的準用，基於不動產役權形同意定的相鄰關係，因此，自應認為利用人可以取得不動產役權。

現行法第八百五十九條之三，將可以就需役不動產取得不動產役權的人，限於基於物權關係或租賃關係而使用的人，即與新法第八百條之一的規範意旨不相協調。[80]本書認為需役不動產的利用人均可就需役不動產設定不動產役權。

至於可以就供役不動產設定不動產役權的人，多數學者認為僅限於其所有人，而不包括其他用益權人。然而，設定不動產役權的行為，固然會對土地形成物上負擔，但只要在供役不動產利用人的本權權限範圍內，即無對供役不動產所有人不利可言，因此，供役不動產利用人在其權限內，設定不動產役權給他人，仍為有效。如供役不動產利用人超過其權限範圍內，設定不動產役權給他人，則是無權處分的行為，依民法第一百十八條的意旨，效力未定。

---

[79] 參閱「民法物權編研究修正專案小組」第 104 次會議紀錄。

[80] 謝哲勝，〈需役不動產利用人取得不動產役權〉，《月旦法學教室》，第 65 期，頁 8–9，2008 年 3 月。

㈢有償或無償

不動產役權的設定，法條並無明文規定有償或無償，解釋上，二者均可，但仍以有償為原則。

不動產役權支付對價，可以一次給付，也可以按期給付。如為一次給付，則可以視為取得不動產役權的權利金，之後如不必按期給付，解釋上，也當然是有償的不動產役權。

㈣存續期間

不動產役權的存續期間，法律也無明文規定，解釋上定期或不定期均可，原則上應先依當事人約定，當事人如無約定，則依設定的目的而定，如有爭議，得類推適用第八百三十三條之一規定，聲請法院定存續期間或終止不動產役權。

當事人間如約定設定永久存續的不動產役權，通說承認其效力(81)。基於不動產役權形同意定的相鄰關係，相鄰關係所涉及的權利義務關係，關係不動產的利用效率，只要受到均衡正義和情事變更原則的限制即可，不應有法定期限的限制，因此，應肯定永久存續的不動產役權的效力，通說見解值得贊同。

二、不動產役權的讓與

不動產役權是一種財產權，又不具一身專屬性，故不動產役權得為讓與。然而，不動產役權具有從屬性，依民法第八百五十三條規定，不動產役權不得由需役不動產分離而為讓與，或為其他權利的標的物。

第二項　因法律行為以外的事實而取得

一、時效取得

不動產役權以繼續並表見者為條件，可因時效而取得（民八五二 I）。時效取得，依民法第七百六十八條到第七百七十條規定，本以繼續占有為

(81) 參閱謝在全，《民法物權論（上）》，頁 523，自版，1997 年 9 月。

要件，不繼續的占有，無法主張時效取得不動產役權。不表見的不動產役權，供役不動產所有人難以察覺其土地被他人所使用，並不符合懲罰不使用不動產的時效取得的目的，因此，時效取得不動產役權以「繼續」並「表見」為要件。

地役權的時效取得，以繼續並表見利用他人土地即可，不以他人未登記的土地為限（五四年臺上第六九八號判例），此與時效取得地上權的情形相同（六〇年臺上第四一九五號判例）；其次，時效取得不動產役權的法律效果，依最高法院八十年第二次民事庭會議決議意旨，如占有人因時效而取得不動產役權登記請求權者，以已具備時效取得地役權的要件，向該管地政機關請求為不動產役權登記，如經地政機關受理，則受訴法院應就占有人是否具備時效取得不動產役權的要件，為實體上裁判。(82)此一見解，與認為占有人仍屬無權占有而只取得登記請求權的見解相比較，固然較為合理，但使符合時效取得的占有人的權利仍不確定，違反時效獎勵勤勉人的精神，解釋上，符合時效取得要件的占有人，其權利已具保護的必要性，而為財產權的一種，(83)因此，本書認為時效取得是非因法律行為而取得，登記前即已取得不動產役權。

二、繼　承

不動產役權是財產權的一種，故不動產役權人死亡後，不動產役權可由繼承權人繼承，但基於不動產役權的從屬性，原則上應與需役不動產的權利一併繼承。

---

(82) 參閱謝哲勝，〈時效取得地上權〉，蘇永欽主編，《民法物權爭議問題研究》，頁64-65，五南圖書，1999年1月。

(83) 參閱大法官會議釋字第291號解釋。

第四節　不動產役權的效力

第一項　對於不動產役權人的效力

第一款　不動產役權人的權利

一、土地的使用

㈠使用的內容

　　不動產役權人有依不動產役權的內容，使用供役不動產的權利。不動產役權的內容由當事人間自由約定，因而不動產役權的內容千變萬化，而其使用的方法、範圍與程度等也各不相同。所以，不動產役權因設定而取得的情形，應依設定契約的內容；因繼承或讓與取得的情形，則依原有內容；因時效取得的情形，則依時效取得的內容，決定不動產役權使用的方法、範圍與程度等。

　　不動產役權人使用供役不動產，可以從事達成不動產役權目的所必要的行為，但應選擇對供役不動產損害最少的處所與方法（民八五四），以盡量兼顧供役不動產所有人的利益。

㈡優先順序

　　不動產役權既是一種物權，與所有權或其他權利同時存在於同一不動產時，除非得到下列優先順序權利人的同意而變更，否則優先順序如下：

　1.所有權與不動產役權間

　　不動產役權是限制物權，是存在於所有物上的權利，在該權利範圍內，所有人即無權利，因此，不動產役權優先於所有權。

　2.不動產役權與其他用益權

　　只要是存在於所有物上的權利，在該權利範圍內，所有人即無權利，因而所有人也無法再設定與之前權利相衝突的權利。不動產役權如先設定，所有人無法設定一個與不動產役權相衝突的權利，後設定的權利在不動產

役權效力範圍內，當然無權利。同樣地，如其他用益權先設定（包括定義上為債權的租賃），所有人無法設定一個與該權利相衝突的權利，後設定的不動產役權在該權利效力範圍內，當然無權利。現行法第八百五十一條之一規定：「同一不動產上有不動產役權與以使用收益為目的之物權同時存在者，其後設定物權之權利行使，不得妨害先設定之物權。」的規定即符合上述意旨。

3.不動產役權間

所有人既然無法再設定一個與先設定不動產役權相衝突的不動產役權，因而先設定的不動產役權，當然優先於後設定的不動產役權。

(三)使用的變更

因為不動產役權是一種繼續法律關係，常有情事變更原則的適用，以避免當事人因無法預知之後情事的變化，而長期受到之前約定的拘束，造成一方或雙方的不利益。因此，不動產役權行使的處所或方法有變更的必要時，當事人得請求加以變更，以維持當事人間的福祉的極大化。基於此一理由，現行法第八百五十五條之一：「供役不動產所有人或不動產役權人因行使不動產役權之處所或方法有變更之必要，而不甚礙不動產役權人或供役不動產所有人權利之行使者，得以自己之費用，請求變更之」的規定。

二、得為附隨的必要行為

地役權人，因行使或維持其權利得為必要之行為，但應擇於供役地損害最少的處所及方法為之（舊民八五四）。例如通行地役權人，得因而通行供役地，或以自己的費用，於供役地上修築道路。

上述所謂「必要之行為」，並非指行使地役權的行為，而是指為達到地役權的目的或實現其權利內容，所為的必要行為，又稱「附隨行為」。這些附隨行為不僅包括單純的行為，也包括設置工作物的行為，但仍應以行使或維持其權利所必要者為限。因此，現行法第八百五十四條規定：「不動產役權人因行使或維持其權利，得為必要之附隨行為。但應擇於供役不動產損害最少之處所及方法為之。」使此一附隨的必要行為，與前述便宜使用

土地的不動產役權內容相區別。

三、物上請求權

不動產役權人，於不動產役權的範圍內，對於供役不動產，有直接支配的權利，與其他物權人相同，故民法第七百六十七條第二項規定：「前項規定，於所有權以外之物權，準用之。」即不動產役權人於供役不動產被無權占有、侵奪或妨害……時，也可以行使物上請求權。(84)

第二款　不動產役權人的義務

一、給付租金的義務

有償的不動產役權，不動產役權人負有給付土地所有人租金的義務，性質是便宜使用供役不動產的對價。如為設定時一次給付，可能稱為權利金，性質上也是取得不動產役權的對價。

此等有償的約定，是種物權法律關係，具有對抗繼受人的效力，但為了保護交易安全，非經登記不得對抗善意第三人，因而現行法有第八百五十九條之二準用第八百三十六條之二的規定。

二、設置的維持義務

不動產役權人既有為必要的附隨行為與設置的權利，則因其行使權利而有設置時，自有維持該設置的必要，因此，不動產役權人因行使權利而為設置者，有維持其設置的義務（民八五五 I）。

如供役不動產上的設置是供役不動產人所提供，因為是為了不動產役權人的利益而有此設置，自應由不動產役權人負維持其設置的義務，因而第八百五十五條第一項增訂後段：「其設置由供役不動產所有人提供者，亦同」的規定。

---

(84) 舊法第 858 條原就地役權有準用的規定，惟現行法第 767 條第 2 項已作出概括規定，故將舊條文刪除。

第二項　對於供役不動產所有人的效力

第一款　供役不動產所有人的權利

　　多數學者認為有權利設定不動產役權的人，僅限於供役不動產所有人。然而，如前所述，本書認為設定不動產役權的行為，固然會對土地形成物上負擔，但只要在供役不動產利用人的本權權限範圍內，對供役不動產所有人即無不利可言。因此，供役不動產利用人在其權限內，設定不動產役權給他人，仍為有效。

　　不動產役權得為無償或有償，如不動產役權為有償，則供役不動產權利人有收取租金的權利，又不動產役權人，因行使權利而為設置者，供役不動產所有人得使用該設置，但有礙不動產役權的行使者，不在此限（民八五五 II）。

　　而依照第八百五十五條之一供役不動產使用場所與方法變更的請求權，供役不動產利用權人也可以行使。

　　綜上所述可知，供役不動產利用權人有以下的權利：一、對價請求權；二、設置使用權等權利；三、供役不動產使用場所與方法變更的請求權。

第二款　供役不動產所有人的義務

一、容忍與不作為的義務

　　供役不動產利用權人負有容忍不動產役權人為一定行為的義務，或負有不為一定作為的義務。即供役不動產利用權人於不動產役權目的範圍內，有其容忍與不作為的義務。在積極的不動產役權的情形，供役不動產利用權人負有容忍不動產役權人為一定行為的義務。

　　至於供役不動產利用權人是否負一定的積極作為義務，有不同見解。否定說認為不動產役權的權利內容是以對供役不動產的直接支配為限，原則上自不得請求供役不動產使用權人為一定積極的作為。❸❺然而，不動產

役權的內容既然可以由當事人約定，則當事人間如約定供役不動產利用權人有維持設置的義務，也構成不動產役權的內容，仍具物權效力。

二、分擔維持設置費用的義務

供役不動產利用權人若使用不動產役權人因行使權利而為的設置，應按其受益的程度，分擔維持其設置的費用（民八五五 II）。基於私法自治原則，法典的規定原則上在補充當事人意思的不足，因而此種規定的性質為任意規定，當事人可以約定加以免除。

第五節　不動產役權的消滅

第一項　不動產役權消滅的原因

不動產役權是物權的一種，一般物權的消滅原因，亦得為不動產役權消滅原因。但因不動產役權具有從屬性，不動產役權於適用物權的共通消滅原因時，也有一些不同，分述如下：

一、土地徵收

國家因土地徵收而取得供役地所有權時，其性質為原始取得，因而土地上原有的負擔都歸於消滅，此時不動產役權原則上也當然消滅；如徵收標的為需役不動產所有權，則依不動產役權從屬性，則應由需用土地人取得不動產役權。[86]

二、土地重劃

不動產役權因土地重劃至不能達其設定目的或其目的已不存在，即土地經重劃分配後，經分得的供役地已不能再供需役地便宜之用，或需役地已不再需要使用供役地時，其不動產役權視為消滅。

---

[85]　參閱謝在全，《民法物權論（上）》，頁 533，自版，1997 年 9 月。

[86]　參閱謝在全，《民法物權論（上）》，頁 535–536，自版，1997 年 9 月。

不動產役權因土地重劃而消滅時，其不動產役權人依法得請求相當的補償（平均地權條例六四 I、六五；農地重劃條例三二、三三參照），此種補償請求權的適用，條文規定並未限於有償的不動產役權，但有不同見解。(87)

三、存續期間屆滿與約定消滅事由發生

不動產役權約定有期限者，則該不動產役權於期限屆滿當然消滅。如有約定消滅事由者，亦同。例如不動產役權附有解除條件者，於解除條件成就時，不動產役權當然消滅。

四、拋　棄

關於不動產役權的拋棄，修正前法條原無明文規定，因不動產役權為財產權，基於財產權的權利人得隨時拋棄其權利的法理，不動產役權原則上自得隨時拋棄，但有償的不動產役權，供役不動產權利人有收取租金的期待利益，通說認為應類推適用拋棄地上權的規定，不動產役權人應期前通知並支付一定對價後，才能拋棄。(88)因而增訂第八百五十九條之二的規定，明文肯定不動產役權的拋棄，因其是否為有償而分別準用有償或無償地上權拋棄的規定。

五、混　同

不動產役權與供役不動產所有權人同歸於一人時，該不動產役權因混同而消滅，但不動產役權的存在，於利用權人或第三人有法律上的利益者，則例外不消滅（民七六二）。另外，基於不動產役權的不可分性，就需役不動產或供役不動產，共有人中一人所生的混同，其不動產役權也不因而消滅。(89)

---

(87) 參閱謝在全，《民法物權論（上）》，頁 537，自版，1997 年 9 月。

(88) 參閱謝在全，《民法物權論（上）》，頁 537，自版，1997 年 9 月。

(89) 參閱謝在全，《民法物權論（上）》，頁 536，自版，1997 年 9 月。

六、不動產役權無存續的必要時

不動產役權全部或一部無存續的必要時，法院因供役不動產所有人的請求，得宣告不動產役權消滅（民八五九）。此為民法所規定不動產役權的特別消滅原因，不動產役權發生後因情事變更致已無可供需役不動產便宜利用的關係時，如仍使供役不動產受原不動產役權的負擔，可能影響供役不動產最有效率使用，因而法院得因聲請而宣告不動產役權消滅。

本條聲請的主體，包括供役不動產所有人在內的利用權人。另外，因而消滅的不動產役權，如不動產役權人之前已經預付對價，超過不動產役權存續期限應給付的對價比例，則供役不動產利用權人則享有超過受到不動產役權負擔所應取得的利益，而構成不當得利，因而第八百五十九條第一項的立法理由則明示有償不動產役權消滅時，不動產役權人得依不當得利的規定主張返還超過部分的對價。

民法第八百五十九條宣告不動產役權消滅的判決，性質上是形成判決，因而於判決確定時，即生消滅的效力。供役不動產利用權人於判決確定後，得持該判決單獨聲請塗銷不動產役權。

現行法第八百五十九條第二項，規定不動產役權因需役的不動產滅失而消滅，基於不動產役權的從屬性，主權利的需役不動產消滅，從權利的不動產役權當然消滅。

第二項　不動產役權消滅的效果

關於不動產役權消滅的效果，修正前法條原無明文規範。解釋上不動產役權既已消滅，不動產役權人已無支配供役不動產的權能，故不動產役權人應負有協同塗銷不動產役權登記的義務，而供役不動產利用權人也可以單獨聲請塗銷該不動產役權的登記。而不動產役權人也可能負回復原狀的義務。

如不動產役權人於供役不動產上有所設置，現行法第八百五十九條之

一：「不動產役權消滅時，不動產役權人所為之設置，準用第八百三十九條之規定。」的規定，使供役不動產利用權人得請求購買，平衡不動產役權人和供役不動產利用權人的利益。

第五章　典　權

典權的用益功能可為租賃和地上權所取代，傳統上的擔保融資功能也為抵押權等擔保物權所取代，典權在制度成本高於其他物權下，理論上毫無復興的可能，而實證上存在的典權也幾乎都有其他（可能是不法的）動機，例如脫產、(90)逃稅、(91)強化抵押權的效力(92)等，所以，除非能夠提出典權再度被利用的事證，否則，典權規定應該刪除。(93)

第一節　概　說

第一項　典權的意義

典權為支付典價在他人的不動產為使用、收益的權利（民九一一）。典權為我國固有的制度，但是固有法制的典權是偏向於典當的擔保作用，與現行民法對於典權的規定是偏向於使用收益的用益作用有所不同，因此，典權的性質曾有爭議，將於第三項典權的性質加以說明。設定典權的人稱為出典人，取得典權的人稱為典權人。說明如下：

一、典權的標的物

典權的標的物是不動產，不動產依民法第六十六條規定，指土地及其

---

(90) 設定典權，提高出典人或典權人的債權人強制執行的困難度，阻礙債權人的受償可能性。

(91) 之前許多典權都是藉由設定典權不回贖以實質移轉所有權，逃避土地增值稅，但土地稅法第 5 條已規定設定典權時即須課土地增值稅，有效防堵此一逃稅手法。

(92) 在空地抵押時，抵押權人為避免土地所有人未經其同意建築房屋或設定權利給他人，即藉由同時設定抵押權和地上權或典權的方式，使土地所有人必須經抵押權人同意才能建築房屋或設定權利給他人。

(93) 參閱謝哲勝，〈台灣物權法制發展〉，《財產法暨經濟法》，第 2 期，頁 53–54，2005 年 6 月。

定著物。故典權的標的物是不動產的所有權，其他不動產物權如地上權、礦業權或其他財產權等不得為典權的標的物。

二、典權的內容

典權的內容是在他人不動產為使用收益的權利，使用收益的範圍或方法，並無一定的限制，原則上當事人間可以自由約定。

典權的主要內容既在於使用收益，固以占有典物為必要，但占有是否為典權成立要件，則有不同見解：肯定說者主張，使用收益以占有為前提，故應以占有為成立要件；(94)否定說者則主張，占有而為用益是典權的效力，非成立要件，對典權人不利。(95)基於私法自治原則，除非有必要，應尊重當事人意思自治，因而不必對典權成立要件多所限制，故否定說可採。本法第九百十一條已修正為：「稱典權者，謂支付典價在他人之不動產為使用、收益，於他人不回贖時，取得該不動產所有權之權。」明文採否定說見解。

三、典權的成立

典權的成立以支付典價為必要，支付典價的性質為典權人取得典權的對價（最高法院三十二年度上字第五〇一一號判例參照），故典權的設定為有償行為。典價的標的物，以金錢為常見，但不以此為限，當事人間得自由約定(96)。

四、典權的回贖

典權是附有回贖條件的物權，其與買回的買賣相似。典權的回贖權，雖然標的物所有權並不移轉，但出典人對於典權範圍內的權利已遭到凍結，出典人於典權期限屆滿前以原典價回贖，具有消滅典權效力。

(94) 參閱史尚寬，《物權法論》，頁 396，自版，1987 年 1 月。

(95) 參閱謝在全，《民法物權論（上）》，頁 547–549，自版，1997 年 9 月。

(96) 參閱謝在全，《民法物權論（上）》，頁 549–550，自版，1997 年 9 月。

第二項　典權的經濟作用

典權為中國傳統社會的融資擔保制度，不動產所有人得保留所有權，而仍能取得融通資金，等到其經濟能力與支付狀況改善後，再備款回贖。典權人雖然不是名義上所有權人，但卻有實際行使所有權的權能，債務人則形式上仍保有祖產。典權的經濟作用分析如下：

一、不動產融資

祖產不得變賣為中國人傳統的觀念，變賣祖產被認為是敗家子，故除非不得已否則不變賣祖產，透過典權的制度，將財產出典於人，可先獲取相當於賣價的金額，而日後又可以原價贖回，如此便可達到不動產融通的目的。

二、不動產用益權的流通

典權人可支付低於賣價的典價，取得典物的使用收益權，日後亦有可能取得典物所有權，故藉由典權制度，可使典權人取得不動產用益權。

第三項　典權的性質

典權的性質曾有爭論，分述如下：

一、用益物權說[97]

此說的理由為：1.依舊民法第九百十一條規定：「稱典權者，謂支付典價，占有他人之不動產，而為使用及收益之權。」可知其具有用益物權的特質。 2.擔保物權必先有主債權存在，典權則不需要，其金額的交付為典權成立的對價，而非借款債權。 3.典權為主物權，故得為抵押權的標的或

---

[97]　鄭玉波，《民法物權》，頁 138，三民書局；姚瑞光，《民法物權論》，頁 194，自版，1990 年 12 月；梅仲協，《民法要義》，頁 414，自版，1963 年 10 月；謝在全，《民法物權論（上）》，頁 554，自版。

獨立讓與，擔保物權則為從物權。　4.典權的消滅原因，不限於回贖，而且回贖時返還的原典價與買回契約的出賣人所支付的買回價金相當，並非如同擔保物權的清償債務。　5.出典人於典物價格低落時，可拋棄回贖權，而免除對不足部分清償的責任，但擔保物權人於擔保物價值不足清償時，仍不得免其清償的責任。

二、擔保物權說❾❽

此說的理由為：　1.由民法體例的編排，將典權置於質權與留置權間，可知其性質為擔保物權。　2.典權係出典人向典權人借款，而以典物為借款的擔保，並移轉典物的占有，使典權人得使用收益，此即收益質的表現。3.在法制史上，典、質、當並無明顯區別，可知其具有擔保物權的性質。4.典價的取得與返還，依存於典物，故典物的提供有擔保作用。

通說就典權的性質採用益物權說，因為傳統典權雖有質當的擔保作用，但民法第九百十一條的文義及其立法理由明示典權與擔保物權有別，因此，典權顯然不單純是擔保物權。實務見解也認為典權為用益物權而非以支付典價所成立的借貸關係（司法院院字第二一三二號解釋、司法院院字第二一四五號解釋、司法院院字第二一四六號解釋、二〇年上字第七六三號判例、三二年上字第五〇一一號判例、三三年上字第一七九號判例）。

基於現行民法對於典權的規定是偏向於使用收益的用益作用，不以擔保債權的清償為目的，故典權雖然定性為用益物權較為合理。然而，不動產的價值既兼具用益和交換的價值，則某一限制物權也並非一定必須歸類為用益物權或擔保物權，而可能兼具用益物權和擔保物權的性質，因此，典權的用益性質固然較強，但也不能完全排除其擔保性質。

---

❾❽　謝在全，《民法物權論（上）》，頁 554，自版；戴炎輝，《中國法制史》，頁 313，三民書局。

第二節　典權的取得

第一項　因法律行為而取得

一、典權的設定

依民法第七百五十八條規定：「不動產物權，依法律行為而取得、設定、喪失及變更者，非經登記，不生效力。前項行為，應以書面為之。」則典權依契約設定者，自應有書面合意及依法辦理登記。

至於不動產的應有部分得否設定典權，法條雖無明文規定，但基於共有人得自由處分其應有部分，應採肯定見解。

二、典權的讓與

依據舊民法第九百十七條規定：「典權人得將典權讓與他人。前項受讓人對於出典人取得與典權人同一之權利。」故藉由典權的讓與，受讓人也可取得典權。現行法修改第九百十七條第一項規定典權人得將典權讓與他人或設定抵押權，並增訂第九百十七條第二項，規定：「典物為土地，典權人在其上有建築物者，其典權與建築物，不得分離而為讓與或其他處分。」此項處分一體性規範的增訂，在於避免建築物所有人與典權人分離，影響土地使用效率並增加協商的成本，與民法第八百三十八條第三項、第八百五十條之三第三項的規範意旨相同。然而，是否符合憲法第二十三條的意旨，則仍有疑義。

三、轉　典

依民法第九百十五條前三項規定：「典權存續中，典權人得將典物轉典或出租於他人。但另有約定或另有習慣者，依其約定或習慣。典權定有期限者，其轉典或租賃之期限，不得逾原典權之期限，未定期限者，其轉典或租賃，不得定有期限。轉典之典價，不得超過原典價。」因而轉典也是典權依法律行為而取得的原因之一。

第二項　因法律行為以外的事實而取得

一、繼　承

典權為財產權的一種，故典權人死亡後，典權可由繼承權人繼承，是適用民法第一千一百四十八條規定的結果，是依法律所生物權的變動，於被繼承人死亡時，即發生典權變動的效果。

二、時效取得

關於典權可否時效取得，此處爭議頗紛歧，**㊟**否定說認為支付典價為典權成立的要件，在準用時，因需支出對價，故不可能時效取得。肯定說認為從時效制度的精神看來，本有以長期的占有作為取得權利的要件之一，此要件和自由交易的情形相比較，長期占有即相當於取得某權利的對價，因此，時效取得所有權以外的財產權，第七百七十二條準用第七百六十九和七百七十條時，即不準用支出對價的要件，如同取得所有權大多為買賣的情形，但時效取得所有權並無須支出對價。本書採肯定說。

因此，當事人自願設定時必須支付一定對價始能成立的權利，例如典權、租賃權等，在第三人無權占有時，占有人亦得主張時效取得，才符合時效制度鼓勵勤勉人懲罰怠惰人的精神。如設定時有無效的原因而為當事人所不知者，則占有該不動產者，除已有和平公然繼續用益的外在事實存在，而且也已支付一定對價客觀表現其主觀上行使用益權的意思，也符合法定期間者，基於上述的論證，更可以主張時效取得。**㊟**

㊟ 鄭玉波，《民法物權》，頁 143，三民書局；史尚寬，《物權法論》，頁 401，自版；姚瑞光，《民法物權論》，頁 332，自版；謝在全，《民法物權論（上）》，頁 567，自版。

㊟ 參閱謝在全，《民法物權論（上）》，頁 568，自版。

第三節　典權的期限

典權的期限，就出典人而言，指典權設定時所定回贖權停止行使的期限，就典權人而言，指典權人占有典物而得為使用收益的最短期限。分析如下：

一、定有期限的典權

第九百十二條規定：「典權約定期限不得逾三十年；逾三十年者，縮短為三十年。」典權的最長法定期限為三十年，並無最短期限的限制。但當事人所約定典權期間不滿十五年者，不得附有到期不贖，即作絕賣的條款（民九一三）。基於民法第八百七十三條之一的增訂，改採流押自由原則，此一超過保護當事人的必要限度而限制物權自治的條文，也應配合修正。

其次，民法第九百二十三條規定：「典權定有期限者，於期限屆滿後，出典人得以原典價回贖典物。（第一項）出典人於典期屆滿後，經過二年，不以原典價回贖者，典權人即取得典物所有權。（第二項）」此為依法律的規定所生不動產物權的變動，典期屆滿後經過二年，典權人即取得典物所有權。

二、未定有期限的典權

第九百二十四條規定：「典權未定期限者，出典人得隨時以原典價回贖典物。但自出典後經過三十年不回贖者，典權人即取得典物所有權。」未定期限的典權，出典人有任意回贖權，典權人於三十年期間屆滿後則可取得所有權，此等所有權的取得，為依法律的規定所生不動產物權的變動，三十年期間屆滿後，典權人即取得典物所有權。

第四節　典權的效力

第一項　對於典權人的效力

第一款　典權人的權利

一、占有使用收益權

依民法第九百十一條規定：「稱典權者，謂支付典價在他人之不動產為使用、收益……之權。」故典權人就典物有占有及使用收益的權利，關於典權人占有及收益的範圍，原則上以登記為準，但因主物的處分及於從物，故典權應及於典物的從物及從權利。❶⓪❶

典權人的占有使用收益權是典權的基本權利，法律所規定典權人的相鄰權、出租權或其他權利，都可以基於此基本權利而衍生。典權人的占有被侵奪者，除得主張民法第九百六十二條的占有人物上請求權外，也可主張民法第七百六十七條的物上請求權（民七六七 II）。❶⓪❷

二、轉典權

1. 意　義

典權人於典權存續中，以自己的責任，將典物向他人設定新典權（民九一五）。

2. 要　件

(1)典權存續中

---

❶⓪❶　參閱謝在全，《民法物權論（上）》，頁 573，自版，1997 年 9 月。

❶⓪❷　參閱謝在全，《民法物權論（上）》，頁 573，自版，1997 年 9 月；史尚寬，《物權法論》，頁 405–406，自版，1987 年 1 月。現行法已增訂第 767 條第 2 項：「前項規定，於所有權以外之物權，準用之。」的概括規定，明文承認其準用於典權。

轉典以原典權存在為前提，否則即無轉典可言。

⑵須無契約或習慣禁止或限制

如出典人和典權人有禁止轉典的約定或習慣，轉典權即受限制。

⑶轉典期限不得逾原典權的期限

典權人所能行使的權限不能超過典權的範圍，因而轉典期限當然不得超過原典權的期限。

⑷轉典的典價不得超過原典價

轉典的典價不得超過原典價，可能被認為是為了避免中間剝削或保護出典人，但理由都不充分。因為典權既可以讓與，典權人就可能賺取價差，而出現中間剝削，而所謂的中間剝削其實可能是風險承擔人的報酬，未必有禁止的必要。基於「任何人不得將大於自己的權利讓與他人」的法理，轉典情形，出典人仍可以原典價回贖典物，轉典典價的高低，都不影響出典人的權利，也就沒有為了保護出典人而限制轉典典價的必要。當然此種規定的存在，也更能驗證典權與市場經濟是格格不入，而難有復興的可能。

⑸符合轉典的限制

現行法第九百十五條第四項規定：「土地及其土地上之建築物同屬一人所有，而為同一人設定典權者，典權人就該典物不得分離而為轉典或就其典權分離而為處分。」本項規定是為避免法律關係的複雜化。

3.性　質

轉典的性質，有數種不同見解，甲說認為是在原典權上再設定典權，乙說認為是附解除條件的典權讓與，丙說認為是原典物上典權的再度設定，即典權人以自己責任，於典物上再設定新典權。❿

典權應理解為對典物上的權利，如同所有權是對所有物上的權利，則於典物上設定典權，就如同於所有物上設定典權，都是權利人處分其權利標的物。基於典權人本可以處分其基於典權對於典物上的權利，典權的讓與是讓與典權人的全部權利，轉典則是原典物上再度設定典權，一方面也是典權人對轉典權人保留回贖權以回復其典權的權利。因此，丙說最為可採。

---

❿　參閱史尚寬，《物權法論》，頁406，自版，1987年1月。

4.效　力

⑴轉典人因轉典而取得轉典權，於原典權範圍內得享受轉典利益。

⑵典物因轉典所生的損害，典權人應負損害賠償責任（民九一六）。對於因轉典所造成（具因果關係）的損害，負無過失責任，但對不可抗力所造成的損害，不必負責。

⑶典權人轉典後，不能為使轉典權人遭受不利的行為，故典權人不得拋棄其典權。

三、出租權

依民法第九百十五條前三項規定：「典權存續中，典權人得將典物轉典或出租於他人。但契約另有約定或另有習慣者，依其約定或習慣。典權定有期限者，其轉典或租賃之期限，不得逾原典權之期限，未定期限者，其轉典或租賃，不得定有期限。轉典之典價，不得超過原典價。」

典物租賃的期間不應逾越典權的期間，否則該逾期部分對出典人不生效力。故典物經出典人回贖後，該承租人與典權人間的租賃契約，對出典人並不生效力，並無主張民法第四百二十五條買賣不破租賃的餘地。

典權人就典物因出租所受的損害，除因不可抗力所生，典權人縱無過失，仍應依民法第九百十六條規定負損害賠償責任，此與轉典的情形相同。

四、典權讓與權

依民法第九百十七條第一項規定：「典權人得將典權讓與他人……。」典權乃是非專屬性的財產權，故具有可讓與性。典權的受讓人取得原典權人的權利，而且承受對出典人相同的義務。此時原典權人脫離原典權的關係，典權的法律關係，即存於出典人與受讓人間（司法院院字第二二二〇號解釋、三三年永上字第二〇六號判例）。典權的讓與與轉典不同，後者是在典物上另設一新典權關係，典權人並不脫離原典權關係。

其次，現行法增訂第九百十七條第二項：「典物為土地，典權人在其上有建築物者，其典權與建築物，不得分離而為讓與或其他處分。」使地上

建物必須與典權一併讓與或處分，以簡化法律關係。

最後，關於典權的讓與，現行法並未有類似於轉典須受習慣或當事人間特約限制的規定（民九一五 I 但），因而當事人間如有禁止或限制移轉的約定時，應解釋為非經登記不得對抗善意第三人。

五、就典權設定抵押權

依現行法第八百八十二條規定：「地上權、農育權及典權，均得為抵押權之標的物。」第九百十七條第一項規定：「典權人得將典權讓與他人或設定抵押權。」均明文承認典權得設定抵押權。

以典權設定抵押權，此時抵押權的標的是該典權，與普通抵押權存於不動產所有權上不同，依據民法第八百八十三條的意旨，得準用普通抵押權和最高限額抵押權的規定。

關於典權抵押權的設定，現行法並未有類似於轉典須受習慣或當事人間特約限制的規定（民九一五 I 但），因而當事人間如有禁止或限制移轉的約定時，應解釋為非經登記不得對抗善意第三人。

六、留買權

依據舊法第九百十九條規定：「出典人將典物的所有權讓與他人時，如典權人聲明提出同一之價額留買者，出典人非有正當理由，不得拒絕。」此等留買權，本質上即是優先購買權，簡稱「先買權」，典權人於出典人將典物所有權移轉於他人時，得提出同一價額，聲明留買的權利。因典權人為實際使用收益典物的人，使其有先買權，可以使所有人和使用人合一，有助於提高不動產的使用效率。

現行法第九百十九條第一項就留買權的成立與其效力，作出更為明確的規範：「出典人將典物出賣於他人時，典權人有以相同條件留買之權。」規定留買權是在典物出賣時典權人才可行使，而且典權人不僅必須以同一價額留買，也必須其他買賣條件完全相同，始生留買的問題，以兼顧出典人利益。解釋上，如第三人為一個有效的要約，而出賣人（出典人）願意

接受時，即可以確定相同條件，典權人即可行使留買權。

關於留買權的行使方式，現行法增訂第九百十九條第二項規定：「前項情形，出典人應以書面通知典權人。典權人於收受出賣通知後十日內不以書面表示依相同條件留買者，其留買權視為拋棄。」明定出典人負有通知義務及典權人收受通知之後不為表示的失權效果，使典權人是否行使留買權，可以早日確定。

關於出典人違反留買權規定的效果，現行法增訂第九百十九條第三項規定：「出典人違反前項通知之規定而將所有權移轉者，其移轉不得對抗典權人。」賦予留買權有物權效力，如出典人違反此一規定，將典物所有權移轉給第三人並經登記完畢，典權人可以主張行使留買權，請求塗銷已為的移轉登記，並將典物所有權移轉給自己。

七、重建修繕權

典物因不可抗力而全部或一部滅失者，依民法第九百二十條第一項的意旨，其典權與回贖權均歸於消滅，但如典權未定期限或期限未屆至者，而典權人又願意重建修繕而繼續為使用收益，則有利於雙方，故典權人有重建修繕權。依民法第九百二十一條規定：「典權存續中，典物因不可抗力致全部或一部滅失者，除經出典人同意外，典權人僅得於滅失時滅失部分之價值限度內為重建或修繕。」

典物於典權人重建修繕完畢後，既已恢復原狀，則應使已消滅的典權與回贖權都恢復原有效力。就此情形，第九百二十一條後段增訂：「原典權對於重建之物，視為繼續存在。」的規定，並增訂第九百二十二條之一規定：「因典物滅失受賠償而重建者，原典權對於重建之物，視為繼續存在。」使出典人與典權人間的權利義務，因重建修繕而回復。

八、費用償還權

依民法第九百二十七條規定：「典權人因支付有益費用，使典物價值增加，或依第九百二十一條之規定，重建或修繕者，於典物回贖時，得於現

存利益之限度內，請求償還。」因而費用償還權包括有益費用和重建修繕費用，而其償還的範圍，則以現存利益限度為其範圍。

其次，典物為土地而有工作物的情形，參照民法第八百三十九條的意旨，應使當事人間互有取回權與收買權，典權人並應負有回復原狀義務，因而增訂第九百二十七條第二項：「第八百三十九條之規定，於典物回贖時準用之。」的規定。

在土地上設定典權營造建築物的情形，現行法增訂第九百二十七條第三項：「典物為土地，出典人同意典權人在其上營造建築物者，除另有約定外，於典物回贖時，應按該建築物之時價補償之。出典人不願補償者，於回贖時視為已有地上權之設定。」規定法定地上權，以解決建築基地使用權源的問題。至於時價補償的金額、法定地上權的地租、期間及範圍等事項，則增訂第九百二十七條第四項與第五項的規定，原則上由當事人協議確定之，如無法協議，得聲請法院以判決定之。

九、取得典物所有權的權利

依民法第九百十三條第二項：「典權附有絕賣條款者，出典人於典期屆滿不以原典價回贖時，典權人即取得典物所有權。」第九百二十三條第二項：「出典人於典期屆滿後，經過二年，不以原典價回贖者，典權人即取得典物所有權。」及第九百二十四條：「典權未定期限者，出典人得隨時以原典價回贖典物。但自出典後經過三十年不回贖者，典權人即取得典物所有權。」典權人都可取得典物所有權。典權人因上述原因而取得典物所有權，是基於法律的規定而取得不動產物權，不待登記，即發生物權變動的效力。

然而典權人取得典物所有權，屬於原始取得或繼受取得，則有爭論。主張原始取得者認為，此為依法律規定而取得所有權，而且該典權因取得權而變為所有權，其本質已有所不同，故應為原始取得。❶⁰⁴主張繼受取得者則認為，典權人其取得所有權是來自典權的設定，應屬繼受取得，而且依法律規定而取得物權的情形，非必屬於原始取得，此由民法第一千一百

---

❶⁰⁴　參閱史尚寬，《物權法論》，頁 31，自版，1987 年 1 月。

四十八條的規定即可驗證。典權人是基於出典人間的典權設定的約定而取得所有權，因而當然是繼受取得，原典物上既有的其他權利人，原則上不因典權人取得所有權而受影響。

土地與地上建物為各別獨立的不動產，有各自獨立的所有權，本可獨立移轉與為其他處分。因而土地與其地上的建築物同屬於同一出典人所有，而僅以土地或建築物出典，或分別出典於二人者，倘因典物取得權的原因致土地與地上建物分屬不同所有人時，為平衡當事人間利益並解決基地使用權源的問題，增訂第九百二十四條之二的規定，使其準用第八百三十八條之一法定地上權的規定，視為已有地上權的設定。

第二款　典權人的義務

一、保管典物的義務

典權人於出典人依法行使回贖權時，負有返還典物的義務，故於典權存續中，典權人負有保管典物的義務。此義務雖無明文，但因民法對違反者課有損害賠償責任（民九一六、九二二），因而通說皆認為是典權人的義務。至於保管典物的注意程度為何，通說見解認為原則上應盡善良管理人的注意，[105]而其違反時所應負的責任，則應分別其情形而定，分述如下：

(一)事變責任

依民法第九百十六條規定：「典權人對於典物因轉典或出租所受之損害，負賠償責任。」此為典權人的無過失賠償責任，賠償金額參酌民法第九百二十二條的意旨，應不以原典價為限。[106]

(二)輕過失責任

依民法第九百二十二條本文規定：「典權存續中，因典權人之過失，致典物全部或一部滅失者，典權人於典價額限度內，負其責任。」此為典權

---

[105] 參閱史尚寬，《物權法論》，頁 416，自版，1987 年 1 月；謝在全，《民法物權論（上）》，頁 591，自版，1997 年 9 月。

[106] 參閱謝在全，《民法物權論（上）》，頁 591，自版，1997 年 9 月。

人違反善良管理人義務時所應負的損害賠償責任，不問典物是全部或一部滅失，都以原典價為賠償上限。在典物全部滅失的情形，典權即因而消滅，一部滅失的情形，典權人仍然可以就典物的餘存部分繼續為使用收益，出典人不得以此為理由主張回贖。❶⓮

㈢故意或重大過失責任

依民法第九百二十二條但書規定：「但因故意或重大過失，致滅失者，除將典價抵償損害外，如有不足，仍應賠償。」典權人此項責任的範圍，與民法第九百十六條相同，都不以原典價為上限，而是以實際的損害額為賠償額。此時典物如果是全部滅失，則典權歸於消滅，如果是一部滅失，典權仍然就餘存部分繼續存在。

二、危險分擔的義務

依舊民法第九百二十條規定：「典權存續中，典物因不可抗力致全部或一部滅失者，就其滅失之部分，典權與回贖權，均歸消滅。前項情形，出典人就典物之餘存部分，為回贖時，得由原典價中扣減典物滅失部分滅失時之價值之半數。但以扣盡原典價為限。」天災由物權人（財產權利人）承擔，典權人既然是物權人，也應承擔天災的危險。

依舊法第九百二十條第二項所規定的回贖典物時扣減原典價的方法，於扣盡原典價的情形下，典權人負擔一半的損失，而以典價形式呈現，出典人則以典物形式呈現，雙方都承擔二分之一損害額，相當公平。現行法將第九百二十條第二項修正為：「前項情形，出典人就典物之餘存部分，為回贖時，得由原典價扣除滅失部分之典價。其滅失部分之典價，依滅失時滅失部分之價值與滅失時典物之價值比例計算之。」反而使出典人承擔更高比例的危險，違反原條文天災由物權人公平承擔的本旨，難以贊同。

三、返還典物的義務

因出典人回贖、典權人拋棄典權或其他原因而使典權消滅時，除典物

---

❶⓮　參閱謝在全，《民法物權論（上）》，頁592，自版，1997年9月。

已滅失或典權人依法取得所有權外，典權人都負有返還典物的義務，至於典權人在典物上設有工作物，依現行法第九百二十七條第二項規定：「第八百三十九條之規定，於典物回贖時準用之。」即典權人可取回工作物，但必須負回復原狀的義務，而出典人則有以時價購買工作物的權利。

其次，出典人依民法第九百二十七條的規定，因典權人就典物支出有益費用或重建修繕費用，本負有償還有益費用的義務，故典物於返還時，典權人仍應依該增修後的狀態負返還義務。

第二項　對於出典人的效力

第一款　出典人的權利

一、讓與典物所有權

依民法第九百十八條本文規定：「出典人於典權設定後，得將典物，讓與他人。」出典人設定典權後，只剩下將來可以回復所有權的回復權，而此一所有權回復權是附有條件，而受讓出典人的所有權回復權的受讓人，也只能享有與出典人同樣的權利，所以，典權人的權利並不受影響。故民法第九百十八條但書規定：「但典權不因此而受影響。」

二、將典物設定抵押

釋字第一三九號解釋肯定典物得設定抵押權，但強調在「不妨害典權範圍內始得為之」，修正前土地登記規則第一百十條更進一步規定：「同一土地所有權人設定典權後再設定抵押權者，應經典權人同意。」但土地登記規則第一百十條現已刪除。

從釋字第一三九號解釋所明示：「不動產所有人於同一不動產設定典權後，在不妨礙典權之範圍內，仍得為他人設定抵押權。」的意旨，指不動產所有人於同一不動產設定典權後，只要不妨礙典權，仍得為他人設定抵押權。因典權本具有物權的優先效力，因而典權人的典權並不會因抵押權

設定而受有影響，設定在先的典權，依優先性原則，其效力當然優先於設定在後的抵押權，因此，設定在典權之後的抵押權，想像上並無妨害該典權的可能，釋字第一三九號解釋所稱「在不妨礙典權之範圍內」的提醒字眼，就顯得多此一舉。

因此，出典人於典物上所設定的抵押權，如依民法第八百七十三條實行而拍賣該典物，典權人的典權仍存於該典物上不受影響。如果典權人因典物取得權而取得典物所有權，則出典人的所有權已因典權關係而消滅，出典人就其所有權回復權為他人設定的權利，也因為權利客體消滅（所有權回復權條件確定不成就），而使抵押權因而消滅。

三、回贖典物

依民法第九百十七條之一：「典權人應依典物之性質為使用收益，並應保持其得永續利用。典權人違反前項規定，經出典人阻止而仍繼續為之者，出典人得回贖其典物。典權經設定抵押權者，並應同時將該阻止之事實通知抵押權人。」；民法第九百二十三條第一項：「典權定有期限者，於期限屆滿後，出典人得以原典價回贖典物。」第九百二十四條：「典權未定期限者，出典人得隨時以原典價回贖典物。」規定，回贖權是出典人於得回贖典物的期間內，提出原典價向典權人表示回贖的意思，使典權歸於消滅的權利。

回贖權就是附條件的所有權回復權，是出典人基於出典人的所有權本權所具有的權能之一，回贖權的性質應屬有相對人的單獨行為，必須符合回贖的期限和提出原典價的條件，並表示回贖的意思，才會發生回贖的效果，而使典權人的典權消滅，出典人的所有權回復。因此，回贖權屬於形成權，又因為回贖權行使直接發生物權變動，為了保護典權人的權利，使典權人同時取得典價的所有權，解釋上，應認為回贖是一種要物行為，典價所有權由典權人取得與典權消滅的事實，於同一時點發生效力。

回贖的當事人，原則上應為原出典人與典權人，如果典權或典物所有權已發生移轉，則應以其繼受人為當事人。在轉典的情形，原典權與轉典

權並存，而且都對出典人生效，因而行使回贖權時，應向典權人與轉典權人各為回贖的意思表示。⑩解釋上，應向轉典權人提出轉典價並向典權人提出典價和轉典價的差額，並於回贖的期限內，即可行使回贖權。為了簡化回贖權的行使，現行法增訂第九百二十四條之一第一項：「經轉典之典物，出典人向典權人為回贖之意思表示時，典權人不於相當期間向轉典權人回贖並塗銷轉典權登記者，出典人得於原典價範圍內，以最後轉典價逕向最後轉典權人回贖典物。」明文承認出典人於符合一定條件下，可以直接向轉典權人主張回贖，即直接使典權和轉典權同時消滅，而回復出典人的所有權（無典權負擔的所有權）。

此外，出典人在轉典的情形下，其回贖時所提出的原典價，在典權人與轉典權人間如何分配，修正前法條並未明文規範。典權人既已將典物得價轉典，而且該轉典對出典人也有效力，故出典人回贖典物時，典權人就原典價內相當於轉典價數額的部分，自無受領權（三三年上字第一九一六號判例）。現行法增訂第九百二十四條之一第二項：「前項情形，轉典價低於原典價者，典權人或轉典權人得向出典人請求原典價與轉典價間之差額。出典人並得為各該請求權人提存其差額。」的規定，因而典權人僅就其原典價與轉典價間的差額，得就回贖的價金有受領權，出典人並得為各該請求權人提存該差額。

最後，定有期限的典權，其除斥期間為兩年（民九二三 II），未定期限的典權，其回贖權行使的除斥期間則為三十年（民九二四但）。基於私法自治原則，對於此等除斥期間，原則上得以約定縮短（三三上字第二五六六號判例、司法院院字第三二二七號解釋），但因回贖權的存在使典物所有權的確定歸屬不確定，不確定的物權關係存續太久有礙於資源的使用效率，因而特約延長回贖權行使期間，則為法所不許（三二上字第三三五八號判例）。

---

⑩　參閱謝在全，《民法物權論（上）》，頁 600–601，自版，1997 年 9 月。

第二款　出典人的義務

一、瑕疵擔保的義務

　　典權的設定契約是有償行為，故可依民法第三百四十七條準用買賣契約的規定。所準用的範圍，應認為追奪擔保責任（民三四七準用三四九）與瑕疵擔保責任（民三四七準用三五四）均包含在內。如出典人違反上述瑕疵擔保的義務，典權人應可解除典權設定契約，請求減少典價或請求損害賠償（民三四七準用三五三、三五九、三六〇）。

二、危險分擔的義務

　　請參閱前述典權人的義務二、的說明。

三、有益費用償還的義務

　　依民法第九百二十七條第一項規定：「典權人因支付有益費用，使典物價值增加，或依第九百二十一條之規定，重建或修繕者，於典物回贖時，得於現存利益之限度內，請求償還。」此為出典人的有益費用償還義務。對於占有維護等一般保管費用，則是典權人享有權利的成本，不得向出典人請求償還。

第五節　典權的消滅

一、一般消滅原因

　　標的物滅失、徵收、混同及拋棄等事由而使標的物所有權消滅時，限制物權也因而消滅。物權通常因標的物的滅失而當然消滅，而標的物於其後回復的情形，如有物權發生的原因或法律的規定，也可回復其權利。因此，增訂第九百二十二條之一：「因典物滅失受賠償而重建者，原典權對於重建之物視為繼續存在。」的規定，使典權於典物重建範圍內視為繼續存在。

二、特別消滅原因

㈠絕賣條款實現

依民法第九百十三條第一項規定：「典權之約定期限不滿十五年者，不得附有到期不贖即作絕賣之條款。」如絕賣條款實現，則典物所有權歸典權人所有，第二項加以明訂。第三項規定：「絕賣條款非經登記，不得對抗第三人。」基於登記只是為了保護交易安全，當事人間仍應以絕賣條款為物權變動時點，因此，解釋上，當然指「非經登記不得對抗善意第三人」。

㈡留　買

依民法第九百十九條第一項規定：「出典人將典物出賣於他人時，典權人有以相同條件留買之權。」此為典權人的留買權，本質上即是優先購買權，典權人於出典人將典物所有權讓與他人時，得以相同條件留買。典權人行使留買權，取得典物所有權，典權即因混同而消滅。

㈢回　贖

依民法第九百二十三條第一項：「典權定有期限者，於期限屆滿後，出典人得以原典價回贖典物。」、第九百二十四條：「典權未定期限者，出典人得隨時以原典價回贖典物。」的規定，回贖權也是典權消滅的原因。

㈣逾期不回贖

依民法第九百二十三條第二項：「出典人於典期屆滿後，經過二年，不以原典價回贖者，典權人即取得典物所有權。」第九百二十四條但書「但自出典後經過三十年不回贖者，典權人即取得典物所有權。」的規定，出典人逾期不回贖典物，典物所有權歸於典權人，典權即因混同而消滅。

㈤找　貼

依民法第九百二十六條第一項規定：「出典人於典權存續中，表示讓與其典物之所有權於典權人者，典權人得按時價找貼，取得典物所有權。」找貼是出典人表示讓與其典物所有權於典權人，典權人表示同意，以典價作為價金的一部，並支付典價和典物價值的差額於出典人，以取得典物所有權的行為。

　　出典人表示將典物所有權讓與典權人，典權人表示同意，除以典價充作價金外，並找回其差額給出典人以取得典物所有權，是依法律行為取得典物所有權，因此，找貼的性質，應屬買賣契約。

★★ 例題暨解題分析

地上權

一、甲的 A 地，為乙設定地上權二十年，乙在 A 地建築 B 屋，地上權二十年期限屆滿，B 屋尚可使用十年，問甲、乙的法律關係如何？

答：本題的爭點在於地上權屆滿，地上權人的工作物是房屋的情形，甲、乙間的權利義務關係，因此，應依據民法第八四〇條規定作答即可。

二、A 地登記為甲所有，乙自六十五年一月開始占用，在土地上種植蔬菜，七十五年二月乙將占有移轉給丙，丙繼續占用，並種植水果樹，至八十五年二月甲通知丙須歸還 A 地，丙即向地政事務所以時效取得為理由聲請地上權登記，並為地政事務所受理，甲即向法院起訴，問甲、丙的法律關係如何？

答：本題的爭點是時效取得地上權的相關爭議問題，除了應詳細說明時效取得地上權的各要件外，蔬菜水果是否為地上權使用土地的內容，必須特別討論，實務見解認為工作物的內容才是地上權的內容，因此，乙的行為將被認為不符合地上權使用土地的內容，而無法時效取得地上權。丙既然不符合時效取得地上權的要件，而構成無權占有，甲可以依民法第七六七條請求丙返還 A 地。如果認為丙占有 A 地受有相當於租金額的利益，而甲受有相當於租金額的損害，則甲也可能向丙主張依民法第一七九條請求返還五年內的相當於租金額的利益，然而，甲如果並無自己使用的計畫，也無出租的計畫，則未必有損害，因而不當然可以請求。

三、A 地登記為甲所有，乙明知為甲所有，自民國六十二年開始占用，並蓋有房子一棟，民國七十二年乙將房子和土地的占有移轉給丙，丙繼續占有，丙於民國八十三年以時效取得地上權為理由向該管地政事務

所申請地上權的登記，甲得知該申請案，以丙為被告向法院起訴。問：

(1)甲可向丙主張何種權利？

(2)丙可向甲主張何種權利？

答：甲向丙主張權利，也是分析是否可依民法第七六七條請求丙返還A地。甲是所有人，丙是否無權占有，爭點在於丙是否時效取得地上權。本題丙在土地上有房屋，是行使地上權的內容，但丙只是申請地上權的登記，即使已符合時效取得地上權的要件，是否已取得地上權，必須特別分析討論，本書認為時效取得是非因法律行為而取得，登記前即已取得地上權，因此，甲不可依民法第七六七條請求丙返還A地。丙既是有權占有，甲也無法主張不當得利。丙可以向甲主張在A地有地上權，而基於時效取得既是取得地上權的對價，因此，丙不必給付地租，但甲可以請求法院定地上權的期間。

四、甲所有已登記A地一筆，因長年出國經商未對該地上有管理使用的事實，鄰居乙見狀便在A地上建築房屋。二十五年後，甲落葉歸根才發現該地已遭乙無權占用，已長達二十年，因此即向法院主張民法第七六七條第一項前段及中段，訴請乙拆屋還地，訴訟進行中乙提起反訴主張，其在甲所有A地上已因時效取得地上權，請問法院應如何裁判？

答：符合時效取得的要件時占有人取得的權利，如解釋為僅取得登記請求權，占有人幾乎毫無可能時效取得不動產物權，形同否定時效取得不動產物權，實不可採。採「如經地政機關受理，則受訴法院即應就占有人是否具備時效取得地上權之要件，為實體上裁判」也徒增訟累，並可能漠視占有人已符合時效取得的要件而值得受保障的時效取得的立法精神。依時效取得制度獎勵勤勉人的精神，符合時效取得地上權要件的占有人，其權利已具保護的必要性，應認為登記前即已取得地上權。因此，本例，乙在符合時效取得地上權要件時即取得該地上權。

本例，如認為乙應具有行使「地上權的意思」，應採客觀說，僅需有如客觀上的建築房屋等行使地上權的事實，即可認為占有人具有行使

地上權的意思。

最後，乙以提起「反訴」的方式在訴訟中主張時效取得地上權，乙已因符合時效取得地上權要件而取得地上權，不論占有人是否已提出時效取得地上權的申請，法院自應實體認定乙是否因符合時效取得地上權要件而取得地上權。本例，乙已為有權占有，甲的請求因不符合民法第七六七條的構成要件，為無理由，法院應駁回原告之訴。

五、甲於二○○四年十二月一日將 A 地設定地上權給乙三十年，甲、乙約定乙應先給付給甲六百萬元權利金，之後乙每月再給付二萬元地租給甲，乙依約定給付甲六百萬元權利金，地上權登記完畢後，乙也在 A 地上合法興建 B 屋。乙因為經營不善，無力繳交地租，至二○○八年十二月一日已積欠甲兩年四十八萬元的地租，甲即催告乙於一個月內支付，乙屆期仍未支付，甲即終止地上權，並主張乙拆除 B 屋返還 A 地，問法院應如何判決？

答：如果無視權利金的存在，則乙確實積欠甲兩年四十八萬元的地租，甲依規定似乎得終止地上權，然而，此一結果將造成甲已付高額權利金，卻只能享有使用 A 地四年多的權利，權利義務顯然失衡，不符均衡正義。基於權利金是地租的預付，六百萬元的權利金，應與每月支付的地租三十年的總額相加，算出平均每月實際應支付的地租額。權利金類推適用地租的規定，則地上權人已付的地租，已高達六百四十八萬元，顯然足夠給付十年以上實際應支付的地租額，而不符合積欠地租達兩年的要件，因而應認為甲不得終止地上權，而主張拆屋還地，法院應判決甲敗訴。

不動產役權

一、甲的 A 地，為乙設定地上權，A 地無直接和公路相鄰，A 地的相鄰地 B 地則與公路相連接，乙為有效利用 A 地，乃與 B 地所有人丙商量，於 B 地設定通行不動產役權，使 A 地得通行 B 地至公路。後來，政府開闢新道路，A 地已面臨公路，無繼續通行 B 地的必要。問：

⑴乙、丙設定不動產役權的效力如何？

⑵丙可否訴請宣告不動產役權消滅？

答：乙、丙設定不動產役權的效力的爭點，在於地上權人可否作為不動產役權人，答案是肯定的，第八五九條之三也已明訂。丙可否訴請宣告不動產役權消滅，則依民法第八五九條的規定作答。

二、A 地與 B 地相鄰，分別是甲、乙二人所有，丙承租甲的 A 地，乙自行使用 B 地。乙在 B 地上有私設 X 道路，方便車輛通行至公路，A 地則無任何道路，因而車輛出入下雨時泥濘難行，晴天時則塵土飛揚。X 道路緊鄰 A 地，丙即與乙商議，乙同意丙在承租 A 地的期限內，為使用 A 地的方便，可由 A 地通行 X 道路，到達公路。問承租人丙可否為 A 地於 B 地取得不動產役權？

答：可以為不動產取得不動產役權的不動產利用人，第八五九條之三已規定包括承租人。

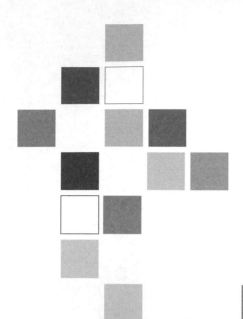

第五篇
擔保物權

第一章　通　則

第一節　擔保物權的意義

　　擔保物權是以享有物的交換價值為內容的物權，權利人是就標的物供債權的擔保，僅就標的物賣得價金優先受償，而不以占有使用為目的，故原則上同一物可以有多數擔保物權相容同時存在。

　　而以物權的分類而言，若以物權支配內容為區分的標準，可以分為用益物權與擔保物權二種，用益物權是以物的利用價值為內容，擔保物權是以物的交換價值為內容，而二者的差異為，用益物權不能重複設定，故其具有排他性，而擔保物權雖可重複設定，但先順序的擔保物權在其權利範圍內，後順序的擔保物權即無法實行，然而先順序的擔保物權未必會實行，因而重複設定可能會有實益，只要排定優先順序即可。

第二節　擔保物權的經濟作用

　　所有權的價值可以概括分為利用價值與交換價值，所有權即係對標的物的此二種價值為全面享有，然而這只是概括區分，依私法自治原則，物上的權利可以依照質、量、時間及空間等不同方式加以分割，任何存在於所有權上的權利，即成為一種物上負擔，擔保物權就是物上負擔的一種。所有權人將標的物的交換價值提供他人享受以獲取信用，此種以享有標的物的交換價值為限的歸屬性權利，即為擔保物權。

　　由於社會經濟整體資源有限，擁有土地的人未必擁有資金供土地的開發利用，透過擔保物權如抵押權的設定，提供貸款人清償的擔保，使資金有餘者樂於貸款給資金需求者，而達到融資目的，讓有限資源作較大運用，進而促進經濟發展。

第三節　擔保物權的種類

一、抵押權

依民法第八百六十條規定：「稱普通抵押權者，謂債權人對於債務人或第三人不移轉占有而供其債權擔保之不動產，得就該不動產賣得價金優先受償之權。」可知抵押權為擔保物權，而且是就不動產不移轉占有而設定的擔保物權，並就抵押標的物賣得的價金有優先受償權。

從民法的規定可知，抵押權是以不動產物權為權利的標的，除了普通抵押權，還包括最高限額抵押權，但由於社會經濟實際需要，抵押權的設定，並不以不動產所有權為限，故就抵押權而言，又可將其分為普通抵押權與特殊抵押權，而特殊抵押權的標的則不以不動產所有權為限而有其特殊性，分別規定在民法其他部分及特別法中。

二、質　權

依民法第八百八十四條規定：「稱動產質權者，謂債權人對於債務人或第三人移轉占有而供其債權擔保之動產，得就該動產賣得價金優先受償之權。」可知動產質權是設定於債務人或第三人動產上的擔保物權。

依民法第九百條的規定：「稱權利質權者，謂以可讓與之債權或其他權利為標的物之質權。」可知權利質權的標的物是不動產物權及準不動產物權以外的其他權利。

所以在我國現行民法制度下，質權區分為動產質權與權利質權二種。

三、留置權

依民法第九百二十八條規定：「稱留置權者，謂債權人占有他人之動產，而其債權之發生與該動產有牽連關係，於債權已屆清償期未受清償時，得留置該動產之權。債權人因侵權行為或其他不法之原因而占有動產者，不適用前項之規定。其占有之始明知或因重大過失而不知該動產非為債務

人所有者，亦同。」可知留置權是基於法律規定所生的法定物權，債務人不履行債務時，得就留置物拍賣而優先受償。

第四節　擔保物權的特性

擔保物權原則上具有三種特性，即從屬性、不可分性及物上代位性。分述如下：

一、從屬性

擔保物權為債權的擔保，從屬於債權而存在，故有從屬性。從屬性包括發生、處分及消滅上的從屬，隨著債權的發生、處分及消滅，擔保物權也因而發生、移轉及消滅。但這只是原則，從屬性就不適用於最高限額抵押權。

二、不可分性

擔保物的全部，擔保債權的每一部分，擔保物的每一部分，擔保債權的全部，稱為擔保物權的不可分性。

三、物上代位性

物上代位性是擔保物權的標的物滅失時，擔保物權仍存於擔保物的代位物，例如民法第八百八十一條第一項規定：「抵押權除法律另有規定外，因抵押物滅失而消滅。但抵押人因滅失得受賠償或其他利益者，不在此限。」❶

第五節　擔保權應通盤考量

債權因為是對人權，會受到個人資力多寡的不同，而影響債權受清償

---

❶　關於擔保物權的物上代位，參閱黃健彰，〈擔保物權的物上代位性──民法物權編修正後相關條文的解釋適用〉，《中原財經法學》，第 27 期，頁 151–217，2011 年 12 月。

的可能性，因此，才有擔保的制度。就提供擔保的標的，可以分為物的價值和人的信用，擔保物權及定金是針對物的價值所為的規範，保證則是針對人的信用所為的規範，而這二者又都可以分為有限責任和無限責任，債務人所負的清償責任亦同。

債務人就其債務的清償可能必須負人的無限責任，例如，依民法債務人就抵押物價值不足償還的金額仍負清償責任，但如當事人約定僅負物的有限責任，亦無不可，例如不動產證券化條例的受益證券僅得向基礎資產取償，而不得向發行人求償。同樣地，擔保權是從權利，擔保債務人（如保證人和物上保證人）的責任也可以分為有限責任和無限責任，前者，僅就物的價值或擔保債務人的一定財產負責，後者，必須以總財產負責債務的清償。擔保權作為債權優先受償的擔保，即應考慮使債務人和擔保債務人負有限責任的可能性，例如解約定金使契約一方當事人可以拋棄定金或給付兩倍的定金以解除契約，而免除履約的責任。

定金、押金和保證以及其他擔保的方式，如銀行提供信用狀，皆為整體擔保制度構成的一部分，因此，相關規定的重疊與調和在法制上都應作通盤考量。

另外，民法規定的抵押權的標的限於不動產，然而動產擔保交易法規定了動產抵押，海商法有船舶抵押，民用航空法有航空器抵押。而動產抵押與質權和留置權都可能同時存在，相關問題並不因動產抵押是特別法規定，而可以忽視，改進之道，是就擔保物權通盤考量，將全部的擔保物權都納入物權編加以規範，即使無法詳細規範，原則性的規定，也有助於呈現整個擔保物權的全貌。

第二章　抵押權

第一節　概　說

　　為了與最高限額抵押權區別，民法物權編修正已增加第六章第一節，節名為普通抵押權，使用抵押權一詞如果不是用來概稱各種抵押權，則也是指普通抵押權，如無特別標明，本書仍以抵押權一詞指稱普通抵押權。

　　抵押權是擔保物權的一種，是以物的交換價值為權利內容，而以此種交換價值供擔保，以確保債務的清償。抵押權用來擔保債權人的債權，抵押人仍可利用抵押物而不影響其物的使用收益，債務人可以得到融資，因而抵押權對債權人與債務人雙方均為有利。

第一項　抵押權的意義

　　抵押權是對於債務人或第三人不移轉占有而供擔保的不動產，得就其賣得價金優先受清償的權利（民八六〇）。意義分析如下：

一、抵押權為擔保物權

　　抵押權以擔保債權人（抵押權人）的債權為目的，債務人於清償期屆至不為清償，債權人得聲請法院以裁定取得執行名義，拍賣抵押標的物，並就拍賣價金優先受清償。

二、抵押權是就不動產不移轉占有而設定的擔保物權

　　民法規定的抵押權的標的限於不動產，該不動產為債務人自己所有或第三人（物上保證人）所有皆可。所以抵押權只能就不動產設定，而此不動產不限於債務人所有。

　　民法第八百六十條雖然定義抵押權是不移轉占有的擔保物權，然而當事人如有對抵押權特別約定，例如抵押權人與抵押人約定由抵押權人占有

抵押物並為使用收益，則此一約定有效，當然排除依民法第八百六十條抵押物不移轉占有的規定，而可由抵押權人占有抵押物，❷說明如下：

㈠條文對於抵押權定義只是補充當事人意思的不足

條文對於抵押權定義，是對典型抵押權的規定，在私法自治、物權自由原則下，當事人可以創設新種類的物權和新內容的物權，而可以創設新類型和內容的抵押權。條文對於抵押權定義是典型抵押權的規定，只是補充當事人意思的不足，當事人如有對抵押權特別約定，且無顯失公平情事，當然優先適用。

㈡抵押權人與抵押人可以約定由抵押權人占有抵押物

當事人如對抵押權有特別約定，而當然優先適用下，則抵押權人與抵押人如約定由抵押權人占有抵押物，則此一約定當然排除依民法第八百六十條抵押物不移轉占有的規定，而由抵押權人占有抵押物。❸

三、抵押權就抵押標的物賣得的價金有優先受償權

抵押權的作用在於就標的物賣得價金有優先於一般債權人受清償的權利。

第二項　抵押權的經濟作用

抵押權是以確保債務清償為目的而設定，作為融資擔保的手段，提高資金有餘者貸款的意願，不僅可滿足債權的擔保，而且抵押人仍可繼續使用抵押物收益，一方面使資金配置更有效率，他方面也提高物的使用效率。

---

❷ 請參閱謝哲勝，〈抵押權內容自由原則〉，《月旦法學教室》，第 120 期，頁 15–17，2012 年 10 月。

❸ 最高法院 54 年臺上字第 1870 號判例：「抵押權之設定，依法固無須將抵押之不動產移轉占有，但當事人間有特約以不動產交與債權人使用收益以抵利息，並由債權人負擔捐稅者，並非法所不許，不得以此遂推定抵押權設定契約為買賣契約。」即採此見解。然而，此處存有不同見解，即採取物權法定的看法，抵押權以不移轉占有為限，則上開判例的特約應解為租賃的性質，請參閱謝在全，《民法物權論（下）》，頁 136–137，自版 2014 年 9 月。關於物權法定的探討，在第二篇第一章第三節有詳細說明。

第三項　抵押權的特性

　　抵押權作為一種擔保物權，也具有擔保物權的從屬性、不可分性及物上代位性三種特性。分述如下：

一、從屬性

　　抵押權是以擔保債務的清償為目的，從屬於主債權而存在。其從屬性可分為三點說明：

㈠發生上的從屬

　　抵押權的成立，原則上以主債權的發生或存在為前提，債權若不存在，抵押權即不成立，所以也可稱為成立上的從屬。然而，從屬性只是用來說明擔保物權是為了擔保債權清償目的而存在，只要設定的擔保物權，可以達到擔保債權的目的，不因抵押權設定時尚未發生債權，而認為抵押權違反從屬性而無效。因此以將來的債權為被擔保債權，並不違反成立上的從屬性，❹如有抵押權的設定，仍為有效。

㈡處分上的從屬

　　抵押權不得與其所擔保的債權分離而單獨讓與，或單獨為其他債權的擔保（民八七〇）。債權不得單獨讓與而保留抵押權，此又可稱為移轉上的從屬，債權人將債權讓與第三人時，除另有約定外，抵押權應隨同移轉。

㈢消滅上的從屬

　　抵押權所擔保的債權（主債權），如因清償、提存、抵銷、免除、混同等原因而全部消滅時，抵押權也因而消滅（民三〇七）。❺

---

❹　47 年臺上字第 535 號判例：「抵押權所擔保之債權，原可由契約當事人自行訂定，此觀民法第八百六十一條但書之規定自明。故契約當事人如訂定以將來可發生之債權為被擔保債權，自非法所不許。」

❺　消滅上的從屬有例外的情形，如最高限額抵押，主債權不因混同而消滅時，抵押權亦不消滅（民法第 334 條但書）。

二、不可分性

抵押物全部，擔保債權的每一部分，抵押物的每一部分，擔保債權的全部，稱為抵押權的不可分性。此不可分性可從抵押物和擔保債權的完整性，分別加以說明如下：

㈠抵押的不動產分割等情形

抵押的不動產如經分割或讓與其一部，或擔保一債權的數不動產而以其一讓與他人者，其抵押權不因此而受影響（民八六八）。所以抵押物即使被分割，或讓與其一部於他人，各該部分仍擔保全部債權，抵押權人得對各部分行使全部的抵押權。❻

㈡債權分割等情形

以抵押權擔保的債權，如經分割或讓與其一部者，其抵押權不因此而受影響（民八六九 I）。即債權分割，成為兩個債權，兩個債權都處於同一受償次序，而得就抵押物行使抵押權，抵押權仍然是一個，而由分割後債權的債權人所共有。上述規定，於債務分割時或承擔其一部時仍有適用（民八六九 II）。

三、物上代位性

物上代位性指抵押權的標的物滅失時，抵押權仍存於抵押物的代位物，民法第八百八十一條第一項規定：「抵押權除法律另有規定外，因抵押物滅失而消滅。但抵押人因滅失得受賠償或其他利益者，不在此限。」第二項規定：「抵押權人對於前項抵押人所得行使之賠償或其他請求權有權利質權，其次序與原抵押權同。」第三項規定：「給付義務人因故意或重大過失

---

❻　82 年臺上字第 3153 號判例：「抵押之不動產如經分割，或讓與其一部者，其抵押權不因此而受影響，民法第八百六十八條訂有明文。故抵押之不動產雖讓與為數人所共有，抵押權人對於受讓抵押物之各人之應有部分，仍得就全部債權行使權利，受讓抵押物應有部分之人，不得僅支付與受讓部分相當之金額，而免其責任。」

向抵押人為給付者，對於抵押權人不生效力。」第四項規定：「抵押物因毀損而得受之賠償或其他利益，準用前三項之規定。」

就此一規定分析如下：

㈠抵押物的代位物的要件

抵押物的代位物應符合以下要件：

1.因抵押物毀損或滅失所直接造成

如果是基於契約的約定而產生，則不包括在內。

2.須為因滅失而得受的賠償或其他利益

如果是基於契約的約定而為的給付，則不包括在內。也不限於金錢，抵押物的代位物，在賠償義務人為給付前，抵押人對賠償義務人僅有給付請求權，給付物並未特定，金錢、動產、不動產或其他財產權均有可能。

3.須為抵押人得受的賠償或其他利益

如果是抵押人以外的第三人得請求的賠償或其他利益，則不包括在內。

㈡抵押權的質變

抵押權人依物上代位所得行使的擔保權，其性質屬於權利質權，即抵押權轉變為權利質權，此即擔保物權的物上代位性或同一性。此項質權雖之後才發生，但該質權是抵押權的代替，因而該質權的次序，應與原抵押權同。

㈢對給付義務人的效力

抵押物滅失時，賠償義務人應向抵押權人賠償，故賠償義務人如因故意或重大過失已向抵押人為賠償，對抵押權人不生效力。即抵押權人如請求賠償，賠償義務人仍負給付義務。

㈣抵押物毀損情形的準用

民法的用語，滅失指原物消失，毀損也可以指原物消失，但也可以指原物毀壞或損壞，但原物並未消失。此一條文將毀損另外規定，表示修法委員有意區別毀損和滅失兩個用語，而將毀損指稱原物毀壞或損壞但並未消失的情形。因而增訂抵押物因毀損而得受的賠償，也是抵押權的代位物。

本項與民法第八百七十二條可同時並存，抵押權人依本項所生的物上

代位權與依該條所生的提出擔保請求權，發生請求權競合時，由抵押權人擇一行使。

㈤保險金是否為代位物

保險金是否屬此一賠償的範圍內，因無明文規定，仍有爭議，可以預見肯定與否定兩種不同見解。對此，有實務見解認為，保險金既為賠償金的一種，而民法上述規定所稱之賠償金，並未設有任何限制，無論其係依法律規定取得，或依契約取得，均不失其為賠償金的性質，故保險金解釋上應包括在內。❼然而本書認為，抵押物代位物固然應包括所有非債務人或第三人的努力而自然轉換的財產，而不以賠償金為限，因此，第八百八十一條修正確能免除代位物是否限於金錢的疑義，增加「其他利益」字眼，也能將徵收補償納入，值得贊同。然而，保險金不等於「非債務人或第三人的努力而自然轉換的財產」，而是基於保險契約的給付，解釋上就不當然包括在內。❽

第四項　抵押權的種類

抵押權依其是否因當事人意思而設定、是否有最高限額限制、抵押物是不動產、動產或權利、抵押物是否特定等標準，可以為以下分類：

第一款　是否因當事人意思而設定

抵押權依其因當事人法律行為而設定，或因法律規定而發生，可分為意定抵押權與法定抵押權，分述如下：

一、意定抵押權

意定抵押權是因當事人意思表示而設定，在當事人意思表示一致下為意思表示，並且訂立書面契約，才成立抵押權。

---

❼　最高法院 83 年度臺上字第 1345 號判決。

❽　參閱黃健彰，〈擔保物權的物上代位性──民法物權編修正後相關條文的解釋適用〉，《中原財經法學》，第 27 期，頁 161–176，2011 年 12 月。

二、法定抵押權

法定抵押權是因法律的規定而發生的抵押權，如符合法律所規定的要件，不需要當事人意思表示設定，即發生法定抵押權的權利義務關係。

例如民法第五百十三條規定：「承攬之工作為建築物或其他土地上之工作物，或為此等工作物之重大修繕者，承攬人得就承攬關係報酬額，對於其工作所附之定作人之不動產，請求定作人為抵押權之登記；或對於將來完成之定作人之不動產，請求預為抵押權之登記。前項請求，承攬人於開始工作前亦得為之。前二項之抵押權登記，如承攬契約已經公證者，承攬人得單獨申請之。第一項及第二項就修繕報酬所登記之抵押權，於工作物因修繕所增加之價值限度內，優先於成立在先之抵押權。」此即為承攬人的法定抵押權。❾

另外現行法增訂不動產協議分割或裁判分割應受補償人的法定抵押權於第八百二十四條第三項及第八百二十四條之一第四項：「以原物為分配時，如共有人中有未受分配，或不能按其應有部分受分配者，得以金錢補償之」、「前條第三項之情形，如為不動產分割者，應受補償之共有人，就其補償金額，對於補償義務人所分得之不動產，有抵押權。」

法定抵押權分別規定於民法或其他特別法中，需加以注意。

第二款　是否有最高限額限制

抵押權依其對所擔保的債權金額，是否有最高限額限制，可以分為普通抵押權與最高限額抵押權。普通抵押權，對於抵押權所擔保的債權，除非有限定負擔金額的約定，否則並無金額上限，都在抵押權所擔保的範圍內。最高限額抵押權所擔保的債權，則有金額上限，在最高限額內才是抵

---

❾　本條修正後，承攬人抵押權是否仍為法定抵押權，有很大的爭論，參閱黃健彰，〈台灣不動產工作優先權的理論與實務〉，《房地產法前沿》（北京大學房地產法研究中心編輯），第 1 卷第 2 輯，頁 104–109，中國法制出版社，2007 年7 月。該文就此問題論述甚詳，頗具參考價值。

押權所擔保的範圍，超過最高限額的債權，則變成普通債權，而無法優先受償。

第三款　抵押物是不動產、動產或權利

抵押物是不動產則是不動產抵押，抵押物如果是動產則是動產抵押，抵押物如果是權利則是權利抵押。

民法所規定的抵押權都是針對不動產，動產抵押規定在特別法中，而動產抵押早已是民事法律的一部分，是具有永久性質的法理而非暫時性的立法，民法此種規定方式其實是不尊重特別法，更容易誤導初學者，因此，動產抵押應於民法中規定。

民法將意定的動產擔保物權規定為質權，以動產性質的權利為客體的擔保物權稱為權利質權，以不動產性質的權利為客體的擔保物權則稱為權利抵押權，因而地上權、農育權和典權可以為權利抵押權的客體。

第四款　抵押物是否特定

如果強調物權是直接支配特定物的權利，則抵押物必然是特定物，但如果強調物權是歸屬性權利，則物權的客體不限於特定物，例如財團抵押，客體是非特定物，在浮動抵押（說明見本章第五節第四項），抵押物也是不特定，大陸物權法第一百八十一條對浮動抵押已有明文規定。

第五項　抵押權的次序

一、意　義

抵押權為擔保物權，針對同一抵押標的物得重複設定多數抵押權，而抵押標的物同時存在多數抵押權時，對於這些相容而共存的抵押權則生受償次序的問題。

民法第八百六十五條規定：「不動產所有人，因擔保數債權，就同一不動產，設定數抵押權者，其次序依登記之先後定之。」所以依法律規定，

原則上先次序抵押權人較後次序抵押權人優先受償，如先次序抵押權因實行抵押權以外的原因消滅時，後次序抵押權是否依序升進，有兩種不同的立法例，德、瑞等國採取次序不升進的位次固定主義，而法、日及我國立法例，即採取次序當然升進的次序升進主義，所以先次序抵押權因實行抵押權以外的原因消滅時，後次序抵押權則依序升進。

　　抵押權的次序可以讓與、拋棄及變更，規定於民法第八百七十條之一❿和第八百七十條之二，⓫以下分別加以介紹。

二、次序的讓與

㈠意　義

　　抵押權人為特定抵押權人的利益，讓與其抵押權的次序，即先次序或同次序抵押權人為特定後次序或同次序抵押權人的利益，將其優先受償分配額讓與特定後次序或同次序抵押權人。(民八七〇之一Ⅰ⑴、土登一一六之一Ⅰ前段、土登二六)

㈡要　件

　　1.當事人須為同一抵押人的抵押權人。

　　2.讓與人與受讓人須有次序讓與的合意，但不需其他抵押權人同意。

---

❿　第 870 條之 1 規定：「同一抵押物有多數抵押權者，抵押權人得以下列方法調整其可優先受償之分配額。但他抵押權人之利益不受影響：一、為特定抵押權人之利益，讓與其抵押權之次序。二、為特定後次序抵押權人之利益，拋棄其抵押權之次序。三、為全體後次序抵押權人之利益，拋棄其抵押權之次序。前項抵押權次序之讓與或拋棄，非經登記，不生效力。並應於登記前，通知債務人、抵押人及共同抵押人。因第一項調整而受利益之抵押權人，亦得實行調整前次序在先之抵押權。調整優先受償分配額時，其次序在先之抵押權所擔保之債權，如有第三人之不動產為同一債權之擔保者，在因調整後增加負擔之限度內，以該不動產為標的物之抵押權消滅。但經該第三人同意者，不在此限。」

⓫　第 870 條之 2 規定：「調整可優先受償分配額時，其次序在先之抵押權所擔保之債權有保證人者，於因調整後所失優先受償之利益限度內，保證人免其責任。但經該保證人同意調整者，不在此限。」

⒊效　力

　　就抵押物拍賣所得價金，其分配在當事人間發生變更，由受讓人取得較讓與人優先的分配次序。

㈣舉　例

　　增訂理由提到：例如債務人甲在其抵押物上分別有乙、丙、丁第一、二、三次序依次為新臺幣（以下同）一百八十萬元、一百二十萬元、六十萬元之抵押權，乙將第一優先次序讓與丁，甲之抵押物拍賣所得價金為三百萬元，則丁先分得六十萬元，乙分得一百二十萬元，丙仍為一百二十萬元。又如甲之抵押物拍賣所得價金為二百八十萬元，則丁先分得六十萬元，乙分得一百二十萬元，丙分得一百萬元。

三、次序的拋棄（土登一一六之一Ⅰ後段、土登二七⒅）

㈠意　義

　1.相對拋棄（民八七〇之一Ⅰ⑵）

　　先次序抵押權人，為特定後次序抵押權人利益，拋棄其優先受償利益，因為是在特定相對人間拋棄優先受償的權利，所以稱為相對拋棄。

　2.絕對拋棄（民八七〇之一Ⅰ⑶）

　　先次序抵押權人，並非專為特定後次序抵押權人利益，拋棄其優先受償利益，而係對全體抵押權人所為，所以稱為絕對拋棄。

㈡要　件

　　當事人須為同一抵押物的抵押權人，拋棄是單獨行為，只須抵押權人單方面的意思即可。

㈢效　力

　1.相對拋棄

　　僅在拋棄當事人間產生相對效力，其他抵押權人的歸屬與次序並無變更，拋棄抵押權次序的人，因拋棄次序的結果，與受拋棄利益的抵押權人，成為同一順序，將其所得受分配的金額共同合計後，依其債權額比例受償，至於第三人的權利義務則不受影響。

2.絕對拋棄

後次序抵押權人依次升進，而拋棄人退處於最後的地位。但拋棄後新成立的抵押權，次序仍列於拋棄者後面，至於普通債權，無論拋棄在成立前或成立後，次序均列於拋棄者後面。

㈣舉　　例

1.相對拋棄

增訂理由提到：例如前例，甲之抵押物拍賣所得價金為三百萬元，乙將其第一次序之優先受償利益拋棄予丁，則乙、丁同列於第一、三次序，乙分得一百三十五萬元，丁分得四十五萬元，至丙則仍分得一百二十萬元，不受影響。又如甲之抵押物拍賣所得價金為二百八十萬元，則乙、丁所得分配之債權總額為一百八十萬元（如乙未為拋棄，則乙之應受分配額為一百八十萬元，丁之應受分配額為零），乙拋棄後，依乙、丁之債權額比例分配（三比一），乙分得一百三十五萬元，丁分得四十五萬元，丙仍分得一百萬元不受影響。

2.絕對拋棄

增訂理由提到：例如前例，甲之抵押物拍賣所得價金為三百萬元，乙絕對拋棄其抵押權之第一次序，則丙分得一百二十萬元，丁分得六十萬元、乙僅得一百二十萬元。又如甲之抵押物拍賣所得價金為四百八十萬元，戊之抵押權二百萬元成立於乙絕對拋棄其抵押權次序之後，則丙分得一百二十萬元，丁分得六十萬元，乙可分得一百八十萬元，戊分得一百二十萬元。

四、次序的變更

㈠意　　義

數抵押權人間將優先受償先後次序互換。

㈡要　　件

1.當事人須為同一抵押人的抵押權人。

2.抵押權次序的變更會影響其他抵押權人的利益，所以須經可能受不利影響的抵押權人同意。❷

三效　力

對全體抵押權人及利害關係人產生絕對效力，就抵押物拍賣所得價金，其分配在當事人間發生變更，依互換次序分配價金，此次序的變更不但對於合意的各抵押權當事人及利害關係人發生效力，對於其他有關的人亦生效力。

四與次序讓與的區別

次序變更是當事人間受償順序互換，次序讓與是讓與優先受償的權利，該次序可受償的債權，於受讓人受償如有剩餘，讓與人仍得在此順序，優先於次順序抵押權人受償。

五、登記的效力

第八百七十條之一第二項規定：「前項抵押權次序之讓與或拋棄，非經登記，不生效力。並應於登記前，通知債務人、抵押人及共同抵押人。」採登記生效要件，第八百六十一條受償範圍是物權內容，本條是受償順序，也是物權內容。對照通過條文第八百六十一條刪除行政院版第二項的規定，對於抵押權所擔保的利息、遲延利息和違約金，不經登記即為抵押權所擔保的債權範圍內，前後規定即有矛盾。

立法是可以有政策考量，但不能違反憲法，憲法解釋形同憲法，立法也不能違反。參考釋字第三四九號解釋意旨，債權在第三人明知或可得而知時，也可能對第三人發生效力（物權效力），而物權效力大於債權，舉重

---

⑫　參閱土地登記規則第 116 條。該條立法理由提到：「例如：債務人甲在其抵押物上分別有乙、丙、丁第一、二、三次序依序為新臺幣（以下同）一百二十萬元、一百萬元、六十萬元之抵押權，倘乙與丁次序互為變更，則次序變更後第一次序抵押權擔保債權金額較變更前之第一次序抵押權擔保債權金額減少，後次序抵押權人丙之受償機率提升，自無須得其同意。反之，倘抵押物上乙、丙、丁分別為第一、二、三次序依序為六十萬元、一百萬元、一百二十萬元，乙與丁次序互為變更，則次序變更後第一次序抵押權擔保債權金額較變更前之第一次序抵押權擔保債權金額增加，後次序抵押權人丙之受償機率降低，自須得其同意始得申辦次序變更登記。」

以明輕，債權未經登記都可能對第三人發生效力，則物權未經登記更應可能對第三人發生效力，因而抵押權次序的讓與或拋棄，並無採登記生效要件的道理。法律牴觸憲法者無效，憲法解釋形同憲法，因此，本書認為抵押權次序的讓與或拋棄雖未登記，在第三人明知或可得而知時，仍可對其發生效力。

第二節　抵押權的取得

抵押權的取得可分為基於當事人的意思而取得及依法律規定而取得。分述如下：

第一項　基於當事人的意思而取得

抵押權基於當事人的意思而取得，可分為抵押權設定與抵押權連同債權一併讓與兩種：

一、抵押權設定

抵押權因設定而取得，是基於當事人的意思而取得，須訂立書面契約。抵押權是不移轉占有的擔保物權，因而抵押人不須交付抵押標的物。

二、抵押權連同其所擔保的債權一併讓與

抵押權有從屬性，抵押權所擔保的債權讓與時，抵押權應隨同移轉，而受讓人就連同主債權的取得而繼受抵押權。

第二項　依法律規定而取得

抵押權因法律規定而成立者稱為法定抵押權，例如民法第五百十三條第一項規定的承攬人的法定抵押權。另外，第八百二十四條第三項及第八百二十四條之一第四項，也規定了不動產分割應受補償人的法定抵押權。

第三項　繼　承

被繼承人死亡時，其債權以及擔保該債權的抵押權，一併移轉予繼承人，不須登記，即生效力（民一一四八）。

第四項　善意取得

即依民法第七百五十九條之一第二項與土地法第四十三條的規定，對於信賴登記所為的抵押權登記，仍可主張善意取得。❸

第三節　抵押權的效力

第一項　抵押權效力的範圍

第一款　抵押權所擔保債權的範圍

現行法第八百六十一條第一項規定：「抵押權所擔保者為原債權、利息、遲延利息、違約金及實行抵押權之費用。但契約另有約定者，不在此限。」第二項規定：「得優先受償之利息、遲延利息、一年或不及一年定期給付之違約金債權，以於抵押權人實行抵押權聲請強制執行前五年內發生及於強制執行程序中發生者為限。」亦即抵押權所擔保的範圍，除原債權外，尚及於約定利息、遲延利息、違約金、實行抵押權之費用及契約的約定。

其中，遲延利息及實行抵押權之費用是法定債權，不以登記為必要，較無爭論。然而，約定利息、違約金及契約的約定是否以登記為必要，存

---

❸ 抵押權善意取得的實例：甲的土地被政府所徵收，但未辦理移轉登記，而甲死亡後由其子乙繼承並完成移轉登記，嗣後乙設定抵押權於丙，雖乙已完成登記，但此移轉行為並非基於無權處分等法律行為而係基於繼承的法律事實，因此乙無法適用善意取得的制度取得土地所有權，該土地仍為政府所有，但關於抵押權的部分，若丙為善意，其可依土地法第 43 條的規定，取得抵押權。

有爭議。

行政院版草案第八百六十一條第二項原規定：「約定的利息、違約金或前項但書契約之約定，以經登記者為限。其利率未經登記者，依法定利率計算之。」採取肯定見解，認為約定利息、違約金及契約的約定是否以登記為必要。但是，現行法第八百六十一條基於以下理由，刪除行政院版草案第二項：

A. 借貸通常會約定利息，對第三人不會有不測損害。

B. 目前登記實務抵押權的利息和違約金的登記效果不彰，均填「依各契約約定」。

C. 德國、瑞士、日本與英美等英語系國家立法例也不以約定利息經登記者為限，才納入擔保範圍。此一修正違背國際法制潮流。❹

D. 如為銀行實務合理的違約金，對第三人不會有不測損害。

行政院版的立法理由認為該項增訂是貫徹物權公示效力，以保障交易安全。然而物權公示僅用來保護交易安全，所謂貫徹物權公示效力，不知所為何事，而保護交易安全僅在避免善意第三人受到不測損害，如果債權人於交易時並未就債權以抵押物為擔保有合理期待，即不影響交易安全。無擔保債權人本不應對已設定抵押權的抵押物可擔保其債權一事產生期待，而且債權一般都以有利息為原則，遲延則有遲延利息，後次序的抵押權人應有此預期，對於合理預期內的事，就無不測可言，利息超過五年才有不測可言。因此，通過條文將行政院版草案第二項刪除，將行政院版草案第三項改列為第二項，而契約另有訂定可以優先受償的部分，因難以預期，故可能對後次序抵押權人造成不測損害，應解釋為非經登記不得對抗善意並無重大過失的後次序抵押權人，即足以保護交易安全。

通過條文將行政院版草案第二項刪除，因而約定利息、違約金和契約的約定不以登記為優先受償的要件，即未登記前即具有物權效力，均為抵押權效力所及。❺然而，法務部於立法理由中竟認為「至原債權乃抵押權

❹　參閱劉宗榮，《法務部民法研究修正委員會物權編研究修正小組會議資料（抵押權部分）彙編㈦》，頁 169、172–173，1992 年 10 月。

成立之要件，且為貫徹公示效力，以保障交易安全，連同其利息、違約金均應辦理登記，始生物權效力。」顯然是以事後補充的立法理由，試圖變更立法院通過條文的意旨，當然不具拘束力。土地登記規則也增訂第一百十一條之一規定：「申請普通抵押權設定登記時，登記機關應於登記簿記明擔保債權之金額、種類及範圍；契約書訂有利息、遲延利息之利率、違約金或其他擔保範圍之約定者，登記機關亦應於登記簿記明之。」實務也仍有採取以登記為必要的見解，應加以留意。不過，學界及最高法院實務見解，也有採取與本書相同的見解，認為抵押權擔保效力，當然及於約定利息、遲延利息、違約金，不以登記為必要。❻

第二款　抵押權標的物的範圍

抵押權的效力除及於抵押物本身外，尚及於下列標的物：

一、從物及從權利

抵押權的效力，及於抵押物的從物及從權利（民八六二 I）。抵押物的從物，如在抵押權設定前已存在的從物，無論動產或不動產均為抵押標的物的範圍。而於抵押權設定後才增加的從物是否為抵押權效力所及則有爭論：❼

㈠肯定說

為貫徹民法第六十八條的立法意旨，使主物與從物得同歸於一人，符

---

❺　謝哲勝，〈民法物權編（擔保物權）修正簡介與評析〉，《台灣本土法學雜誌》，第 93 期，頁 74、75、77，2007 年 4 月。謝哲勝，〈抵押權所擔保債權的範圍〉，《月旦法學教室》，第 109 期，頁 15–17，2011 年 11 月。

❻　參閱王澤鑑，《民法物權》，頁 473，自版，2010 年 6 月增訂 2 版；最高法院 98 年度臺上字第 1594 號判決：「民法第八百六十一條規定，抵押權所擔保者為原債權、利息、遲延利息、違約金及實行抵押權之費用，但契約另有約定者，不在此限。亦即除非另有特別排除之約定，否則抵押權擔保效力，當然及於利息、遲延利息、違約金，不以登記為必要。」

❼　臺灣高等法院暨所屬法院 92 年法律座談會民事類提案第 11 號。

合工商社會的需求。

(二)否定說

抵押權人於設定抵押權時並不存在此從物，所以之後增加的部分不應為抵押權效力所及，以符合公平。

(三)折衷說

採折衷說的學者也有不同的方式，有認為動產為抵押權效力所及而不動產則不及；也有學者認為應比照民法第八百七十七條的規定，對於所有從物得以併付拍賣，但增加部分所賣得的價金無優先受償的權利。

本書認為，就此爭議，民法物權編修正已加以解決，第八百六十二條第一項規定：「抵押權之效力，及於抵押物之從物與從權利。」第二項規定：「第三人於抵押權設定前，就從物取得之權利，不受前項規定之影響。」第三項規定：「以建築物為抵押者，其附加於該建築物而不具獨立性之部分，亦為抵押權效力所及。但其附加部分為獨立之物，如係於抵押權設定後附加者，準用第八百七十七條之規定。」

由此規定精神可知，無論於抵押權設定前後，附加於抵押的建築物而不具獨立性的部分，均為抵押權效力所及。但其附加部分為獨立的物，如係於抵押權設定後附加者，準用民法第八百七十七條的規定，得聲請法院將該建物及其附加物併付拍賣，但就附加物賣得價金，無優先受清償的權利。

而第八百六十二條之一更規定：「抵押物滅失之殘餘物，仍為抵押權效力所及。抵押物之成分非依物之通常用法而分離成為獨立之動產者，亦同。前項情形，抵押權人得請求占有該殘餘物或動產，並依質權之規定，行使其權利。」使抵押權的效力，及於毀損滅失的殘餘物和分離的動產，加強抵押權的擔保功能。本條規定原則上是抵押物的原有成分，與第八百八十一條的規定則是代位物不同，代位物是毀損滅失得受的賠償或其他利益，並非抵押物的原有成分。

二、抵押物被扣押後的天然孳息

第八百六十三條規定:「抵押權之效力,及於抵押物扣押後自抵押物分離,而得由抵押人收取之天然孳息。」目的在規定抵押權人就「扣押後由抵押物分離的天然孳息」有優先受清償的權利。抵押權設定後,於同一抵押物得設定地上權或成立其他權利,故土地上的天然孳息收取權人未必為抵押人,則抵押物扣押後,由抵押物分離時,如抵押人無收取權者,抵押權的效力,自不及於該分離的天然孳息。至於在抵押權設定前,抵押物上已設定地上權或成立其他權利者,其天然孳息為抵押權效力所不及,乃屬當然。

三、抵押物扣押後的法定孳息

抵押權設定後,抵押物的法定孳息仍由抵押物所有人收取,但民法第八百六十四條規定:「抵押權之效力,及於抵押物扣押後抵押人就抵押物得收取之法定孳息」,其立法理由與第八百六十三條相同,然而該條但書規定「但抵押權人,非以扣押抵押物之事情,通知應清償法定孳息之義務人,不得與之對抗」。法定孳息的義務人,如因不知扣押抵押物的事情,而仍向抵押人清償,仍發生清償的效力,因此,抵押權人必須即時通知法定孳息的義務人,才能確保抵押權的效力及於此一法定孳息。

四、抵押物滅失得受的賠償金

民法第八百八十一條第一項規定:「抵押權除法律另有規定外,因抵押物滅失而消滅。但抵押人因滅失得受賠償或其他利益者,不在此限。」故因抵押物滅失得受的賠償金,包括侵權行為的損害賠償金、抵押物被徵收的補償金……等,亦為抵押權效力所及,抵押權人得就該賠償金優先受清償。由此可知,此情況抵押權範圍所及者並不只限於狹義的賠償金,所以學者通常稱為抵押權的代位性(物上代位性、代物擔保性)。

第二項　抵押權對抵押人的效力

第一款　抵押人的權利

一、使用收益抵押物

抵押權設定後，抵押人仍得就抵押物為使用收益，抵押的不動產不需移轉占有，但扣押後的天然孳息及法定孳息為抵押權效力所及，不得收取。

二、處分抵押物

處分可分為事實上處分及法律上處分兩種。抵押物設定抵押權後，抵押人得就抵押物在不影響抵押物價值的範圍內，為事實上處分（例如於為抵押物的基地上建築房屋）外，尚得為法律上處分：

㈠得以抵押物為標的物設定他順位的抵押權

不動產所有人，因擔保數債權，得就同一不動產設定數抵押權，其抵押權的優先次序依登記的先後（民八六五）。抵押權為擔保物權，可針對同一抵押物為重複抵押權的設定而均有相容性，無排他效力，而其受償的效力，原則上以成立的先後為準。

㈡得以抵押物為標的物設定用益物權或出租

1.意　義

民法第八百六十六條規定：「不動產所有人設定抵押權後，於同一不動產上，得設定地上權或其他以使用收益為目的之物權，或成立租賃關係。但其抵押權不因此而受影響。前項情形，抵押權人實行抵押權受影響者，法院得除去該權利或終止該租賃關係後拍賣之。不動產所有人設定抵押權後，於同一不動產上，成立第一項以外之權利者，準用前項之規定。」故抵押權設定後，抵押人仍得以抵押物設定地上權、不動產役權、農育權、典權或出租。

2.民法第八百六十六條與併附拍賣

民法第八百六十六條修正前條文第一項但書「但其抵押權不因此而受影響」的解釋，學者間意見不一，有認為仍得追及供抵押的不動產而行使抵押權；有認為如因設定他種權利的結果而影響抵押權的賣價，他種權利歸於消滅。實務見解認為第八百六十六條所謂抵押權不受影響，即指如受有影響時，法院得除去權利加以拍賣。[18] 修正條文將此實務見解納入，將第八百六十六條第二項規定為：「前項情形，抵押權人實行抵押權受有影響者，法院得除去該權利或終止該租賃關係後拍賣之。……」此一見解適用的結果，使合法設定的權利，因所有人無法清償債務而遭到剝奪，更使合法建築物變成無權占有，而可能遭到拆除的命運，[19] 糟蹋社會有用資源，實在荒謬，因此，實務見解之後認為此時應是將土地和建築物併付拍賣，[20] 而非拆除第三人營造的建築物。因而該條文修正理由第二點後段增加第一次草案修法理由所無的文字：「……又上述之權利雖經除去，但在抵押之不動產上，如有地上權等用益物權人或經其同意使用之人之建築物者，就該建築物則應依第八百七十七條第二項規定辦理併付拍賣，併予敘明。」即採上述實務見解中的後者見解，遵循此一修正理由的意旨，即可免於拆屋還地的厄運，已注意到第三人權利的保護。

配合第八百六十六條第二項規定的立法理由，增訂第八百七十七條第二項，將該條修正為第一項規定：「土地所有人於設定抵押權後，在抵押之土地上營造建築物者，抵押權人於必要時，得於強制執行程序中聲請將其建築物與土地併付拍賣。但對於建築物之價金，無優先受清償之權。」第二項規定：「前項規定，於第八百六十六條第二項及第三項之情形，如抵押之不動產上，有該權利人或經其同意使用之人之建築物者，準用之。」依照目前實務見解，抵押權人實行抵押權受有影響者，法院得除去之後設定的

---

[18] 74 臺抗字第 227 號判例；86 臺抗字第 160 號判決。

[19] 參閱謝在全，《民法物權論（中）》，自版，頁 482，2004 年 8 月增訂 3 版，也認為用益權若消滅，可能房屋難逃拆除的命運。

[20] 86 臺抗字第 588 號判例。

權利，本條第二項規定即用來避免原有權占有的建築物，面臨拆屋還地的厄運。

　　然而，即使依條文文義，建築物可以免於拆除，但用益物權或其他權利仍然遭到除去，將原來合法的權利，不論其影響抵押權所擔保的債權範圍的多寡，一概加以除去，顯然有逾越必要限度、過分保護抵押權人之虞，剝奪之後設定的權利。抵押權是擔保物權，並不支配標的物，也無排他性，只是對於標的物的價值有優先受償的效力。所謂抵押權不受影響，應指優先受償金額不受影響，而並非當然指可以除去之前設定的權利。解釋上，抵押權人實行抵押權，如因之後設定的權利而受有影響時，應是抵押權人得將之後設定的權利併付拍賣，並使抵押權人受償的金額，不低於抵押物除去後成立權利的價額，而拍賣總額如有剩餘，即應交給之後設定的權利人權利應有的價額，如再有剩餘再交給所有人，才符合抵押權人、抵押人和第三人利益總和的極大，即達成國家社會福祉的極大，而與公益無違。[21]

　　因此，第八百六十六條第二項將來應再修正為：「……前項情形，抵押權人實行抵押權受有影響者，抵押權人於必要時，得將該權利和其上之建築物併付拍賣，但抵押權人優先受償之權利，僅及於不動產未有該權利和其上之建築物者之價額。前項情形，如拍賣後土地和建築物為不同人所有，視為已有地上權之設定，其地租由當事人定之，不能協議時，得聲請法院定之。……」[22]第八百六十六條第二項條文違反憲法第二十三條，基於惡法非法，法官有超越法條文義解釋適用法律的權限，本書認為應依目的性限縮，依本書的見解加以判決，對於之後設定的權利和建築物，都可以併付拍賣的方式加以處理，而非不顧他人權利地除去合法存在的權利。

3.與土地法第一百零四條優先購買權的爭議問題

　　土地法第一百零四條優先購買權的立法目的在於使土地資源能有效率

---

[21]　詳參謝哲勝，〈民法第 866 條與土地法第 104 條的優先購買權〉，《台灣法學雜誌》，第 249 期，頁 155，2014 年 6 月。

[22]　參閱謝哲勝，〈抵押權設定後其他權利的設定〉，《月旦法學教室》，第 41 期，頁 10–11，2006 年 3 月。

使用，促使土地與建築物所有人同一。❷有爭議的問題是，若地上權或以使用收益為目的的物權或租賃關係已遭除去或終止時，該權利人是否得主張土地法第一百零四條的優先購買權？

(1)否定見解

對此問題採取否定見解者認為，第一、土地法第一百零四條第一項之優先購買權，既係以地上權為基礎，地上權除去後，應買人拍定之效力，即不應受到基於地上權而生之優先購買權影響，故依民法第八百六十六條除權拍賣的情形下，遭除去權利之人即不得再主張優先購買權。第二、民法物權編修正草案初稿條文，原於第八百六十六條第四項規定：「依前二項除去權利而為拍賣者，基於該權利而得使用土地之建築物所有人，對於土地有依同樣條件優先承買之權。」然而，在參考實務界的運作情形及相關學說見解後，就調和抵押權人與用益權人利益的立法政策上，立法者認為關於抵押權的保護，其重要性更優於成立於其後的用益物權，為避免抵押物的交換價值因優先購買權而受影響，所以有意不賦予用益權人優先購買權。第三、土地法第一百零四條第一項關於優先購買權規定的立法目的，旨在使建物與其坐落基地的所有權同歸一人，以簡化法律關係，減少紛爭，充分發揮土地的利用價值；而依民法第八百七十七條第二項規定併付拍賣的情形，拍定後建物及基地的所有權本即歸屬同一拍定人，已符合土地法第一百零四條第一項的立法目的，此時應無再賦予地上權人即建物所有權人優先購買權的必要。❷

(2)肯定見解

對此問題採取肯定見解者認為，第一、地上權雖因有礙抵押權人實行

---

❷ 此相同立法規範亦存在於民法第 426 條之 2。基於此立法目的，土地法第 104 條優先購買權的要件解釋上，須就土地上已存在定著物為限，否則現基地承租人、地上權人即非土地真正的積極使用人，並未對土地為有效率使用，不必賦予優先購買權，可參照最高法院 65 年臺上字第 530 號民事判例、最高法院 100 年度臺上字第 802 號判決。

❷ 參閱臺灣高等法院暨所屬法院 100 年法律座談會民執類提案第 6 號討論意見的甲說。相同見解，最高法院 100 年度臺上字第 802 號民事判決。

其權利，而遭除去，拍定時，地上權登記未經塗銷，而未消滅，地上權人優先承買，無損抵押權人的利益，亦可避免基地與建物分歸不同人所有，形成複雜法律關係。所以地上權雖經法院以執行命令除去，但尚未塗銷之前，仍得依土地法第一百零四條第一項規定優先承買。第二、一般設定地上權時，地上權人均需支付相當對價予土地所有人，如應買人拍定而不准地上權人主張優先承買，其設定之地上權於拍定後即會遭受塗銷，且併付拍賣後建物的價金雖應返還予建物所有人，但一般拍賣的價格通常較市價為低，建物所有人所得取回的價金，可能與建物真實價值並不相當，如認地上權人不得優先承買，將對地上權人的財產權造成重大侵害。如此，將妨害第三人對已設定抵押權空地的使用意願，對促進土地利用及社會經濟發展並無助益。第三、地上權人為土地現使用人，由其繼續使用最符經濟效益，且可免去執行法院點交之繁，由其優先承買，抵押權人受償的權利亦未受影響，所以仍以准其優先承買為宜。❷❺

(3)本書見解

　　本書對於上述否定見解的三點理由，原則上贊同，但就第二點應予補充。在調和不同權利人利益的立法政策上，先成立權利的保護，原則上應優先於後成立的權利，對於意定物權間的優先效力，更是如此。抵押權成立在先，抵押權人行使抵押權，拍定人取得抵押權人的權利，因而拍定人的權利應如同抵押權人的權利而受保護。如賦予後成立的用益權人可以行使優先購買權，等於讓後成立的用益權人的權利優於拍定人，其結果形同讓後成立的用益權人的權利優於先成立的抵押，此結果當然違反民法第八百六十六條的立法意旨。

　　肯定見解的第一點理由，忽視民法第八百六十六條的立法目的是為了避免後成立的用益權影響抵押權的行使，因而不具有說服力。其次，就「併付拍賣的結果會導致拍賣的價格通常較市價為低，建物所有人所得取回的價金，可能與建物真實價值並不相當」一點，本文認為併付拍賣時，拍賣

---

❷❺　參閱臺灣高等法院暨所屬法院 100 年法律座談會民執類提案第 6 號討論意見的乙說。

總價是應買人最重要的考量，土地和建築物分別估定的價格，並不影響應買人的決定，因而並不會造成建物拍賣價格較低，此種認知牴觸了民法第八百七十七條第二項的修法意旨，使得該法的功能無法彰顯，因為可以想見的是，在多數民法第八百七十七條第二項併付拍賣的情形下，都存在土地法第一百零四條第一項優先購買的情形。最後一點，雖有其理由，即房地所有人合一的觀點，但如上所述，本文認為此時應考量在不過度保障抵押權人的權利的情形下應先考量併付拍賣該用益權，即便如此仍有影響到抵押權人的情形時，解釋上應將土地、房屋與該權利併付拍賣，仍可達到房地所有人合一，而無須承認用益權人的優先購買權；如果地上權人是最有效率的使用人，將不會坐視其權利及房屋被併付拍賣，而會以第三人清償方式，清償抵押權所擔保的債權，而取得基地的所有權；如被併付拍賣時，因考量將因拍賣而喪失對基地權利及建物所有權，而有權利變換過程的成本，也將願意以較高價格購買，而不必賦予優先購買權。

　　綜上，於地上權的存在對抵押權的行使有影響時，如先併付拍賣該地上權，將土地形同無地上權狀態拍賣也可達到同一效果，則並無必要除去地上權而為拍賣；如土地與地上權併付拍賣，拍賣總價金仍無法清償抵押權所擔保的債權，此時即與除去該權利而拍賣的結果相同，併付拍賣該地上權並非侵害較小的手段，採除去該權利而拍賣的作法，即為必要手段；此時仍有影響到抵押權人的情形時，即適用民法第八百七十七條第二項的規定使建物併付拍賣，此時保護了抵押權人，也達到土地法第一百零四條的立法目的，因而無須賦予優先購買權。而若抵押權人聲請拍賣時，法院未因聲請或職權除去地上權，也未將地上權併附拍賣，表示地上權的存在不影響抵押權的行使，地上權人於符合土地法第一百零四條的要件時仍有優先購買權。❷❻

㈢得將抵押物讓與第三人

　　抵押物所有人於設定抵押權後，得將該抵押物讓與第三人，其抵押權

---

❷❻　以上參閱謝哲勝，〈民法第 866 條與土地法第 104 條的優先購買權〉，《台灣法學雜誌》，第 249 期，頁 157–158，2014 年 6 月。

不因此而受影響（民八六七），抵押權仍追及其物的所在而存在，得依民法第八百七十三條規定，聲請法院拍賣而就價金優先受償。

三、代位權發生

民法第八百七十九條的規定：「為債務人設定抵押權的第三人，代為清償債務，或因抵押權人實行抵押權致失抵押物的所有權時，該第三人於其清償的限度內，承受債權人對於債務人的債權。但不得有害於債權人的利益。」所以在抵押權人對債務人的債權，於受清償範圍限度內，移轉於該為債務人設定抵押權的第三人，所以此規定實際為物上保證人的代位權。

第二款　抵押人的義務

依民法第八百七十一條規定：「抵押人之行為，足使抵押物之價值減少者，抵押權人得請求停止其行為。如有急迫之情事，抵押權人得自為必要之保全處分。因前項請求或處分所生之費用，由抵押人負擔。其受償次序優先於各抵押權所擔保之債權。」故抵押人有防止抵押物價值減少的義務。

此外，抵押物價值減少時需有補救的義務，因此民法第八百七十二條規定：「抵押物之價值因可歸責於抵押人之事由致減少時，抵押權人得定相當期限，請求抵押人回復抵押物之原狀，或提出與減少價額相當之擔保。抵押人不於前項所定期限內，履行抵押權人之請求時，抵押權人得定相當期限請求債務人提出與減少價額相當之擔保。屆期不提出者，抵押權人得請求清償其債權。抵押人為債務人時，抵押權人得不再為前項請求，逕行請求清償其債權。抵押物之價值因不可歸責於抵押人之事由致減少者，抵押權人僅於抵押人因此所受利益之限度內，請求提出擔保。」

第三項　抵押權對於抵押權人的效力

權利與義務通常為一體兩面，所以就債權人的觀點，其權利通常為債務人的義務，所以前項關於抵押人的義務，則可能為抵押權人的權利。分述如下：

第一款　抵押權的保全

一、抵押物價值減少的防止

依民法第八百七十一條規定：「抵押人之行為，足使抵押物之價值減少者，抵押權人得請求停止其行為。如有急迫之情事，抵押權人得自為必要之保全處分。因前項請求或處分所生之費用，由抵押人負擔。其受償次序優先於各抵押權所擔保之債權。」

關於抵押權保全中的防止抵押標的物價值減少規定的適用要件可以分析如下：

㈠須為抵押人的行為：不論故意或過失，也不論作為或不作為，均包括在內。

㈡需足使抵押物的價值減少：只需抵押物的價值有減少的可能即可，又可能的價值減少，不以足以造成致抵押物拍賣的價款不足清償所擔保的債權為必要。

㈢原則上抵押權人僅可以請求停止行為，急迫時才得為必要的保全處分。

㈣請求或處分所生的費用，由抵押人負擔。此費用為抵押權所擔保範圍。

㈤受償次序優先於各抵押權所擔保的債權。

保全抵押權所生的費用，不僅保全抵押權人的抵押權，也保全抵押人的財產，對其他債權人也是有利。所以，其受償次序優先於各抵押權所擔保的債權。

二、抵押物價值減少的補救

第八百七十二條規定：「抵押物之價值因可歸責於抵押人之事由致減少時，抵押權人得定相當期限，請求抵押人回復抵押物之原狀，或提出與減少價額相當之擔保。抵押人不於前項所定期限內，履行抵押權人之請求時，

抵押權人得定相當期限請求債務人提出與減少價額相當之擔保。屆期不提出者，抵押權人得請求清償其債權。抵押人為債務人時，抵押權人得不再為前項請求，逕行請求清償其債權。抵押物之價值因不可歸責於抵押人之事由致減少者，抵押權人僅於抵押人因此所受利益之限度內，請求提出擔保。」本條的規定即可周延地保障抵押權人的利益並兼顧債務人的利益。

三、物上請求權

民法第七百六十七條物上請求權的規定在抵押權受侵害時得否適用，修法前實務及學說有爭議，說明如下：

㈠抵押權準用物上請求權的爭論

民法物權編修正前，只有在第七百五十七、八百五十八、九百六十二條有明文規定「物權請求權」或「物上請求權」，關於「物權請求權」和「物上請求權」二名詞是否相同，抵押權可否準用物上請求權，曾有爭論，探討如下：

1. 「物權請求權」和「物上請求權」名稱的異同

關於「物權請求權」和「物上請求權」是否有區別，❷⑦有學者認為二者不同，認為前者僅指「物權」的請求權，不包括非物權的占有的請求權，因而不包括民法第九百六十二條的規定，而後者指以占有為前提而對於物上的請求權，二者範圍不同。雖然修法理由說明未觸及此一爭論，但從民法第七百六十七條第二項增訂的文字看來，此一爭論似乎已經定調，物權都有「物權請求權」，不占有標的物的物權，也可以主張此一請求權，其結果，與民法第九百六十二條的規定，並無本質上的區別。

基於可以主張物上請求權的人，必為物上的權利人，物上的權利人，如擺脫物權法定主義以及公示與物權相結合的束縛，則即是物權人，因此，「物權請求權」和「物上請求權」並無區別的必要。

---

❷⑦　參閱李太正，〈物上請求權與物權請求權名稱之辨正〉，《民法物權爭議問題研究》，蘇永欽主編，頁 49–57，五南圖書，1999 年 1 月。

2.否定見解

否定見解認為，就抵押權而言，對於抵押人的行為，足使抵押物的價值減少者，第八百七十一和八百七十二條已有救濟方法；如第三人有侵奪、妨礙的行為，抵押人不依第七百六十七條的規定行使其請求權，則係債務人（指債務人兼抵押人者而言）怠於行使權利，債權人即抵押權人得依第二百四十二條規定，代位債務人行使第七百六十七條所定各種請求權，而達保全自己抵押權的目的，無準用第七百六十七條的必要。❷❽

3.肯定見解

肯定見解認為，物權請求權是對於侵害物權或有侵害之虞的救濟方法，此種救濟方法，於所有權以外的物權，也有行使的必要。❷❾

4.本書見解

第八百七十一和八百七十二條的規定是對於抵押人的行為的救濟方法；如第三人有侵奪、妨礙的行為，抵押人不依第七百六十七條的規定行使其請求權，當債務人為抵押人時，債權人即抵押權人固然得依第二百四十二條規定，代位債務人行使第七百六十七條所定各種請求權，而達保全自己抵押權的目的，無準用第七百六十七條的必要。

然而，當抵押人並非債務人時，除非認為可以類推適用，債權人並無法直接適用第二百四十二條規定，代位債務人行使第七百六十七條所定各種請求權，因而即有準用第七百六十七條的必要。❸⓿

㈡抵押權準用返還請求權的爭論

民法物權編修正討論過程中，雖然早已定調所有權以外的物權，可以準用物上請求權，但對於不占有抵押物的抵押權，可否準用返還請求權，❸❶

---

❷❽　參閱姚瑞光，《民法物權論》，頁 58，自版，1983 年 11 月。

❷❾　參閱民法第 767 條第 2 項增訂理由說明。

❸⓿　請參閱謝哲勝，〈抵押物返還請求權〉，《月旦法學教室》，第 103 期，頁 12–13，2011 年 5 月。

❸❶　參閱謝在全，〈抵押權物上請求權之研究〉，《台灣本土法學雜誌》，第 22 期，頁 1–19，2001 年 5 月。

則一直到修法過程後期才定調，針對修法過程中的討論探討如下：

1.否定見解

　　否定見解認為抵押權是不占有標的物的物權，只就物的交換價值優先受債權的清償，而不能主張占有抵押物，因此關於物上請求權的準用，只及於妨害除去和妨害預防請求權的部分，而不及於返還請求權。

2.肯定見解

　　肯定見解認為抵押權人固然通常不占有標的物，而不得主張返還請求權。然而，當抵押人怠於占有抵押物，而抵押人又非債務人時，如抵押權人可行使除去妨害請求權，但無法行使返還請求權而占有抵押物，而抵押人又怠於占有，將使同一無權占有人或他人有機可趁，於抵押權人行使除去妨害請求權後，再度無權占有抵押物，影響抵押權人拍賣抵押物受完全清償，因此，抵押權人可以行使返還請求權，就有實益。

3.本書見解

　　除非認為抵押人並非債務人時，抵押權人得類推適用民法第二百四十二條的規定，代位行使抵押人的返還請求權，而能避免抵押人怠於占有抵押物而使他人無權占有抵押物，影響抵押權人拍賣抵押物受完全清償，否則，應承認抵押權人可以行使返還請求權。

　　民法第七百六十七條第二項的增訂條文，並未明文排除抵押權的返還請求權，對照理由說明，也無意排除，應係採此見解。❸❷

第二款　抵押權的處分

　　抵押權為擔保物權，為財產權的一種，不具有一身專屬性，可以自由處分。其情形有以下幾種：

---

❸❷　詳參謝哲勝，〈抵押物返還請求權〉，《月旦法學教室》，第 103 期，頁 13，2011 年 5 月。

一、抵押權人得將抵押權與該抵押權所擔保的債權一併讓與第三人

抵押權視為非專屬性的財產權,可以自由轉讓,但因為其是擔保物權而具從屬性(民八七○),所以抵押權必須與債權一同處分。

二、抵押權人得將抵押權與該抵押權所擔保的債權一併為權利質權的標的

因為抵押權從屬性的本質,不得由債權分離而為其他債權的擔保,所以抵押權不得單獨為其他債權設定擔保,但可以連同債權一併為其他債權的擔保標的,設定附隨抵押權的債權質權(民九○○)。

三、抵押權人得將抵押權拋棄

解釋上,權利人可自由拋棄其財產權,但若有害第三人的利益時,應不可任意拋棄。因此,如無對他人不利的情形,抵押權人可以自由拋棄抵押權,不必向抵押人為意思表示,也不須經抵押人的同意。

第三款 抵押權的實行

抵押權的實行指債權已屆清償期,而未受清償時,抵押權人得就抵押物取償而言。抵押權的實行方法有採拍賣方法,也有採拍賣以外的方法,分述如下:

一、拍 賣

抵押權人於債權已屆清償期而未受清償者,得聲請法院拍賣抵押物,就其賣得價金而受清償(民八七三),故拍賣為實行抵押權的主要方法,而此屬非訟事件。又民法第八百七十三條之二規定:「抵押權人實行抵押權者,該不動產上之抵押權,因抵押物之拍賣而消滅。前項情形,抵押權所擔保之債權有未屆清償期者,於抵押物拍賣得受清償之範圍內,視為到期。

抵押權所擔保之債權未定清償期或清償期尚未屆至，而拍定人或承受抵押物之債權人聲明願在拍定或承受之抵押物價額範圍內清償債務，經抵押權人同意者，不適用前二項之規定。」

㈠拍賣的聲請

拍賣的聲請，應先聲請抵押標的物所在地的法院為准許拍賣的裁定（強制執行法四Ⅰ㈤、非訟事件法七二），然後以該裁定聲請法院的民事執行處為查封拍賣。

至於拍賣的性質，有公法行為說與私法行為說的爭議，實務上向來採私法行為說，認為此為買賣行為的一種，以債務人為出賣人，執行法院只是代表債務人立於出賣人的地位。

㈡共同抵押物的拍賣

在拍賣共同抵押物時，相關規定如下：

1.抵押權人可自由選擇為原則

在拍賣標的物範圍中，民法第八百七十五條有關於共同抵押的特殊規定：「為同一債權之擔保，於數不動產上設定抵押權，而未限定各個不動產所負擔之金額者，抵押權人得就各個不動產賣得之價金，受債權全部或一部之清償。」因而抵押權人原則上可以自由選擇標的物拍賣，同時或先後拍賣，受債權全部或一部的清償。

2.同時拍賣的情形

⑴抵押物中有為債務人所有者，抵押權人應先就該抵押物賣得的價金受償

現行法第八百七十五條之一規定：「為同一債權之擔保，於數不動產上設定抵押權，抵押物全部或部分同時拍賣時，拍賣之抵押物中有為債務人所有者，抵押權人應先就該抵押物賣得之價金受償。」因為在抵押權人請求就數抵押物或全部抵押物同時拍賣時，如拍賣的抵押物中有為債務人所有者，為期減少物上保證人的求償問題，而又不影響抵押權人的受償利益，應使抵押權人先就債務人所有而供擔保的抵押物賣得價金受償。

⑵抵押權人對各抵押物受償金額依各抵押物的分擔金額

A. 各抵押物的內部分擔金額

共同物上保證人都不是主債務人，雖非負終局清償責任的人，但如負終局清償責任的主債務人無資力，此一風險就必須由共同物上保證人共同吸收。民法第八百七十五條之二規定：「為同一債權之擔保，於數不動產上設定抵押權者，各抵押物對債權分擔之金額，依下列規定計算之：一、未限定各個不動產所負擔之金額時，依各抵押物價值之比例。二、已限定各個不動產所負擔之金額時，依各抵押物所限定負擔金額之比例。三、僅限定部分不動產所負擔之金額時，依各抵押物所限定負擔金額與未限定負擔金額之各抵押物價值之比例。計算前項第二款、第三款分擔金額時，各抵押物所限定負擔金額較抵押物價值為高者，以抵押物之價值為準。」分別詳細規定為同一債權擔保，而於數不動產上設定抵押權各抵押物對債權分擔的金額計算方式與標準。❸❸

(A) 未限定各個抵押標的物所負擔的金額時

為同一債權的擔保於數標的物上設定抵押權，如當事人未以特約限定各抵押標的物所負擔的金額時，依各抵押物價值的比例，決定各抵押物內部對債權分擔金額。

(B) 已限定各個抵押標的物所負擔的金額時

如當事人以特約限定各抵押標的物所負擔的金額時，依各抵押物所限定負擔金額的比例，決定各抵押物內部對債權分擔金額。

(C) 僅限定部分抵押標的物所負擔的金額時

如當事人特約僅限定部分抵押標的物所負擔的金額時，依各抵押物所限定負擔金額與未限定負擔金額的各抵押物價值的比例，決定各抵押物內部對債權分擔金額。

(D) 各抵押物所限定負擔金額較抵押物價值為高者

如當事人以特約限定各抵押標的物所負擔的金額時，是為了物上保證人的利益，僅就限定負擔金額內負有限責任，有別於未約定時，物上保證

---

❸❸　參閱謝哲勝，〈共同物上保證人的分擔責任〉，《台灣法學雜誌》，第 196 期，頁 147–148，2012 年 3 月。

人須就抵押物的價值負有限責任。物上保證人既僅就抵押物的價值負有限責任，無須另提出其他財產清償擔保的債務，則抵押物所限定負擔金額較抵押物價值為高時，此約定對債權人和抵押人間就毫無意義。就物上保證人而言，不限定負擔金額須就抵押物全部價值負責，限定負擔金額必然是對其有利，因而限定負擔金額必然約定低於抵押物的價值，也才有實益。

然而擔保物價值會增減，約定限定負擔金額時，該金額低於抵押物價值，但實行抵押權人，可能因為抵押物貶值，該金額低於抵押物價值，以抵押物的價值限度內負擔保責任既是物上保證的本旨，則當限定負擔金額高於抵押物價值時，物上保證人也是以抵押物的價值對債權人負責。因此，各抵押物所限定負擔金額較抵押物價值為高者，以抵押物的價值為準。

B. 同時拍賣時各抵押人的外部清償責任

民法第八百七十五條之二本是對各抵押物的內部分擔金額的規定，未必影響各抵押人對抵押權人所負的責任，然而，為公平並避免物上保證人間相互求償，第八百七十五條之三規定在同時拍賣時，此一內部分擔金額的規定，即限制了抵押權人對各抵押物主張受償的金額。民法第八百七十五條之三規定：「為同一債權之擔保，於數不動產上設定抵押權者，在抵押物全部或部分同時拍賣，而其賣得價金超過所擔保之債權額時，經拍賣之各抵押物對債權分擔金額之計算，準用前條之規定。」修法理由提到：例如甲對乙負有六百萬元之債務，由丙、丁、戊分別提供其所有之 A、B、C 三筆土地設定抵押權於乙，共同擔保上開債權，而均未限定各個不動產所負擔之金額。嗣甲逾期未能清償，乙遂聲請對 A、B 二地同時拍賣，A 地拍賣所得價金為五百萬元，B 地拍賣所得價金為三百萬元，於此情形，A 地、B 地對債權分擔之金額，應準用第八百七十五條之二第一項第一款之規定計算之，故 A 地對債權之分擔金額為三百七十五萬元 (= 600 × [500 ÷ (500 + 300)])，B 地對債權之分擔金額則為二百二十五萬元 (= 600 × [300 ÷ (500 + 300)])。拍賣抵押物之執行法院，自應按此金額清償擔保債權。又上例中，如分別限定 A、B、C 三筆土地所負擔之金額為三百萬元、二百萬元、一百萬元，乙聲請對 A、B 二地同時拍賣，A 地拍賣所得價金為五百

萬元，B 地拍賣所得價金為三百萬元，於此情形，A 地、B 地對債權分擔之金額，則應準用第八百七十五條之二第一項第二款前段之規定計算之，故 A 地對債權之分擔金額為三百萬元，B 地對債權之分擔金額為二百萬元，則 A 地和 B 地就此次同時拍賣分別負 60% 和 40% 的責任，因而乙應就 A 地拍賣所得五百萬元部分受三百六十萬元的清償，就 B 地拍賣所得三百萬元部分受二百四十萬元的清償。

又上述第一例中，A、B 抵押物賣得價金清償債權額均已逾其分擔額（民八七五之二 I(1)參照），此際丙、丁對 C 抵押物可行使第八百七十五條之四第一款所定的權利，自屬當然。

3.分別拍賣的情形

民法第八百七十五條之四規定：「為同一債權之擔保，於數不動產上設定抵押權者，在各抵押物分別拍賣時，適用下列規定：一、經拍賣之抵押物為債務人以外之第三人所有，而抵押權人就該抵押物賣得價金受償之債權額超過其分擔額時，該抵押物所有人就超過分擔額之範圍內，得請求其餘未拍賣之其他第三人償還其供擔保抵押物應分擔之部分，並對該第三人之抵押物，以其分擔額為限，承受抵押權人之權利。但不得有害於該抵押權人之利益。二、經拍賣之抵押物為同一人所有，而抵押權人就該抵押物賣得價金受償之債權額超過其分擔額時，該抵押物之後次序抵押權人就超過分擔額之範圍內，對其餘未拍賣之同一人供擔保之抵押物，承受實行抵押權人之權利。但不得有害於該抵押權人之利益。」該條規定說明如下：

(1)分別拍賣時每一抵押人都就抵押物價值或限定負擔金額內負全部清償責任

共同抵押人以抵押物的價值或限定負擔金額為限，對抵押權人負全部清償責任，類似連帶債務人，因此，抵押權人可以選擇分別拍賣，而先就某抵押物拍賣所得，受債權全部或一部的清償。

(2)先被拍賣或代為清償的抵押物所有人可以行使求償權和代位權

民法第八百七十九條之四第一款針對各抵押物分別拍賣時定有內部求償權及代位權，此部分請參閱本節第四項三。

⑶經拍賣和未拍賣的抵押物為同一人所有時經拍賣抵押物後次序抵押權人的保護

同一人提供抵押物，可能均為債務人或均為第三人提供。如同時拍賣，抵押權人依各抵押物的分擔金額受償，則後次序抵押權人在前次序抵押權分擔金額以外的金額，即有受償可能。

如抵押權人就經拍賣抵押物賣得價金受償的債權額超過其分擔額時，則就該抵押物而言，即剝奪了該抵押物的後次序抵押權人就超過分擔額部分原可期待的受償可能性，雖然抵押權人對共同抵押物的受償權不能因某一抵押物有後次序抵押權而受影響，但為了保護後次序抵押權人原有優先受償的期待，因而使經拍賣抵押物後次序抵押權人就超過分擔額的範圍內，對其餘未拍賣的同一人供擔保的抵押物，承受實行抵押權人的權利。即後次序抵押權人可以承受先次序抵押權人的抵押權，而可以代位行使先次序抵押權人對未拍賣抵押物的抵押權。

㈢法定地上權

民法第八百七十六條第一項規定：「設定抵押權時，土地及其土地上之建築物，同屬於一人所有，而僅以土地或僅以建築物為抵押者，於抵押物拍賣時，視為已有地上權之設定，其地租、期間及範圍由當事人協議定之。不能協議者，得聲請法院以判決定之。」第二項規定：「設定抵押權時，土地及其土地上之建築物，同屬於一人所有，而以土地及建築物為抵押者，如經拍賣，其土地與建築物之拍定人各異時，適用前項之規定。」此即法定地上權的規定。

此一規定其實並不妥當，理由如下：

民法第八百七十六條明訂「設定抵押權時」，土地及其土地上的建築物，同屬於一人所有，才有第八百七十六條法定抵押權的適用，然而又增訂第八百三十八條之一，又不限於「設定抵押權時」，土地及其土地上的建築物，同屬於一人所有，所以，此一修正等於先限縮第八百七十六條法定抵押權的適用範圍，然後再為無法適用第八百七十六條的規定者，增訂第八百三十八條之一，以避免規範上的疏漏，等於將一個條文可以周延規範

的事物，硬是拆成兩個條文來規範。本書建議將第八百七十六條規定為：「土地及其建築物同屬於一人所有，因讓與或拍賣，而為不同人所有時，視為已有地上權之設定，其地租、期間及範圍由當事人協議定之，不能協議者，得聲請法院定之。」即可包括目前第八百七十六條、第四百二十五條之一及第八百三十八條之一的規範。

基於基地租賃可以登記為地上權，因而分別規定並無實益，[34]雖然此種重複性的條文，除了增加條文的總量而提高相關文件的重製成本和增加學生學習的負擔外，也無太大的壞處。

(四)併付拍賣

1.意　義

民法第八百七十七條的規定：「土地所有人於設定抵押權後，在抵押之土地上營造建築物者，抵押權人於必要時，得於強制執行程序中聲請法院將其建築物與土地併付拍賣。但對於建築物之價金，無優先受清償之權。前項規定，於第八百六十六條第二項及第三項之情形，如抵押之不動產上，有該權利人或經其同意使用之人之建築物者，準用之。」此為營造建築物併付拍賣的規定。[35]

依條文文義可知，土地所有人於設定抵押權後，於同一土地設定地上權給他人，地上權建築房屋的情形，抵押權人即不得聲請法院拆屋後拍賣，而只能聲請併付拍賣。另外，在以建築物為抵押，而於抵押權設定後有附

---

[34] 參閱謝哲勝，〈租賃的推定〉，《財產法專題研究㈤》，頁 209，翰蘆圖書，2006年 5 月；吳光明，〈地上權之探討——修正草案簡介與評析〉，《台灣財產法暨經濟法研究協會 2006 年 9 月大陸學術訪問團「民商法」論文集》，頁 102。

[35] 79 年度臺上字第 1834 號判決：「物與系爭土地既同屬於一人所有，而僅以土地設定抵押權，如地上建築物具相當之經濟價值，若於拆除，將影響社會經濟者，縱於拍賣抵押物以前，地上建築物已移轉為他人所有，致拍賣抵押物時，土地與地上建築物已非同屬一人所有，揆諸民法第八百七十六條第一項規定之立法意旨，在使拍賣抵押物之結果，土地與建築物分屬二人以上時，建築物所有人與土地所有人間之權利義務互有依循，一方面避免土地價格低落，一方面避免拆除地上建築物。應認該條項規定於本件情形仍有適用。」

加於建築物的獨立之物的情形，依第八百六十二條第三項但書準用第八百七十七條，抵押權人可聲請將建築物與附加於建築物的獨立之物併付拍賣。

　　第八百七十七條之一規定：「以建築物設定抵押權者，於法院拍賣抵押物時，其抵押物存在所必要之權利得讓與者，應併付拍賣。但抵押權人對於該權利賣得之價金，無優先受清償之權。」因為土地與建築物固為各別的不動產，各得單獨為交易的標的，但建築物性質上不能與土地使用權分離而存在，所以建築物設定抵押權，於抵押物拍賣時，其抵押物對土地存在所必要的權利得讓與者，如地上權、租賃權等，應併付拍賣，以避免土地權利人和建築物權利人無法達成協議所產生的困境。

　2.處分一體性原則與民法第八百七十七條併付拍賣的爭議問題

　　民法第七百九十九條第五項處分一體性原則與第八百七十七條二者在適用上似乎不生任何的衝突，然而在特殊情形時，如承攬人依第五百十三條所生的法定抵押權，僅對於建築物存在時，❸❻之後經由拍賣而導致土地與建築物所有人將來可能易主的情形下，是否有第八百七十七條第一項的適用即有爭議。

　　自第八百七十七條的文義而言，似乎無法得出得對土地併付拍賣的結論，然而從第七百九十九條第五項的規定來看，基於專有部分與共有部分必須併為處分，既然要拍賣專有部分，而共有部分的基地權利的應有部分又不能分離而為移轉，因此併付拍賣即為自然的結果，兼顧了債務人兼抵押人、債權人兼抵押權人及拍定人的權利。自抵押人而言，區分所有權的建築物部分被拍賣後，就基地已無使用的必要，如未併付拍賣，建築物拍賣價格過低，對他並不利，如債權人未受完全清償，也會再次拍賣基地應有部分；對於抵押權人而言，如不能直接併付拍賣，建築物拍賣價格假如過低，也要再次拍賣基地應有部分；又自拍定人而言，參與拍賣的誘因在於拍定的建築物對於坐落的土地上有合法的占有權利，如不併付拍賣，徒

---

❸❻　最高法院 87 年度第 2 次民事庭會議：「承攬人承攬之工作既為房屋建築，其就承攬關係所生之債權，僅對『房屋』部分始有法定抵押權。至房屋之基地，因非屬承攬之工作物，自不包括在內。」

增風險，將影響其拍賣的意願。因此本文認為，於此情形拍定人得主張就區分所有權的建築物部分和基地應有部分併付拍賣，但抵押權人不得就土地所賣得部分價金主張優先受償。❸

㈤拍賣後的效果

1.對抵押權人的效果

強制執行拍賣程序後取得價金，對於抵押權人而言，其抵押權消滅，❸ 而得對於賣得價金為分配：

價金分配次序如下：

⑴強制執行的費用，包括取得執行名義的費用

強制執行法第二十九條有明文規定。

⑵土地增值稅、地價稅、房屋稅及法院、行政執行處執行拍賣或變賣貨物應課徵之營業稅等優先權

稅捐稽徵法第六條第二項，對於土地增值稅、地價稅、房屋稅之徵收及法院、行政執行處執行拍賣或變賣貨物應課徵之營業稅，優先於抵押權所擔保的債權，有明文規定，並無疑問。

然而其他具有優先權的債權，包括職工福利金（職工福利金條例九）、工資（勞基二八）、重整債務（公司三一二），基於立法政策和目的，解釋上，原則上都應優先於抵押權所擔保的債權，但目前實務見解只對於法律

---

❸　詳參謝哲勝，〈專有部分與共有部分併為處分〉，《月旦法學教室》，第 137 期，頁 13–14，2014 年 3 月。

❸　抵押權人聲請拍賣抵押物，因抵押物的對價分配而受全部清償時，其債權與抵押權自然隨之消滅。但一抵押物上有數抵押權存在，其他抵押權是否因其中一抵押物的拍賣而消滅，應依強制執行法第 34 條的規定而適用。

　　民法也已增訂第 873 條之 2 第 1 項規定：「抵押權人實行抵押權者，該不動產上之抵押權，因抵押物之拍賣而消滅。」第 2 項規定：「前項情形，抵押權所擔保之債權有未屆清償期者，於抵押物拍賣得受清償之範圍內，視為到期。」第 3 項規定：「抵押權所擔保之債權未定清償期或清償期尚未屆至，而拍定人或承受抵押物之債權人聲明願在拍定或承受之抵押物價額範圍內清償債務，經抵押權人同意者，不適用前二項之規定。」

明文規定優先於抵押權的優先權，例如土地增值稅、地價稅、房屋稅，承認具有優先於抵押權所擔保的債權受償的效力。但例如修正前的勞基法第二十八條規定的工資優先權，條文明訂工資未滿六個月部分「有最優先受清償之權」，從文義來看無法得出該工資優先權受償順序仍在抵押權所擔保的債權之後，從公平觀點，保護勞工最基本的生存條件來看，也是立法者對勞工的最基本保障，從效率觀點，勞工付出勞力，才有雇主的產品和服務的產出，讓勞工確保分享部分的成果，有利於勞工安心地工作，因此，從文義、公平和效率觀點，都應認為勞工工資未滿六個月的部分，優先於抵押權所擔保的債權而受償。❸現行勞基法第二十八條則規定，其受償順序與第一順位抵押權所擔保之債權相同，並按其債權比例受清償。

⑶抵押權所擔保的債權

第八百七十四條規定：「抵押物賣得之價金，除法律另有規定外，按各抵押權成立之次序分配之。其次序相同者，依債權額比例分配之。」明確規定同時存在數抵押權時，各抵押權所擔保的債權的受償順序和比例。

⑷稅捐稽徵法第六條第一項規定的稅捐

稅捐稽徵法第六條第一項規定：「稅捐之徵收，優先於普通債權。」❹

⑸普通債權

普通債權最後受清償，而順序是依債權比例平等受償。

2.對抵押人的效果

拍賣對於抵押人的效果包括：若抵押物為債務人所有，則抵押物因拍賣而移轉其所有權，所以其抵押物所有權歸於消滅。而若賣得的價金仍無法清償所有債權額時，對於債務未清償部分仍須負責。抵押物若為第三人所提供的物上保證，若因拍賣致抵押物所有權移轉，則發生民法第八百七

❸　參閱黃健彰，〈工資優先權〉，《財產法暨經濟法》，第 15 期，頁 214–224，2008 年 9 月。

❹　關於稅捐優先權的分類及其與抵押權間的次序，參閱黃健彰，〈稅捐優先權的分類及其與抵押權間的次序〉，《財產法暨經濟法》，第 23 期，頁 97–132，2010 年 9 月。

十九條對於債務人代位權的問題。**❹**

　　3.對拍定人的效果

　　拍賣對於拍定人的效果，除拍定人因拍賣程序取得標的物所有權外，也可能因為此一拍賣程序取得民法第八百七十六條的法定地上權。

二、拍賣以外的方法

　　抵押權人於債權清償期後，得訂立契約，取得抵押物的所有權，或用拍賣以外的方法處分抵押物，但有害於其他抵押權人的利益者，不在此限（民八七八）。第八百七十三條流押契約禁止的條文已刪除，因而以拍賣以外的方法實行抵押權，其主要方法有：

㈠流押條件成就

　　抵押權設定契約，約定於債權已屆清償期而未為清償時，抵押物的所有權移轉於抵押權人者，學者稱為流押契約（流抵、流質契約）。民法物權編關於流押契約的效力有重大的修正，以下先敘述修法過程的爭議，然後再說明修法後的解釋適用。

　　1.修法過程的爭議

　　行政院草案第八百七十三條之一原規定：「約定於債權已屆清償期而未為清償時，抵押物之所有權移屬於抵押權人者，其約定無效。但約定抵押權人負有清算義務者，不在此限。抵押權人依前項但書規定，請求抵押人為抵押物所有權之移轉時，抵押物價值超過擔保債權部分，應返還抵押人；不足清償擔保債權者，仍得請求債務人清償。抵押人在抵押物所有權移轉於抵押權人前，得清償抵押權擔保之債權，以消滅該抵押權。第一項但書之約定，非經登記，不得對抗第三人。」

　　此一規定將流押契約規定為原則無效，例外有效，並不妥當，理由如下：

　　⑴債務人責任和擔保制度是息息相關的，債務人的清償義務，在有擔

---

❹　「為債務人設定抵押權之第三人，代為清償債務時，固得依關於保證之規定，對於債務人有求償權。但不得據此即謂第三人有代價債務之責。」（23 年上字第 3201 號判例）

保制度下，經由妥當的設計，可以達到雙方權利義務的平衡，因而流押契約並非當然對債務人不利。流押契約是否對債務人不利，必須與債務人的責任合併觀察，當債務人負無限責任，移屬於債權人所有的抵押物的價值如高於債權總額，而債權人又無償還超過擔保債權部分金額的義務時，對債務人確有不利，但也並非即有必要規定流押契約為無效；當債務人負物的有限責任，則是賦予債務人清償或流押的選擇，債務人如選擇流押，則通常是符合債務人的利益。流押契約禁止的立法意旨以偏概全，並不合理，因而實務見解在禁止流押同時又承認讓與擔保，無法貫徹立法意旨，而且實務見解也互相矛盾，驗證了禁止流押契約的不合理，故應採流押契約自由原則。❷至於流押契約如有顯失公平或情事變更情形，則得由當事人一方聲請法院宣告其無效或加以變更。

(2)英美等英語系各國、法國、日本、義大利、蒙古、越南、阿爾及利亞、衣索比亞等絕大多數國家都採流押契約自由原則，因此，流押契約禁止明顯違反國際潮流。

現行法第八百七十三條之一規定為：「約定於債權已屆清償期而未為清償時，抵押物之所有權移屬於抵押權人者，非經登記，不得對抗第三人。抵押權人請求抵押人為抵押物所有權之移轉時，抵押物價值超過擔保債權部分，應返還抵押人；不足清償擔保債權者，仍得請求債務人清償。抵押人在抵押物所有權移轉於抵押權人前，得清償抵押權擔保之債權，以消滅該抵押權。」此為對行政院草案根本的變更，流押契約採完全自由原則，如果有人仍以該條文通過前的思維，解釋適用本條，不僅誤解本條的立法意旨，更明顯違背國際潮流。

2.修法後的解釋適用

該條是針對舊法第八百七十三條第二項所為的修正，既然承認流押契約禁止禁不起檢驗，應採私法自治原則，所以對該條也要基此精神加以解釋。增訂說明提到：「按於抵押權設定時或擔保債權屆清償期前，約定債權

---

❷　謝哲勝，〈流質（押）契約自由與限制〉，《財產法專題研究㈤》，頁 195–196，翰蘆圖書，2006 年 5 月。

已屆清償期，而債務人不為清償時，抵押物之所有權移屬於抵押權人者，須經登記，始能成為抵押權之物權內容，發生物權效力，而足以對抗第三人，爰增訂第一項規定。」顯然是誤解登記對抗的精神。

首先從法條文義看，不論是修法前或修法後文字，都使用「移屬」，而非「移轉」，「屬」是指「權屬」，即所有權，「移屬」即所有權變動，而第二、三項的「移轉」，對照有意區別的「移屬」一詞，應該指稱「移轉登記」。因此，抵押權人和抵押人如有約定「於債權已屆清償期而未為清償時，抵押物之所有權移屬於抵押權人」，於該條件成就，抵押物所有權即歸抵押權人所有，但為了保護第三人免於不測損害，因而此一流押的約定，非經登記不得對抗善意且無重大過失的第三人。所謂「非經登記，不得對抗第三人」，應指流押契約未登記前即已發生物權效力，只是此一物權效力，不得對善意且無重大過失的第三人主張。況且，流押條款本是為了減少抵押權實行的成本，如果流押條件成就抵押權人無法立即取得所有權，而仍須藉由另次請求（甚至訴訟）才能讓債權人取得所有權，顯然違反流押自由的立法意旨，也違反當事人訂定流押條款以減少抵押權實行成本的本意。

擔保物權需要迅速可行的實行制度，清算義務是否會延滯其實行、增加成本，仍值深思。❸因此，本書認為第二項則可以約定排除。

第三項「抵押人在抵押物所有權移轉於抵押權人前，得清償抵押權擔保之債權，以消滅該抵押權。」解釋上，應認為雖然於該條件成就，抵押物所有權即歸抵押權人所有，但是抵押權人所取得抵押物的所有權，是源自於抵押權的效力，在抵押物所有權移轉登記於抵押權人前，特別給予抵押人最後機會可以清償債務而回復其所有權，抵押權人並非要等到所有權移轉登記完畢後，才取得抵押物所有權。❹

---

❸ 參閱黃健彰，〈流擔保契約應否禁止——兼評民法物權編第二次修正草案相關規定〉，《台灣本土法學雜誌》，第 83 期，頁 40，2006 年 6 月。類似質疑，鄭冠宇，〈動產質權修正之再建議〉，《台灣本土法學雜誌》，第 74 期，頁 86–87，2005 年 9 月。

❹ 參閱謝哲勝，〈請求塗銷後順序附有流押條款的抵押權設定登記〉，《台灣本土

㈡訂立契約取得抵押物所有權（民八七八）

如無流押約款，清償期屆至後，抵押權人也可以與抵押人訂立契約，取得抵押物所有權以代清償。

㈢其他處分方法（民八七八）

抵押人與抵押權人亦得以其他方法，處分抵押物，例如代為尋找買主，共同將抵押物出賣與該買主，以其價金充作清償。但不得有害於其他抵押權人的利益。

第四項　代位與求償

債務人以外的第三人，以其不動產設定抵押權予債權人，稱為物上保證人。物上保證人並非主債務人，係以抵押物對其擔保的債權範圍負有限責任，就物上保證人和主債務人之間而言，負終局清償責任的人是主債務人，物上保證人並非對債務負終局清償責任的人。因此，就物上保證人和主債務人之間的分擔責任，是由主債務人負全部的責任。❹物上保證人對債務人有代位權（民八七九）和求償權（民一七六、五四六），代位權和此求償權是請求權競合的關係，但須注意二者請求的金額不一定相同，分述如下：

一、代位權

物上保證人就債權人（抵押權人）與債務人的債權債務而言，為一利害關係人，債務人是否清償，與物上保證人所有的抵押物是否被拍賣息息相關，民法第三百十一條規定：「債之清償，得由第三人為之。但當事人另有訂定或依債之性質不得由第三人清償者，不在此限。第三人之清償，債務人有異議時，債權人得拒絕其清償，但第三人就債之履行有利害關係者，債權人不得拒絕。」因此，物上保證人得主動清償，債權人有接受清償的

法學雜誌》，第 182 期，頁 99，2011 年 8 月。

❹　謝哲勝，〈共同物上保證人的分擔責任〉，《台灣法學雜誌》，第 196 期，頁 147，2012 年 3 月。

義務。無論物上保證人代位清償，或是抵押權人實行抵押權致物上保證人喪失抵押物所有權，物上保證人除得依債務人與物上保證人間的法律關係（委任或無因管理）行使求償權外，尚得依民法第三百十二條或第八百七十九條規定，向債務人行使代位權。然而物上保證人只就抵押物負物的擔保責任，並無就債務負清償的責任，因此抵押權人於清償期屆至不獲清償，固得就抵押物實行抵押權，但不得向物上保證人請求清償債務。

民法第八百七十九條第一項規定：「為債務人設定抵押權之第三人，代為清償債務，或因抵押權人實行抵押權致失抵押物之所有權時，該第三人於其清償之限度內，承受債權人對於債務人之債權。但不得有害於債權人之利益。」物上保證人所有的抵押物因實行抵押權而被拍賣等，等於以物上保證人的財產清償債務人對債權人的債務，因此明文規定使其行使代位權。

第二項規定：「債務人如有保證人時，保證人應分擔之部分，依保證人應負之履行責任與抵押物之價值或限定之金額比例定之。抵押物之擔保債權額少於抵押物之價值者，應以該債權額為準。」第三項規定：「前項情形，抵押人就超過其分擔額之範圍，得請求保證人償還其應分擔部分。」將人保和物保的內部分擔明文規定，可免爭議，而將物保的責任分擔兼採抵押物限定擔保的金額比例，相對於第一次草案單純以抵押物的價值為決定依據，更符合公平原則，值得贊同。❹

第八百七十九條之一並規定：「第三人為債務人設定抵押權時，如債權人免除保證人的保證責任者，於前條第二項保證人應分擔部分的限度內，該部分抵押權消滅。」因為保證人和物上保證人的資力和對債務擔保負擔的期待並無本質上的區別，因而應公平地保護保證人和物上保證人。

二、求償權

㈠依契約

債務人與物上保證人間的內部法律關係，如有契約，則為委任，物上

---

❹　關於人保和物保的關係，參閱黃健彰，〈保證人、物上擔保人與第三取得人之責任優先問題研究〉，《萬國法律》，第 144 期，頁 106–118，2005 年 12 月。

保證人可依民法第五百四十六條行使求償權。

(二)依法律規定

債務人與物上保證人間如無契約，則為無因管理，物上保證人可依民法第一百七十六條行使求償權。

三、共同物上保證人間的關係

(一)連帶債務人的求償權

債權人可以選擇就一個不動產或數個不動產、同時或先後就各個不動產賣得的價金，受債權全部或一部的清償。共同物上保證人，彼此間以抵押物負連帶責任，雖有學者認為，物上保證人是「有責任無債務」（無債法上的義務），共同物上保證人並非連帶債務人。然而，權利和義務是相對的，有權利必有救濟，救濟的方式，就是強制他人履行其義務或負其責任。抵押權人對共同物上保證人享有就抵押物擔保的權利，則共同物上保證人即有容忍的義務，有義務不履行會有責任，而有責任當然也要負責（與履行義務無異），所謂連帶清償責任，即是一種法律上的義務，法律上的義務為廣義的債務，因此，連帶責任與連帶債務並無區別。共同物上保證人的連帶責任，一般以各抵押物金額為限，但當事人另有約定時，則應以契約限定的各不動產所負擔的金額為限。❹

依民法第二百八十一條第一項規定，連帶債務中的一人，因清償或其他行為，致他債務人同免責任者，該債務人得向他債務人請求償還各自分擔之部分，尚包括自免責時起之利息，此為連帶債務人的「求償權」。依實務見解，致同免責任，須清償逾分擔部分始可請求。❹ 同條第二項規定：「前項情形，求償權人於求償範圍內，承受債權人之權利。但不得有害債權人之利益。」此即連帶債務人之代位權，又稱承受權，故求償權人於求償範圍內有代位權。求償權係新生權利，對於原債權的擔保，求償權人均無法主張，然

---

❹ 謝哲勝，〈共同物上保證人的分擔責任〉，《台灣法學雜誌》，第 196 期，頁 147，2012 年 3 月。

❹ 最高法院 77 年度臺上字第 403 號民事判決。

而代位權既是繼受債權人的權利而來，故可主張原債權的擔保。

　　共同物上保證人間對於債權人而言，從共同物上保證人共同負責債務的全部清償，此即為連帶債務。因此，共同物上保證人間也是連帶債務人，因清償或其他行為，致他債務人同免責任者，該共同物上保證人得向他共同物上保證人請求償還各自分擔的部分。

㈡共同物上保證人的求償權

　　物上保證人向債權人為清償，將發生民法第三百十一條第三人清償的效力。依民法第三百十二條，清償人於其清償限度內得承受債權人的權利，民法第八百七十九條第一項本文也規定：「為債務人設定抵押權之第三人，代為清償債務，或因抵押權人實行抵押權致失抵押物之所有權時，該第三人於其清償之限度內，承受債權人對於債務人之債權」。

　　物上保證人行使「代位權」，即可行使原債權人的權利，如原債權有保證或物上保證等擔保權利，代位權人也可行使此一擔保權利，則代位權人即得向保證人請求代負履行責任或行使其擔保物權。但此一代位權的規定，並未明訂共同物上保證人之一，可以向其他共同物上保證人請求的金額，解釋上仍有疑義。

　　為了公平起見，不使某一抵押人因為抵押物先被拍賣而承擔超過其分擔額的責任，因而抵押權人就該抵押物賣得價金受償的債權額超過其分擔額時，該抵押物所有人就超過分擔額之範圍內，得請求其餘未拍賣之其他第三人償還其供擔保抵押物應分擔之部分，並對該第三人之抵押物，以其分擔額為限，承受抵押權人之權利。前一權利為求償權，後一權利是代位債權人地位，行使原屬債權人的債權，因此，稱為代位權為宜。

　　民法第八百七十五條之四對此即有規定內部求償權及代位權，然而僅針對各抵押物分別拍賣時，並未提及物上保證人代為清償時的情形。基於物上保證人代為清償或債權人拍賣抵押物取償，同生債權相對消滅的效果，本得由物上保證人立於原債權人的地位行使其權利，只是第八百七十九條未明訂分擔責任而已。為避免循環求償，因此，求償金額可以類推適用民法第八百七十五條之四第一款的規定，共同物上保證人之一，因其行為致

其他共同物上保證人同免責任，僅於超過其分擔額部分，可以向其他共同物上保證人行使求償權及代位權。❹

四、保證人和物上保證人的關係

對於同一債權同時有人保與物保為債權的擔保時，則其相互間的關係如何，修法前有許多爭議，修法後都已解決。

㈠內部關係

第八百七十九條第二項規定：「債務人如有保證人時，保證人應分擔之部分，依保證人應負之履行責任與抵押物之價值或限定之金額比例定之。抵押物之擔保債權額少於抵押物之價值者，應以該債權額為準。」第三項規定：「前項情形，抵押人就超過其分擔額之範圍，得請求保證人償還其應分擔部分。」分別規定了物保和人保的分擔額，以及求償的規定。如人保和物保各為一人，解釋上並無疑義，雖然物保和人保可以主張第八百七十九條和第七百四十九條的代位權，物保和人保都只能向他方請求超過其分擔額的部分。

有疑義的情形是在物保兼為人保，或人保或物保一方有多數人的情形。實務見解有認為「抵押人兼為連帶保證人者，因連帶保證人係以其全部財產對債權人負人的無限責任，已包含為同一債務設定抵押權之抵押物，故僅須負單一之分擔責任，始為公平。」❺

本書則採「物保兼人保者，應以雙重身分，分別負物保、人保之應分擔義務。申言之，於多數人擔保同一債務時，1.如均為人保，則適用債編有關保證及連帶債務人之規定定相互間之分擔義務；2.如均為物保，則適用民法第八百七十五條之二至四計算各別應分擔之債權金額；3.如其中有人保兼物保者，則先適用民法第八百七十九條第二項定人保、物保之分擔部分，全體人保再適用債編有關保證及連帶債務人之規定定相互間之分擔

---

❹　謝哲勝，〈共同物上保證人的分擔責任〉，《台灣法學雜誌》，第 196 期，頁 149，2012 年 3 月。

❺　最高法院 99 年度臺再字第 59 號民事判決。

義務，全體物保則適用民法第八百七十五條之二至四計算各別應分擔之債權金額。」此一見解，確實不但可使全體保人（包括人保及物保）間的責任分明、公平合理，並且能對各該抵押物後次序抵押權的設定或其權益，有較客觀透明的衡量標準與保障，而有利於經濟交易的發展與安全。❺

(二)外部關係

保證人方面，依保證人應負的履行責任而定；物上保證人與抵押權人如有限定擔保金額，則以該限定金額，否則，物上保證人負物的有限責任。

另外，基於物上保證人和保證人間具有不真正連帶債務的性質，因此民法第七百五十一條規定：「債權人拋棄為其債權擔保之物權者，保證人就債權人所拋棄權利之限度內，免其責任。」第八百七十九條之一規定：「第三人為債務人設定抵押權時，如債權人免除保證人之保證責任者，於前條第二項保證人應分擔部分之限度內，該部分抵押權消滅。」

第四節　抵押權的消滅

抵押權的消滅原因主要如下：

一、主債權消滅

抵押權為從權利，其所擔保的債權消滅，則抵押權也消滅。而此處主債權的消滅包括清償、提存、抵銷、混同、免除等民法所規定的消滅事由。

二、除斥期間屆滿

第一百四十五條規定：「以抵押權、質權或留置權擔保之請求權，雖經時效消滅，債權人仍得就其抵押物、質物或留置物取償。……」但第八百八十條則規定：「以抵押權擔保之債權，其請求權已因時效而消滅，如抵押權人於消滅時效完成後，五年間不實行其抵押權者，其抵押權消滅。」抵

---

❺　參閱張劍男，〈保證人、物上保證人內部分擔初探〉，《司法周刊》，1509 期，頁 3，2010 年 9 月；謝哲勝，〈人保與物保的分擔責任〉，《法令月刊》，第 63 卷 3 期，頁 7-8，2012 年 3 月。

押權擔保的債權如已因時效而消滅，而抵押權人於消滅時效完成後，又經五年不實行其抵押權，則權利狀態將無法確定，因此，應使抵押權歸於消滅，以確定抵押物歸屬的秩序，此為第八百八十條規定的理由，但該條的規定並非認為有抵押權擔保的請求權，其時效期間較十五年為長（五三年臺上字第一三九一號判例）。

三、抵押權的實行

抵押權人一旦實行其抵押權，無論其債權是否全部受清償，其抵押權均歸消滅。

四、抵押物滅失

第八百八十一條規定：「抵押權除法律另有規定外，因抵押物滅失而消滅。但抵押人因滅失得受賠償或其他利益者，不在此限。抵押權人對於前項抵押人所得行使之賠償或其他請求權有權利質權，其次序與原抵押權同。給付義務人因故意或重大過失向抵押人為給付者，對於抵押權人不生效力。抵押物因毀損而得受之賠償或其他利益，準用前三項之規定。」因此，抵押物滅失為抵押權消滅原因之一，但應注意以下三點：

　1.抵押物一部滅失，抵押權仍就所餘存部分繼續存在。

　2.擔保物雖滅失，然有確實的賠償義務人者，依民法第八百八十一條及第八百九十九條的規定，該擔保物權即移存於所得受的賠償金上，此即為擔保物權的物上代位性（五九年臺上字第三一三號判例）。

　3.抵押物全部或一部滅失時，抵押權雖因而消滅或減縮其範圍，但抵押權所擔保的債權，並不因而消滅或縮小其範圍（二二年上字第三八六六號判例）。

第五節　特殊抵押權

第一項　法定抵押權

指基於法律規定而生的抵押權，與普通抵押權是基於當事人合意設定不同。主要如民法第五百十三條規定的承攬人法定抵押權及第八百二十四條之一所定不動產協議分割或裁判分割應受補償人的法定抵押權。

一、承攬人法定抵押權❺❷

(一)法律規定

依民法第五百十三條規定：「承攬之工作為建築物或其他土地上之工作物，或為此等工作物之重大修繕者，承攬人得就承攬關係報酬額，對於其工作所附之定作人之不動產，請求定作人為抵押權之登記；或對於將來完成之定作人之不動產，請求預為抵押權之登記。前項請求，承攬人於開始工作前亦得為之。前二項之抵押權登記，如承攬契約已經公證者，承攬人得單獨申請之。第一項及第二項就修繕報酬所登記之抵押權，於工作物因修繕所增加之價值限度內，優先於成立在先之抵押權。」

此係八十八年四月二十一日修正通過的規定，與舊法不同之處在於，舊法只要屬於承攬關係所生債權均為擔保範圍，而現行法則僅限於承攬關係報酬額；舊法文字上直接取得法定抵押權，現行法則使用「請求為抵押

---

❺❷　至於承攬人抵押權的「從屬性」與「行使期間」，以及「抵押物之毀損可歸責於抵押人時，承攬人與意定抵押權人間之受償次序」，參閱黃健彰，〈承攬人抵押權爭議問題研究〉，《財產法暨經濟法》，第 25 期，頁 81–109，2011 年 3 月；再者，結構體以外之工作或非重大修繕得否適用承攬人抵押權規定，參閱黃健彰，〈結構體以外之工作或非重大修繕適用承攬人抵押權規定之探討〉，《民法研究會》，頁 1–26，臺北，民法研究基金會、臺北律師公會主辦，2012 年 3 月 31 日；另外，關於損害賠償是否為承攬人抵押權擔保債權，參閱黃健彰，〈損害賠償作為承攬人抵押權擔保債權之探討〉，《世新法學》，第 5 卷第 2 期，頁 323–363，2012 年 6 月。

權登記」字眼。

㈡修正理由

　　法定抵押權的發生，實務上容易致與定作人有授信往來的債權人，因不明該不動產法定抵押權的存在而受不測的損害，修正第一項為得由承攬人請求定作人會同為抵押權登記，則未登記前，抵押權即未必生效。另外，法定抵押權所擔保的債權限縮為承攬關係報酬額，對授信往來的債權人較為有利。

㈢評　析

　　法定抵押權是用來鼓勵創造價值的行為，使承攬人不必顧慮定作人的資力而從事營建修繕行為，因而賦予法定抵押權，此種規定因具有提供生產的誘因，符合效率；又因為工作物的價值是承攬人的工作所創造，使承攬人優先受償，也符合依貢獻而分配的公平理念。所以，使承攬人抵押權於行為完成時即發生效力，既符合公平及效率，也合於法定優先權符合法定要件即發生的法理，因此，毫無理由認為承攬人抵押權必須以登記為生效要件。就此而言，雖然民法第五百十三條條文文字變更，但解釋承攬人的抵押權仍應認為是法定抵押權，符合要件時即發生抵押權，請求登記只是用來對抗善意第三人。❺❸

㈣效　力

　　關於法定抵押權與意定抵押權競合時，如前所述，法定抵押權符合要件即已發生，原則上依成立的先後決定優先順序，但就修繕報酬所發生的法定抵押權，於工作物因修繕所增加的價值限度內，優先於成立在先的抵押權。

---

❺❸　參閱黃健彰，〈承攬人抵押權登記之效力——登記生效或登記對抗〉，《中原財經法學》，第 25 期，頁 113–159，2010 年 12 月。

(五)預先拋棄 ❺

1.可否預先拋棄

財產權以可以拋棄為原則，而承攬人的法定抵押權是一種法定擔保物權，也是財產權，除非為了保護權利人所必要，並無限制權利人拋棄的必要，因此，承攬人取得法定抵押權後，再行拋棄，原則上應為有效。

實務上常出現承攬人於報酬請求權尚未成立，法定抵押權尚未發生，就被要求拋棄法定抵押權，此種預先拋棄的情形是否有效，特別容易發生爭議。本書認為，財產權既以可以拋棄為原則，取得後拋棄與預先拋棄的結果相同，因此，本質上並無不同，所以，法定抵押權也應以可以預先拋棄為原則。

然而，就如同民法第二百四十七條之一為了保障締約地位的實質平等對契約自由的限制，如果從承攬契約全部條款內容、交易習慣及其他情事綜合判斷，認為對承攬人有顯失公平的情事，為了保護承攬人，則例外地認為此一拋棄無效。對於以定型化契約條款方式拋棄承攬人法定抵押權的情形，固然比較有締約資訊不平等的情形，而構成顯失公平，即使以個別磋商條款方式拋棄承攬人法定抵押權，如客觀上綜合判斷有顯失公平情事，仍可認為此一拋棄無效。

2.是否需向特定人為意思表示

法律規定應向特定人為意思表示的情形，並非僅是因為特定人會因為此意思表示而受影響，而是因為特定人會因為此一意思表示而受到負擔或不利益。在特定人會因為意思表示而受到利益時，要求意思表示人向特定人為意思表示，反而使意思表示難以生效，因此，在特定人會因為某一意思表示純受法律上利益，基於不違反意思表示人的真實意願以符合私法自治，也儘量符合該特定人的利益，應不必向該特定人為意思表示。

---

❺ 謝哲勝，〈承攬人法定抵押權的拋棄〉，《月旦法學教室》，第 61 期，頁 8–9，2007 年 11 月。亦請參閱黃健彰，〈台灣不動產工作優先權的理論與實務〉，《房地產法前沿》（北京大學房地產法研究中心編輯），第 1 卷第 2 輯，頁 109–115，中國法制出版社，2007 年 7 月。

　　在拋棄法定抵押權的情形，承攬人如在其自由意願公平地拋棄法定抵押權，使法定抵押權消滅符合承攬人的真實意願，定作人的不動產也同時免除抵押權的負擔，符合定作人的利益，因此，法定抵押權的拋棄不必向定作人為意思表示。

㈥次承攬人可否主張承攬人抵押權

　　有實務見解認為倘非承攬人與定作人的關係，則不能成立民法第五百十三條的法定抵押權。❺❺然而，承攬人抵押權是為了鼓勵承攬人施作工作物以創造價值，而賦予優先受償權（法定抵押權）以保護其所付出的勞力和支出的費用的償還，因而對於增加工作物價值有貢獻的行為人，都應可類推適用。因此，本書認為次承攬人也可類推適用民法第五百十三條，就其增加價值限度內，對工作所附的不動產，主張承攬人抵押權。❺❻

二、不動產協議分割或裁判分割應受補償人的法定抵押權

㈠法律規定

　　第八百二十四條第三項：「以原物為分配時，如共有人中有未受分配，或不能按其應有部分受分配者，得以金錢補償之」、第八百二十四條之一第四項：「前條第三項情形，如為不動產分割者，應受補償之共有人，就其補償金額，對於補償義務人所分得之不動產，有抵押權」、第八百二十四條之一第五項：「前項抵押權應於辦理共有物分割登記時，一併登記。其次序優先於第二項但書之抵押權。」❺❼

---

❺❺　臺灣高等法院 92 年度重上字第 156 號判決；最高法院 90 年度臺上字第 2445 號裁定。

❺❻　參閱謝哲勝、李金松，《工程契約理論與實務》，頁 702，臺灣財產法暨經濟法研究協會，2010 年 2 月；黃健彰，〈「次承攬人」作為民法第五一三條抵押權權利主體之探討──比較法上之分析〉，《東海大學法學研究》，第 33 期，頁 125–166，2010 年 12 月。

❺❼　謝哲勝，〈民法物權編修正草案（所有權章）綜合評析〉，《月旦法學雜誌》，第 146 期，頁 23，2007 年 7 月；黃健彰，〈特定優先權的類型〉，《中正法學集刊》，第 27 期，頁 45–46，2009 年 11 月。

㈡修正理由

為保障因不動產的協議分割或裁判分割而應受補償共有人的權益，增列應受補償人對於補償義務人的補償金債權，對補償義務人分得的不動產，有法定抵押權。此一法定抵押權，於辦理共有物分割登記時，由地政機關併予登記。其次序應優先於因共有物分割訴訟而移存於特定應有部分的抵押權，始足以確保應受金錢補償的共有人的利益。又不動產分割，應受補償者有多數人時，應按受補償金額比例登記為共有抵押權人。

㈢效　力

此一法定抵押權，其次序優先於因共有物分割訴訟而移存於特定應有部分的抵押權。

第二項　最高限額抵押權

一、意　義

最高限額抵押權，指債務人或第三人不移轉占有而提供其所有的不動產，與債權人設定在最高限額，擔保不特定債權的抵押權。故其具有不同於一般抵押權的特性，其對於不特定債權為擔保，而且有一預定最高額。

民法第八百八十一條之一規定：「稱最高限額抵押權者，謂債務人或第三人提供其不動產為擔保，就債權人對債務人一定範圍內之不特定債權，在最高限額內設定之抵押權。最高限額抵押權所擔保之債權，以由一定法律關係所生之債權或基於票據所生之權利為限。基於票據所生之權利，除本於與債務人間依前項一定法律關係取得者外，如抵押權人係於債務人已停止支付、開始清算程序，或依破產法有和解、破產之聲請或有公司重整之聲請，而仍受讓票據者，不屬最高限額抵押權所擔保之債權。但抵押權人不知其情事而受讓者，不在此限。」該條增訂理由提到：所謂一定法律關係，例如買賣、侵權行為等是。至於由一定法律關係所生之債權，當然包括現有及將來可能發生之債權，及因繼續性法律關係所生之債權，自不待言。

二、特　性

最高限額抵押權有以下特性，與普通抵押權明顯不同：

㈠擔保不特定債權

普通抵押權擔保特定債權，通常是已經發生；最高限額抵押權擔保不特定債權，但通常是尚未發生，而將來才會發生，因而才不特定。

㈡最高限額優先受償

普通抵押權所擔保的債權範圍內，包括本金、利息、遲延利息、違約金等，不論金額高低，都可以就抵押物優先受償；最高限額抵押權的抵押權擔保的債權範圍內，包括本金、利息、遲延利息、違約金、損害賠償等，在預定的最高金額限度內，才可以就抵押物優先受償。

㈢不從屬於特定債權

普通抵押權擔保特定債權，通常是已經發生，普通抵押權即從屬此一債權而移轉及消滅；最高限額抵押權擔保不特定債權，因債權通常是尚未發生，而將來才會發生，因而不特定，既然不特定，因而也無法從屬於特定債權。

民法第八百八十一條之一規定，最高限額抵押權擔保一定範圍內的不特定債權，一定範圍內指一定基礎法律關係內，因而最高限額抵押權可認為從屬於該一定基礎法律關係，而該基礎法律關係會有債權發生，也等於最高限額抵押權從屬於該一定基礎法律關係的債權全體，而不從屬於個別特定的債權。

最高限額抵押權擔保的不特定債權是否限於一定範圍內，其實是有爭議的，從私法自治和憲法第二十三條加以檢驗，此一限制當事人創設最高限額抵押權內容的規定，並不合理甚至不合法，大陸物權法第二百零三條對最高限額抵押權的規定，即不限於一定範圍內的不特定債權。

因此，解釋民法第八百八十一條之一規定，應從私法自治的原則從寬解釋一定範圍，只要是雙方當事人基於平等自願的締約方式，所約定的一定範圍，不論約定範圍的大小，牽涉法律關係的多寡，原則上應認為有效。

就此而言，保證債務和連帶保證債務，都可以作為最高限額抵押權所擔保的債權。❺⑧

三、設 定

最高限額抵押權設定契約，應就所擔保債權的債務人有所約定，而且須就擔保債權的範圍與最高限額予以約定。而當事人於設定最高限額抵押權時，常約定其存續期限，該期限將使抵押權因存續期限屆滿而使擔保的原債權歸於確定，足供為決定擔保債權範圍的標準，但此約定並非必要，如未約定，僅成為未定存續期限的最高限額抵押權，並不使該抵押權歸於無效。

另外，最高限額抵押權所擔保的債權，並非等到原債權歸於確定時，債務人才有清償的義務，當事人間可能會約定決算期，決算期就是債務人結清已發生的債權的期限，但決算期不等於原債權歸於確定的時點，因為債權可能繼續發生，而債務人只要清償每一決算期前發生的債權即可。

四、效 力

㈠擔保的債權範圍

第八百八十一條之二規定：「最高限額抵押權人就已確定之原債權，僅得於其約定之最高限額範圍內，行使其權利。前項債權之利息、遲延利息、違約金，與前項債權合計不逾最高限額範圍者，亦同。」基於債務不履行的損害賠償是原債權所衍生（轉換）的權利，原債權可以包括債務不履行的損害賠償，最高限額抵押權受償有最高限額的限制，將債務不履行的損害賠償納入最高限額抵押權所擔保的債權範圍內，也不影響交易安全，因此，解釋第八百八十一條之二時，仍應認為最高限額抵押權所擔保的債權，包括債務不履行的損害賠償。

該條增訂理由表示：「關於最高限額之約定額度，有債權最高限額及本金最高限額二說，目前實務上採債權最高限額說（最高法院七十五年十一

---

❺⑧　參閱謝哲勝，〈連帶保證債務作為最高限額抵押權所擔保的債權〉，《月旦法學教室》，第 114 期，頁 15–17，2012 年 4 月。

月二十五日第二十二次民事庭會議決議參照），觀諸外國立法例日本民法第三百九十八條之三第一項、德國民法第一千一百九十條第二項、我國動產擔保交易法第十六條第二項亦作相同之規定，本條爰仿之。於第二項規定前項債權之利息、遲延利息或違約金，與前項債權合計不逾最高限額範圍者，始得行使抵押權。又此項利息、遲延利息或違約金，不以前項債權已確定時所發生者為限。其於前項債權確定後始發生，但在最高限額範圍內者，亦包括在內，仍為抵押權效力所及。詳言之，於當事人依第八百八十一條之一第二項規定限定一定法律關係後，凡由該法律關係所生債權，均為擔保債權之範圍。直接所生，或與約定之法律關係有相當關連之債權，或是該法律關係交易過程中，通常所生之債權，亦足當之。例如約定擔保範圍係買賣關係所生債權，買賣價金乃直接自買賣關係所生，固屬擔保債權，其他如買賣標的物之登記費用、因價金而收受債務人所簽發或背書之票據所生之票款債權、買受人不履行債務所生之損害賠償請求權亦屬擔保債權，亦包括在內。」「至於實行抵押權之費用，依第八百八十一條之十七準用第八百六十一條之規定，亦為抵押權效力所及。因此，不論債權人聲請法院拍賣抵押物（強執二九），或依第八百七十八條而用拍賣以外之方法處分抵押物受償，因此所生之費用均得就變價所得之價金優先受償，惟不計入抵押權所擔保債權之最高限額，併予敘明。」

　　另外，作為登記簿附件的抵押權設定契約書所記載的債權，是否即為抵押權效力所及，存有爭議。最高法院八十四年臺上字第一九六七號判例：「抵押權所擔保之債權，其種類及範圍，屬於抵押權之內容，依法應經登記，始生物權之效力，但如因內容過於冗長，登記簿所列各欄篇幅不能容納記載，可以附件記載，作為登記簿之一部分。因此關於最高限額抵押權所擔保之債權，雖未記載於土地登記簿，然於聲請登記時提出之最高限額抵押權設定契約書，有該項債權之記載者，此契約書既作為登記簿之附件，自為抵押權效力所及。」因此，只要抵押權設定契約經附件登記，抵押權設定契約中載明的債權，當然在所擔保的債權範圍內。然而有學者認為，上開判例僅係遷就過去實務上擔保債權未予登記的情形，土地登記規則第一百十五條之

一第一項：「申請最高限額抵押權設定登記時，登記機關應於登記簿記明契約書所載之擔保債權範圍。」施行後，上開判例見解已無援用餘地。❺❾對此，本書認為，抵押權的設定契約既是雙方合意所形成，如無瑕疵，所記載關於抵押權人可以主張的事項，即為真正的權利，應為雙方所遵守，登記僅是為了保護交易安全，真正權利與交易安全的保護應取得平衡，二十八年院字第一九一九號及釋字第三四九號解釋意旨即表明不能在保護交易安全的必要限度外剝奪真正的權利，抵押權設定契約書作為登記簿附件，可以查閱，對第三人並無不測損害，足以保護交易安全，因此，作為登記簿附件的抵押權設定契約書所記載的債權為抵押權效力所及。❻⓿

㈡擔保債權範圍的變更

第八百八十一條之三規定：「原債權確定前，抵押權人與抵押人得約定變更第八百八十一條之一第二項所定債權之範圍或其債務人。前項變更無須得後次序抵押權人或其他利害關係人同意。」

抵押權本是為抵押權人的利益而設定，而抵押人是抵押物所有人，抵押權人與抵押人取得協議，當然可以變更債權的範圍或其債務人。在未變更最高限額的前提下，並不會損害後次序抵押權人或其他利害關係人的利益，因此，不必經過他們的同意。

㈢原債權確定前的債權讓與

最高限額抵押權本質上是從屬於一繼續性的法律關係，而非一特定的債權，所以有時會約定有存續期間，存續期間屆滿即是原債權確定的期日。

最高限額抵押權原債權確定前，已發生的擔保債權，得依債權讓與方法而為讓與，但該讓與後的債權，即脫離該抵押關係成為普通債權，抵押

---

❺❾ 謝在全，《民法物權論（下）》，頁 16，自版，2010 年 9 月。

❻⓿ 請參閱謝哲勝，〈抵押權設定契約書所記載的債權為抵押權效力所及——最高法院 101 年度台上字第 570 號民事判決評釋〉，《月旦裁判時報》，第 20 期，頁 29–32，2013 年 4 月；謝哲勝，〈抵押權設定契約書記載的效力與土地法三四條之一優先購買權行使的限制——最高法院 101 年度台上字第 1031 號民事判決評析〉，《月旦裁判時報》，第 27 期，頁 29–31，2014 年 6 月。

權並不隨同移轉於受讓人，此與普通債權具有處分上的從屬性不同，因最高限額抵押權從屬於基礎法律的原因關係，而非從屬於個別債權。

第八百八十一條之六規定：「最高限額抵押權所擔保之債權，於原債權確定前讓與他人者，其最高限額抵押權不隨同移轉。第三人為債務人清償債務者，亦同。最高限額抵押權所擔保之債權，於原債權確定前經第三人承擔其債務，而債務人免其責任者，抵押權人就該承擔之部分，不得行使最高限額抵押權。」

㈣最高限額抵押權的讓與

1.原債權確定前

最高限額抵押權於原債權確定前，僅得與其擔保債權所由生的基礎法律關係一併讓與，有民法第八百七十條的適用。

第八百八十一條之八第一項規定：「原債權確定前，抵押權人經抵押人之同意，得將最高限額抵押權之全部或分割其一部讓與他人。」第二項規定：「原債權確定前，抵押權人經抵押人之同意，得使他人成為最高限額抵押權之共有人。」增訂理由提到：最高限額抵押權具有一定獨立之經濟價值，且為因應金融資產證券化及債權管理之實務需求，並仿日本民法第三百九十八條之十二第一項規定，明定抵押權人於原債權確定前，經抵押人之同意，得單獨讓與最高限額抵押權，其方式有三：一為全部讓與他人，二為分割其一部讓與他人，三為得使他人成為該抵押權之共有人，爰於第一項明定前二種方式，第二項明定第三種方式。例如抵押人甲提供其所有之不動產設定最高限額抵押權一千萬元於抵押權人乙，嗣乙經甲同意將最高限額抵押權全部，或分割其一部即將最高限額抵押權四百萬元單獨讓與第三人丙，乙、丙成為同一次序之抵押權人；抵押權人乙亦得使他人丙加入成為該抵押權之共有人，乙、丙共享最高限額抵押權之擔保，此時，乙丙共有抵押權呈現之型態有二，其一，丙係單純加入成為共有人；其二，丙係以受讓應有部分之方式成為共有人。嗣後各該當事人實行抵押權時，前者依第八百八十一條之九第一項本文處理；後者則按第八百八十一條之九第一項但書處理。另丙為免受讓之最高限額抵押權無擔保債權存在而歸

於確定，丙可與甲依修正條文第八百八十一條之三之規定，為擔保債權範圍或債務人之變更，俾其最高限額抵押權得繼續存在。

此一最高限額抵押權單獨讓與的規定和立法理由存在以下問題：

(1)與金融資產證券化概念牴觸

所謂金融資產，指金融機構對他人的債權或對特定資產的受益權，欠缺債權的最高限額抵押權絕非證券化的標的。

(2)抵押人同意單獨讓與不當然同意擔保範圍變更

抵押人同意單獨讓與不當然同意擔保範圍變更，因而，抵押人未同意擔保範圍變更前的最高限額抵押權單獨讓與，可能無實益。

(3)擔保債權限定一定範圍內使最高限額抵押權單獨讓與可能無實益

最高限額抵押權所擔保的債權，既然限制在一定範圍內，則除非受讓人可以取得原約定擔保範圍內的債權，否則，也要變更擔保債權的範圍，但必須取得抵押人同意。

2.原債權確定後

最高限額抵押權原債權經確定後，最高限額抵押權已變為普通抵押權，從屬性已恢復，其所擔保的債權，即為確定時存在且不逾最高限額擔保範圍內的特定債權，故讓與此項債權，僅須依普通債權讓與方式讓與即可，而此項抵押權也隨同移轉，與普通抵押權並無不同。最高限額抵押權所擔保的債權，其優先受償的範圍需受最高限額的限制，即需於最高限額抵押權確定時，不超過最高限額範圍內的擔保債權，始為抵押權效力所及，超過該最高限額的債權，並無優先受償的權利。

五、確　定

所謂最高限額抵押權所擔保的原債權的確定，是指最高限額抵押權所擔保的一定範圍內不特定債權，因一定事由的發生，歸於確定而言。

(一)原　因

依照第八百八十一條之五及第八百八十一條之十二，有以下情形，說明如下：

1.約定的原債權確定期日屆至者。

2.擔保債權的範圍變更，致原債權不繼續發生者。

3.擔保債權所由發生的法律關係經終止或因其他事由而消滅者。

4.債權人拒絕繼續發生債權，債務人請求確定者。

5.最高限額抵押權人聲請裁定拍賣抵押物，或依第八百七十三條之一之規定為抵押物所有權移轉之請求時，或依第八百七十八條規定訂立契約者。

6.抵押物因他債權人聲請強制執行經法院查封，而為最高限額抵押權人所知悉，或經執行法院通知最高限額抵押權人者，但執行法院駁回對抵押物的聲請或撤銷抵押物的查封時，不在此限。

7.債務人或抵押人經裁定宣告破產者。但其裁定經廢棄確定時，不在此限。

8.原債權未約定確定期日時，由抵押人或抵押權人請求確定。

以上第一種情形，第八百八十一條之四規定：「最高限額抵押權得約定其所擔保原債權應確定之期日，並得於確定之期日前，約定變更之。前項確定之期日，自抵押權設定時起，不得逾三十年。逾三十年者，縮短為三十年。前項期限，當事人得更新之。」

第四種情形，通常可適用於債務人就已發生應清償的債權遲延清償，因而債權人不願意繼續發生債權。如果債權人依金融資產證券化條例決定將債權及抵押權證券化，若債權人有決定不繼續撥款的權利，而債權及抵押權移轉後也不可能繼續撥款，解釋上，也應是原債權確定的事由。

第五種情形，第八百七十三條之一之規定，流押條件成就，抵押物所有權歸抵押權人所有，為抵押物所有權移轉的請求，應指請求抵押人辦理移轉登記並交付抵押物。

第六種情形，第八百八十一條之十二增訂理由提到：抵押物因他債權人聲請強制執行而經法院查封，其所負擔保債權之數額，與抵押物拍賣後，究有多少價金可供清償執行債權有關，自有確定原債權之必要。惟確定之時點，實務上（最高法院七八年度第十七次民事庭會議決議參照）以最高

限額抵押權人知悉該事實（例如未經法院通知而由他債權人自行通知最高限額抵押權人是），或經執行法院通知最高限額抵押權人時即告確定。但抵押物之查封經撤銷時，例如強制執行法第十七條後段、第五十條之一第二項、第七十條第五項、第七十一條、第八十條之一第一項、第二項，其情形即與根本未實行抵押權無異，不具原債權確定之事由。

第八種情形，第八百八十一條之五的規定，為一九九九年第一次草案第八百八十一條之四第三、四項規定修正而成，其規定：最高限額抵押權所擔保之原債權，未約定確定之期日者（刪除了第一次修正草案以下文字：「自設定之日起經三年後」），抵押人或抵押權人（此四字第一次修正草案無）得隨時請求確定其所擔保之原債權。前項情形，除抵押人與抵押權人另有約定外，自請求之日起，經十五日為其確定期日。此一修正，使抵押人或抵押權人都能請求確定最高限額抵押權所擔保之未約定確定期日之原債權，符合交易上彈性的需求，值得肯定。但基於私法自治原則，關於確定期日，當事人間如另有約定，仍從其約定，並非必然經十五日為其確定期日。

另外，第八百八十一條之四第一項規定：「最高限額抵押權得約定其所擔保原債權應確定之期日，並得於確定之期日前，約定變更之。」第二項規定：「前項確定之期日，自抵押權設定時起，不得逾三十年。逾三十年者，縮短為三十年。」第三項規定：「前項期限，當事人得更新之。」第八百八十一條之七第一項規定：「原債權確定前，最高限額抵押權之抵押權人或債務人為法人而有合併之情形者，抵押人得自知悉合併之日起十五日內，請求確定原債權。但自合併登記之日起已逾三十日，或抵押人為合併之當事人者，不在此限。」第二項規定：「有前項之請求者，原債權於合併時確定。」第三項規定：「合併後之法人，應於合併之日起十五日內通知抵押人，其未為通知致抵押人受損害者，應負賠償責任。」第四項規定：「前三項之規定，於第三百零六條或法人分割之情形，準用之。」

㈡效　力

最高限額抵押權所擔保的原債權確定後的效力，分述如下：

　　1.於確定時存在的債權原本，為抵押權擔保的範圍，之後所生的債權原本，即使是基於最高限額抵押權所擔保的基礎法律關係所發生，也非擔保效力所及。

　　2.確定時存在的擔保債權，其利息、遲延利息、違約金及損害賠償等，於確定時已發生者，如與債權原本合計未超過最高限額時，固然可計入被擔保債權，於確定後發生者，如未超過最高限額，也是擔保效力所及。

　　3.已確定的擔保債權，如已超過最高限額時，其得計入最高限額的債權種類或次序，依照債權清償時的抵充次序。

　　4.最高限額抵押權一經確定，抵押權所擔保的債權由不特定變為特定，而該特定的債權與抵押權完全結合，最高限額抵押權變成普通抵押權，從屬於該所擔保的債權。

六、繼　受

㈠抵押權人或債務人的合併

　　第八百八十一條之七第一項規定：「原債權確定前，最高限額抵押權之抵押權人或債務人為法人而有合併之情形者，抵押人得自知悉合併之日起十五日內，請求確定原債權。但自合併登記之日起已逾三十日，或抵押人為合併之當事人者，不在此限。」第二項規定：「有前項之請求者，原債權於合併時確定。」第三項規定：「合併後之法人，應於合併之日起十五日內通知抵押人，其未為通知致抵押人受損害者，應負賠償責任。」第四項規定：「前三項之規定，於第三百零六條或法人分割之情形，準用之。」

㈡繼　承

　　第八百八十一條之十一規定：「最高限額抵押權不因抵押權人、抵押人或債務人死亡而受影響。但經約定為原債權確定之事由者，不在此限。」增訂理由提到：最高限額抵押權之抵押權人、抵押人或債務人死亡，其繼承人承受被繼承人財產上之一切權利義務，其財產上之一切法律關係，皆因繼承之開始，當然移轉於繼承人（民一一四七、民一一四八參照）。故最高限額抵押權不因此而受影響。但當事人另有約定抵押權人、抵押人或債

務人之死亡為原債權確定之事由者，本於契約自由原則，自應從其約定，爰增訂本條規定。

七、準共有

第八百八十一條之九第一項規定：「最高限額抵押權為數人共有者，各共有人按其債權額比例分配其得優先受償之價金。但共有人於原債權確定前，另有約定者，從其約定。」增訂理由提到：最高限額抵押權得由數人共有，本條第一項規定共有人間優先受償之內部關係，係按其債權額比例分配價金。但為使共有抵押權人對抵押物交換價值之利用更具彈性，並調整其相互間之利害關係，爰仿日本民法第三百九十八條之十四，設但書規定，於原債權確定前，共有人得於同一次序範圍內另行約定不同之債權額比例或優先受償之順序。所謂原債權確定前之約定，係指共有最高限額抵押權設定時之約定及設定後原債權確定前，各共有人相互間之另為約定。

第八百八十一條之九第二項規定：「共有人得依前項按債權額比例分配之權利，非經共有人全體之同意，不得處分。但已有應有部分之約定者，不在此限。」增訂理由提到：第一項所稱各共有人按債權額分配之比例，性質上即為抵押權準共有人之應有部分，然此項應有部分受該抵押權確定時，各共有人所具有擔保債權金額多寡之影響，乃變動者，與一般之應有部分係固定者有異，若許其自由處分，勢必影響其他共有人之權益，故應經全體共有人之同意，始得為之。但共有人若依第一項但書規定，已為應有部分之約定者，則其應有部分已屬固定，其處分即得回復其自由原則（民八一九I參照），爰設第二項規定。

八、實　行

最高限額抵押權的實行，除與普通抵押權相同者外，有下列特殊之處：

1.最高限額抵押權所擔保的債權為不斷發生的不特定債權，故只要擔保債權中有一已屆清償期而未受清償者即可。

2.抵押權人必須證明債權的存在。

　　3.最高限額抵押權在確定以前，其所擔保的債權即使全部不存在，最高限額抵押權並不因此而消滅，在原債權確定後，最高限額抵押權並不當然消滅，需該抵押權已無擔保債權的存在，基於該確定後抵押權的從屬性，該抵押權始歸於消滅。

　　4.如果最高限額抵押權是由物上保證人所設定，或抵押物拍賣後由第三人取得者，在原債權確定後，即使所擔保的債權超過最高限額，該物上保證人或抵押物的第三取得人，得僅給付或依法提存相當於最高限額的債權金額，使該抵押權歸於消滅。

　　5.第八百八十一條之十五規定：「最高限額抵押權所擔保之債權，其請求權已因時效而消滅，如抵押權人於消滅時效完成後，五年間不實行其抵押權者，該債權不再屬於最高限額抵押權擔保之範圍。」增訂理由提到：最高限額抵押權所擔保之不特定債權，如其中一個或數個債權罹於時效消滅者，因有民法第一百四十五條第一項之規定，仍為最高限額抵押權擔保之範圍，該債權倘罹於時效消滅後五年間不實行時，因最高限額抵押權所擔保之債權尚有繼續發生之可能，故最高限額抵押權仍應繼續存在，應無民法第八百八十條之適用，然為貫徹該條規範意旨，明定該債權不屬於最高限額抵押權擔保之範圍，爰設本條規定。

九、準用普通抵押權的規定

　　民法第八百八十一條之十七規定：「最高限額抵押權，除第八百六十一條第二項、第八百六十九條第一項、第八百七十條、第八百七十條之一、第八百七十條之二、第八百八十條之規定外，準用關於普通抵押權之規定。」增訂理由提到：本條規定最高限額抵押權準用普通抵押權之規定。惟基於最高限額抵押權之最高限額係採取債權最高限額說之規範意旨，係認凡在最高限額範圍內之已確定原債權及其所生之利息、遲延利息與違約金，均應有優先受償權，是利息等債權不應另受第八百六十一條第二項所定五年期間之限制，方屬合理；第八百六十九條第一項、第八百七十條之規定，在最高限額抵押權於第八百八十一條之六第一項、第八百八十一條

之八已有特別規定；第八百七十條之一、第八百七十條之二之規定，為避免法律關係複雜，於最高限額抵押權不宜準用；第八百八十條之規定，在最高限額抵押權於第八百八十一條之十五已有特別規定，均排除在準用之列。

第三項　權利抵押權

一、意　義

依民法第八百八十二條規定：「地上權、農育權及典權，均得為抵押權之標的物。」可知地上權、農育權及典權等不動產用益物權，都可以作為抵押權的標的物。

漁業法第二十條規定：「漁業權視為物權，除本法規定者外，準用民法關於不動產物權之規定。」礦業法第八條規定：「礦業權視為物權，除本法有特別規定外，準用民法關於不動產物權之規定。」可知漁業權和礦業權的性質，視為不動產物權。

依漁業法第二十四條：「定置漁業權及區劃漁業權，除繼承、讓與、抵押外，不得為他項權利或法律行為之標的。」可知漁業權可為權利抵押權的標的。

另依礦業法第十條規定：「礦業權除繼承、讓與、抵押、信託及強制執行外，不得為他項權利或法律行為之標的。前項礦業權之抵押，以採礦權為限。」故礦業權亦可為權利抵押權的標的。

所以權利抵押權是指以地上權、典權、採礦權、漁業權等權利為標的物，而設定的抵押權，因為此特殊的抵押權大多準用物權法關於抵押權的規定，所以又稱為準抵押權。

二、設　定

原則上須當事人訂定書面，但以漁業權為標的物的抵押權，依漁業法第二十五條第一項的規定：「前條漁業權，非經主管機關核准，不得設定抵押；除強制執行外，非經主管機關核准，不得讓與。」

三、效　力

依民法第八百八十三條規定：「普通抵押權及最高限額抵押權之規定，於前條抵押權及其他抵押權準用之。」因為準用普通抵押權及最高限額抵押權的規定，所以其效力原則上與普通抵押權及最高限額抵押權相同。

而權利抵押權消滅的原因，除法律另有規定外，自應準用普通抵押權、最高限額抵押權與其他不動產物權的規定。

第四項　浮動抵押權

浮動擔保 (floating lien) ❻也可以稱為浮動擔保物權、浮動優先權或浮動抵押。浮動擔保不受「物權客體特定性」的拘束，可以充分發揮財產擔保融資的功能，對於資金引進工商業經營，有重大功能。

在美國，浮動抵押可由公司、合夥、個人等法律主體設定，並無身分上的限制。由美國統一商法典的規定可知，浮動抵押的標的物及於債務人將來取得的財產，而所擔保的債權則及於未來貸款或其他對價，簡單地說，即擔保標的物的範圍是浮動的，且所擔保的債權範圍也可能是浮動的。除非擔保權的發生、公示或實行係以擔保權人占有擔保物為要件，否則債務人仍可能使用、收益、處分擔保物或其交易所得，依擔保契約，債權人可能可以監控擔保物或限制債務人的處分權，然而，這內容仍由當事人自治，並無法律強制。

解釋上，浮動抵押權，既可及於將來取得的財產，則浮動抵押權標的物的範圍即是浮動的、不特定的；浮動抵押擔保契約既得約定擔保未來貸款或其他對價，則浮動抵押權所擔保債權的範圍，也可能是浮動、不特定的。浮動抵押權確定時，符合擔保契約（抵押權設定契約）約定擔保範圍內的債權，自是浮動抵押權所擔保的債權，而具有優先於普通債權人受清

---

❻　*Black's Law Dictionary 640* (6th Ed. 1990). 關於美國法上的 lien，詳參黃健彰，〈美國法上優先權 (lien) 之研究〉，《中正法學集刊》，第 25 期，頁 139–177，2008 年 11 月。

償的效力。

浮動抵押與普通抵押的相同處大於相異處。雖然依擔保契約，浮動抵押權的內容可能具多樣化，浮動抵押權也是抵押權，是一種擔保（物）權，因此，也具有普通擔保物權的共通特性，即從屬性、不可分性及物上代位性。浮動抵押權與普通抵押權的主要不同點，是反映在債權可得特定和抵押物可得特定上面，浮動抵押權所擔保的債權是不特定的，也是不確定的，浮動抵押權的標的物是不特定的（但可得特定），因而抵押物具有集合性和流動性，以及抵押人處分抵押物的可能性，都與普通抵押權不同。

浮動抵押權對資金需求者和銀行而言，具有普通抵押權和最高限額抵押權所欠缺的功能，又對雙方當事人有利，浮動抵押與現行法律概念，如物權的定義、物權客體的特定性、物權法定、擔保物權從屬性，都可以調和，而可以成為一種擔保物權。浮動抵押與現有其他融資制度的比較具有普通抵押權和最高限額抵押權所欠缺的功能，而又對雙方當事人有利，當然是效益大於成本，因而法制上有採行浮動抵押的必要性，即使有制度運作的成本，如公示的成本和糾紛解決的成本，因為成本內部化的結果，自願設定浮動抵押權，對當事人和國家社會都是有利的，制度運作上也具有可行性。

浮動抵押既然有採行的必要性和可行性，則除了理論上要肯定浮動抵押權的有效性，也應從承認浮動抵押權的角度去解釋現行法，採行浮動抵押權其實也可以不必修法，只要合理地解釋現行法令，動產擔保交易法第十六條第一項第三款只是界定抵押物之名稱及數量，並未限定特定物，本書認為解釋上也可以包括浮動抵押，當然，如能修法明文引進浮動抵押權則最能避免爭議。本書在此也提出幾點浮動抵押制度的合理建構的理論模型：當事人意思自治原則、擔保債權可得特定、標的物可得特定以及登記對抗要件。[62]

---

[62] 參閱謝哲勝，〈採行浮動抵押的必要性及可行性〉，《財產法暨經濟法》，第 26 期，頁 1–30，2011 年 6 月。

第五項　共同抵押權

一、意　義

依民法第八百七十五條規定：「為同一債權之擔保，於數不動產上設定抵押權，而未限定各個不動產所負擔之金額者，抵押權人得就各個不動產賣得之價金，受債權全部或一部之清償。」即為擔保同一債權，就數標的物上所設定的數抵押權共同擔保。或有稱為總括抵押權。

共同抵押權中的數抵押標的物不限於同一債務人或抵押人所有，也無須同時成立，也無須同一次序，標的物不限於同一種類，至於共同抵押權的設定方式，與普通抵押權並無不同。

二、效　力

1.限定各個抵押標的物負擔金額

如有限定各個抵押標的物負擔金額，則按各該不動產應負擔的金額，負其擔保責任。

2.未限定各個抵押標的物負擔金額

如有未限定各個抵押標的物負擔金額，此時各個抵押標的物均擔保債權的全部，抵押權人得就不動產賣得的價金，清償債權全部或一部，❻對抵押權人十分有利，然抵押人如非同一人時，則可能發生不公平，故現行法第八百七十五條之一至第八百七十五條之四明文規定各個抵押標的物的負擔金額，以平衡各個抵押標的物所有人的利益，並保護後次序抵押權人的利益。

---

❻　「上訴人既係就同一債權之擔保，於數不動產上設定抵押權，復未限定各個不動產所負擔之金額，是上訴人因設定抵押權所提供之兩筆土地，均需擔保債權之全部，在債權未全部受償前，尚不生抵押權部分消滅之效力。」（52 年度臺上字第 1693 號判決）

三、共同最高限額抵押權

第八百八十一條之十規定:「為同一債權之擔保,於數不動產上設定最高限額抵押權者,如其擔保之原債權,僅其中一不動產發生確定事由時,各最高限額抵押權所擔保之原債權均歸於確定。」增訂理由提到:按共同最高限額抵押權,係指為擔保同一債權,於數不動產上設定最高限額抵押權之謂,而設定共同最高限額抵押權之數不動產,如其中一不動產發生確定事由者,其他不動產所擔保之原債權有同時確定之必要,爰仿日本民法第三百九十八條之十七第二項規定,明定如上。

第六項　所有人抵押權

指所有人於自己所有物上存在的抵押權,可分為兩種情形,一為所有人於自己所有物上為自己設定的抵押權,此種抵押權自始即為所有人所有,二為原是他人所成立的抵押權,其後基於法定原因,而歸於抵押標的物所有人取得的抵押權。

我國民法僅承認第二種所有人抵押權,認為所有人抵押權並非抵押權,而是對後次序的抵押權具有排他效力的權利,對標的物賣得價金取得優先受償權。即在抵押權與所有權混同而不消滅的情形,其抵押權雖不消滅,但所有人取得者仍是屬於所有權的權能,只是使該抵押權不消滅,仍保持其原有的擔保型態,以防止後次序抵押權人因次序升進原則取得不當得利,致所有人的一般其他債權人受有損害。

此抵押權的成立只限於同一物上所有權與抵押權混同時,其效力並不得自己行使抵押權,僅得待他人行使抵押權時,依次序受償。所有人抵押權於對所有人無法律上利益時即因而消滅,例如已經無後次序的抵押權。

第七項　動產抵押權

動產抵押權,指以動產為標的所設定的抵押權,依我國現行法規定有下列三種,動產擔保交易法所規定的動產抵押權、船舶抵押權及航空器抵押權。

第一款　動產擔保交易法

一、意　義

依動產擔保交易法第十五條規定：「稱動產抵押者，謂抵押權人對債務人或第三人不移轉占有而就供擔保債權之動產設定動產抵押權，於債務人不履行契約時，抵押權人得占有抵押物，並得出賣，就其賣得價金優先於其他債權而受清償之交易。」可知動產抵押權係以動產為標的物，且不移轉占有。

二、設　定

依動產擔保交易法第五條第一項規定：「動產擔保交易，應以書面訂立契約。非經登記，不得對抗善意第三人。」此登記是對抗要件而非生效要件。

㈠時的效力

依動產擔保交易法第九條規定：「動產擔保交易之登記，其有效期間從契約之約定，契約無約定者，自登記之日起有效期間為一年，期滿前三十日內，債權人得申請延長期限，其效力自原登記期滿之次日開始。前項延長期限登記，其有效期間不得超過一年。登記機關應比照第七條及第八條規定辦理，並通知債務人，標的物為第三人所有者，應併通知之。」此為動產擔保交易登記的有效期間，期間屆滿後，如未辦理延長登記，原登記則無對抗善意第三人的效力。

㈡人的效力

依動產擔保交易法第五條規定：「動產擔保交易，應以書面訂立契約。非經登記，不得對抗善意第三人。債權人依本法規定實行占有或取回動產擔保交易標的物時，善意留置權人就動產擔保交易標的物有修繕、加工致其價值增加所支出之費用，於所增加之價值範圍內，優先於依本法成立在先之動產擔保權利受償。」故動產抵押訂立書面契約後，尚須登記，始可對抗善意第三人。

三、效　力

㈠擔保債權的範圍

　　與民法第八百六十一條的規定雷同，惟動產擔保交易法第二十條特別規定其優先次序：「抵押物賣得價金，應先抵充費用，次充利息，再充原本，如有剩餘，應返還債務人，如有不足，抵押權人，得繼續追償。」

㈡擔保標的物的範圍

　　除與普通抵押權相同者外，依動產擔保交易法第四條之一規定：「動產擔保交易之標的物，有加工、附合或混合之情形者，其擔保債權之效力及於加工物、附合物或混合物，但以原有價值為限。」此亦為民法第八百十五條的例外規定，使動產抵押權的效力及於添附物。

㈢抵押權人的權利

　　除抵押權的保全、次序、處分與優先受償權與普通抵押權相同外，依動產擔保交易法規定尚有特別的權利：

1.占有權

　　依動產擔保交易法第十七條第一項規定：「債務人不履行契約或抵押物被遷移、出賣、出質、移轉或受其他處分，致有害於抵押權之行使者，抵押權人得占有抵押物。」此占有標的物的權利，是動產抵押權人實現其權利的必要權能。

2.出賣或拍賣權

　　依動產擔保交易法第十八條規定：「抵押權人依前條第一項規定實行占有抵押物時，應於三日前通知債務人或第三人。前項通知應說明事由並得指定履行契約之期限，如債務人到期仍不履行契約時，抵押權人得出賣占有抵押物，出賣後債務人不得請求回贖。抵押權人不經第一項事先通知，逕行占有抵押物時，如債務人或第三人在債權人占有抵押物後之十日期間內履行契約，並負擔占有費用者，得回贖抵押物，但抵押物有敗壞之虞，或其價值顯有減少，足以妨害抵押權人之權利，或其保管費用過鉅者，抵押權人於占有後，得立即出賣。」

㈣抵押人的權利義務

1.使用收益權

依動產擔保交易法第十二條規定：「動產擔保交易契約存續中，其標的物之占有人，應以善良管理人之注意，保管或使用標的物。」

2.回贖權

依動產擔保交易法第十八條第三項本文規定：「抵押權人不經第一項事先通知，逕行占有抵押物時，如債務人或第三人在債權人占有抵押物後之十日期間內履行契約，並負擔占有費用者，得回贖抵押物。」

3.損害賠償請求權

動產擔保交易法第十條第二項規定：「債權人不於收到前項請求十日內，交付證明文件者，應負損害賠償責任。」

動產擔保交易法第二十二條規定：「抵押權人占有或出賣抵押物，未依第十八條、第十九條及第二十一條規定辦理者，債務人得請求損害賠償。」

4.處分權的限制

動產擔保交易法第十七條第一項規定：「債務人不履行契約或抵押物被遷移、出賣、出質、移轉或受其他處分，致有害於抵押權的行使者，抵押權人得占有抵押物。」

動產擔保交易法第三十一條及第三十六條規定，經依本法設定抵押的動產，不得為附條件買賣的標的物。違反前項規定者，其附條件買賣契約無效。又經依本法設定抵押的動產，不得為信託占有的標的物。違反前項規定者，其信託收據無效。

第二款　船舶抵押

船舶抵押權是指依海商法就船舶所設定的抵押權，所謂海商法上的船舶，依海商法第一條及第三條規定，係指在海上航行，或在與海相通水面或水中航行的船舶。另外下列船舶除因碰撞外，不適用本法（海商法）的規定：一、船舶法所稱的小船。二、軍事建制的艦艇。三、專用於公務的船舶。四、第一條規定以外的其他船舶。船舶抵押權，得就建造中之船舶

設定之（海商三四）。船舶抵押權之設定，除法律別有規定外，僅船舶所有人或受其特別委任之人始得為之（海商三五）。船舶抵押權之設定，非經登記，不得對抗第三人（海商三六）。船舶共有人中一人或數人，就其應有部分所設定之抵押權，不因分割或出賣而受影響（海商三七）。

第三款　航空器抵押

航空器抵押是指依民用航空法所設定的抵押權，所謂航空器，依民用航空法第二條第一款的規定，是指任何藉空氣之反作用力，而非藉空氣對地球表面之反作用力，得以飛航於大氣中之器物。依民用航空法第十九條規定，航空器得為抵押權的標的，關於航空器的抵押，準用動產擔保交易法有關動產抵押的規定。依民用航空法第二十一條規定，共有航空器準用海商法第十一條至第十四條及第十六條至第十九條的規定。

第六節　地上權併同抵押權登記

抵押權和地上權為兩種典型的物權，就同一標的物，抵押權人可否同時為地上權人？於設定抵押權時，債權人如並無用益抵押物的真意，而只是為了避免抵押人營造建築物或設定用益物權或出租他人，而登記為地上權人時，則此一地上權是否有效？以下分別加以探討。❻❹

第一項　地上權並同抵押權登記的實務作法

在金融實務上，土地所有人向金融機構申請以空地擔保貸款時，除將空地設定抵押權予金融機構外，金融機構有時也會要求土地所有人（抵押人）需併同設定地上權予該金融機構（抵押權人），欲藉由地上權的設定，使抵押人喪失對抵押物的使用、收益及處分等權利，而限制抵押人或他人於抵押物上營造建築物或其他工作物，目的是為了避免日後強制執行時抵押物上因有建築物或其他工作物而衍生的麻煩。

---

❻❹ 以下參閱謝哲勝，〈地上權併同抵押權登記〉，《地上權法制之研究》，頁 319–325，元照出版，2018 年 7 月。

第二項　相關實務見解

此類案例，實務已有許多判決，依所採取見解的不同分述如下：

一、通謀虛偽意思表示而無效

最高法院八十四年度臺上字第三五號民事判決認為：「故設定地上權，自以具有該條所示之目的而使用土地之意思，始為相當。上訴人與被上訴人間，並無由上訴人在系爭土地上有建築物、其他工作物或竹木為目的而使用該土地之意思，竟在系爭土地上設定地上權，顯屬通謀虛偽之地上權設定，依民法第八十七條規定，其意思表示應屬無效，該地上權設定登記，即具有得予塗銷之原因。」[65]

二、違反物權法定原則而無效

最高法院八十四年度臺上字第二三八五號判決認為：「按地上權者，謂以在他人土地上有建築物或其他工作物或竹木為目的，而使用土地之權利，係以支配物之利用價值為內容，使權利人因標的物之使用收益而直接達到目的，與以支配物之交換價值為內容之擔保物權有別。系爭地上權既非以支配物之利用價值為目的，即與民法第八百三十二條所定之地上權者不符，依民法第七百五十七條規定，自屬不得創設。系爭地上權之設定，應屬無效。」[66]

綜上所述，可知實務上對於此種為了限制抵押人權利而設定的地上權，都認為是無效的，理由有認為是通謀虛偽意思表示，也有認為違反物權法定原則，前者為較多判決所採。

---

[65] 臺灣高等法院臺中分院 84 年度重上字第 58 號民事判決、臺中地方法院 93 年簡上字第 340 號判決也採此見解，臺灣高等法院臺中分院 92 年度重上更㈡字第 45 號民事判決也兼採此一見解。

[66] 臺灣高等法院臺中分院 84 年度上易字第 20 號判決也採此見解，臺灣高等法院臺中分院 92 年度重上更㈡字第 45 號民事判決也兼採此一見解。

第三項 本書見解

金融機構欲避免日後強制執行時衍生麻煩的目的，是否可以在設定抵押權的條款時限制抵押人的權利？抵押權人同時為地上權人的效力如何？金融機構為了避免日後強制執行時的麻煩而設定地上權的效力如何？以下分別加以探討：

一、設定抵押權的條款可否限制抵押人的權利

(一)抵押權內容自治

在私法自治原則、物權自由原則下，符合憲法第二十三條的要件，才可限制人民創設物權的種類和內容，民法物權編的規定，除了少數條文符合憲法第二十三條的要件被視為強行規定外，絕大多數條文都將視為任意規定，用來補充當事人意思的不足。抵押權的內容得由雙方自由約定，抵押權人也可以與抵押人約定由抵押權人占有抵押物，❻❼只要內容無顯失公平情事，依私法自治原則，應為有效。❻❽

故抵押權人與抵押人設定抵押權時，如不欲抵押人於空地上建築、使用收益抵押標的物及設定他項權利予第三人，得於抵押權設定契約加以約定，只要能依一定的方式公示此條款內容，並不影響其他後次序權利人的權利或交易安全。因此，抵押權人如僅是為了擔保其債權受償，根本無須藉由設定地上權而達其目的。

(二)契約條款顯失公平者無效

然而，上述抵押權內容自治的說明，並非認為抵押權人可以任意限制

---

❻❼ 參閱 54 年臺上字第 1870 號判例要旨：「抵押權之設定，依法固無須將抵押之不動產移轉占有，但當事人間有特約以不動產交與債權人使用收益以抵利息，並由債權人負擔捐稅者，並非法所不許，不得以此遂推定抵押權設定契約為買賣契約。」

❻❽ 參閱謝哲勝，〈抵押權內容自由原則〉，《月旦法學教室》，頁 15–17，元照出版，2012 年 10 月。

抵押人的權利，而不受任何限制。在私法關係中，均衡正義（即權利義務相當、符合公平原則）是指導原則，民法物權編的任意規定，雖為補充規定，但屬於公平的法則，如偏離此補充規定而另行約定，必須使法律關係內容符合公平原則。

因此，抵押權人與抵押人約定不得就空地起造建築物或設定權利給他人，通常情形因抵押權人並未就此一限制補償抵押人無法使用的損失，此一限制抵押人的使用收益權將被認為顯失公平而為無效。如為定型化契約，則可直接適用民法第二百四十七條之一第三款規定，定型化契約條款使他方當事人拋棄權利或限制其行使權利有顯失公平之情形而為無效。

二、抵押權人同時為地上權人的效力

㈠雙方具有設定地上權的真意

依民法規定，抵押權人雖然不占有抵押物，然而，也未限制抵押權人依抵押權以外的權利，占有抵押物。❻❾如債權人（抵押權人）和債務人（抵押人）有設定地上權的真意，即債權人除取得抵押權外，也同時取得地上權，則此一地上權的設定為有效。債權人和債務人是否設定地上權的真意，則應就地上權設定契約條款和債權人是否有行使地上權的權利內容，就個案綜合並客觀加以判定。

地上權設定契約條款，通常可以作為雙方當事人是否具有設定地上權的真意的重要判斷標準，抵押權人從抵押人另外取得用益的權利，合理情形應約定權利金或地租的支付，如雙方雖有地上權的設定，但未約定地租或權利金的支付，或約定的權利金或地租顯不相當，或申報的地上權的價值顯不相當，則可間接推定雙方並無設定地上權的真意。

然而，抵押權人如僅因建築及融資考量暫時未有具體利用計畫或暫緩其利用，不能立即認為抵押權人無利用土地的真意，也要兼參酌抵押人是否合理期待抵押權人兼地上權人將於土地上為建築物或其他工作物的使

---

❻❾　參閱謝在全，〈抵押權與用益物權之關係〉，蘇永欽主編，《民法物權實例問題分析》，頁 233，五南圖書，2001 年 1 月。

用。如依地上權設定契約條款內容，不能認為抵押人可以合理期待抵押權人將為建築物或其他工作物的使用，則不能認定當事人間具有設定地上權的真意。

㈡契約條款顯失公平者無效

雙方即使具有設定地上權的真意，但如果抵押人是迫於抵押權人的壓力，而於地上權設定契約中約定顯失公平的條款，如抵押權人就其額外取得地上權未約定地租或權利金的支付，或約定的權利金或地租顯不相當，則對抵押人顯失公平，地上權設定契約條款顯失公平者，該地上權的設定應為無效。

三、通謀虛偽意思表示無效

債權人如只是藉由地上權的設定登記，使抵押人喪失對抵押物的使用、收益及處分等權利，而限制抵押人或他人於抵押物上營造建築物或其他工作物，以避免日後強制執行時抵押物上因有建築物或其他工作物而衍生的麻煩，此種情形，債權人和債務人雖有共同聲請地上權的設定登記，但並無設定地上權的真意，屬通謀虛偽意思表示，依民法第八十七條規定，應為無效。

如雙方未約定地租或權利金的支付，或約定的權利金或地租顯不相當，或申報的地上權的價值顯不相當，則可間接推定雙方並無設定地上權的真意。

第三章 質 權

第一節 概 說

第一項 質權的意義

所謂質權，指因擔保債權，占有由債務人或第三人移交的動產或可讓與的財產權，於債權屆清償期未受清償時，得就其賣得價金，受優先清償的權利（民八八四、九〇〇）。

第二項 質權的經濟作用

質權既為擔保物權的一種，其主要目的亦在擔保債務的履行，讓質物的交換價值，在債務人無法清償債權時，歸屬債權人，以確保債權的清償，讓債權人放心進行融資。質權的標的物為不動產以外的財產權，因此，與抵押權共同運作，能使動產和不動產財產權皆可設定擔保物權，以提供完整的融資管道，促進資金流通，刺激經濟活動的進行。

第三項 質權的種類

第一款 動產質權和權利質權

此乃以質權標的物的不同而作的分類，動產質權是以動產為標的的質權，權利質權是以可讓與的債權及其他權利為標的物的質權。我國民法對此二種質權均有規定（民八八四、九〇〇）。

第二款 民事質權和營業質權

此乃以適用法規的不同而作的分類。民事質權指適用民法的質權，民法上的動產質權和權利質權即是。營業質權指適用當舖業法的當舖業質權，

現行法第八百九十九條之二也已明文規定，民法物權編施行法第二十條規定：「民法物權編修正前關於質權之規定，於當舖或其他以受質為營業者，不適用之。」

第三款　意定質權和法定質權

此乃以成立原因的不同而作的分類。意定質權是指當事人以法律行為所設定的質權，民法上所定的質權即是。法定質權是指依法律規定而發生的質權，民事訴訟法第一百零三條和第一百零六條所規定者即是。但法定質權的用語，不免有混淆質權和留置權的區別，因此，民事訴訟法第一百零三條的用語或許應改為「被告就前條之提存物，有優先受償之權利」，同時這也顯示，將動產擔保物權採二分法分為質權和留置權，本身也值得檢討修正。

第二節　動產質權

第一項　動產質權的意義

所謂動產質權，指債權人對於債務人或第三人移轉占有而供其債權擔保的動產，得就該動產賣得價金優先受償的權利（民八八四）。例如甲向乙借十萬元，為擔保債務的清償，甲以自己或第三人的金錶一只，交付於乙占有，言明甲若屆期而未清償時，乙可出賣該金錶抵償債務的情形即是。此時，甲或第三人是出質人，乙是質權人，金錶即是質權標的物。依據上述規定，動產質權的意義可以分述如下：

一、動產質權是擔保物權

動產質權是為了擔保債務的履行，是擔保物權的一種，亦因其為債權的擔保，從屬於債權而存在，因此，亦為從權利。

二、動產質權是以債務人或第三人的動產為標的物

　　動產質權的標的物，必須是債務人或第三人的所有物，才能發揮質權留置和擔保債務清償的效力。固然所有權和質權混同時，如質權的存續，於所有人或第三人有法律上的利益者，質權不因混同而消滅，可能發生質權和所有權歸屬同一人的情形，但這畢竟是項例外。而所謂第三人即是債權人和債務人以外的人，因以自己的財產為他人債務的擔保，即是所謂的物上擔保人（物上保證人）。

三、動產質權須占有標的物

　　動產質權是以占有債務人或第三人提供的動產為其成立和存續要件，因此，質權人必須占有標的物（即質物）。不得使出質人代自己占有質物（民八八五 II），所以，質物占有的移轉，即不得以採占有改定的方式（二六年渝上字第三一〇號判例），因為此時質權人等於使出質人代自己占有質物。以簡易交付（民七六一 I 但）或指示交付（民七六一 III）為質物占有的移轉時，質權人並無使出質人代自己占有質物，因此，亦為有效。

　　然而，從讓特定債權人優先受償的立法政策來看，占有畢竟只是公示的方法，因而應是對抗要件而非生效要件，只要確認某一債權人和債務人有設定質權的真意，並且也合意使質權發生效力，即使占有尚未移轉，而讓該債權人優先受償又符合公平和效率，則債權人未占有動產應不構成優先受償的障礙。

四、動產質權是得就質物賣得價金受優先清償的權利

　　動產質權既是擔保物權，則為確保債權的清償，在債權屆期而未受清償時，自得拍賣質物（民八九三），就質物所賣得的價金，較一般債權和成立在後的物權，優先受清償（四九年臺上字第二二一一號判例）。

第二項　動產質權的特性

動產質權為擔保物權的一種，擔保物權的特性，即從屬性、不可分性、物上代位性，亦是動產質權的特性。所以大致與抵押權相同，分述如下：

一、從屬性

質權的從屬性係指從屬主債權而存在，無債權發生，動產質權亦無由發生；動產質權的移轉，必須和債權一同移轉；債權消滅，動產質權也隨同消滅。因此，動產質權不得由債權分離而為讓與，動產質權亦不得由債權分離而為其他債權的擔保。

二、不可分性

動產質權人於其債權未受全部清償前，得就質物的全部行使權利，質物的每一部分，也擔保債權的全部，而債權的每一部分也是由質物全部擔保。

三、物上代位性

動產質權，如因質物滅失得受賠償金者，質權人得就賠償金取償（民八九九），質權人因質物有敗壞可能，或其價值顯有減少，足以害及其權利者，質權人得拍賣其物，以其賣得價金，代充質物（民八九二），即是動產質權物上代位性的具體規定。即動產質權的標的物因質權人依法先行拍賣所得價金，或質物滅失毀損因而得受的賠償金，均為動產質權的代位物，質權人得就該代位物行使其權利。

第三項　動產質權的取得

第一款　基於法律行為

基於法律行為而取得是最典型的動產質權取得的原因，基於當事人的意思設定、讓與，但不以書面為限。而此又可分為動產質權的「設定」和

「讓與」兩種。

一、動產質權的設定

此乃指動產質權依當事人的設定行為而取得而言，其設定行為以契約或遺囑方式均可，但以契約設定為常見，此種契約如依物權行為無因性，則應包括約定設定動產質權的債權契約，以及包括質物移轉占有，完成動產質權設定的物權契約，本書則認為動產質權設定只有一個債權契約，質物移轉占有完成動產質權設定，則是動產質權設定的履行行為，並無物權契約存在。將設定相關問題分析如下：

(一)當事人

動產質權設定當事人有二，一是出質人，即提供質物為擔保物的人，通常為債務人本身，但第三人亦得為出質人，此處的出質人通常為動產的所有人。出質人若非債務人，其提供自己的財產擔保他人債務，若代債務人清償債務，或因質權人實行質權致失質物所有權時，應可類推適用民法第八百七十九條的規定。二是質權人，即動產質權設定的權利人，亦為債權人，因質權係為了擔保債權人的債權而設定，因此，質權人必為債權人。

(二)擔保債權

質權從屬於債權而存在，因此質權的設定自須有被擔保債權的存在，然而此擔保債權於實行質權時存在即可，此點和抵押權相同，請參閱該部分的說明。

(三)標的物

動產質權的標的物以動產為限，而動產質權係以標的物的交換價值以實現其擔保機能，因此，不具讓與性或無交易價值之物不得為動產質權的標的物。

(四)設定行為

依物權行為無因性理論，動產質權的設定，因有關動產物權的發生，故除須當事人間物權意思的合意外，尚須移轉動產的占有始生效力（民八八五 I）。但本書認為物權意思的合意只是設定契約的履行，並非獨立存在。

而此項占有的移轉不以現實交付為限，也可採簡易交付或指示交付方式，但不可以占有改定方式為之，**⑩**因已違反第八百八十五條第二項的規定。

但如前所述，占有只是物權變動的公示方法，只用來保護交易安全，當事人間的物權變動不應完全以公示方法完成的時間點為依據，因此，仍應探求當事人設定物權的真意。

(五)設定方式

1.概　說

動產質權的設定方式，依民法第八百八十五條第一項規定：「質權之設定，因供擔保之動產移轉於債權人占有而生效力。」**⑪**以質物移轉占有的交付行為為形式要件。因此，如約定當事人間不移轉質物的占有，曾有實務見解認為即不能認為有設定該權利的合意。**⑫**

2.以占有改定的方式設定

民法第八百八十五條第二項規定：「質權人不得使出質人或債務人代自己占有質物。」即不得以占有改定的方式作為動產質權的設定方式。**⑬**至

---

⑩　「依民法第八百八十五條第一項之規定，質權之設定，應移轉占有，故應依民法第九百四十六條之規定為之，惟民法第八百八十五條第二項既規定質權人不得使出質人代自己占有質物，則民法第七百六十一條第二項之規定，自不得依民法第九百四十六條第二項準用於質物之移轉占有。」（26 年渝上字第 310 號判例）

⑪　民法第 885 條的立法理由：「查民律草案第一千二百十條理由謂易於移轉，乃動產之特色，凡以動產為擔保債權之標的物者，須使債權人占有其動產，始能保全其質權之效力，否則債權人實行其擔保權，既涉困難，第三人亦易蒙不測之損害。使債權人占有其動產，則無此弊，各國立法皆用此主義，本條亦從之。」

⑫　最高法院 51 年臺上字第 3641 號民事判決即指出：「動產質權之設定以出質人同意將擔保債權之動產移交質權人占有為要件。倘訂約之初，債務人即不同意將動產移轉債權人占有者，則不能謂有質權設定之合意。」最高法院 40 年臺上字第 1659 號民事判決也表示：「未對於系爭物為占有者，其對於該系爭物之留置權或質權均無從發生。」

⑬　最高法院 26 年渝上字第 310 號民事判例：「依民法第八百八十五條第一項之規

於現實交付、簡易交付、與指示交付，則認得作為動產質權的設定方式。❼
現實交付是真實的移轉占有，然而簡易交付與指示交付都沒有真實的移轉
占有，可以設定動產質權，而占有改定卻不行。在簡易交付的情形，債權
人固已占有動產，但何時變更為設定質權的意思其實也無形式上的表徵，
而指示交付的情形，債權人也尚未占有動產，卻也承認發生設定質權的效
力，相同事物而為不同處理，欠缺合理性。

　　民法第七百六十一條以交付為動產物權變動的生效要件，又為避免真
實的交付行為「現實交付」太過狹隘，過度限制當事人物權變動的合意，
因而有觀念交付（包括簡易交付、占有改定與指示交付）代替現實交付。
然而，這等於是交付（現實交付）的例外，不是真實交付的觀念交付也可
以構成交付，可知以交付為動產物權變動的生效要件有其缺陷。從讓特定
債權人優先受償的立法政策來看，有無占有不當然會影響債權人的優先受
償，占有畢竟只是公示的方法，是設定動產質權的形式要件，當事人的合
意，與質物交付占有為二個不同的事實，某一債權人和債務人有設定質權
的真意，並且也合意使質權發生效力，即使占有尚未移轉，而讓該債權人
優先受償又符合公平和效率，則債權人未占有動產不應構成優先受償的障
礙。亦即該移轉占有的事實不應為動產質權的生效要件，只要當事人間存
有真實的動產質權的設定合意，該質權即應有效成立。因此，占有改定應
可作為動產質權的設定方式。

　　定，質權之設定，因移轉占有而生效力。其移轉占有，固應依民法第九百四十
　　六條之規定為之，惟民法第八百八十五條第二項既規定質權人不得使出質人代
　　自己占有質物，則民法第七百六十一條第二項之規定，自不得依民法第九百四
　　十六條第二項準用於質物之移轉占有。」

❼　參閱謝在全，《民法物權論（下）》，頁 198，自版，2010 年 9 月；最高法院 88
　　年臺上字第 67 號民事判決：「動產物權之讓與，非將動產交付，不生效力，民
　　法第七百六十一條第一項前段固有明定，然讓與動產物權，如其動產由第三人
　　占有時，讓與人得以對於第三人之返還請求權讓與於受讓人，以代交付，同條
　　第三項亦有明定，故指示交付於法亦為交付方式之一種。」

3. 以指示交付的方式設定

關於動產質權的設定方式，民法第八百八十五條第二項只排除占有改定不得作為動產質權的設定方式，指示交付可以設定動產質權。然而，以指示交付為交付方式時，該質權設定通知質物的占有人是否為該動產質權的成立要件？有不同見解，說明如下。

(1)肯定見解

有學者認為參考德國法例，僅使出質人與質權人為指示交付的讓與合意，應不足作為物權變動的公示性，而成立動產質權。使出質人對於質物仍有處分的可能與質權具有留置作用目的相違，通過通知現占有人的手段，除符合公示的目的之外，亦可以達成出質人對質物處分權限的目的，並使直接占有人負有將質物交付質權人的義務，以免直接占有人將質物任意返還予出質人的情形發生。❼❺

(2)否定見解

有學者認為指示交付既屬於民法第七百六十一條所定的交付方式之一，出質人因讓與返還請求權而喪失對質物的占有，與動產質權的設定不相牴觸，通知質物占有人只是該動產質權效力對抗質物占有人的要件。❼❻

(3)本書見解

如前述，本書認為民法第八百八十五條第二項明文排除以占有改定作為動產質權的設定方式，已有不當。從讓特定債權人優先受償的立法政策來看，設定動產質權的合意以及其他實質要件，才應成為設定動產質權的要件，占有畢竟只是公示的方法，只用來保護交易安全，當事人間的物權變動不應完全以公示方法完成的時間點為依據，因此，不應創造法律所無明文的限制，而認為需以通知質物現占有人為生效要件。❼❼

---

❼❺ 參閱鄭冠宇，〈動產質權之發展〉，《月旦法學雜誌》，第 95 期，頁 46–47，2003 年 4 月。

❼❻ 參閱謝在全，《民法物權論（下）》，頁 210，自版，2010 年 9 月。

❼❼ 以上參閱謝哲勝，〈動產質權的設定方式〉，《月旦法學教室》，第 256 期，頁 145–148，2014 年 9 月。

二、動產質權的讓與

　　動產質權是非專屬性的財產權，自得為讓與。動產質權得依原動產質權人的讓與而取得。然而動產質權具有從屬性，故其讓與應與所擔保的債權一併讓與，所以依第二百九十五條第一項規定，債權讓與時，其質權原則上亦隨同移轉於受讓人，因此，質物在未為移轉占有前，質權已隨同移轉。

第二款　基於法律行為以外的事實

　　基於法律行為以外的事實取得動產質權又可分為以下四種情形：

一、善意受讓

　　第八百八十六條規定：「動產之受質人占有動產，而受關於占有規定之保護者，縱出質人無處分其質物之權利，受質人仍取得其質權。」此即為動產質權善意取得的規定，條文中所謂占有規定的保護，係指第九百四十八條的規定，可見動產質權善意取得必須以動產質權的設定為目的而受讓動產的占有，並且以出質人並無設定動產質權的權利為必要，若受讓動產的占有係以動產所有權的移轉而受讓動產的占有，則為所有權善意取得，而非質權善意取得，若出質人有設定動產質權的權利，則可基於法律行為而取得動產質權，而不必藉由善意取得而為動產質權的取得。

　　依上所述，質權善意取得的要件如下：

（一）標的物以動產為限

　　善意受讓的法理固然是共通的，但不動產的善意受讓現行法則規定在民法第七百九十五條之一第二項和土地法第四十三條。

（二）出質人無處分或設定質權的權利

　　出質人如有權處分或設定質權，則受質人即基於出質人的設定質權而取得質權，不需主張善意受讓。

（三）質權設定契約必須有效

　　質權設定契約必須有效，受質人才有取得質權的合理信賴，如質權設

定契約無效,受質人並無取得質權的合理信賴,也不能主張善意受讓質權。

㈣原則上需移轉占有於質權人

占有移轉,表示出質人履行設定質權契約,而同意由受質人取得質權。如占有尚未移轉,原則上表示出質人尚未同意由受質人取得質權,受質人尚不得主張善意受讓。

㈤受質人並無重大過失而不知出質人無設定質權的權利

對於交易事項有重大過失而不知的情形,不在交易安全保護的範圍內。受質人如有重大過失而不知出質人無設定質權的權利,並不值得保護,因此,必須受質人並無重大過失而不知出質人無設定質權的權利。

二、時效取得

債權人若占有債務人的動產長達五年或十年以上,則依第七百七十二條準用第七百六十八條之一或第七百六十八條的結果,則亦可因時效完成,而取得動產質權,❼❽然則此種情形,債權人若可主張時效取得所有權對其更有利,並無再主張時效取得動產質權的必要,因此只有債權人無法主張係基於所有人意思而占有,因而無主張時效取得動產所有權時,才有作此主張的實益。

三、因法律的規定

依民事訴訟法第一百零三條第一項規定:「被告就前條之提存物,與質權人有同一之權利。」及第一百零六條前段規定:「第一百零二條第一項、第二項及第一百零三條至前條之規定,於其他依法令供訴訟上之擔保者準用之……。」可知在訴訟上受擔保利益人,對於供擔保的提存物與質權人有同一權利,此即為法定質權。但如前所述,應使用「有優先受償之權利」較為妥當。

---

❼❽ 但時效取得質權有其前提要件,亦即仍須以債權人對於債務人具有債權存在為前提,此因為質權亦有從屬性的要求,無法單獨存在。

四、繼　承

財產權均可由繼承而取得，動產質權為財產權的一種，因此，當然可以因繼承而取得。而且不論繼承人是否知此事實，或已占有質物。

第四項　動產質權的效力

第一款　動產質權效力的範圍

第一目　動產質權所擔保債權的範圍

動產質權所擔保債權的範圍，為原債權、利息、遲延利息、違約金、保存質物的費用、實行質權的費用、及因質物隱有瑕疵而生的損害賠償（民八八七 I 本）。然而當事人亦得以契約特別約定質權擔保債權的範圍（民八八七 I 但），例如擴張其擔保的範圍及於損害賠償，或縮小其範圍僅及其原債權。

因質物隱有瑕疵而生的損害賠償亦為動產質權的擔保範圍，此乃由於質權人占有質物，質物若有瑕疵，可能對質權人造成損害，而此瑕疵如非隱有，則質權人自可防範或自甘冒險，無須特別加以保護，然而若為隱有，則可能對質權人造成不測損害，因此，出質人應負損害賠償責任，而以質物擔保此債務。

此外，關於質物的保管費用，有學者主張質權人可向出質人請求償還，而應為擔保債權的範圍，[79]本書認為質權人保管質物本為質權人的義務，亦為保有其質權的必要成本，因此，其對質物的保管費用，不得請求出質人償還。[80]物權編修正除了將違約金納入質權所擔保的債權範圍內外，也將質權人請求償還質物保存費用，以避免質物價值減損所必要者為限（民八八七 II），避免不當類推所產生的困擾。[81]

---

[79]　參閱謝在全，《民法物權論（下）》，頁 262，自版，2003 年 2 月修訂 2 版。

[80]　參閱李肇偉，《民法物權》，頁 468，自版，1970 年 9 月，亦採此見解。

第二目　動產質權標的物的範圍

動產質權標的物的範圍與抵押權標的物的範圍不完全相同，分述如下：

一、質　物

動產質權係以質物為標的，因此，當然為動產質權標的物的範圍。

二、從　物

主物的處分，及於從物，除非探求當事人的真意，不及於從物。而動產質權原則上是以占有為成立要件，因此，質物的從物若已交付質權人占有，可認為當事人有此意思而為質權效力所及，但若未交付質權人占有，原則上則不得為質權效力所及，否則可能有違當事人設定質權的意思。

三、孳　息

質權人得收取質物所生的孳息（民八八九），而此項孳息，先抵充收取孳息的費用，再抵原債權的利息及原債權（民八九〇II），質權人可以質物的孳息抵充原債權及其利息，可知動產質權的效力及於質物的孳息。但基於私法自治原則，當事人可以為不同約定，而排除上述條文的適用。

此項孳息兼指天然孳息和法定孳息在內。因質權人既占有質物，則質權人自得於不損害出質人權利的前提下，盡量使用收益質物，如有天然孳息，由質權人收取自然較為便利，如質權設定前因出質人和他人有法律關係而有法定孳息時，亦同。而質權設定後，如質權人在不損及質物所有人權利的前提下，就質物與他人成立法律關係，收取法定孳息，亦應為法之所許，且此項收取權亦係為質物所有人的利益，因質權人只有收取的權利，而無取得的權利，亦即孳息所有權仍屬於出質人，質權人僅得就收取的孳息抵充原債權及其利息。

---

⑧¹ 參閱謝哲勝，〈請求償還質物保存費用〉，《月旦法學教室》，第 28 期，頁 10–11，2005 年 2 月。

　　質權人收取的孳息，並非當然可以抵充，因而第八百九十條第三項規定：「孳息如需變價始得抵充者，其變價方法準用實行質權之規定。」

四、代位物

　　質物的代位物有二種，一為依第八百九十二條規定拍賣所得的價金，或有稱為代充質物；❷另一為質物因滅失得受的賠償金（民八九九），或稱為物上代位物。❸而此時質物乃由動產轉變為損害賠償請求權，則動產質權已變為債權質權。

五、添附物

　　若質物與他動產添附，則添附物的所有權依民法第八百十二條至第八百十四條的規定，應由質物所有人取得時，質權的效力亦擴及於添附物上。

---

❷　民法第 892 條規定：「因質物有腐壞之虞，或其價值顯有減少，足以害及質權人之權利者，質權人得拍賣質物，以其賣得價金，代充質物。前項情形，如經出質人之請求，質權人應將價金提存於法院。質權人屆債權清償期而未受清償者，得就提存物實行其質權。」質權人基於占有質物之權，本可占有拍賣質物所得價金，但經出質人請求，質權人應將價金提存於法院，此種提存，係以質權人為提存人，出質人為受取人，附以債權清償始得領取的條件。

❸　現行法第 899 條規定：「動產質權，因質物滅失而消滅。但出質人因滅失得受賠償或其他利益者，不在此限。質權人對於前項出質人所得行使之賠償或其他請求權仍有質權，其次序與原質權同。給付義務人因故意或重大過失向出質人為給付者，對於質權人不生效力。前項情形，質權人得請求出質人交付其給付物或提存其給付之金錢。質物因毀損而得受之賠償或其他利益，準用前四項之規定。」舊條文所稱的賠償金，易使人誤解為質物的代位物，在賠償義務人未為給付前，質權人對賠償義務人有賠償請求權，給付物並未特定為金錢，其他財產權均有可能。並明文規定賠償義務人如因故意或重大過失向出質人為賠償，對於質權人不生效力，所以質權人如請求賠償，賠償義務人仍須負給付義務。而質物因毀損所受的賠償，是否為質物的代位物多有爭議，現行法予以明文規定，以期明確。

第二款 動產質權對出質人的效力

第一目 出質人的權利

出質人是動產所有人，雖然將其動產出質，但並不意味其對於動產已喪失任何權利，動產所有人對其動產概略有五大權能，即占有、使用、收益、處分、和排除他人干涉，因此，探討出質人的權利亦可從這五大權能加以分析。就占有、使用、和排他權而言，因質物為質權人所占有，因而出質人已無占有、使用質物、和排他的權利。就收益而言，因第八百八十九條規定原則上質權人得收取質物所生的孳息，只有在出質人和質權人另以契約約定出質人得收取質物的孳息時，才得由出質人收取孳息，而認為出質人仍有收益權。

就處分而言，質權相關規定雖未如第八百六十六條和第八百六十七條規定抵押人於設定抵押權後，仍得就抵押物為法律上的處分，然並不因此而當然解釋為出質人就質物不得為法律上處分。惟質權效力存續期間質權人已占有標的物，出質人既無直接占有的權能，亦無法請求質權人返還質物，因此，出質人無法為質物占有的移轉，在取得質權人同意為占有的移轉前，出質人對質物顯然無法為法律上處分，因此時出質人僅為間接占有人，若欲為占有的移轉，僅得以指示交付的方式移轉占有，然而出質人就質物對質權人並無返還請求權，因此，出質人除了將質物讓與質權人，解釋為可以為占有的移轉，因而得為法律的處分外，其餘情形，應皆不可處分。所以出質人雖對於質物保有所有權與法律上的處分權，但這些權利仍不得影響質權的效力。

至於事實上的處分，因出質人已喪失對質物的直接占有，因此亦不得也不能為事實上的處分。

此外，若出質人非債務人而是第三人時，則此物上擔保人於代為清償債務後，對於債務人自有代位權，基於內部關係，也有求償權，所以對於債務人的求償權與代位權，也是出質人的權利之一。

第二目　出質人的義務

出質人因質物隱有瑕疵而對質權人負有賠償義務，依第八百八十七條規定因質物隱有瑕疵而生的損害賠償亦為質權所擔保的範圍，自是必須就質物隱有瑕疵負賠償義務，否則不生應否為質權所擔保的問題。至於對於質權人因質物非隱有瑕疵所生的損害，則不必負賠償的責任，因為對於非隱有瑕疵，質權人多能由占有移轉時察知，如未察知，亦有過失，質權人事先已知則可預防損害的發生或自甘冒險，因過失而未察知致受損害，均無保護的必要，因此，出質人對於此種損害均無賠償的必要。

至於質物保管費用，本應由質權人負擔，已如前述，因此，並非出質人的義務。但保存質物的費用如果是為了避免質物價值減損所必要，則依第八百八十七條，出質人有償還的義務。

第三款　動產質權對質權人的效力

第一目　質權人的權利

一、收取孳息權

依第八百八十九條規定可知，除當事人間另有契約約定外，原則上質權人得收取質物所生的孳息，此即為質權人的收取孳息權。質權人應以對於自己財產同一的注意收取質物所生的孳息，並為計算（民八九〇），此和質權人應以善良管理人的注意，保管質物，所負的注意義務顯然較輕，因為保管質物本為質權人確保質物價值所須盡的義務，然而對於收取孳息，質權人未必有此預見，而且收取孳息和保管質物相比，前者顯然較費時費力，有時更非質權人易於勝任，例如飼養設質的成年母狗，並非難事，但餵養剛出生的幼犬，則非一般人所能勝任，因此，質權人收取孳息時，僅盡與處理自己事務同一的注意義務即可。而且收取的孳息並非歸質權人所有，而須為出質人的利益而為計算，應先抵充收取孳息的費用，次抵原債權的利息，次抵原債權（民八九〇）。

二、轉質權

　　此處所謂轉質係指質權人於質權存續中，為供自己或他人債務的擔保，將質物移轉占有於第三人，設定新質權的行為。

　　轉質依其是否經出質人的同意，又可分為責任轉質和承諾轉質。責任轉質係指質權人於質權存續中，未經出質人同意，而以自己的責任，將質物轉質於第三人，第八百九十一條有明文規定。承諾轉質係指質權人於質權存續中得出質人的承諾，將質物轉質於第三人，民法雖無明文規定，但為了使質權人能就取得債權而減少的資金迅速得到補充，並使質物充分發揮其經濟功能，解釋上亦應允許。以下即就責任轉質和承諾轉質分別敘述如下：

㈠責任轉質

　　責任轉質是指質權人於質權存續間，不需經出質人的同意，而以自己的責任，將質物轉質於第三人而言。其性質為質物再度出質而為新質權的設定。

　　1. 要　件

　　責任轉質係於質物上再設定新質權，因此其性質為質物再度出質，亦即為新質權的設定，依第八百九十一條規定，應有以下要件：

　　⑴須於原質權存續中

　　轉質的目的係在避免質物因為質權的設定，而喪失其再度融通資金的功能，使原質權存續中，同一質物能再度被用來融資，又因為原質權所擔保的債權因清償等原因而消滅，質權人即應返還質物，因此，必須在原質權存續中才可轉質。

　　⑵須以自己的責任轉質

　　責任轉質的規定，係為了質權人融通資金的利益而設，不問出質人是否同意，質權人既因轉質而獲有利益，則轉質的任何風險亦應由質權人承擔，因此，第八百九十一條後段亦特別規定質權人對於因轉質所受不可抗力的損失亦應負責。所以條文所謂以自己責任即是因轉質所生的一切損失，

均由質權人承擔。

⑶須具備設定質權的一般要件並將質物移轉於第三人

　　轉質係設定新質權，因而須具備動產質權的要件，除了必須有擔保債權存在等要件外，亦須將質物移轉占有於第三人（即轉質權人）。

⑷轉質所擔保的債權額，需在質權所擔保的債權額範圍內

　　因為質權人的權利是基於出質人所設定，質權人取得的權利小於或等於出質人出質前的權利，因此，轉質所擔保的債權額，需在質權所擔保的債權額範圍內。

　2.效　　力

⑴對於出質人

　　轉質權為第八百九十一條所明文規定，而其性質乃為新質權的設定，標的物則為質物而非原質權所擔保的債權，因此，質權人所為轉質的法律關係對出質人不生效力。出質人如為清償使債權消滅，有請求質權人返還質物的權利（民八九六），質權人如因可歸責或不可歸責轉質權人的事由，而無法返還質物，則須負債務不履行的損害賠償責任，出質人對就轉質所生的權利義務雖無直接關係，但出質人基於其附條件的所有權回復權（清償債務後即可回復其所有權），如出質人向轉質權人清償，使轉質權和質權同時消滅（轉質權所擔保的債權等於質權所擔保的債權），則出質人即可直接向轉質權人請求返還所有物。

⑵對於質權人（即轉質人）

　　轉質係為了質權人的利益而設，對於出質人則增加其取回質物的困難，因此，對於質權人應加重其責任，第八百九十一條規定轉質人對於因轉質所生的不可抗力的損失，亦應負責，所以因轉質所生的不可抗力造成的損失，質權人即應負責，但如非因轉質所生的不可抗力所生損害，即不必負責。

⑶對於轉質權人

　　轉質是新質權的設定，轉質權人取得新質權，享有質物的變價權，具有質權人應有的權利，例如占有質物、收取質物所生孳息，甚至拍賣質物受優先清償的權利，只是轉質權人若拍賣質物，使質權人無法返還質物，

則質權人須負債務不履行損害賠償責任罷了，但不能否定轉質權人獨立的權利。

3. 消　滅

轉質權為新質權，其消滅原因，和質權消滅的原因相同，又因其為獨立的質權，因此，亦不因原質權消滅而消滅。但如出質人向質權人清償，而無法直接得到質物的返還，則應向轉質權人清償，而同時發生對轉質權人和質權人清償的效果，使轉質權隨同質權消滅而消滅，則更能保護出質人的權利。

㈡承諾轉質

質權人經出質人的承諾，為自己或他人債務的擔保，將質物轉質於第三人，所以又稱為同意轉質。而其性質亦為新質權的設定。

1. 要　件

承諾轉質亦是於質物上設定新質權，因此，其性質仍為新質權的設定，因其得出質人的同意，所以，不受原質權的任何拘束，只要具備一般質權成立的要件即可。但得不受原質權的拘束，而逾原質權所擔保債權的金額與清償期。

2. 效　力

質權人對於出質人僅負一般的過失責任，而不負責任轉質時的不可抗力責任。轉質權的實行要件，依轉質權而定，原質權是否已具備實行要件，則不受影響。而質權人如何實行其質權，原則上依轉質權設定契約所定。

㈢責任轉質和承諾轉質的不同點

1. 責任轉質係未經出質人的同意，以自己責任為轉質，而承諾轉質則係經出質人的同意為轉質。

2. 責任轉質的被擔保債權的清償期，須在質權擔保債權的清償期內，承諾轉質則不受此限制。

3. 責任轉質就質物因轉質所受不可抗力的損失，質權人亦應負責，承諾轉質則僅負一般的過失責任。

三、質權的保全

動產質權的質權人為質物的占有人，因此可以行使占有人的物上請求權，也就是對於侵奪其占有者，可以請求返還其占有，妨害其占有者，可以請求除去其妨害，有妨害之虞者，得請求防止其妨害。

動產質權是物權，也是財產權，因此亦是民法第一百八十四條侵權行為的客體，如第三人毀損質物時，質權人可依第一百八十四條第一項前段請求損害賠償，其賠償金額為因質物毀損所減少的交換價值，此項賠償金可能超過擔保債權金額，質權人可就賠償金取償（民八九九），惟超過擔保債權金額部分，則應返還出質人。

四、物上代位權

質權人的物上代位權，係指質權人得就質物的代位物行使權利，又可分為兩種：

1.動產質權，因質物的滅失而消滅。如因滅失得受賠償金或其他利益者，質權人得就賠償金取償（民八九九），此為典型的物上代位權。

2.因質物有敗壞之虞，以其賣得價金，代充質物（民八九二），此又稱為質權人的質物變價權。

民法上的物上代位，以前者為原則，而以後者為例外。前者為質權消滅的原因，也是質物物上代位性的規定，此種質物物上代位性的規定須具備以下要件：

1.質物因事實原因而滅失，除了滅失，毀損也包括在內。

2.因滅失或毀損而得受賠償金，如滅失或毀損後無賠償金請求權，則質權消滅，無物上代位的適用。所謂得受賠償或其他利益，即指賠償請求權，包括不當得利的償金、侵權行為損害賠償請求權等。

3.須為出質人得受的賠償金，如非出質人得受的賠償金則質權人無從行使物上代位權。

五、費用償還請求權

㈠質權人支出費用的種類

關於質權人支出的費用，可以分為以下幾種：

1.單純的保管費用

質權人占有質物，並有保管質物的義務（民八八八），因而也會因保管而支出費用，例如將質物放在倉庫，所付出的保管費，即是質物的保管費用。

2.因質物所有權所支出的費用

質權人占有質物，如果收到稅捐繳納通知，為免遲繳稅捐受罰，質權人即可能支出繳納稅捐的費用。此種費用即是因質物所有權所支出的費用。

3.避免質物價值減損而支出的必要費用

如因不可歸責於質權人的事由，致質物遭受損害，不立即修繕質物有毀損滅失之虞，質權人即會因修繕而支出的必要費用。此種費用即是避免質物價值減損而支出的必要費用。

4.有益費用

增加質物的價值而支出的費用是有益費用，如將作為質物的汽車改裝，以增加性能而提高其價值，即是有益費用。

㈡請求償還的可能性

民法物權編質權相關條文並無關於質權人得請求出質人償還相關費用的規定，因此，是否可以類推民法第九百三十四條因保管留置物所支出的費用可以向物的所有人請求償還的規定，即有爭議。針對前述四種費用，探討如下：

1.單純保管費用

本書認為質權人既同意以某物為質物，即可預見保管質物可能支出必要費用，與留置權是法定，債權人並無選擇擔保標的物的自由不同，因此，債權人可以請求償還保管留置物的必要費用，但質權人因為是自由選擇的結果，除非質權人和出質人有特別約定，否則不可以請求償還保管質物的

必要費用。

2.因質物所有權所支出的費用

質權人固有保管質物的義務，然而，質權人如果收到稅捐繳納通知，因財產稅原則上針對所有人課徵，質權人為免出質人遲繳稅捐受罰，質權人即可能為出質人的利益支出繳納稅捐的費用。此等費用，如有約定，先依當事人約定，如無約定，因此為歸所有人承擔的費用，理應由出質人負擔，質權人為了出質人的利益而支出，符合無因管理的要件，質權人可以向出質人請求償還。

3.避免質物價值減損而支出的必要費用

如因不可歸責於質權人的事由，致質物遭受損害，質權人並無修繕的義務，但質權人不立即修繕，質物即有毀損滅失之虞，質權人即會為了出質人的利益而修繕，因而支出必要費用。

此等費用，如有約定，先依當事人約定，如無約定，因此為避免質物價值減損而支出的必要費用，質權人並無義務支出而支出，也符合無因管理的要件，質權人可以向出質人請求償還。第八百八十七條規定的保存質物的費用，就是指此等費用。

4.有益費用

有益費用的部分，質權人可否向出質人請求償還，有許多不同見解：

(1)有認為應依民法第九百五十五條的規定，於質物現存的增加價值限度內，出質人負償還義務。

(2)有認為只有在有利於出質人而以不違反出質人明示或可得推知的意思為限，出質人才負償還義務。

(3)也有認為需經出質人同意所支出的有益費用，出質人才有償還義務。質權人通常並不使用質物，應無支出有益費用的機會，為免增加出質人的負擔，不宜鼓勵質權人支出有益費用。

第一個見解本書認為並不可採，因為善意占有人並不知其無所有權，因此，請求償還現存增加價值的有益費用尚有理由，但質權的情形不同，質權人並無使用收益質物的權利，且明知其無所有權，並無支出有益費用

的必要。

第二個見解是依無因管理的法理而為的推論,直接適用無因管理即可,無須據此解釋質權人有請求償還有益費用的權利。

出質人同意質權人支出有益費用的情形,是依當事人間的約定,使質權人有請求償還有益費用的權利,如無此一約定,第三個見解解釋上也是採否定見解。

綜上所述,配合新法第八百八十七條也未規定有益費用的償還,本書認為質權人不得向出質人請求償還有益費用。

六、質權的實行

㈠拍賣質物

依民法第八百九十三條:「質權人於債權已屆清償期,而未受清償者,得拍賣質物,就其賣得價金而受清償。約定於債權已屆清償期而未為清償時,質物之所有權移屬於質權人者,準用第八百七十三條之一之規定。」及第八百九十四條規定:「前二條情形質權人應於拍賣前,通知出質人。但不能通知者,不在此限。」可知拍賣質物是質權人實行質權的方法之一,質權人並應於拍賣前,通知出質人,使出質人有最後清償的機會,免於質物遭到拍賣。

㈡拍賣以外的方法

依民法第八百九十五條準用同法第八百七十八條規定,故質權人於債權清償期屆滿後,為受清償,得訂立契約,取得質物的所有權或用拍賣以外的方法,處分質物,但有害於其他質權人的利益者,不在此限。第八百九十三條流質契約禁止的條文已刪除,因而以拍賣以外的方法實行質權,其主要方法有:

1.流質條件成就

第八百九十三條刪除流質契約禁止,準用第八百七十三條之一規定,既然承認流質契約禁止禁不起檢驗,應採私法自治原則,所以對該條也要基此精神加以解釋而認為流質契約只是條件成就,質權人即取得質物所有

權，同時抵充債務。質權需要迅速可行的實行制度，清算義務可以約定排除。

因此，質權人和出質人如有約定「於債權已屆清償期而未為清償時，質物之所有權移屬於質權人」，於該條件成就，質物所有權即歸質權人所有。

2.訂立契約取得質物所有權

如無流質約款，清償期屆至後，質權人也可以與出質人訂立契約，取得質物所有權以代清償。

3.以其他方法處分質物

出質人與質權人亦得以其他方法，處分質物，例如代為尋找買主，共同將質物出賣與該買主，以其價金清償。

第二目　質權人的義務

一、保管質物

依民法第八百八十八條規定：「質權人應以善良管理人之注意，保管質物。質權人非經出質人之同意，不得使用或出租其質物。但為保存其物之必要而使用者，不在此限。」

二、收取孳息的義務

依民法第八百九十條第一項規定：「質權人，有收取質物所生孳息之權利者，應以對於自己財產同一之注意收取孳息，並為計算。」

三、返還質物

依民法第八百九十六條規定：「動產質權，所擔保之債權消滅時，質權人應將質物返還於有受領權之人。」

四、賠償因轉質所受的損失

若在責任轉質的情形下，對於不可抗力的損失質權人亦應負責，但在承諾轉質的情形，質權人只需負抽象輕過失的責任。

第四款　第三人的代位權和求償權

出質人如非債務人而係第三人時，則此種物上保證人於代為清償債務後，對債務人可行使代位權和求償權，與物上保證人的抵押人相同。

第五項　動產質權的消滅

動產質權的消滅原因，除物權的共同消滅原因外，如主債權的消滅，因質權是擔保物權，從屬於被擔保的債權而存在，若被擔保的債權因清償、提存、抵銷、免除、混同……等原因而消滅，則質權亦從屬地消滅。此外，尚有其他原因，說明於下。

第一款　質物的返還

質權原則上以占有質物為成立及存續要件，若質權人返還質物予出質人，質權即淪於消滅。縱然於返還質物時，為質權繼續存在的保留，其保留無效，質權仍歸於消滅（民八九七）。

第二款　喪失質物的占有

質權人喪失其質物的占有，於二年內未請求返還者，其動產質權消滅（民八九八），因動產質權人喪失質物的占有，不得向第三占有人請求回復時，質權繼續存在實益不大，因而使質權消滅。但質權人一時喪失質物的占有，依第九百四十九條、第九百五十條、第九百六十二條或依侵權行為的規定得請求回復其占有者，則其質權不因占有的一時喪失而消滅。現行法第八百九十八條明訂二年除斥期間，有利於法律關係早日確定。

第三款　質物的滅失

質權存在於質物上，若質物滅失，質權即歸於消滅。但因質物滅失得受賠償或其他利益者，質權人得就賠償或其他利益取償（民八九九）。

第三節　權利質權

第一項　權利質權的意義

所謂權利質權是指以可讓與的債權及其他權利為標的物的質權（民九〇〇），依此定義可知，權利質權是質權的一種，而其標的物是所有權以外可讓與的債權及其他權利，有別於動產質權的標的物為動產。

第二項　權利質權的標的

權利質權亦是擔保物權，以標的物的交換價值擔保債務的清償，因此為權利質權的標的物必須具備下列要件：

一、須為可讓與的財產權

權利質權既在擔保債務的清償，因此，標的物須具交換價值，亦即具有經濟價值，人格權和身分權並不具交換價值，因此不得為權利質權的標的。又第九百條明文規定「可讓與的債權及其他權利」得為質權的標的物，因為即使為財產權，如不得讓與，則對債權人而言，即無交換價值，無法擔保債務的清償，可見不得讓與的財產權，亦不得為權利質權的標的，這仍然是以交換價值作為擔保的必然結果。

二、須為與質權性質不相牴觸的財產權

民法上的財產權，包括動產和不動產財產權，有關於不動產財產權設定的擔保物權，在第六章抵押權已有規定（民八六〇、八八二參照），而質權的標的物乃以動產及和動產同一性質的財產權為限，❽此乃權利質權需

準用動產質權的規定的理由，因此，非與動產同一性質的財產權，如地上權、農育權、典權等不動產物權和漁業權、礦業權等準不動產物權，均不得為質權的標的物。和動產同一性質的財產權，例如債權、證券、股份、智慧財產權等，均得為權利質權的標的物，但動產擔保物權，則因為是從權利，不得與主權利分離設定質權，因此，亦不得為權利質權的標的物。

第三項　權利質權的準用規定

前已提及，權利質權係以和動產同一性質的財產權為標的，仍和動產質權以動產為標的物不同，因此，權利質權雖亦為質權，依第九百零一條規定，權利質權，除本節有規定外，準用關於動產質權的規定。但準用時，亦須注意條文上屬於動產質權的特別規定應不予準用，和權利質權性質有違的條文，亦不予準用，準用某一條文時，亦必須和權利質權性質相符的要件才加以準用，不必準用全部的要件。

依照以上說明，有關於質權設定規定的第八百八十五條，因有第九百零二條、第九百零四條和第九百零八條的特別規定，故不得準用。❽❺第八百八十六條質權善意取得的規定，對於以無記名證券為質權標的物時，亦有保護善意受讓人的必要，因此，亦在準用之列。第八百八十七條有關動產質權擔保債權的範圍，權利質權一節並無特別規定，當然也應準用。第八百八十八條、第八百八十九條、第八百九十條和第八百九十一條有關質物的保管注意、孳息收取、責任轉質等規定，權利質權一節並無特別規定，當然亦應準用。第八百九十二條有關質物敗壞之虞在權利質權無適用餘地，但價值顯有減少，在以證券為質物時，有準用的可能（例如股市大跌，為

---

❽❹　民法第 67 條規定，稱動產者為前條所稱不動產以外之物。因此，在此所謂和動產同一性質的財產權，也是指不動產財產權以外的任何財產權。

❽❺　最高法院 26 年上字第 823 號判例：「權利質權之設定，除以債權、或無記名證券、或其他之有價證券為標的物者，應依民法第九百零四條、第九百零八條之規定為之外，祇須依關於其權利讓與之規定為之，此在民法第九百零二條已有規定。關於規定動產質權設定方式之民法第八百八十五條，自不在民法第九百零一條所稱準用之列。」依其見解第 885 條並不在第 901 條所定準用的範圍。

保其交換價值，將質權標的的證券賣出，但無須經拍賣程序）。第八百九十三條第一項和第八百九十四條的規定於權利質權一節無特別規定時（民九〇五、九〇六參照），且為質權標的物的權利得拍賣者，可以準用。第八百九十三條第二項流質自由原則的規定，在權利質權和動產質權並無不同，亦應準用。第八百九十五條拍賣以外方法準用於實行質權的規定，對權利質權的實行亦較為便利，亦應準用。第八百九十六條第八百九十九條規定，權利質權一節亦無特別規定，而對權利質權亦有適用的同一法理，因此，亦可準用。

第四項　權利質權的取得

　　權利質權取得的原因，有基於法律行為，亦有基於法律行為以外的事實，與動產質權相同，關於此點請參閱動產質權該部分的說明。然而權利質權和動產質權的標的究有不同，權利質權的取得，有以下各點，須特別加以說明：

一、當事人

　　權利質權亦有出質人、質權人、和物上保證人，和動產質權相同，然而權利質權除上述三類當事人外，因其乃以權利為標的，而權利通常有其相對的義務人，該義務人即會因質權的設定而受影響，因此，權利質權的設定即會對此種義務人有利害關係，然而此種利害關係人並非質權的當事人，雖然債權質權的設定必須通知債務人才對該債務人發生效力（民九〇二），但不以經債務人同意為必要，而權利質權設定後對於債務人清償行為即有所限制（民九〇五、九〇六、九〇七），因此，權利質權標的的義務人在探討權利質權當事人時亦不可忽略。

二、標　的

　　權利質權的標的必須為可讓與且和質權性質不相牴觸的財產權，因此，凡是性質上（民二九四 I⑴）、當事人特約（民二九四 I⑵）或法律規定不

得讓與（民一九五、九九九、一〇五六）的財產權，均不得為權利質權的標的，法律禁止扣押擔保（勞工保險條例二九）之物，因債權人無法就該物的交換價值取償，因此，亦不得為權利質權的標的。

三、設定行為

㈠概　說

1.權利質權設定的一般規定

第九百零二條規定：「權利質權之設定，除依本節規定外，並應依關於其權利讓與之規定為之。」此為權利質權設定的一般規定，依此規定可知，權利質權的設定，無論標的為何，均應先依權利質權一節的特別規定，若無規定，則只須依關於其權利讓與的規定而設定即可。

2.權利質權設定的特別規定

因財產權種類不同，物權編就不同權利質權的設定，亦有特別的規定，此即為權利質權設定的特別規定。

㈡債權質權的設定

第九百零四條規定：「以債權為標的物之質權，其設定應以書面為之。前項債權有證書者，出質人有交付之義務。」此為債權質權設定的特別規定。債權是特定人得請求特定人為一定給付的權利。可分為一般債權和證券債權，證券債權乃是以有價證券表彰的債權，此種債權的設質是以有價證券為標的，而其設質在第九百零八至九百十條已有特別規定，相互對照可見本條和第九百零五至九百零七條所謂債權，指一般債權而言。依第九百零四條債權質權設定的特別規定和第九百零二條權利質權設定的一般規定，可知普通債權質權的設定，需具備以下要件：

1.須訂定書面

此種書面為設定債權質權的證明文件，亦是法律行為的要式，因此，債權質權的設定為要式行為，若無書面，債權質權即無法成立（司法院院字第九九八號解釋）。然而有關書面的形式，第九百零四條並未明白規定一定的格式，因此，只要出質人和質權人同意將設定權利質權的約定記載在

文書上即可（六四年臺上字第六八四號判例）。

2.如有債權證書，出質人有交付的義務

所謂債權證書，是指證明債權的文件（民二九六），例如貸款契約書（借據）、租賃契約書、郵局或銀行定期存款單據、郵局或銀行的存款簿等。債權證書是證明債權存在的文件，證書的交付對出質人就該債權的利用雖無影響，然而如涉及該債權的移轉或設質（處分權能），出質人無法提出債權證書勢必實質地影響其對該債權為處分，因此，出質人有交付的義務，也用來證明其債權存在。

交付債權證書並非債權成立的要件，是債權存在的證明方法，也非債權移轉的要件，❻因而並非設定債權質權的要件，就此而言，第九百零四條第二項修正為：「前項債權有證書者，出質人有交付之義務。」符合債權證書只是權利證明而非權利發生要件的本質，並可以杜絕爭議。

3.應通知債務人

債權質權的設定，除依第九百零四條的特別規定外，仍須依第九百零二條的一般規定，即須依關於其權利讓與的規定為設定行為。

(三)其他權利質權的設定

關於以有價證券為標的物而設定質權，如以票據證券設定質權，則應依票據法關於票據讓與的規定；如為股票，應依公司法關於股份讓與的規定；若以未記載權利人的有價證券為標的，因其交付證券於質權人，而有設定質權的效力；若以其他的有價證券為標的，除交付有價證券外，並應依背書方法而設定質權。

第五項　權利質權的效力

權利質權的效力可分下列五點敘述：

一、效力的範圍

第九百零一條規定：「權利質權，除本節有規定外，準用關於動產質權

---

❻　孫森焱，《民法債編總論（下）》，頁 969–970，自版，2004 年修訂版。

之規定。」因此，權利質權效力的範圍須準用動產質權的規定，分述如下：

(一)擔保債權的範圍

由於民法第七章第二節並無特別規定，因此依第九百零一條規定，應準用第八百八十七條的規定「質權所擔保者為原債權、利息、遲延利息、違約金、保存質物之費用、實行質權之費用及因質物隱有瑕疵而生之損害賠償。但契約另有約定者，不在此限。前項保存質物之費用，以避免質物價值減損所必要者為限。」界定其擔保債權的範圍。

(二)標的物的範圍

權利質權及於標的物的範圍，依第九百零一條的規定，除權利質權該節另有規定外，應適用動產質權的規定，由於債權質權，無特別規定，故應準用「質權人，得收取質物所生之孳息。但契約另有約定者，不在此限。」（民八八九）的規定，及第八百九十、八百九十二、八百九十九條等規定。

然而，在證券質權的情形，若證券有附屬性證券則因第九百十條有「質權以有價證券為標的物者，其附屬於該證券之利息證券、定期金證券或其他附屬證券，以已交付於質權人者為限，亦為質權效力所及。附屬之證券，係於質權設定後發行者，除另有約定外，質權人得請求發行人或出質人交付之。」的特別規定，故應優先適用，因此以有價證券為標的物的質權，質權的效力並不當然及於此等附屬證券，必須出質人有將其附屬證券交付質權人者，質權的效力才及於此等附屬證券。因有價證券係以證券的占有為權利的移轉要件，該附屬證券若未交付，質權人即無法對此等附屬證券為權利的主張。若證券並無附屬性證券，則仍適用第九百零一條的規定，質權人對於此種有價證券所生的股息、紅利……等孳息仍有收取權。

二、對質權人的效力

權利質權對質權人的效力，即關於質權人的權利義務，包括證書或證券的留置權、孳息的收取權（民九〇一準用八八九）、轉質權（民九〇一準用八九一）、權利的變價權或預行拍賣權（民九〇一準用八九二）、因流質

條件成就取得權利質權標的物的權利，另外亦有質權人實行權利質權，得就為質權標的的債權或證券權利逕行受償或拍賣優先受償。說明如下：

(一)一般債權質權的實行，可分兩種情形說明

1.為質權標的物的債權，以金錢給付為內容，而其清償期先於其所擔保債權的清償期，質權人得請求債務人提存該給付，並對提存物行使其質權。為質權標的物的債權，以金錢給付為內容，而其清償期後於其所擔保債權的清償期，質權人於其清償期屆至時，得就擔保的債權額，為給付的請求（民九〇五），即不需得到出質人同意，即可請求第三債務人為給付，不適用第九百零七條規定，第九百零七條規定只能適用於第九百零五條第一項的情形，因為為質權標的物的債權，以金錢給付為內容，而其清償期後於其所擔保債權的清償期，質權人有實行質權的權利，可以就質物而受清償。

2.為質權標的物的債權，以金錢以外的動產給付為內容者，於其清償期屆至時，質權人得請求債務人給付之，並對該給付物有質權（民九〇六）。為質權標的物的債權，以不動產物權的設定或移轉為給付內容者，於其清償期屆至時，質權人得請求債務人將該不動產物權設定或移轉於出質人，並對該不動產物權有抵押權。前項抵押權應於不動產物權設定或移轉於出質人時，一併登記（民九〇六之一）。此種情形，是擔保物權客體的轉換，而非法定抵押權。

(二)有價證券質權的實行

質權以未記載權利人的有價證券、票據、或其他依背書而讓與的有價證券為標的物者，其所擔保的債權，縱未屆清償期，質權人仍得收取證券上應受的給付。如有使證券清償期屆至的必要者，並有為通知或依其他方法使其屆至的權利。債務人亦僅得向質權人為給付（民九〇九）。因有價證券須憑票行使權利，且有價證券都採短期時效，若必須等待有價證券所擔保的債權屆清償期始得行使權利，則證券權利常已罹於消滅時效，所以有以上的規定。

三、對出質人的效力

權利設定質權後，出質人原則上即喪失對該權利的處分權，第九百零三條規定：「質權標的物之權利，非經質權人之同意，出質人不得以法律行為，使其消滅或變更。」例如債權經設定質權後，出質人不得免除債務人對他的債務（或拋棄其對債務人的債權），否則債權質權即告消滅，又如出質人不得延長債務人的清償期，否則權利質權人即受延期清償的不利益。

公司股東就股票設定質權後，質權人並非為股東，其所享有者為股票的交換價值而已，出質人的股東地位並不因此而消滅，所以出質人於股票設質後，仍有股東會的出席權。

若以無體財產權如著作權、商標權、專利權等為質權的設定，出質人除與質權人約定由質權人使用外，出質人仍有繼續使用權。

四、對於第三債務人的效力

為質權標的物的權利為債權者，依第九百零七條規定：「質權標的物之債權，其債務人受質權設定之通知者，如向出質人或質權人一方為清償時，應得他方之同意。他方不同意時，債務人應提存其為清償之給付物」，因為以債權為質權標的者，應依債權讓與的規定，通知債務人（民二九七），債務人受質權設定的通知後，非經質權人或出質人的同意，不得向一方清償其債務，亦不可使債務人因未得一方的同意，致永遠不能脫離其債務關係，故應使債務人得為提存清償債務的標的物，以保護雙方的利益。然而質權標的物為有價證券者，因證券的持有人，始得主張證券上的權利，故該證券的債務人僅得向質權人為給付（民九〇九），無須得出質人的同意。

民法第二百九十九條第二項及民法第九百零二條規定，對於權利質權，亦有適用，因此，如第三債務人對出質人有債權，而清償期先於質權標的物的債權，或同時屆至時，第三債務人於受通知時，自得主張抵銷。**❽** 然而，為了避免損害質權人的權利，民法第九百零七條之一規定：「為質權標的物

---

❽ 參閱最高法院 86 年臺上字第 1473 號判例。

之債權，其債務人於受質權設定之通知後，對出質人取得債權者，不得以該債權與為質權標的物之債權主張抵銷。」使第三債務人於受質權設定通知後，不得以之後對出質人取得的債權與為質權標的物的債權主張抵銷。

五、權利質權的消滅

權利質權的消滅，民法並無特別規定，應準用關於動產質權消滅的規定，因此凡是主債權消滅、證券的返還、證券的喪失或占有的喪失、權利質權的實行、標的物權利的消滅、混同等，均使權利質權歸於消滅。

第六項　證券質權

一、意　義

以有價證券為標的物的質權，最廣義的有價證券，指表彰財產權的證券，即該財產權的發生、移轉或行使，須全部或一部依證券為之者，例如：債券、股票、票據、指示證券、無記名證券等是。

二、種　類

依民法第九百零八條規定：「質權以未記載權利人之有價證券為標的物者，因交付其證券於質權人，而生設定質權之效力。以其他之有價證券為標的物者，並應依背書方法為之。前項背書，得記載設定質權之意旨。」現行法將無記名證券更明確修訂為「未記載權利人之有價證券」，因無記名證券是自付證券，而未記載權利人的證券可以包括由委託他人付款的證券；並增訂第二項規定：「前項背書，得記載設定質權之意旨。」如此可加強與有價證券移轉的區別。

(一)未記載權利人的有價證券的設質

須當事人間有設質的合意，加上證券的交付，即生設質的效力，不須訂定書面。而證券的交付方式，除現實交付，尚可採觀念交付的方式。

㈡其他有價證券的設質

　　即未記載權利人的有價證券以外的有價證券，包括記名證券及指示證券，此類證書的設質要件須當事人有設定質權的合意、證券的交付及背書，始生設質效力。

第七項　股份質權

　　依民法第六百八十三條規定：「合夥人非經他合夥人全體之同意，不得將自己之股份轉讓於第三人。但轉讓於他合夥人者，不在此限。」由此可知股份的讓與受有限制，非可任意轉讓，但股份的持有，非單純的社員權，而仍具有財產權的性質，故雖受有限制，但經他合夥人全體的同意，仍得設定質權。❽❽

第八項　智慧財產權質權

　　例如著作權法第三十九條規定：「以著作財產權為質權之標的物者，除設定時另有約定外，著作財產權人得行使其著作財產權。」商標法第四十四條第一項規定：「商標權人設定質權及質權之變更、消滅，非經商標專責機關登記者，不得對抗第三人。」第二項規定：「商標權人為擔保數債權就商標權設定數質權者，其次序依登記之先後定之。」第三項規定：「質權人非經商標權人授權，不得使用該商標。」專利法第六十二條規定：「發明專利權人以其發明專利權讓與、信託、授權他人實施或設定質權，非經向專利專責機關登記，不得對抗第三人。」

第九項　營業質權

　　營業質權是指適用當舖業法的當舖業質權，修正前民法物權編施行法第十四條規定：「民法物權編關於質權之規定，於當舖或其他以受質為營業

---

❽❽　參閱22年上字第235號判例，其要旨為：「合夥人以自己之股份為合夥人以外之人設定質權，依民法第九百零二條、第六百八十三條之規定，須經他合夥人全體之同意。」

者，不適用之。」惟消費性融資手段，當舖亦屬重要方法之一，民法將營業質權排除在外，並不妥當，而且增加管理規範上的困難。

　　現行法增訂第八百九十九條之二：「質權人係經許可以受質為營業者，僅得就質物行使其權利。出質人未於取贖期間屆滿後五日內取贖其質物時，質權人取得質物之所有權，其所擔保之債權同時消滅。前項質權，不適用第八百八十九條至第八百九十五條、第八百九十九條、第八百九十九條之一之規定。」使營業質權納入民法規範，營業質權就是採用債務人負物的有限責任的流質條款，目前實務上的質權應用，幾乎都是營業質，更可見流質條款和流押條款會是將來質權和抵押權實務的主流。

第四章　留置權

第一節　留置權的意義

　　留置權為債權人占有他人的動產，就該動產有牽連關係所生的債權已屆清償期未受清償時，有留置該動產的法定擔保權利。

　　第九百二十八條對於留置權規定為：「稱留置權者，謂債權人占有他人之動產，而其債權之發生與該動產有牽連關係，於債權已屆清償期未受清償時，得留置該動產之權。債權人因侵權行為或其他不法之原因而占有動產者，不適用前項之規定。其占有之始明知或因重大過失而不知該動產非為債務人所有者，亦同。」

　　留置權為法定擔保物權，以留置方法，間接促使債務人履行或以留置物取償，以使其與留置物有牽連關係的債權獲得滿足。

第二節　留置權的特性

一、為擔保物權

　　留置權與質權、抵押權同為擔保物權，債權人得依法定程序拍賣或變賣留置物，就其價金優先受償。

二、為法定擔保物權

　　留置權因具備法定要件而成立，與質權、抵押權通常因當事人意思而設定者不同。

第三節　留置權的取得

第一項　概　說

　　留置權是法定擔保物權，故僅能基於法律規定而發生，不能依當事人意思而設定取得，因讓與債權而留置權隨同移轉（主權利處分及於從權利），或繼承取得留置權，也是基於法律規定而取得。

第二項　成立要件

　　依法律規定留置權發生的要件包括：

一、積極三要件

　　具備以下積極要件，才可以主張留置權：

㈠債權人占有他人的動產

　　留置權是用來擔保該動產有牽連關係所生的債權，而債權人理應向債務人請求清償，而以債務人的財產為擔保，所以，原則上債權人只能留置債務人所有的動產，如債權人占有動產時明知或因重大過失而不知該動產非為債務人所有（民九二八 II），即不能合理期待以該動產擔保債權的清償，而主張留置權。

　　然而，動產占有人推定其為所有人，如占有人不明示其占有的動產並非其所有，而從該動產的外觀上也無從判定占有人並非所有人，則與占有人形成法律關係的債權人，即無法以合理的資訊蒐集成本辨別該動產並非債務人（占有人）所有，而採取其他債權擔保的手段，為減少交易成本以保護交易安全，即允許債權人直接就外觀上可以合理信賴是債務人所有的動產主張擔保利益，而主張留置權。因此，留置權的標的物不以債務人所有為限。

㈡債權的發生與該動產有牽連關係

　　所謂有牽連關係，主要有：

1. **事實上的牽連關係**

債權由於該動產本身而生者，有事實上的牽連關係，例如甲的牛跑入乙的田，造成乙的農作物受損，乙留置該牛。

2. **法律上的牽連關係**

債權與該動產的返還義務由於同一法律關係而生者，有法律上的牽連關係，例如甲的轎車，請乙修繕，在甲支付修繕費前，乙得留置該車。

3. **擬制的牽連關係**

商人間因營業關係而占有的動產，與其因營業關係所生的債權，視為有前條所定的牽連關係（民九二九）。當債權人和債務人都是商人，而雙方有業務上的往來，而占有的動產，雖不具有以上事實上和法律的牽連關係，也視為有牽連關係。

(三)**債權已屆清償期未受清償或債務人無支付能力**

債權未屆清償期前，債務人尚無清償的義務，未必可以合理預期債務人屆期也不清償，而有讓債權人主張法定擔保權的必要。當債權已屆清償期未受清償時，債權人即有以留置動產為手段，造成債務人清償的壓力的必要性，或以留置動產以擔保債權的必要性。

然而，如債務人已無支付能力，即可合理預期即使債權已屆清償期，債務人也無法清償，因而，第九百三十一條第一項規定，如債務人無支付能力時，債權人於債權未屆清償期前，也有留置權。

二、消極三要件

有以下消極要件，即不可以主張留置權：

(一)**因侵權行為或其他不法的原因而占有動產（民九二八）**

主張權利者不得主張自己不法，如法律保護不法行為人，將助長不法行為，除非符合阻卻違法事由，任何人不得以不法手段確保其權利，因此，因侵權行為或其他不法的原因而占有動產，將不符合債權人合法占有動產的要件，而不能主張留置權。

㈡違反公共秩序或善良風俗（民九三〇前段）

　　違反公共秩序或善良風俗的法律行為無效，當然也不能主張權利，如違反公共秩序或善良風俗，也不能留置他人動產。

㈢與債權人應負擔的義務或與債權人債務人間的約定相牴觸（民九三〇後段）

　　債權人應履行其義務及與債務人的約定，否則構成義務違反，也是民事違法，法律不能保護不法或鼓勵不法。因而與債權人應負擔的義務或與債權人債務人間的約定相牴觸，也不能主張留置權。如甲運送人以乙未付運費，而留置運送物，不為運送，則違反運送義務。又如甲將轎車交乙修理，言明修理完畢，須經甲試車才付修理費，而乙在甲未試車亦未支付修理費前留置該車。

　　然而，如果債務人於動產交付後，成為無支付能力，或債權人於動產交付後才知債務人無支付能力，即使有上述牴觸情形，債權人仍得行使留置權。

第四節　留置權的效力

　　留置權的效力可分效力的範圍、對留置權人的效力及對留置物所有人的效力等三點加以敘述。

第一項　效力的範圍

一、留置權擔保債權的範圍

　　留置權所擔保的債權的範圍，法無明文規定，可類推適用質權擔保債權的範圍而為解釋，包括原債權、利息、遲延利息、違約金、避免留置物價值減損所必要的保存費用、實行留置權的費用及因留置物隱有瑕疵而生的損害賠償等。

二、留置權及於標的物的範圍

　　留置權的效力除及於被留置的動產外，亦及於債權人所占有的被留置

物的從物、以及被留置動產與從物的孳息，但若不為債權人占有，則為留置權效力所不及。

第九百三十二條之一規定，留置物存有所有權以外的物權者，該物權人不得以之對抗善意的留置權人，此一規定與善意占有非債務人的動產可主張留置權的法理相同，即留置權人也可以主張善意取得，以保護交易安全。

第九百三十二條但書規定：「但留置物為可分者，僅得依其債權與留置物價值之比例行使之。」使留置權僅存在於擔保債權的必要限度內的留置物上，即僅在保護債權人的必要限度內，才賦予債權人留置權，兼顧債務人或留置物所有人的權益。

第二項　對留置權人的效力

第一款　留置權人的權利

一、占有標的物的權利

依第九百三十二條規定：「債權人於其債權未受全部清償前，得就留置物之全部，行使其留置權。但留置物為可分者，僅得依其債權與留置物價值之比例行使之。」

二、收取孳息的權利

舊法第九百三十五條規定：「債權人得收取留置物所生之孳息，以抵償其債權。」該規定已併入現行法第九百三十三條，爰予刪除。

三、保管上的使用權利

依第九百三十三條規定：「第八百八十八條至第八百九十條之規定，於留置權準用之。」因留置權與物權同為擔保物權，均以占有動產促使債務人清償其債務為目的。故質權存續中質權人對質物的保管義務、使用出租的限制、孳息收取權，在留置權本應準用。

四、必要費用請求償還的權利

依第九百三十四條規定：「債權人因保管留置物所支出之必要費用，得向其物之所有人，請求償還。」

五、實行留置權的權利

留置權人得依法定程序，拍賣留置物，以價金受償，此即為實行留置權的權利。

第二款　留置權人的義務

一、盡善良管理人的注意，保管留置物（民九三三準用八八八 I）。

二、未經所有人承諾，不得就留置物使用或出租的義務（民九三三準用八八八 II）。

三、返還留置物的義務。債權人本有返還留置物的義務，只是因為符合留置權的要件，可以留置而不返還。而留置權既然消滅，無論其消滅原因為何，都使留置的合法性喪失，因而債權人有將留置物返還債務人或其他受領權人的義務。

第三項　對留置物所有人及其他物權人的效力

動產被債權人留置後，所有人即喪失使用收益權。所有人如欲以讓與所有物返還請求權（民七六一 III）的方法，將留置物所有權讓與第三人，必需清償，才有所有物返還請求權，但未清償即無此權利，因此，未清償前，應無權利可言。此外，債權人因保管留置物所支出的必要費用，得向其物所有人請求償還，所以留置物所有人自有償還必要費用的義務。

留置物所有人並非債務人的情形（民九二八 II），債權人是基於善意取得留置權，債權人既取得留置權，留置物所有人即不得以所有權對抗留置權人；同樣地，留置物存有所有權以外的物權者，該物權人不得以其權利對抗善意的留置權人（民九三二之一），也是善意取得法理適用的結果。

第五節　留置權的消滅

關於留置權的消滅，除留置物的消滅、權利的拋棄、主債務的消滅等一般消滅原因外，留置權消滅的特有原因有三：

一、債務人另提擔保

債務人或留置物所有人為債務的清償，已提出相當的擔保者，債權人的留置權消滅（民九三七I）。

二、留置權的實行

留置權的實行，指留置權人的債權屆期未受清償時，在符合法定要件的情況下，將留置物變價或取得所有權，以優先受償其債權的行為。須符合以下要件：

(一)須債權已屆清償期

雖然債權未屆清償期，則留置權無法成立，但債務人無支付能力，債權未屆清償期也可行使留置權，而擔保物權的實行，本以債權屆清償期未受清償為要件，因此，留置權的實行，仍須債權已屆清償期。

(二)須定期通知，並為適當的聲明，如不能通知，須經一定時間

第九百三十六條第一項規定：「債權人於其債權已屆清償期而未受清償者，得定一個月以上之相當期限，通知債務人，聲明如不於其期限內為清償時，即就其留置物取償；留置物為第三人所有或存有其他物權而為債權人所知者，應併通知之。」

同條第二項規定：「債務人或留置物所有人不於前項期限內為清償者，債權人得準用關於實行質權之規定，就留置物賣得之價金優先受償，或取得其所有權。」第三項規定：「不能為第一項之通知者，於債權清償期屆至後，經過六個月仍未受清償時，債權人亦得行使前項所定之權利。」第一項通知對象除債務人外，包括並非債務人的留置物所有人及其他物權人，因為留置物並非當然為債務人所有，而且留置物也可能存在其他物權。

㈢**須仍未依期限清償**

即債務人未通知所定期限，或未在不能通知時的法定期限內清償，債權人始可實行留置權。

㈣**拍賣或取得留置物所有權取償**

債務人不於上述期限內為清償者，償權人得依關於實行質權的規定，拍賣留置物，或取得其所有權。

三、占有的喪失

留置權人喪失留置物的占有，於二年內未請求返還，留置權消滅（民九三七Ⅱ準用八九八）。留置權人如一時喪失占有，而得請求回復占有者，其占有尚非確定地喪失，則留置權仍未消滅。

第六節　特殊留置權

一、不動產出租人的留置權

依民法第四百四十五條第一項規定：「不動產之出租人，就租賃契約所生之債權，對於承租人之物置於該不動產者，有留置權。但禁止扣押之物，不在此限。」此即不動產出租人的留置權。

其特性為所擔保的債權，無須與承租人的物有牽連，只要本於租賃契約所生即可；而且留置物無須由出租人占有，只須置於該不動產上即可；禁止扣押之物不得為此項權利的標的。

二、場所主人的留置權

依民法第六百十二條第一項規定：「主人就住宿、飲食、沐浴或其他服務及墊款所生之債權，於未受清償前，對於客人所攜帶之行李及其他物品，有留置權。」此為場所主人的留置權。

其特性為所擔保的債權，必須與營業有關，而且不以占有為必要，又只要是客人所攜帶即可，不論是否為其所有。

三、運送人的留置權

依民法第六百四十七條第一項規定：「運送人為保全其運費及其他費用得受清償之必要，按其比例，對於運送物，有留置權。」此即為運送人的留置權。旅客運送於第六百五十七條準用。

其特性為標的物須為運送物或旅客的行李，如運送物由數運送人相繼運送者，其最後的運送人，就運送人全體應得的運費及其他費用，得行使運送人的留置權。

四、承攬運送人的留置權

依民法第六百六十二條規定：「承攬運送人為保全其報酬及墊款得受清償之必要，按其比例，對於運送物有留置權。」此即承攬運送人的留置權。

其特性為其標的物為運送物，且對留置物多係間接占有。

五、物權編第九章以外的留置權

依民法第七百九十一條規定：「土地所有人，遇他人之物品或動物偶至其地內者，應許該物品或動物之占有人或所有人入其地內，尋查取回。前項情形，土地所有人受有損害者，得請求賠償。於未受賠償前，得留置其物品或動物。」此即為土地所有人對於侵入物品或動物的留置權。

依民法第八百零五條第五項規定：「第一項費用之支出者或得請求報酬之拾得人，在其費用或報酬未受清償前，就該遺失物有留置權。其權利人有數人時，遺失物占有人視為為全體權利人占有。」又第八百十條準用第八百零五條第五項的規定：「拾得漂流物、沈沒物或其他因自然力而脫離他人占有之物者，準用關於拾得遺失物之規定。」此即為拾得人對遺失物、漂流物或沉沒品的留置權。

六、海上運送人或船長的留置權

依海商法第一百二十二條規定：「運送人或船長對於未清償分擔額之貨物所有人，得留置其貨物。但提供擔保者，不在此限。」此即海上運送人或船長的留置權。

第五章　特殊擔保物權

特殊擔保物權在此指特別法所規定或法律未規定而為實務所運用的擔保物權，包括動產擔保交易法規定的附條件買賣和信託占有（動產抵押已於特殊抵押權中介紹）、法律未規定而為實務所運用的讓與擔保和融資性租賃、以及眾多散見於民法和特別法中的優先權。

第一節　附條件買賣

第一項　概　說

附條件買賣是動產擔保交易法所規定的擔保買賣債權型態之一，在買賣契約中以分期付款的方式支付價金，為擔保買賣債權，所以有附條件移轉所有權的約定，而以出賣人未移轉的所有權擔保買受人尚未支付的買賣價金。

第一款　附條件買賣的意義

動產擔保交易法第二十六條規定：「稱附條件買賣者，為買受人先占有動產之標的物，約定至支付一部或全部價金，或完成特定條件時，始取得標的物所有權之交易。」所以動產擔保交易法中所規定的附條件買賣可分析如下：(1)附條件買賣是一種交易、也是一種法律行為；(2)附條件買賣的交易是以動產為標的物；(3)附條件買賣是由買受人先占有標的物、但不立即移轉所有權；(4)附條件買賣是以買受人支付一部或全部價金或完成特定條件才取得標的物所有權；(5)附條件買賣是以出賣人未移轉的所有權擔保買受人尚未支付的買賣價金的交易行為。

第二款　附條件買賣的經濟作用

一般的買賣，出賣人交付買賣標的物，買受人即取得所有權，但出賣

人未受清償的價金未必可以就買賣標的物優先受償（承認出賣人的優先權即可）。此時當事人約定，買賣標的物先移轉占有於買受人，由買受人占有使用收益，但出賣人於全部或一部價金受清償前，仍保有該標的物的所有權，即可以出賣人未移轉的所有權擔保買受人尚未支付的買賣價金，而買受人又以占有買賣標的物擔保其支出的價金，又可使用該物，對買賣雙方都有保障，而有助於交易的發生。

第三款　附條件買賣的性質

附條件買賣制度，是美國法的繼受，附條件買賣的性質，應探求當事人的真意和交易的習慣而定，雙方從事買賣，成立附條件買賣關係，在買賣契約中將所有權的移轉繫於某一條件，以擔保交易，是典型的擔保交易 (secured transaction)。

因此，附條件買賣的性質就是擔保交易或擔保買賣，在買賣中加入擔保的條款，包括一般買賣內容和所有權移轉的條件，構成一項交易的內容，所以稱為附條件買賣。

第二項　附條件買賣契約的訂立

依動產擔保交易法第五條第一項的規定，採書面成立，登記為對抗要件，所以附條件買賣是必須訂定書面的要式契約，並應依動產擔保交易法第二十七條的規定記載法定應記載事項。

第三項　附條件買賣契約的效力

一、對於出賣人的效力

附條件買賣的出賣人對於出賣標的物雖移轉占有於買受人，出賣人仍保有所有權，若買受人有不依約定清償或其他約定事由時，出賣人得取回占有標的物，而非回復所有權。但必須說明的是，買受人因支付價金，在該動產上也享有物權的權利，在買受人無違約情事時，此權利不僅對出賣

人有效，對第三人也有效。形同買受人享有已付價金相對於總價金比例的產權（所有權中分割出來的權利），而出賣人享有扣除買受人權利比例的產權。

附條件買賣的出賣人對買賣標的物的所有權，已受到買受人權利的限制，買受人基於附條件買賣契約所生的權利即優先於出賣人的所有權，所以，出賣人的所有權所生的處分權即受到限制，受讓出賣人所有權的人，也只能享有出賣人基於附條件買賣契約所具有的權利。

二、對於買受人的效力

附條件買賣的買受人得對標的物為占有及使用收益，並對將來依約清償價金或完成約定事由而得取得所有權有期待權。此期待權是買受人的財產權，而得加以處分，除非附條件買賣契約另有約定，買受人得轉讓此期待權於他人。

第四項　附條件買賣契約的消滅

附條件買賣為契約的一種，所以民法上關於買賣契約消滅的原因，如清償、抵銷、解除、撤銷等，原則上應可適用。附條件買賣其他特殊的消滅事由，則包括買受人完成約定條件取得所有權、出賣人完成就標的物求償價金的程序、除斥期間的經過、第三人善意取得標的物所有權、標的物滅失等原因。

第二節　信託占有

第一項　概　說

第一款　信託占有的意義

稱信託占有者，謂信託人供給受託人資金或信用，並以原供信託的動產標的物所有權為債權的擔保，而受託人依信託收據占有處分標的物的交

易。動產擔保交易法第三十二條訂有明文。

　　信託占有基本上是信託的運用，我國既已有信託法，即應配合信託法理而解釋適用信託占有。信託人即是信託法所稱的委託人，就信託關係出資金或財產的人還是稱為信託人為合適，以避免其他的委託（委任）關係相混淆，可見信託法的委託人用語並不妥當。

　　信託人以供信託的動產標的物所有權為債權的擔保，而受託人依信託收據或雙方擔保協定占有標的物，就標的物為使用收益。因此，信託人就標的物享有受益人的權利，而受託人僅能依據信託收據，行使其權利。

第二款　信託占有的經濟作用

　　信託占有是信託制度運用，進口商間利用簽發信託收據向開狀銀行換取提貨單，領取貨物，而貨物所有權由開狀銀行保留，作為擔保，稱之為信託擔保，並由進口商處分貨物，以所得貨款清償銀行債務。

　　利用信託占有制度，開立信用狀流通，以達到擔保的效果，且因銀行間的審查，對於貨物擔保或當事人的債信，均得到較多的保障。

第三款　信託占有的性質

　　信託占有既然是信託的運用，所以信託占有就是信託，而信託兼具債權和物權關係。信託占有也是一種擔保交易，而兼具債權和物權的法律關係。

第二項　信託收據的訂立

　　信託占有的標的物限於行政院依動產擔保交易法第四條所公告的動產。而信託占有為要物及要式契約，必須交付標的物，並依規定訂立書面契約，始能成立，為保護交易安全，需經登記才得對抗善意第三人，而可以排除民法善意取得規定的適用。

　　而依本法第三十三條的規定，因信託占有所為的信託收據，應記載法定事項，方符合信託占有的要式性。

第三項　信託收據的效力

信託占有的信託人為債權人，而其受託人為債務人，信託人以保留標的物所有權作為擔保，而標的物由受託人占有，為符合受託目的的使用收益，如經登記，得排除民法第三人善意取得的適用。

而信託占有所保留的所有權，本質上就是信託的受益權，具有所有權與擔保權雙重性質，於債務人違約時，信託人得依其所有權的權利，向受託人取回標的物。但須踐行擔保執行程序，予以拍賣，清償債權，如有剩餘，應返還於受託人。

而依動產擔保交易法第三十四條的規定，受託人若不照約定清償債務者、未經信託人同意將標的物遷移他處者、將標的物出質或設定抵押權者、不依約定之方法處分標的物的情形下，信託人得取回占有標的物。

若信託人同意受託人出賣標的物者，不論已否登記，信託人不負出賣人責任，或因受託人處分標的物所生債務的一切責任。這是因為信託的信託人和受益人原則上都不對受託人的行為負責。

動產擔保交易法第三十五條第二項規定：「信託人不得以擔保債權標的物的所有權對抗標的物的買受人，但約定附有限制處分條款或清償方法者，對於知情的買受人不在此限。」此一規定和信託法第十八條規定的法理相同，對於受託人違反信託本旨處分信託財產，相對人如明知或可得而知，則受益人得追及信託財產的所在而主張權利。

而動產擔保交易法第三十七條有規定，動產抵押中相關規定，在信託占有的信託人與受託人有準用的規定。

第四項　信託占有的消滅

信託占有是一種信託，所以關於信託的消滅事由，如信託行為所定事由、信託目的已完成或不能完成等，原則上於此亦有適用，而其也具有擔保權的性質，所以關於擔保債權的消滅、擔保標的物的滅失、擔保權利的實行，均會使信託占有的法律關係歸於消滅。

第三節　讓與擔保

讓與擔保制度在我國很早即已存在，但自民法物權編施行後，由於禁止流質契約的明文規定，故讓與擔保也受波及，但讓與擔保制度只要刪除流質契約禁止，即可達到相同目的，因此，讓與擔保並無立法的必要。

物權編修正改採流質契約自由原則，妥善解釋第八百七十三條之一，即可達到讓與擔保的目的，就此而言，讓與擔保的功能都將被流質契約所取代。

第一款　讓與擔保的意義

讓與擔保指債務人或第三人為擔保債務人的債務，將擔保標的物的權利移轉於擔保權人，於債務清償後，標的物應返還於債務人或第三人，債務不履行時，擔保債權人得就該標的物受償的非典型擔保，此項標的物的權利以所有權最多，而擔保權人多為債權人。

第二款　讓與擔保的經濟作用

讓與擔保可節省抵押權與質權實行的勞費，並避免標的物於拍賣程序中換價過低的不利益。這都是用來規避流質契約的不利益，因此，流質契約如解釋為流質條件成就，即由債權人取得抵押物或質物所有權，則讓與擔保的功能即會被取代。

第三款　讓與擔保的性質

關於讓與擔保的性質，學者見解紛紜，說明於下：

一、通謀虛偽意思

設定人將標的物的權利移轉於擔保權人係屬形式，實質上並無移轉標的物權利的意思，故雙方為通謀虛偽的意思表示，依民法第八十七條第一項的規定，應為無效。

二、脫法行為

流質契約為法律所禁止，而動產質權的設定，不得以占有改定的方式為之，然讓與擔保設定時，標的物的所有權並無移轉於擔保人，此係以迂迴手段達到法律所欲禁止的行為，故為脫法行為。

三、新擔保物權

讓與擔保係法律所規定的新擔保物權，惟其設定違反物權法定主義，故為無效。

四、小 結

讓與擔保本是用來規避強行法律適用的脫法行為，但因為物權法定主義和流質契約禁止並不合理，因而，審判實務就為鑽法律漏洞者開方便之門，而認為：讓與擔保的基本法律構造為，標的物所有權的移轉加上信託行為的債的關係，且擔保人負有清算義務，故並無違反法律強制規定或公序良俗等情事，而本於契約自由原則而有效。如最高法院認為有清算義務的讓與擔保為有效，但也只在當事人間為有效，則也只是契約關係，而非物權關係。

在八十六年度臺再字第九七號判決表示當事人可以創設物權的新種類和新內容，而第八百七十三條之一明文採流質契約自由後，名實不符的讓與擔保除非符合信託的有效要件，否則不應承認其效力。

第四節 融資性租賃

第一項 概 說

融資性租賃為非典型的契約，為因應現代產業營運狀況與融通資金所衍生出，此新型態的交易類型發源於美國，於七○年代傳入臺灣而加以運用。

第一款　融資性租賃的意義

融資性租賃，是指企業所需的機器設備，並非由公司購買使用而是透過租賃公司提供資金融通，並分期收取租金方式收回成本並賺取利息的模式。基本上也是一種動產擔保交易的方式。

企業需要使用機器設備時，常缺乏自有資金購買，向銀行貸款又欠缺擔保品，因而企業決定其所需的機器種類，決定所需資金後，再由企業找尋融資租賃公司，由其直接向廠商給付機器價金。等於租賃公司買機器設備（以出租給該特定企業為目的），然後租給該特定企業，該特定企業再以給付租金的方式，讓租賃公司回收其購買該特定機器設備的本金及利息。

第二款　融資性租賃的經濟作用

因現代經濟發達，生產企業所需設備日新月異，而所需生產設備所需的資金成本往往相當龐大，企業無法一次給足機器設備所需價金，而由有資金的公司針對企業所需的設備加以購買，並供企業使用而收取租金，符合雙方的需求。對企業而言雖無充裕資金也可購置機器設備，從事經濟活動，因而有助於產業經濟發展。

第三款　融資性租賃的性質

融資性租賃契約本質就是動產擔保交易，而具有融資、擔保、使用三種功能，使租賃公司擁有擔保權益，承租人取得融資繼續使用標的物，[89]所以應解釋為租賃公司及承租人（企業）間的非典型契約。

第二項　融資性租賃契約的成立

融資性租賃契約既是一種非典型契約，則關於契約訂立的方式和內容，都由租賃公司和承租人（企業）決定，通常使用租賃公司所預先擬定的定型化契約，所以針對定型化契約內的約款，是否有效，涉及定型化契約條

---

[89]　呂榮海，〈融資性租賃契約之研究〉，臺大法研所碩士論文，1982 年 8 月。

款的解釋與適用，除約款本身效力的探討外，尚須注意消費者保護法的相關規定。

第三項　融資性租賃契約的效力

融資性租賃契約，係依契約自由原則，由當事人自由訂定，自應適用融資性租約的規定或約定，並非完全適用民法債編有關租賃條文的規定。[90]

融資性租賃也有擔保功能，出租人對於租賃物有擔保利益，承租人也有擔保利益，如承租人違約而出租人因此而解除契約，本質上也是實行擔保物權；承租人如無違約事由，出租人也不能於租賃契約存續期間收回租賃物，甚至依契約約定，承租人尚可以象徵性的價格購買該租賃物，而取得所有權，所以承租人也享有物權的保護。

在實務上，融資性租賃的約款中通常約定租賃公司應將租賃物品交付承租企業使用，而承租企業需支付使用的對價，形式上而言，與傳統租賃契約甚為相像。但融資性租賃有其特殊性，而與一般租賃相距甚遠，表現在融資性租賃的效力上：

一、承租企業支付租金的義務

支付租金為承租企業的主要義務，此租金是租賃公司購買機器設備的價金、利息、費用及利潤的回收。

二、租賃公司提供機器設備給承租企業使用的義務

租賃公司需提供機器設備讓承租企業使用收益，融資性租賃契約訂定前，租賃公司尚未取得機器設備所有權，而仍為供應廠商所有，應由租賃公司與供應商先訂立買賣契約後，才由租賃公司取得其所有權，然後直接交給承租企業使用。而機器設備的選定，應依承租企業的需要與條件而為選定。

---

[90]　參閱臺灣高雄地方法院 72 年訴字第 526 號判決。

三、危險負擔的約定

在一般的租賃契約中，租賃物因不可歸責於雙方當事人的事由而毀損滅失時，承租人不需給付租金。但融資性租賃契約中，雙方當事人常約定如租賃物毀損滅失時，即使是無過失，亦需對於租賃公司繼續支付租金，亦即需由承租人承擔危險。而出租人在一般租賃契約中的義務在融資性租賃契約中多被排除。

此種約定，顯示租賃物的危險由承租人承擔，而天災由所有人（物權人）承擔，所以，承租企業才是實質上的所有人。這才能說明何以承租企業應承擔此危險，而出租人並無一般租賃契約的義務。

四、物的瑕疵擔保請求權

在融資性租賃契約中，租賃公司的目的主要為提供融資而獲利，對於租賃物的取得與取得後的修繕，通常在契約中約定由承租企業負責。所以依契約的約定，機器設備若有瑕疵，出租公司本可對出賣人主張物的瑕疵擔保請求權，但契約中大多約定出租公司應讓與瑕疵擔保請求權於承租企業，由承租企業直接對出賣人請求，所以即使物有瑕疵，租賃公司仍得向承租企業請求給付租金。

第四項　融資性租賃契約的消滅

融資性租賃契約的消滅事由，無法依一般租賃契約的規定而為適用，如租賃物若毀損滅失，當事人常約定承租企業仍有給付租金的義務，所以融資性租賃仍未消滅。

約定期限屆至、契約依法終止，融資性租賃歸於消滅。實務上通常會將當事人雙方所注重事項明文約定為終止契約事由。但融資性租賃契約，大多有排除承租企業於租賃期間的終止權，因為藉此可確保出租人可將其所支出的價金、利息、費用與報酬全部回收。

第五節　優先權

　　優先權是指特定債權人享有就債務人的總財產或特定動產、不動產的價值優先受償的權利，可以是意定，也可以是法定的，但通常指法定優先權。其中就債務人不特定總財產上成立的優先權被稱為一般優先權；而就債務人特定動產、不動產成立的優先權被稱為特定優先權。因此，優先權本質上是一擔保物權。❾❶

　　民法第一千一百五十九條有「優先權」字眼但卻未規定優先權的內容。各種特別法規定優先權，因而應在民法中為一般性規定。法國、日本與義大利民法典都有優先權規定，英美等英語系國家就優先權也常在財產法中加以探討。❾❷

　　優先權既是擔保物權，與法定抵押權和留置權勢必會有重疊的現象，但法定抵押權和留置權卻無法完全取代優先權，因為抵押權和留置權都僅能針對特定物加以主張，而且必須區分動產和不動產，而優先權則可針對債務人的全部財產加以主張，又不必區分動產和不動產，因此，優先權作為保護特殊債權人的擔保制度，實有其存在的必要，既有其存在的必要，在物權法中為一般規定，自然有助於妥當地解釋適用優先權相關規定。❾❸

　　九十五年物權編修正併案審查，委員版在第九章之一增訂優先權相關規定，行政院版則毫無規定，公聽會時，法務部代表明白表示「法務部一定會再深入研究這個問題並作處理，也許會考慮在民法裡面有一個專章或是作一個特別法規定。」❾❹湊巧的是，公聽會後不久，九十六年一月十日

❾❶　參閱王利明，《物權法論》，頁 719，中國政法大學出版社，2003 年 7 月。

❾❷　關於美國法上的優先權，詳參黃健彰，〈美國法上優先權 (lien) 之研究〉，《中正法學集刊》，第 25 期，頁 139–177，2008 年 11 月。

❾❸　參閱謝哲勝，《財產法專題研究㈣——中國民法典立法》，頁 185，翰蘆圖書，2004 年 11 月；謝哲勝，〈台灣物權法制發展〉，《財產法專題研究㈤》，頁 119，翰蘆圖書，2006 年 5 月；謝哲勝，〈中國民法典立法爭議評析〉，頁 291–355，潘維大、洪家殷主編，《中國法制比較研究論文集——二○○五年（第三屆）海峽兩岸民法典學術研討會》，頁 331、353、354，2006 年 3 月。

公布的稅捐稽徵法第六條第一項和第二項已修正為：「稅捐之稽徵，優先於普通債權。土地增值稅、地價稅、房屋稅之徵收，優先於一切債權及抵押權。」與委員版將稅捐納入具有優先權的債權的規定意旨相同。嗣後稅捐稽徵法第六條第二項又修正為：「土地增值稅、地價稅、房屋稅之徵收及法院、行政執行處執行拍賣或變賣貨物應課徵之營業稅，優先於一切債權及抵押權。」

通過條文雖未增訂優先權的一般規定，然而特別法有許多優先權的規定，**❾❺** 而且法典只是法律的一種形式，法官仍應參酌法理，妥當解釋適用法律，況且法務部也承諾研究修法，因此，委員版關於優先權的部分，應作為優先權解釋適用的法理，妥當地解釋特別法的優先權並決定各種債權的受償順序。

法定的擔保物權，民法固然已有法定抵押權和留置權的規定，但是依民法的規定無法就不動產和動產同時成立擔保物權，海商法第二十四條有海事優先權，勞動基準法第二十八條有勞工工資優先權，這些優先權也是法定擔保物權，其性質、效力有明訂的必要，因此，民法應增訂優先權的一般規定。**❾❻**

先進國家英美法和日本都有優先權的一般規定或法理，例如日本借地借家法第十二條第一項規定：「設定地上權之人或土地之出租人，就清償期最後二年份之地租或租金，於地上權人或承租人在該土地上所有之建築物上，有先取特權。」**❾❼** 先取特權即優先權，如不將此法理明文規定，法院

---

❾❹　立法院司法委員會，《「民法物權編暨其施行法部分條文修正草案（擔保物權部分）」公聽會報告》，頁 33，95 年 10 月 25 日。

❾❺　參閱黃健彰，〈法定優先權的類型與次序〉，《台灣財產法暨經濟法研究協會 2007 年 8 月大陸學術訪問團論文集》，頁 239–252，有極詳盡的整理與分析。

❾❻　參閱黃健彰，〈兩岸物權法中增訂法定優先權一般規定的立法建議〉，《財產法暨經濟法》，第 11 期，頁 159–200，2007 年 9 月；黃健彰，〈法定優先權〉，謝哲勝編，《中國民法》，頁 451–471，新學林出版公司，2007 年 9 月。

❾❼　參閱黃健彰，〈法定優先權制度研究──兩岸物權法修正草案芻議〉，中正大學法研所博士論文，頁 86，2008 年 11 月。

會採為法理保護所有人嗎？缺乏優先權的規定，法院又不敢創設先進國家普遍承認的優先權，[98]就足以使物權法的修正黯然失色。[99]

★★ 例題暨解題分析

抵押權

一、甲向乙借一千萬，甲提供其所有的 A 不動產設定抵押權作為擔保，抵押權設定契約條款其中記載：「甲移轉 A 不動產占有給乙，以 A 不動產交與乙使用收益以抵利息，並由乙負擔稅捐。」之後利率持續下降，甲覺得乙使用收益以抵利息此一條款，對其不利，因而主張此一條款違反物權法定原則「抵押權是不移轉占有的擔保物權」而無效，問此一主張有無理由？

答：甲向乙借一千萬，甲為債務人兼抵押人，乙為債權人兼抵押權人，A 不動產為抵押物。抵押權設定契約條款其中記載：「甲移轉 A 不動產占有給乙，以 A 不動產交與乙使用收益以抵利息，並由乙負擔稅捐。」此一約定既無顯失公情事，依抵押權內容自由原則，應為有效。甲主張此一條款違反物權法定原則「抵押權是不移轉占有的擔保物權」而無效，並無理由。

二、甲是經銷商，乙是製造商，甲將 A 屋設定本金最高限額一千萬抵押權給乙，為期兩年，擔保乙對甲提供貨物應收帳款的債權，問何謂本金最高限額抵押權？又在抵押權設定期間內，乙將甲欠其貨款債權三百萬讓與給丙，問其對抵押權的效力有無影響？

答：本金最高限額抵押權的原意，當事人意思是只有本金優先受償的金額受最高限額的限制，而利息、遲延利息等不受最高限額的限制，但依

---

[98] 參閱黃健彰，〈兩岸物權法中增訂法定優先權一般規定的立法建議〉，《財產法暨經濟法》，第 11 期，頁 181，2007 年 9 月。

[99] 大陸 2007 年通過的物權法缺乏優先權的規定，也使其失色不少。有關大陸的優先權法制，參黃健彰，〈法定優先權〉，謝哲勝編，《中國民法》，頁 451–471，新學林出版，2007 年 9 月。

實務見解，如此將影響後次序抵押權人受償的可能，因此，「本金最高限額抵押權」的記載，本金兩字如同未記載，債權本金加利息、遲延利息等仍只有在最高限額內的金額才可以優先受償。

債權人乙可以將已發生的債權三百萬讓與給丙，此三百萬債權變成普通債權，對抵押權的效力並無影響。

三、甲借乙五百萬，乙以A屋和基地共同設定抵押權以擔保此五百萬的債權，之後，A屋因颱風受重創，乙乃雇丙為A屋的重大修繕，修繕費一百萬元，乙無力償還丙的一百萬債務，丙乃聲請法院拍賣A屋，賣得價金三百萬元，問應如何分配給甲、丙？

答：賣得價金扣除強制執行的費用和取得執行名義的共益費用，土地增值稅、房屋稅和地價稅優先受償，丙的修繕費一百萬報酬，有承攬人法定抵押權，依民法第五一三條規定，在增加A屋價值範圍內，優先於甲的抵押權所擔保的債權受償。

四、甲有A地，甲因向乙借款五百萬設定抵押權給乙，甲之後在A地上蓋B屋，債權屆清償期，甲未清償，乙可主張何種權利？

答：乙可以實行抵押權拍賣A地，並依民法第八七七條的規定，將B屋併付拍賣。

五、甲建設公司商請丙營造公司在甲所有的A土地上興建B大樓，甲建設公司向乙銀行申請建築融資貸款，乙銀行為保障其對B大樓可以優先受償，要求甲建設公司提出丙營造公司對B大樓的承攬人法定抵押權的拋棄書，丙營造公司即出具其對B大樓的承攬人法定抵押權的拋棄書，並使用「……此致　乙銀行」字眼。之後，丙營造公司以其就該承攬的B大樓有法定抵押權為理由，向法院聲請拍賣抵押物，並以第一優先債權聲請強制執行，乙銀行認為丙營造公司的聲請侵害他的權利，於是以丙營造公司為被告，請求確認丙營造公司的承攬人的法定抵押權不存在，問法院應如何裁判？

答：丙營造公司既已出具其對B大樓的承攬人法定抵押權的拋棄書，雖然是預先拋棄，除非有顯失公平情事，否則應為有效。雖然拋棄書使用

「……此致　乙銀行」字眼，並未向定作人為意思表示，但拋棄承攬人法定抵押權本不以向定作人為意思表示為必要，此一拋棄不因使用「……此致　乙銀行」而非「……此致　甲建設公司」字眼而無效。因此，法院應裁定駁回丙營造公司行使抵押權的聲請，判決乙銀行勝訴。

六、甲將市價一千八百萬的 A 空地設定抵押權給乙，擔保乙對甲的債權一千萬，年息一分，之後甲再設定地上權五十年給丙，收受丙八百萬權利金，甲丙約定：丙無須繳納地租，僅需代甲繳納地價稅，丙在 A 地上建有 B 屋，價值二千萬。甲於二年清償期屆至無力清償乙的債權本金加利息一千二百萬，乙即聲請法院裁定拍賣 A 地，A 地因存在丙的地上權，因而無人願意高於一千二百萬購買 A 地，必須減價拍賣，乙即依民法第八六六條規定，聲請法院除去丙的地上權，丙提出異議，聲明減價拍賣即低於 A 地市價減去地上權的大約一千萬價格，因而會有人購買，丙願意承受或代為清償甲欠乙剩餘的二百萬債務，否則也應將地上權與 A 地所有權併付拍賣，並將拍得金額扣除應給乙的金額後交給丙，以減少丙的損失，請問法院應如何裁定？

答：A 地扣除地上權的價值，只有一千萬元左右，拍賣價值將不足乙的抵押權所擔保的一千二百萬債權，丙的地上權確實會影響乙的抵押權，如採實務見解，乙聲請法院除去丙的地上權，法院將准許此一聲請；然而，地上權除去後，是否 B 屋即變成無權占有，而難逃拆除的厄運，早期實務見解有採肯定見解，但較近期的實務見解和修正通過條文，均認為此時應將土地和建築物併付拍賣，即能避免拆除建築物的後果。然而，依本書見解，即使僅除去地上權不拆除建築物，仍是超過保護抵押權人的必要限度，剝奪第三人的權利，因此本書認為如只要將地上權併付拍賣，即可使抵押權人受完全清償，即不必將地上權除去，乙仍在土地無地上權的價額內受優先受償權，即一千八百萬元內，可受優先清償，而乙的債權僅有一千二百萬元，剩餘的六百萬元即應歸丙所有。丙的地上權既已消失，拍定人和丙的法律關係，視為已有地上權之設定。如果將地上權併付拍賣仍無人買受，則將建築物也併付

拍賣，乙受償一千二百萬元後，應將剩餘金額交給丙。

七、甲為擔保其積欠乙的借款債權，於民國一百零二年一月一日將其所有
　　的 A 地設定抵押權予乙。之後甲為充分利用 A 地又於民國一百零二年
　　一月十日將該地設定地上權予丙，以供將來興築 B 屋所使用，請問：
　　⑴於民國一百零三年五月一日 B 屋已竣工，於清償期屆滿時，甲無力
　　　償還對乙的債務，乙於民國一百零三年六月一日依法向法院聲請拍
　　　賣 A 地並由法院依職權除去該地上權時，丙得否主張土地法第一百
　　　零四條的優先購買權？

答：若甲的借款債權清償期屆滿時，仍無力償還，乙於民國一百零三年六
　　月一日依法向法院聲請拍賣 A 地，法院如認有影響到抵押權人受償的
　　情形時，依民法第八六六條第二項文義，法院固然得依聲請或依職權
　　除去地上權，但仍應考量除去是否為必要手段。如先併付拍賣該地上
　　權，將土地形同無地上權狀態拍賣也可達到同一效果，則並無必要除
　　去地上權而為拍賣。如土地與地上權併付拍賣，拍賣總價金仍無法清
　　償抵押權所擔保的債權，此時即與除去該權利而拍賣的結果相同，併
　　付拍賣該地上權並非侵害較小的手段，採除去該權利而拍賣的作法，
　　即為必要手段。此時仍有影響到抵押權人的情形時，即適用民法第八
　　七七條第二項的規定使建物併付拍賣，此時保護了抵押權人乙，也達
　　到土地法第一〇四條的立法目的，因而無須賦予丙優先購買權。

　　⑵如乙聲請拍賣時，未向法院聲請除去該地上權，又丙於 A 地上尚未
　　　興建任何建築物時，丙得否主張土地法第一〇四條的優先購買權？

答：若乙聲請拍賣時，法院未因聲請或職權除去該地上權，也未將地上權
　　併付拍賣，表示地上權的存在不影響抵押權的行使，此時，讓地上權
　　人行使優先購買權，可達房地合一的立法目的，地上權人於符合土地
　　法第一〇四條的要件時仍有優先購買權。然而，依土地法第一〇四條
　　的目的解釋，丙須在土地上建築房屋才能行使優先購買權，依題意，
　　丙於 A 地上未興建任何建築物，因而無法主張優先購買權。

八、民國一百零二年十二月間，甲、乙、丙三人於其應有部分各三分之一

的 A 地上建築區分所有三層樓 B 屋一棟，三人對 B 屋的一樓、二樓及三樓各有區分所有權。某日颱風過境致 B 屋三樓毀損嚴重，丙即請丁修繕，因工程修復費用不低，丙一時無力償還。請問丁基於民法第五一三條所生的法定抵押權聲請拍賣 B 屋三樓區分所有權，該項拍賣有無民法第七九九條第五項的適用？執行法院可否依據民法第八七七條第一項規定併付拍賣丙所有 A 地的應有部分？

答：本例中，甲、乙、丙所區分所有的 B 屋，承攬人丁於重大修繕後，即得對 B 屋二樓主張民法第五一三條的法定抵押權。債務人丙無法清償該基於修繕所生的債權時，丁聲請強制執行時，執行法院依民法第七九九條第五項的規定並依同法第八七七條第一項，併付拍賣 A 地，即有疑義。

依民法第七九九條第五項的規定，專有部分與共有部分必須併為處分，既然要拍賣專有部分，而共有部分的基地權利的應有部分又不能分離而為移轉，因此併付拍賣即為自然的結果，兼顧了債務人兼抵押人、債權人兼抵押權人及拍定人的權利。綜上，本例執行法院得併付拍賣丙就甲、乙、丙共有 A 地的三分之一應有部分。

九、甲將 A 地設定抵押權給乙，擔保乙對甲的債權，甲因負債累累無力清償，乾脆出國不歸，鄰居丙覺得有機可趁，即私自占有 A 地堆放貨物。乙發現後，就請丙搬走貨物，以利乙聲請拍賣 A 地受償，丙嗆乙並非 A 地所有人，無權干涉丙就 A 地的占有，乙即起訴請求丙返還 A 地給自己，請問法院應如何判決？

答：民法第七六七條規定：「所有人對於無權占有或侵奪其所有物者，得請求返還之。對於妨害其所有權者，得請求除去之。有妨害其所有權之虞者，得請求防止之。前項規定，於所有權以外之物權，準用之。」第二項規定，所謂「於所有權以外之物權，準用之。」於抵押權準用的情形，是否及於返還請求權？即為本案例的爭點。依本書見解，抵押權人可以行使返還請求權，本案中，乙是抵押權人，於抵押人甲怠於占有抵押物時，而影響乙的債權受完全清償時，可以向無權

占有人丙主張抵押物返還請求權，法院應判決乙勝訴。

十、甲商請丙、丁分別提供其所有的 A 地（價值一千萬）和 B 地（價值五百萬）設定抵押權給乙，向乙借一千萬元，之後甲每月清償本息。三年後，因經濟蕭條，甲投資失利，因而無力清償積欠本息及違約金九百萬，因甲已無任何財產，丙為免其所有 A 地遭拍賣，以物上保證人身分代償該九百萬元，丙清償後即向丁請求代償款的一半（四百五十萬元）。問有無理由？

答：本例，丙、丁為共同物上保證人，分別提供其所有的 A 地（價值一千萬）和 B 地（價值五百萬）設定抵押權給乙，丙為免其所有 A 地遭拍賣，代償該九百萬元，雖然並非抵押權人就該抵押物賣得價金受償債權額超過其分擔額的情形，但依民法第八七九條規定可以行使代位權，丙基於與丁為連帶債務人的地位，也可以向丁主張民法第二八一條的求償權。

共同物上保證人的分擔責任，民法第八七五條之二已明文規定各抵押物內部對債權分擔金額，依民法第二八一條規定或類推適用民法第八七五條之四第一款的規定，丙得對丁求償的範圍僅限於超過其分擔額的部分。本例，因並未限定各個不動產所負擔的金額，依民法第八七五條之二第一項第一款的規定，應依各抵押物價值比例分配。丙、丁就 A 地（價值一千萬）和 B 地（價值五百萬）的價值比例計算，分擔額比例為二比一，今甲積欠的本息及違約金共為九百萬，故丙、丁的內部分擔額分別為六百萬元及三百萬元。

據上所述，丙只能向丁請求代償款的三分之一，本件丙向丁請求代償款的一半（四百五十萬元），其中三百萬元有理由，超過三百萬元部分為無理由。

十一、乙提供其所有的 A 空地為擔保，設定抵押權給甲銀行，向甲申請貸款二千萬，甲同意貸款，但要求乙同意將 A 空地同時設定地上權給甲。然而，就設定地上權的契約，並未約定權利金或地租的給付。抵押權和地上權完成登記後，甲也並無在 A 地上為起造建築物或其

他工作物的行為，問雙方設定此一地上權的效力？

答：民法物權編並未禁止抵押權人於同一抵押標的物取得地上權，只要當事人具有設定地上權的真意，而地上權設定契約也無顯失公平情形，抵押權人得同時為地上權人。

本例乙提供其所有的 A 空地為擔保，設定抵押權給甲銀行，甲乙並就抵押物 A 空地設定地上權，然而地上權的設定契約，並未約定權利金或地租的給付，抵押權和地上權完成登記後，債權人兼抵押權人甲也並無在 A 地上為起造建築物或其他工作物的行為，從地上權設定契約條款和甲未行使地上權的權利內容，綜合並客觀加以判斷，應認為甲乙間並無設定地上權的真意，就此地上權的設定，屬通謀虛偽意思表示，依民法第八七條規定，應為無效。

質　權

一、甲以其金錶設定質權並現實交付，向乙借十萬元約定民國八十五年八月返還，後來乙缺錢，未經甲同意，將金錶設質與丙，擔保其對丙的債務十萬元，問乙與丙的質權設定，須具備哪些要件？

答：乙未經甲同意，將質物金錶設質與丙，需具備責任轉質的要件。

二、甲向乙借十萬元，甲以其母犬一隻交付給乙設定質權，在質權存續中，母犬生小犬一隻，乙照顧有加，不料小犬仍生病死亡，乙沮喪之餘，乃疏於照顧母犬，一日竟以腐敗的食物餵食母犬，使母犬因腸炎病死。問乙就母犬和小犬的死亡對甲的責任？

答：乙應以善良管理人的注意保管母犬，以處理自己事務同一注意保管小犬，乙對小犬照顧有加，自不違反與處理自己事務同一注意的義務，以腐敗的食物餵食母犬，已違反善良管理人的注意。如甲清償後，質權消滅，乙有返還質物的義務，如因可歸責於債務人的事由致給付不能，應依民法第二二六條負損害賠償責任。因此，乙就母犬的死亡對甲負民法第二二六條的責任。

三、甲欠乙十萬元，乙欲向丙借十萬元，丙要求乙提供擔保，乙乃口頭向丙約定，以乙對甲的十萬元債權設立權利質權，問此權利質權的設定

的效力如何？

答：以乙對甲的十萬元債權設立權利質權給丙，必須符合債權質權設定的要件，包括訂定書面、通知債務人，以口頭而未以書面設定債權質權，因不符合要式的規定而無效。

四、甲有 A 錶、B 錶和 C 錶，A 錶設定質權並現實交付，向乙借五萬元，之後乙缺錢，未經甲同意，將 A 錶設質與丙。B 錶設定質權並現實交付，向丁借五萬元，丁將 B 錶賣給善意的戊，並現實交付。C 錶為己所竊，己賣給善意的庚，並現實交付。問：

　(1)乙與丙的質權設定，須具備哪些要件？

答：乙未經甲同意，將質物 A 錶設質與丙，需具備責任轉質的要件。

　(2)甲、丁、戊的法律關係？

答：丁只是質權人，將 B 錶賣給善意的戊，構成無權處分，戊符合善意受讓的要件取得所有權，甲已非所有人，無法依民法第七六七條向戊請求返還。

甲如清償債務，可向丁依民法第二二六條請求損害賠償，也可依民法第一七七條第二項向丁請求買賣的價金，也可以依民法第一八四條請求侵權行為的損害賠償。以上請求權構成請求權競合。

　(3)甲、己、庚的法律關係？

答：己並非所有人，將 C 錶賣給善意的庚，構成無權處分，庚符合善意受讓的要件取得所有權，甲已非所有人，無法依民法第七六七條向庚請求返還；但甲可以依民法第九四九條和第九五〇條規定，向庚請求回復 C 錶。

如甲依規定不必償還庚支出的價金，而庚不知 C 錶為贓物，庚可以向己主張權利的瑕疵擔保責任。

甲可依民法第一七七條第二項向己請求買賣的價金，也可以依民法第一八四條向己請求侵權行為的損害賠償。以上請求權構成請求權競合。

五、甲向好友乙借款一千五百萬，為確保該借款債權，甲同意將其所有價

值一千五百萬跑車設定動產質權予乙。請問：

(1)甲得否以近日需以該車參與賽車為由，要求以暫時向乙出借該車的方式設定動產質權？

答：即以占有改定的方式設定動產質權，此違反民法第八八五條第二項規定，依文義解釋無法成立動產質權，但本書認為應尊重當事人設定動產質權的意思，使占有改定可作為動產質權的設定方式。

(2)甲得否以該車尚出借予丙，告知乙於借期屆至時即可取車的方式設定動產質權？

答：即以指示交付的方式設定動產質權，指示交付既為民法第七六一條規定的交付方式，民法第八八五條第二項規定也未明文排除，基於動產質權當事人間具有設定動產質權的真意，即應認為動產質權有效成立，並不以通知該質物現占有人為動產質權的生效要件。

留置權

一、甲的牛跑入乙的田地吃乙的牧草，被乙當場捉住，乙得主張何種權利？

答：乙可向甲主張不當得利的返還和侵權行為的損害賠償，並對牛主張留置權。

二、甲於八十五年六月一日向乙借五萬元，約定一個月後返還，至七月一日甲仍未能返還借款，甲有 A 轎車故障，送至乙處修理，約定工資五萬元，A 車修理完畢，甲付清五萬元工資，惟乙以甲尚欠借款五萬元為由，主張留置 A 車。問：

(1)留置權的成立要件？

答：分析留置權的積極三要件和消極三要件。

(2)乙的主張是否有理由？

答：借款五萬元與 A 車無牽連關係，除非甲乙間是具有營業關係的商人，而借款五萬元是營業關係所生債權，而 A 車也是基於營業關係而送修，否則乙的主張無理由。

第六篇
占　有

第一章　概　說

第一節　占有的意義

占有是對於物有事實上的管領力，亦即對於物的支配力，在空間上必須有支配可能性，時間上必須有繼續性，❶分述如下：

一、占有的主體為占有人

占有的主體為占有人，必須有識別能力，但不以有行為能力為必要。又占有人不以親自占有為限，即以他人為輔助人而為占有亦可，第九百四十二條即規定：「受僱人、學徒、家屬或基於其他類似之關係，受他人之指示，而對於物有管領之力者，僅該他人為占有人。」

而關於占有的主體，在法律上得分為三種：⑴直接占有人，係指對於物有事實上管領力者。⑵間接占有人，如質權人、承租人、受寄人或其他基於類似的法律關係，對於他人的物占有者，該他人為間接占有人。⑶占有輔助人，指受僱人、學徒、家屬或基於其他類似關係，受他人的指示，而對於物有管領力者，占有輔助人只是為他人而占有，並非真正的占有人。

二、占有是有事實上管領力

占有是對物有事實上的管領力，所謂事實上的管領力須就個案分別加以認定，例如飛鳥中彈是否為占有，還是必須飛鳥死亡或等到獵人撿到，獵人才構成占有，不可一概而論。是否有事實上的管領力以社會一般觀念為準，不以占有人主觀意思為唯一判斷標準。所謂「社會一般觀念」，須考慮事實狀態是否已告確定、時間是否有延續性、空間是否有支配可能性……等因素，加以判斷。

占有必須人與物在場所上與時間上有相當的結合，如果人與物並無時

---

❶　參閱謝在全，《民法物權論（下）》，頁 510–512，自版，2004 年 8 月增訂 3 版。

空上的結合關係，因有某種法律關係的存在而結合，也可認為是占有，如間接占有或利用占有輔助人的占有。

三、占有的客體為動產或不動產

占有的客體是動產或不動產，如占有的標的非動產或不動產，而係權利，則稱為準占有。可以就物的一部為占有，不得為私權的標的，亦得為占有的標的。

民法不稱占有為占有權，主要是基於民法對於事實支配狀態欲加以保護，而不以具有法律上正當權利為限。

第二節　占有的經濟作用

占有為一種事實狀態，保護占有是為了提供生產誘因並確保交易安全。占有的經濟作用，概括而言，具有下列三種功能：

一、提供生產的誘因

所謂提供生產的誘因的功能，指占有具有保護對物的事實支配，以提供生產的誘因的作用而言。透過占有制度的運作，關係人間可明確釐清權利義務關係，而能從事生產的活動，也可減免不必要的糾紛因而付出糾紛解決的成本。即使發生紛爭，藉由占有的保護，也能強化生產的誘因，並盡量減少糾紛解決的成本。占有人自力救濟權、物上請求權、盜贓物和遺失物回復請求權等，均可表彰此一功能。

二、表彰本權的功能

本權就是真正的權利，歸屬性的權利，也就是廣義的物權，所謂表彰本權的功能，指本權通常透過占有而實現，物的占有人通常具有本權，故占有具有表彰本權存在的作用。民法第九百四十三條第一項規定：「占有人於占有物上行使之權利，推定其適法有此權利。」可知民法不僅明定占有具有權利推定的效力並承認占有的公信力，建立善意取得制度，❷以兼顧

真正權利和交易安全的保護。由此，占有使本權的保護趨於簡易，減省保護本權所須負擔的成本。

三、取得本權的功能

所謂取得本權的功能，指民法於一定條件下，將占有提升為本權，而賦予占有人優先取得全部或一部本權效力的作用而言。例如時效取得、無主物的先占、遺失物的拾得及埋藏物的發現，即是藉由占有而取得本權。

善意取得制度，也是信賴占有權利外觀的人，藉由信賴此一權利外觀，而取得原先無法取得的權利，因而善意取得制度，也是占有取得本權功能的具體化。

此外，因占有的外觀結合權利歸屬時點，關於民法第三百七十三條所規定的危險負擔和利益承受決定的基準，或依民法第二百六十四條援用同時履行抗辯權與否，均需以占有（移轉）為判定標準。

第三節　占有的性質

占有究竟僅是事實還是權利，學者間則仍有爭論。❸權利是法律所保護的利益或可以主張特定利益的法律上地位，而占有本受到法律許多的保護，並非單純的事實，則占有其實符合此一定義。即使認為占有是事實，此一事實，民法賦予其一定的效力，例如占有權利的推定（民九四三）、善意占有人賠償責任範圍（民九五三）等。從而，占有的事實，受法律諸多的保護，實具法律上的意義。在概念上，自與單純的事實有所區別。

占有人於占有物上行使的權利推定其適法有此權利，只是不能對抗真正權利人罷了，其實仍得對抗真正權利人以外的人。而占有得為侵權行為的客體，這也是將占有認定為事實所無法解釋的。權利有許多種分類，有本權，有本權衍生的權能，而占有即是本權一般可以衍生的權能，就如同

---

❷　參閱民法第 801 條、第 886 條及第 948 條。

❸　曹傑，《中國民法物權論》，頁 314，商務印書館，1964 年 4 月，認為：「可謂占有為一種權利」，其他物權教科書，則大多認為占有是一種事實。

使用、收益、處分、排他等權能，雖然不等於本權，但都是法律所保護的權能，而應視為權利的一種，❹稱呼為占有權亦可。❺

釋字第二九一、三五〇、四〇八、四五一號解釋主要在於解釋時效取得占有人的地位攸關財產權的保障，就行政命令對於時效取得地上權的要件或程序的規定加以審查，如果增加法律所無的限制，就認為違反憲法保障財產權的意旨。占有人的地位既然也受到財產權的保障，則占有本身也是權利，而且是具有直接支配效力的權利，即相當於物權。❻

第四節　占有的種類

占有以不同的區別標準，可作不同分類：

一、有權占有與無權占有

占有以其是否具有本權，可分為有權占有與無權占有。前者指基於某種權利或基於合法的原因，例如基於所有權、地上權、典權、租賃權、借貸權……等而占有，後者指不基於任何權利而占有或原來基於某種權利而占有，但該權利已消滅，或因違法的原因而占有，例如無任何權利而進住某房屋、租賃契約終止後繼續占住原來承租的房屋……等而占有。區別有權占有與無權占有的實益，在於無權占有人受權利人的請求時，應返還占有標的物，有權占有則無此問題。

二、直接占有與間接占有

直接占有指占有人對物有直接管領力。間接占有的占有人未直接管領

---

❹　參閱謝哲勝，〈台灣物權法制發展〉，《財產法暨經濟法》，第 2 期，頁 58，2005 年 6 月。

❺　日本與法國即如此。謝在全，《民法物權論（下）》，頁 35，自版，2004 年 8 月增訂 3 版，也使用「占有權」一詞。

❻　謝哲勝，〈台灣物權法制發展〉，《財產法暨經濟法》，第 2 期，頁 58，2005 年 6 月。

其物，而基於一定法律關係，由他人為其管領，如果欲回復直接占有，尚須行使請求權，由相對人（直接占有人）行為的介入才能回復。間接占有人對物只有間接管領的力量，無直接管領力。第九百四十一條規定：「地上權上、農育權人、典權人、質權人、承租人、受寄人，或基於其他類似之法律關係，對於他人之物為占有者，該他人為間接占有人」，而此等占有他人之物的人則是直接占有人。所以直接占有不需他人行為介入即可直接對物有事實上的管領力，而間接占有需透過返還請求權的行使才得直接占有該物。至於受僱人、學徒、家屬或基於其他類似的關係，受他人的指示，而對物有管領力的人，只是占有人的輔助機關，如同占有人的手腳，因此僅該為指示的人為直接占有人。

三、自主占有與他主占有

以占有人是否以所有的意思而占有，可分為自主占有與他主占有。自主占有指以自己所有的意思而為物的占有，例如所有人占有其物，是本於自己所有的意思而占有，故稱為自主占有。他主占有指不以自己所有的意思而占有，例如承租人占有租賃標的物、借用人占有借用物⋯⋯等是。

第九百四十五條第一項規定：「占有依其所由發生之事實之性質，無所有之意思者，其占有人對於使其占有之人表示所有之意思時起，為以所有之意思而占有。其因新事實變為以所有之意思占有者，亦同。」同條第二項規定：「使其占有之人非所有人，而占有人於為前項表示時已知占有物之所有人者，其表示並應向該所有人為之。」第三項規定：「前二項之規定，於占有人以所有之意思占有變為以其他意思而占有，或以其他意思之占有變為以不同之其他意思而占有者，準用之。」

區別自主占有與他主占有的實益主要有二：

㈠自主占有人才可能時效取得所有權，他主占有人不可能時效取得所有權

法律保護勤勉人，主張自主占有的人，法律才承認時效取得所有權，無所有意思的他主占有人即不可能時效取得所有權。

㈡自主占有人的責任較輕，他主占有人責任較重

自主占有人既然認為占有物是自己所有，因而有權為所有人權限內的任何行為，包括處分和拋棄占有物，所以自主占有人的責任較輕。他主占有人既無所有意思，自當尊重他人權利，因而責任較重。惡意占有人或無所有意思的占有人，因可歸責於自己的事由，致占有物滅失或毀損者，對回復請求人，負損害賠償的責任（民九五六），但善意占有人（當然包括自主占有人），因可歸責於自己的事由，致占有物滅失或毀損者，對回復請求人，僅以因滅失或毀損所受的利益為限，負賠償的責任（民九五三）。

四、善意占有與惡意占有

占有，依占有人是否知悉其並無占有的權利，區分為善意占有與惡意占有。

㈠意　義

善意占有與惡意占有客觀上均為無權占有，但在善意占有，占有人主觀上不知其無占有的權利而自信有正當權利而占有；惡意占有，占有人主觀上則明知其無權利而占有。善意占有受法律的推定，民法第九百四十四條第一項規定「占有人推定其為以……善意……占有」，因而主張占有人為惡意占有者，須就占有人「明知其無權占有」的事實負舉證責任。

㈡善意占有可以轉換為惡意占有

善意占有轉換為惡意占有的情形有二：

1.善意占有人，自確知其無占有的權利時起，變為惡意占有人。

2.善意占有人，於本權訴訟敗訴時，自訴狀送達之日起，視為惡意占有人。

所謂本權訴訟，即針對權利人對於善意占有人提起的訴訟；訴訟送達即起訴的訴狀送達善意占有人時。因此第九百五十九條第一項規定：「善意占有人自確知其無占有本權時起，為惡意占有人。」第二項規定：「善意占有人於本權訴訟敗訴時，自訴狀送達之日起，視為惡意占有人。」

(三)區別實益

　　區別善意占有與惡意占有的實益在於能否受善意受讓的保護、占有物返還的標的物範圍不同以及時效取得動產與不動產財產權適用長短時效期間的不同（民七六八、七六八之一、七六九、七七〇、七七二）。

五、無過失占有與過失占有

　　前者指善意占有人就其不知無本權占有並無過失而言；❼後者係指善意占有人就其善意有過失而言。

六、公然占有與隱密占有

　　前者指得以在他人所共聞共見的狀態下為占有，而不故意避免他人發現；後者指對於特定人或不特定人用隱密方法不使他人發現占有的占有狀態。

七、繼續占有與不繼續占有

　　前者指在時間上為連續無間斷狀態的占有；後者指在時間上間斷不連續狀態的占有。

八、和平占有與強暴占有

　　前者指不以強暴脅迫等強制暴行方法取得占有或維持占有的占有狀態；後者指以強制暴行方法為占有或保持其占有。

九、單獨占有與共同占有

　　前者指一物為一人占有的狀態；後者指數人占有一物。

---

❼　第 944 條規定：「占有人，推定其為以所有之意思，善意、和平、公然及無過失占有者。經證明前後兩時為占有者，推定前後兩時之間，繼續占有。」

第二章　占有的取得

占有的取得分為原始取得與繼受取得兩大類。

第一節　原始取得

所謂原始取得，即其占有並非本於前手占有的移轉而取得，是為一全新的占有，例如無主物的先占、遺失物、或漂流物或沉沒物的拾得、埋藏物的發現、動產的附合或混合或加工等事實。

第二節　繼受取得

繼受取得，指占有人的占有係基於前手移轉占有而取得，例如因占有的繼承或占有的讓與。占有的繼承指因被繼承人死亡，而由繼承人繼承被繼承人的占有。占有的讓與即占有的移轉，而「占有之移轉，準用民法第七百六十一條之規定」（民九四六 II），即以現實交付、簡易交付、占有改定或返還請求權讓與的方法均可。又在繼受取得，占有的繼承人或受讓人，得就自己的占有，或將自己與前占有人的占有合併，而為主張。合併前占有人的占有而為主張者，並應承繼其瑕疵（民九四七）。此所謂瑕疵，指前手的惡意、非和平、非公然、不繼續占有等占有的不完美狀態，而與存在於物或權利的瑕疵有別。

原始取得與繼受取得的區分實益，在於以占有人是否基於前手而占有，而是否應繼受前手的權利瑕疵。如果是原始取得，並非基於前手而占有，不必繼受前手的權利瑕疵。如果是繼受取得，是基於前手而占有，則應繼受前手的權利瑕疵。

第三章　占有的效力

第一節　概　說

占有具推定效力，說明於下：

一、權利推定的效力

占有人於占有物上行使的權利，推定其適法有此權利（民九四三 I）。例如，占有人於占有物上行使租賃權時，法律即推定其有租賃權。占有人只需證明其為占有人即可受本條的推定，而權利推定的效力，不只及於占有人本身亦及於第三人。占有人的權利推定，本質上與舉證責任有關，❽占有人對行使權利的本權存在的事實無須負舉證責任，對此權利的存在有爭執者，須負舉證責任推翻此一推定。

依現行條文第九百四十三條，占有本身就能作為權利的推定，然而不動產經登記，登記名義人也推定有此權利，則有必要對兩種受到推定的權利人權利的優先順序作一決定，但不應認為占有人的權利推定不能適用於已登記的不動產物權，解釋上，應認為占有人不得對登記名義人主張權利推定，但不應妨礙其對登記名義人以外的人主張權利推定。因此，第九百四十三條第二項第一款將已登記的不動產物權，排除於占有人權利推定的範圍外，即值得商榷。

然而，占有人的開始占有，如果是基於他人的移轉，則前後占有人之間的法律關係如何，則應依當事人間的法律關係而定，因而不能適用占有人的權利推定。第九百四十三條第二項第二款規定，於占有人行使所有權以外的權利時，對使其占有的人，不適用占有人的權利推定，可以贊同。

---

❽　參閱黃茂榮，〈占有人權利之推定及其反證之舉證範圍〉，《債法總論》第二冊，頁 539–546，自版，2004 年 7 月增訂版。

二、事實推定的效力

依民法第九百四十四條規定：「占有人推定其為以所有之意思，善意、和平、公然及無過失占有。經證明前後兩時為占有者，推定前後兩時之間，繼續占有。」

第二節　占有人的權利

占有人因占有而取得的權利如下：

一、取得時效

第三篇第一章第六節一已對時效取得為詳細說明，請參閱。物的占有人依第七百六十八條至第七百七十條、第七百七十二條的規定，得因時效的完成而原始取得動產或不動產財產權。

二、善意受讓

第二篇第五章第五節四已對善意取得為詳細說明，請參閱。符合善意受讓要件時所有權即歸屬於受讓人，以下僅將動產善意受讓的要件簡述如下：

⑴讓與人就該動產具有占有的外觀，包括直接占有、間接占有、輔助占有等情形。

⑵讓與人為無權處分，即讓與人無移轉處分此標的物的權利，依民法第一百十八條的規定加以判斷。

⑶須無權處分人與善意第三人間已完成交付行為。

⑷因交付而取得的占有須受關於占有規定的保護。

⑸受讓人善意信賴讓與人占有動產是有權處分，而且必須善意受讓人無重大過失（民九四八Ⅰ但）。

⑹讓與人與受讓人間的契約有效。

⑺受讓人支出相當對價。

第三節　占有人的義務

占有人的義務即是對回復請求權人的義務，而為回復請求權人對占有人可行使的權利，說明如下：

一、善意占有人

(一)費用求償權

依舊民法第九百五十四條規定：「善意占有人，因保存占有物所支出之必要費用，得向回復請求人請求償還。但已就占有物取得孳息者，不得請求償還。」現行法則規定：「善意占有人因保存占有物所支出之必要費用，得向回復請求人請求償還。但已就占有物取得孳息者，不得請求償還通常必要費用。」此為善意占有人因保存占有物所支出的必要費用償還請求權；第九百五十五條也明文規定：「善意占有人，因改良占有物所支出之有益費用，於其占有物現存之增加價值限度內，得向回復請求人，請求償還。」此為善意占有人的有益費用償還請求權。

(二)占有物毀損滅失的賠償責任

依舊民法第九百五十三條規定：「善意占有人，因可歸責於自己之事由，致占有物滅失或毀損者，對於回復請求人，僅以因滅失或毀損所受之利益為限，負賠償之責。」現行法則規定：「善意占有人就占有物之滅失或毀損，如係因可歸責於自己之事由所致者，對於回復請求人僅以滅失或毀損所受之利益為限，負賠償之責。」

善意占有人因不知其無占有的權利，而以所有人的意思而占有，即為自主占有，而得自由處分其物，因而對於因可歸責於自己的事由，造成占有物滅失或毀損，本可不必負責，但畢竟占有物並非占有人所有，為免占有人受不當利益，因滅失或毀損所受的利益，應該償還給對該利益享有歸屬利益的占有物權利人。因此，善意占有人對於回復請求人，因可歸責於自己的事由，致占有物滅失或毀損者，僅以因滅失或毀損所受的利益為限，負賠償的責任。如因不可歸責於善意占有人的事由，致占有物滅失或毀損

者，善意占有人不負賠償責任。民法第九百五十三條修法理由提到，善意占有人若因此受有利益者，仍應依不當得利之規定負返還之責，乃屬當然，併此說明。

(三)使用收益權及孳息收取權

依民法第九百五十二條規定：「善意占有人於推定其為適法所有之權利範圍內，得為占有物之使用、收益。」依此規定，善意占有人有使用收益權及孳息收取權。

(四)占有物的留置權

善意占有人所支出的費用，符合民法第九百二十八條的規定，在未受清償前，可對占有物主張留置權。

二、惡意占有人

(一)必要費用求償權

依民法第九百五十七條規定：「惡意占有人，因保存占有物所支出之必要費用，對於回復請求人，得依關於無因管理之規定，請求償還。」

惡意占有人雖然明知無權占有，但為了提供其保存占有物的誘因，以維持占有物的價值，惡意占有人因保存占有物所支出的必要費用，對於回復請求人，得依關於無因管理的規定，請求償還。依關於無因管理的規定請求，則必須符合無因管理利於本人且不違反本人明示或可得而知的意思的要件，所支出的必要費用才可請求償還。

惡意占有人明知無權占有，本應有隨時返還占有物的心理準備，不應有對占有物支出費用以提高其價值的投資合理期待。基於不能強迫他人得利的法理，並且避免惡意占有人增加有益費用以為難回復請求人，惡意占有人支出的有益費用，則不得請求償還，但如符合第一百七十七條第一項的無因管理，仍可有限度的請求返還必要費用。

(二)占有物毀損滅失的賠償責任

依原民法第九百五十六條規定：「惡意占有人，或無所有意思之占有人，因可歸責於自己之事由，致占有物滅失或毀損者，對於回復請求人，

負損害賠償之責。」現行法則規定：「惡意占有人或無所有意思之占有人，就占有物之滅失或毀損，如係因可歸責於自己之事由所致者，對於回復請求人，負賠償之責。」

惡意占有人明知其無占有的權利，不得自由處分其物，除了不得故意毀損占有物以侵害他人權利外，也因有返還占有物的義務而衍生保管的義務，如因可歸責於自己的事由，造成占有物滅失或毀損，而無法返還，對於回復請求人，應負損害賠償責任。

民法第九百五十六條修法理由提到，至於惡意、他主占有人因不可歸責於自己之事由，致占有物滅失或毀損者，對於回復請求人應無損害賠償責任，然若因占有物之滅失或毀損受有利益者，應否負返還之責，則依不當得利規定，併此說明。

㈢返還孳息的義務

依民法第九百五十八條規定：「惡意占有人，負返還孳息之義務，其孳息如已消費，或因其過失而毀損，或怠於收取者，負償還其孳息價金之義務。」

惡意占有人，故意取得不應歸屬他的利益，因而，應負返還責任，如原物不存在則償還其價額。惡意占有人因被課以保管義務，因而有收取孳息的義務，如怠於收取者，也負償還其孳息價額的義務。

第四節　占有的保護

占有的保護可分以下三點說明：

一、占有人的物上請求權

占有人，其占有被侵奪者，得請求返還其占有物；占有被妨害者，得請求除去其妨害；占有有被妨害之虞者，得請求防止其妨害（民九六二），此稱為占有人的物上請求權，而其包括占有物返還請求權、占有妨害排除請求權、占有妨害防止請求權三種權利。本條請求權主體並不限於有權占有人，理由在於，占有是受保護的法律地位，為保障因取得占有所形成的

法律地位，應不容無權利人侵害他人占有。此等請求權，自侵奪或妨害占有或危險發生後，一年間不行使而消滅（民九六三），然而，此條只適用於以單純的占有事實為理由，行使占有人物上請求權而言，如占有人有本權，當然可以基於本權而為請求，即使回復占有請求權的一年短期時效已經過，其權利人仍得依其本權所得主張的法律關係，而為請求。數人共同占有一物，各占有人，就其占有物使用的範圍，不得互相請求占有的保護（民九六五），而須依其本權而定。

二、占有人的自力救濟權

(一)自力防禦權

第九百六十條第一項規定「占有人，對於侵奪或妨害其占有之行為，得以己力防禦之。」此為占有人的自力防禦權，避免公權力介入緩不濟急，是一種法律所許可的自力救濟行為，占有輔助人也可行使此項權利（民九六一）。

占有人的自力防禦權需具備的要件有：(1)須為直接占有人或輔助人才得行使此項權利，間接占有人則無此權利。(2)須針對侵奪或妨礙其占有行為而為主張。

(二)自力取回權

第九百六十條第二項：「占有物被侵奪者，如係不動產，占有人得於侵奪後，即時排除加害人而取回之。如係動產，占有人得就地或追蹤向加害人取回之。」此為占有人的自力取回權，也是一種自力救濟權，目的在保護其占有，故不僅直接占有人得以行使，占有輔助人也可行使此項權利（民九六一）。

占有人的自力取回權需具備的要件有：(1)須為直接占有人或占有輔助人才可行使此項權利。(2)須針對侵奪行為，侵奪以外的妨害占有行為，因尚未喪失占有，所以行使自力防禦權即可。(3)需在法定有效期間內為取回權的行使。即法律條文中的「即時」、「就地或追蹤」等，超過「即時」、「就地或追蹤」的時限後，即不得自力救濟，只能請求公權力救濟。

三、共同占有人間占有保護的排除

　　第九百六十三條之一第一項規定：「數人共同占有一物時，各占有人得就占有物之全部，行使第九百六十條或第九百六十二條之權利。」第二項規定：「依前項規定，取回或返還之占有物，仍為占有人全體占有。」共同占有人對外可以行使占有的保護，是對外關係。

　　在對內關係，各共同占有人是基於本權，有其占有權能的範圍及方法，因而就占有物使用的範圍，各占有人不得互相請求占有的保護。民法第九百六十五條的規定：「數人共同占有一物時，各占有人就其占有物使用之範圍，不得互相請求占有之保護。」此即為共同占有人占有保護的排除。

第四章　占有的消滅

　　占有的消滅，與一般物權共同消滅原因不同，占有的消滅是以事實管領力的有無為判斷基準。占有消滅的主要原因為占有物的滅失和事實上管領力的喪失。

第一節　占有物的滅失

　　占有也必須有占有（權利）客體，客體滅失，無從認定事實上管領的事實，因此，占有物滅失，占有當然消滅，與物權的標的物滅失，物權原則上（典權例外）當然消滅相同。

第二節　管領力的喪失

　　占有是占有人對物的事實上管領力，因而占有因占有人喪失其對物的事實上管領力而消滅，但其管領力僅一時不能實行者，不在此限（民九六四）。例如占有物為第三人搶奪，隨即追蹤而取回，則其管領力僅一時不能行使，占有即未喪失，又如無權占有的土地因無權占有人一時出遠門，一時不能管領，於無權占有人返回時，即可回復行使管領力，則占有亦未喪失。

第五章　準占有

第一節　準占有的意義

　　財產權不因物的占有而成立者，行使其財產權的人，為準占有人，法律予以與占有同等保護的效力，即是準占有（民九六六）。對於財產權有事實上的管領力的人，本與對物有事實上管領力的占有不同。但是對於物有事實管領力的人，法律既不問其有無正當權源，都給予保護，則對於財產權有事實上管領力的人，法律也沒有不保護的道理。此種對財產權的事實上管領力，既然存在，人們也可能信賴，而影響生產的誘因和交易的安全。基於提供生產的誘因和保護交易安全是法律的規範目的，與占有的保護，具有相同的必要性。因此，我國民法也承認準占有 ❾。

第二節　準占有的標的

　　占有與準占有的區別，在於標的的不同，占有是對有體物的支配，準占有是對無體物的支配，所以，前者是對物的占有，後者是對權利的占有。權利不以物的占有而成立，有該權利外觀的人，即為準占有人。

第三節　準占有的取得

　　準占有成立要件 ❿：

一、以財產權為標的

　　各國立法例對準占有的標的為何，規定各有不同，我國民法則以財產權為限，人格權及身分權均不包括在內。因為人格權及身分權具一身專屬性，並容易藉由簡易的資訊蒐集，即可辨識真正的權利人，不能僅因某人

---

❾　參照謝在全，《民法物權論（下）》，頁 556–557，自版。

❿　參閱謝在全，《民法物權論（下）》，頁 558，自版。

事實上行使其權利的外觀，即推定其適法有此權利，而損害真正權利人。

二、以不因物的占有而成立的財產權為限

在以占有標的物為內容的財產權，其行使既以占有標的物為必要，則已屬占有，可逕行適用占有的規定，並無另設準占有規定的必要。因此，我國民法準占有的標的，限於不以占有標的物為內容的財產權為限。

三、事實上行使其權利

所謂事實上行使其權利，與占有的所謂「事實上管領力」，觀念上是相通的。通常只須依一般交易或社會觀念，有使人認識其事實上行使該財產權的客觀情形存在即可。

第四節　準占有的效力

依民法第九百六十六條第二項的規定：「本章關於占有之規定，於前項準占有準用之。」從而，關於占有的規定，於性質上與準占有不相牴觸的，都可以準用，而有相關規定效力。但因準占有是以無體物的權利為標的物，與占有是以有體物為標的物不同，因而準用時，不可一概而論，只有在規範法理不相牴觸的情形才能準用。所以基於提供生產誘因、表彰本權功能、取得本權功能所為的規定，均得適用於準占有。

第五節　準占有的消滅

占有，因占有人喪失其對於物的事實上管領能力而消滅（民九六四）。同樣的，準占有亦將因權利行使的事實消失，而歸於消滅。例如，持有債權憑證而主張自己為債權人的人，如喪失債權憑證，又無其他可以行使權利的事實，將喪失對於系爭債權的準占有人地位。

★ 例題暨解題分析

> 一、甲借給乙一枝金筆，乙將該金筆賣給善意的丙並交付，問甲得向乙、
> 　　丙主張何種權利？
>
> 答：甲可以依民法第二二六條規定向乙主張損害賠償，依民法第一七七條
> 　　第二項請求乙交付其受領的金筆買賣價金，依民法第一八四條第一項
> 　　向乙請求損害賠償。丙基於民法第八○一條和第九四八條的構成要件
> 　　善意受讓取得金筆所有權，甲不得對丙為任何主張。
>
> 二、甲遺失金戒指，被大學生乙拾得，乙賣給善意的同學丙，問甲得向丙
> 　　主張何種權利？
>
> 答：丙如符合民法第八○一條和第九四八條的構成要件，則甲只能依民法
> 　　第九四九條規定請求回復，但應注意第九五○條的規定。
>
> 三、甲偷乙的 A 花瓶，隨即轉售給善意的丙，丙不小心將花瓶毀損，問
> 　　甲、乙、丙的法律關係？
>
> 答：丙為善意占有人，依民法第九五三條規定，如無因花瓶毀損而受利益，
> 　　對甲即不負賠償責任。甲可以依民法第一七七條第二項請求乙交付其
> 　　受領的花瓶買賣價金，依民法第一八四條第一項向乙請求損害賠償。

► 財產法專題研究

謝哲勝　著

　　本書共收錄論文十三篇，概括可分為民法、土地法和法律的經濟分析三大類。民法類之論著有的是重新探討民法學界爭議不休之問題，也有作者獨自之創見，和民法新的理論。土地法類之論著除了檢討實務見解外，也提出美國法準徵收之理論。法律的經濟分析就分析方法為介紹，以闡明法律的經濟分析之實用價值。

► 判解民法物權

劉春堂　著

　　本書係採用教科書之形式編寫，以有關判解為主，詮釋現行民法物權編之規定，使讀者對民法物權編規定之內容有整體、系統的認識。此外，本書就較重要之問題，以案例方式加以說明，期能將抽象理論與具體問題相結合，更有助讀者對各種理念與疑難之把握，並增進學習成效。

► 新物權法論

吳光明　著

　　本書是作者學習法律之心得。其中包含擔任律師多年之辦案心得，以及擔任教職多年之課堂講義與教學經驗累積，且參閱諸多師長著作學說、法院判決及新舊物權修法與立法理由，分析整理並加上解釋而成。在探討民法物權之學術思想與觀點時，力求準確、完整，亦將研究論文成果，附諸文字於本書中。

▶ 物權法實例研習

劉昭辰　著

　　本書為日常生活化的案例設計，力求解題的邏輯化、說理化為主旨，避免無理由的結論，以訓練法律學習者運用法律條文能力為目標，而不使法律的學習僅限於抽象理論的討論。本書也對修法尚未完整之處，提出質疑，希望有助於讀者理解物權法的修正條文意涵。

▶ 民法物權

鄭玉波　著；黃宗樂　修訂

　　鄭玉波教授著《民法物權》，風靡學界，歷久不衰，乃公認的經典之作。本書原著，氣盛言宜，字字珠璣，修訂時盡量保存原著之風貌，非特有必要，絕不更易任何文字；增補部分亦盡量依循鄭教授筆法，務期鉤玄提要，使全書內容更臻於充實完善。

國家圖書館出版品預行編目資料

民法物權／謝哲勝著.－－修訂五版一刷.－－臺北
市：三民，2020
面； 公分

ISBN 978-957-14-6883-9 （平裝）
1.物權法

584.2   109010761

民法物權

作　　　者	謝哲勝
發 行 人	劉振強
出 版 者	三民書局股份有限公司
地　　　址	臺北市復興北路 386 號 (復北門市)
	臺北市重慶南路一段 61 號 (重南門市)
電　　　話	(02)25006600
網　　　址	三民網路書店 https://www.sanmin.com.tw
出版日期	初版一刷 2007 年 9 月
	增訂四版三刷 2016 年 8 月
	修訂五版一刷 2020 年 9 月
書籍編號	S584200
I S B N	978-957-14-6883-9

三民書局